ISBN 978-1-331-81278-4
PIBN 10237971

# 1 MONTH OF FREE READING

at

## www.ForgottenBooks.com

By purchasing this book you are eligible for one month membership to ForgottenBooks.com, giving you unlimited access to our entire collection of over 1,000,000 titles via our web site and mobile apps.

To claim your free month visit:

www.forgottenbooks.com/free237971

# THE ODYSSEY OF HOMER

## BOOKS I.-XII.

## THE TEXT, AND AN ENGLISH VERSION IN RHYTHMIC PROSE

BY

### GEORGE HERBERT PALMER
PROFESSOR OF PHILOSOPHY IN HARVARD UNIVERSITY

BOSTON
HOUGHTON, MIFFLIN AND COMPANY
New York: 11 East Seventeenth Street

*The Riverside Press, Cambridge:*
Electrotyped and Printed by H. O. Houghton & Co.

Σοὶ πρῶτον σπένδω ἥ μοί ποτε δῶκας ἰδέσθαι
Ναυσικάαν Ἑλένης τε χάριν καὶ Πηνελόπειαν.

# PREFACE.

THE Odyssey is the epitome of a civilization, and has as many aspects as it has translators. Hobbes commended it to his readers as a series of lessons in morals; to Worsley it was the world's great fairy-tale; to Butcher and Lang it is an archaic "historical document." Others have found in it a philological interest, a mythological, a grammatical. However broad-minded the student may be, his sympathies are sure to reach a limit somewhere short of the compass of Homer. It is well, therefore, that each translator should distinctly state why the poem has attracted him, so that his readers may better understand what elements may, under his treatment, have been forced into undue prominence. That which I enjoy most in Homer is his peculiar psychology, his unique ethical attitude; notwithstanding his extraordinary powers of observation and of utterance, he seems to me to confront the world like a child. I turn to him, and escape from our complicated and introspective world, and am refreshed. Accordingly, I have sought to draw attention chiefly to his simplicity, his realism, his finding joy where a child finds it; to his lack of self-consciousness, his interest in a thing or fact for no more ulterior reason than because it is a

thing or fact. On these characteristics I am the more willing to insist because hitherto they have been somewhat neglected by translators. Constituting, as they do, the points in which the ancient differs most from the modern man, they are the most difficult for a modern man to set forth with ease and dignity. I cannot hope to have always succeeded. No doubt I have often been indirect, or pretty, or literary, or reflective, or have feared I might not seem noble unless I adapted to modern taste words originally spoken to a primitive world. But let me acknowledge that where such lapses occur they are due, not to approval, but to lack of power. I hope my readers may count them blemishes.

This fundamental view of Homer induces certain peculiarities of diction and method. I employ "you" for my pronoun of the second person, leaving "thou" for prayers and solemn occasions. That this will shock many readers I am quite aware; but is it not about time that those who can be shocked by such a usage should be? "Thou" does not stand alone; it carries a long train after it. It is the mark of a special style and a special theory of beauty and grandeur. Paradise Lost could not have been written without it. The Æneid would be reduced to caricature if translated with "you." But both Virgil and Milton were confessedly bookish men. They were eloquent writers, who did not face their poetic conceptions directly; they looked at them, and wished their readers to look at them, through the associations of a past. They give us reflected beauty, — beauty at the second re-

move ; Homer at the first. In their more highly devel-
oped mental condition there are undoubtedly many gains :
personality counts for more ; a universal principle has
been detected, holding authority over spontaneous feel-
ing ; the idea of moral obligation has arisen ; grief has
become more profound ; human life, even inanimate na-
ture, has acquired an infinite significance and pathos.
But Homer knows nothing of all this. When Æneas
tells Dido, *Italiam non sponte sequor*, Homer would
have understood him to refer to some violence of Posei-
don. It is necessary, by some simple means, continually
to mark this difference. Especially where the reader has
been accustomed to think of the Odyssey as a " classic,"
and has all the ambiguous suggestions of that overworked
word hanging about his mind, he needs to be reminded
often that the tragic, eloquent, pathetic temper is totally
absent from Homer ; that if we would rightly understand
him we must construe the world in simpler terms. How
can the absence be more easily indicated than by employ-
ing " you " instead of " thou," the diction of speech in-
stead of that of books ? To do so need not be equivalent
to abandoning what Mr. Arnold justly calls Homer's
" nobleness of style ; " it will merely be to seek that no-
bleness in a different and more legitimate direction, in the
universal elements of common human life, where Chaucer
and Wordsworth sought it. If found there, a good deal
of the special charm of the Odyssey will have been found.

Those features, then, of the style of Homer which I
wish to imitate, so far as I can do so decorously and with-

out rendering matters prominent which in his thought
were subordinate, are those which characterize the speech
of an eager, healthy, sensitive child.  Let me name some
of them.  Homer's sentence is seldom an organic whole,
like the modern period, the parts mutually dependent; it
can generally be cut in several places, and still give a
tolerable sense.  When describing an event, he ordina-
rily mentions what happens as a series of separate facts,
strung together with δὲ, δὲ.  In indicating a time sequence,
he is as apt as not to say "The sun set, and they came to
Pherai," instead of "When the sun set, they came to
Pherai"; or if the dependent form is chosen, the joints
are often distinctly marked with ἦμος, καὶ τότε.  Qualifying
clauses he usually places subsequently, like afterthoughts;
not where Mr. Spencer tells us they should be put, before
the introduction of the thing qualified.  Like the Eliza-
bethan dramatists, he frequently employs constructions in-
telligible only to the interested listener, not to the gram-
marian: nouns are omitted; pronouns serve in places
where our rhetorical critics call them ambiguous; doors
for misconception are again and again left open for those
who care to misconceive.  Everywhere is seen a syntax
full of beauty when thought of as that of living speech;
full of defect if judged by the canons of the last century.
In the very forms of the language there is extraordi-
nary flexibility: a syllable is prolonged here, clipped
there; a consonant is doubled or left single; the commoner
words have alternative forms.  All is plastic.  Literary
conventions have not yet sprung up.  To find language

equally free in our time, we must seek it in the mouth of Uncle Remus, eulogizing with similar vividness the same qualities of craft and mental alertness in Brer Rabbit. This freedom from conventional trammels is an immense artistic advantage to Homer, and he uses it to the full. What portion of the thought would most naturally fall on the mind first he knows as nobody else ever has known, and this is the portion that he places first. He fixes his eye on the object, and as its different parts present themselves he tells us of them. The translator who would follow him must think of the prowling lion and the starting ship as well as of the printed words. Repetition is with him, as with the child, a genuine poetic resource. He has all the child's delight in " saying it again," and he always prefers the old story to the new. By frequent use of the same adjective he notes how things on the whole unlike still resemble each other. The individual aspects of object or person he is fond of fixing once for all in an epithet, whose recurrence may convey a pleasure somewhat similar to that which we moderns receive in rhyme — a pleasure further enlarged by the repetition of considerable phrases, or even of whole passages. The appropriateness of these to their new situation is secured by slight changes in the turn of a word or two. Similes are not uncommon, metaphors are rare ; the thing and that with which it is compared remain two and unblended, exactly as they exist in life. In the few instances where he has constructed a metaphor, he appears to have done so deliberately ; to have found in it, accordingly, a pleas-

ure, and to be glad to repeat it subsequently. But in general, Homer's words are words of fact, uncolored by metaphor.

It might well seem that the literary medium suitable for reproducing traits like these would be prose ; and I should be willing to admit that any poetic structure of an elaborate or obvious sort must transform Homer into something quite unlike his simple self. Mr. Worsley has certainly produced a poetic masterpiece, and he has used, in framing it, no other material than that derived from the Odyssey ; but, after all, we can doubt whether the events related by Mr. Worsley ever occurred, while we can no more doubt Homer than we can doubt Robinson Crusoe. Prose, on the other hand, introduces considerable distortions of its own. Homer's thought was not by accident originally cast in verse ; it is essentially a poetic thought, and claims the rhythmic accompaniment ; cut off from this, it strikes the reader as non-natural, and in parts obtrusive. With whatever determination to write prose the translator may set out, he will hardly escape frequent rhythms. The thought will compel him, as it has often compelled those admirable scholars, Messrs. Butcher and Lang. Is it not possible, then, to heed this compulsion without accepting the formalities of measure ? Can we not keep a " linked sweetness," and yet not cut up our thought into fixed lengths ? As Wagner has in music broken down the dividing line between speech and song, as William Blake and Walt Whitman give us hints of a *tertium quid* between speech and verse, so may we not

seek for interpreting Homer a rhythmic prose, which shall
keep something of the swiftness of the ancient hexameter,
its variety, its capacity of quickly taking on the color of
the thought conveyed, while still retaining that power
which prose alone seems to possess, — the power of im-
pressing on us its statements as facts? I offer these sug-
gestions rather as inquiries than as doctrine. I am not
sure. It may be that the rhythm of prose, even when
as strongly marked as in the Psalms, Isaiah, or Jeremy
Taylor, will be found to differ radically from anything
reducible to feet. And even if such a medium be dis-
coverable in the direction I have taken, I know very well
I am far from having so mastered it as to be able to show
its powers. But into this path I have been driven step
by step, and against my will. I see that almost all other
ways of approaching Homer have on trial revealed serious
defects. This way still remains; and I print these twelve
Books (I have no intention of publishing more) in the
hope of stimulating some one more skilful and scholarly
than I to try what may be done here.

My work was begun twelve years ago, with no thought
of publication. For two years I had been teaching Greek
at Harvard College, and I was discouraged to find that
my pupils had but a feeble conception of the Odyssey as
a piece of literature. It is easy, all teachers know, to
convince students that the Greeks devised a highly in-
genious grammar; to show how rightly they understood
the springs of human life is a harder matter. Few au-
thors, however, in any language, will bear to be read at

the rate of three pages a day. To supplement the class-
room drill and give a broader outlook, I proposed to read
a Book of the Odyssey at a sitting; I translating into the
simplest possible language, and my pupils following me,
text in hand. The plan proved so useful and attractive
that it has since been adopted at Harvard for other au-
thors and languages, and a series of such readings is now
regularly given during the winter evenings to all, students
or civilians, who may care to attend. In the ten years
during which I have taught philosophy I have read the
Odyssey through several times to these little companies,
and I have felt it a piece of good fortune that I was thus
forced to adhere to my author more literally than other
translators have judged wise, that I was obliged to study
his order of words more minutely, and that I could seldom
permit myself to jump from line to line. These are excel-
lent habits, and I hope, in preparing my manuscript for
the press, I have not departed from them too widely and
yielded too much to the modern dislike of " inversions."
Here, too, I had an opportunity to study the relative ef-
fects of prose and of the different sorts of rhythm. My
hearers were never informed that I used anything else
than ordinary prose; I do not think they were in general
aware that I did; but they felt the influence. Their
understanding of what I read was, I found, largely pro-
portional to the fulness with which I admitted the rhyth-
mic movement. The loose iambics were necessary for ut-
tering the spell of Homer. Often it seemed to me that
in these readings we were coming close to the conditions

under which, if tradition is true, Homer was first understood: a group of men, already somewhat familiar with the august myth, gather from other occupations and together listen to, not read, a detached episode, uttered in chanting recitative by a rhapsodist. Between Homer as so apprehended, and as anatomized by the critical scholar, there is a difference hardly less wide than between the Othello of the stage and of the library. I cannot expect that methods originally fitted to the ear will be equally well suited to the eye.

In publishing, however, a portion of the rendering gradually evolved under such peculiar circumstances, I have tried to preserve something of the original setting: the Greek text of Merry's large edition, substantially that of La Roche, is placed opposite the translation. I hope that the reader will more and more incline to turn from me to Homer himself. All over the land are lawyers, physicians, ministers, business men, who have not quite forgotten the Greek of their college days, and to whom the Odyssey then read is still a delightful remembrance. May my book show them that Homer is not yet beyond their reach. Many will be surprised to find how easy it is to read his verses understandingly without translation, and I have already expressed my belief that only when so read can their sure-worded beauty be felt. The working vocabulary is not large, and my rendering will handily supply the meaning of those words which occur more rarely. I should be glad to think that to careworn men my book may prove serviceable in easing the approach

to Homer, in making " the freshness of the early world "
a still attainable possession of the βροτῶν καμόντων of
America.[1]

[1] To aid those who may wish to enter on a more elaborate study of
the Odyssey, I mention a few of the most serviceable books : —
The best editions of the Greek text with English notes are W. W.
Merry's large edition, Books I.-XII., 1876, and his school edition,
Books I.-XXIV., 2 vols., 1870-78, both published by the Clarendon
Press. In the school edition, the text is broken at intervals by an
English line descriptive of the matter. The edition of H. Hay-
man, Books I.-XXIV., 3 vols., 1866-82, London, D. Nutt & Co.,
is especially valuable for its marginal references and its analyses
of the characters. The best German editions are those of Ameis and
of Faesi for notes, of La Roche for text.
The handiest dictionary is Autenrieth's *Homeric Dictionary*, trans-
lated by R. P. Keep, Harpers, 1877 ; the most comprehensive, Ebe-
ling's *Lexicon Homericum*, Leipzig, Teubner, begun in 1871, and not
yet quite complete. In the latter, the Latin definitions are classified,
and reference is made to the German scholars who have discussed the
word. A good book of an intermediate sort, with German definitions,
is Seiler's *Worterbuch der Homerischen Gedichte*, Leipzig, Hahn, 1878.
The old *Index Homericus* of Seber is a complete concordance to both
Iliad and Odyssey, but it gives references merely. H. Dunbar's *Con-
cordance to the Odyssey*, Clarendon Press, 1880, cites passages, but
omits conjunctions, prepositions, and the commoner adverbs ; it has
also many inaccuracies. The *Scholia on the Odyssey*, edited by Din-
dorf, are published by the Clarendon Press, as is also D. B. Munro's
*Grammar of the Homeric Dialect*.
The most systematic, precise, and interesting work on the Antiqui-
ties of the Odyssey is that of E. Buchholz, *Homerische Realien*, Leip-
zig, 1871-82. Four volumes have already appeared ; two more are
promised. Similar ground is covered more discursively by Glad-
stone's books : *Homer and the Homeric Age*, 3 vols., Oxford Univer-

In acknowledging my large indebtedness to previous translators, I do not find it easy to place my thanks where they belong. Though I have drawn material from every side, it has generally afterwards become so fused in my own mind that I cannot now trace it to its source. I must content myself, therefore, with saying that while I have found Worsley, Du Cane, Bryant, and Butcher and Lang especially helpful, many others besides these have given me something. I wish I could believe that I have gathered every choice expression which the translators of the past have discovered. I have taken all I could; my one regret is that I could not find more to take. The translators of the English Bible set us an excellent example. They acknowledged an allegiance only to the text before them. To elucidate this they used the labors of other men as freely as if they were their own. They knew that the translator receives his highest praise by being forgotten; and working in this loyal and coöperative way,

sity Press, 1858; *Juventus Mundi*, Macmillan, 1868; *A Primer on Homer*, Macmillan, 1878. The theological basis of the Odyssey is examined minutely by Nägelsbach, *Homerische Theologie*, Erlangen, 1861, and briefly by J. S. Blackie, in the first article of his *Horæ Hellenicæ*, Macmillan, 1874. J. L. Harrison's *Myths of the Odyssey*, Rivingtons, 1882, is a careful book, well illustrated. Homer's poetic style is discussed by Matthew Arnold, *On Translating Homer*, Macmillan, 1861. In *The Origin of the Homeric Poems*, by H. Bonitz, translated by L. R. Packard, Harpers, 1880, may be found a brief sketch of a long controversy. This and most of the other questions relating to Homer are judiciously treated by D. B. Munro in the article on Homer in the *Encyclopædia Britannica*, 9th edition.

they produced the best translated book in the language. The hope of Homeric translation lies, I am convinced, in the growth of a similar spirit. Who first hit upon a rendering must cease to be an important question. Just as when La Roche makes a probable emendation of the Greek text all subsequent editors adopt it, so should it be when a happy rendering is proposed. Already there is a considerable body of translation common to all versions. To add to this should be the ambition of lovers of Homer. One sort of originality alone should be prized —the originality of a fresh spirit. Where a poet can be approached from so many sides, if the translator works sincerely, noting in beautiful form what he has himself keenly felt, each may produce a homogeneous work of art, original and true, while at the same time all will be laboring together toward an ultimate monumental rendering.[1]

---

[1] Between the publication of Chapman's version and the year 1860 a new rendering of the Odyssey appeared every thirty years. Since the publication of Matthew Arnold's lectures on Homer the rate of issue has been ten times more rapid. The following list will show the dates, the translators' names, and their methods of rendering. To books of the present century the name of the publisher is added :—

1615, George Chapman, five iambics, couplet rhyme.

1665, John Ogilby, five iambics, couplet rhyme.

1677, Thomas Hobbes, five iambics, alternate rhyme.

1725, Alexander Pope, five iambics, couplet rhyme.

1791, William Cowper, five iambics, unrhymed.

1823, A Member of the University of Oxford, (Henry Cary), prose, Oxford, J. Parker.

1834, William Sotheby, five iambics, couplet rhyme, London, J. Murray.

Besides the assistance I have had from my predecessors, I have been greatly aided by a generous band of living scholars who have read and criticised my proof sheets. Three or more Books have been revised by my fellow-teachers, Mr. Le B. R. Briggs, Prof. L. Dyer, Prof. W. W. Goodwin, Prof. C. E. Norton; by Colonel T. W. Higginson and Mr. H. E. Scudder, of Cambridge; Rev. J. H. Lee, of Canandaigua, N. Y.; Dr. R. P. Keep, of Easthampton; Rev. F. Palmer, of Jenkintown, Pa.; Prof. M. J. Drennan, of Poughkeepsie, N. Y.; Prof.

1851, T. H. Buckley, prose, London, Bohn.

1861, Rev. Henry Alford, Books I.–XII., hendecasyllables, London, Longmans.

1861, P. S. Worsley, Spenserian stanza, Edinburgh, Blackwoods.

1862, T. S. Norgate, five iambics, unrhymed, London, Williams & Norgate.

1865, George Musgrave, five iambics, unrhymed, London, Bell & Daldy.

1869, Rev. Lovelace Bigge-Wither, verse of five accents, unrhymed, London, J. Parker & Co.

1869, G. W. Edgington, five iambics, unrhymed, London, Longmans.

1872, W. C. Bryant, five iambics, unrhymed, Boston, J. R. Osgood & Co.

1876, M. Barnard, five iambics, unrhymed, London, Williams & Norgate.

1879, Gen. G. A. Schomberg, five iambics, unrhymed, London, J. Murray.

1879, S. H. Butcher & A. Lang, prose, London, Macmillan & Co.

1880, Sir C. Du Cane, Books I.–XII., seven iambics, couplet rhyme, Edinburgh, Blackwoods.

1880, Avia, six anapaests, couplet rhyme, London, Kegan Paul & Co.

O. M. Fernald, of Williamstown. These gentlemen are in no way responsible for my renderings, which have often been adopted in the face of their protests; but they have given me many helpful suggestions, and they have done much to deliver me from the oddities which beset a solitary translator. To them all, and to the many others who have given me aid in less palpable ways, I present my grateful acknowledgments.

In the transliteration of Greek names I have not attempted to follow any one system. A change is undoubtedly going on, which may ultimately remove Greek words from Latin influence. That such a result would be desirable few will doubt. But some names, especially those of places, are so lodged in the language under their Latin forms that to spell them as the Greeks spelled would at present render them unduly conspicuous in a work whose aim is, after all, not archæological. I have gone as far as I dared in describing Greek things by Greek names, but I have at the same time recognized that it is better to be illogical than pedantic.

BOXFORD, *April* 2, 1884.

# CONTENTS.

# THE ODYSSEY OF HOMER.

## BOOKS I.-XII.

# ΟΜΗΡΟΥ ΟΔΥΣΣΕΙΑ.

## ΟΔΥΣΣΕΙΑΣ Α.

**Θεῶν ἀγορά. ᾿Αθηνᾶς παραίνεσις πρὸς Τηλέμαχον.**

Ἄνδρα μοι ἔννεπε, Μοῦσα, πολύτροπον, ὃς μάλα πολλὰ
πλάγχθη, ἐπεὶ Τροίης ἱερὸν πτολίεθρον ἔπερσε·
πολλῶν δ' ἀνθρώπων ἴδεν ἄστεα καὶ νόον ἔγνω,
πολλὰ δ' ὅ γ' ἐν πόντῳ πάθεν ἄλγεα ὃν κατὰ θυμὸν,
ἀρνύμενος ἥν τε ψυχὴν καὶ νόστον ἑταίρων.          5
ἀλλ' οὐδ' ὣς ἑτάρους ἐρρύσατο, ἱέμενός περ·
αὐτῶν γὰρ σφετέρῃσιν ἀτασθαλίῃσιν ὄλοντο,
νήπιοι, οἳ κατὰ βοῦς Ὑπερίονος Ἠελίοιο
ἤσθιον· αὐτὰρ ὁ τοῖσιν ἀφείλετο νόστιμον ἦμαρ.
τῶν ἁμόθεν γε, θεὰ, θύγατερ Διὸς, εἰπὲ καὶ ἡμῖν.   10

Ἔνθ' ἄλλοι μὲν πάντες, ὅσοι φύγον αἰπὺν ὄλεθρον,
οἴκοι ἔσαν, πόλεμόν τε πεφευγότες ἠδὲ θάλασσαν·
τὸν δ' οἶον, νόστου κεχρημένον ἠδὲ γυναικὸς,
νύμφη πότνι' ἔρυκε Καλυψὼ, δῖα θεάων,
ἐν σπέσσι γλαφυροῖσι, λιλαιομένη πόσιν εἶναι.     15
ἀλλ' ὅτε δὴ ἔτος ἦλθε περιπλομένων ἐνιαυτῶν,
τῷ οἱ ἐπεκλώσαντο θεοὶ οἰκόνδε νέεσθαι
εἰς Ἰθάκην, οὐδ' ἔνθα πεφυγμένος ἦεν ἀέθλων,
καὶ μετὰ οἷσι φίλοισι. θεοὶ δ' ἐλέαιρον ἅπαντες
νόσφι Ποσειδάωνος. ὁ δ' ἀσπερχὲς μενέαινεν      20
ἀντιθέῳ Ὀδυσῆι πάρος ἣν γαῖαν ἱκέσθαι.

# THE ODYSSEY OF HOMER.

## I.

### THE GODS IN COUNCIL. ATHENE ENCOURAGES TELEMACHOS.

TELL me, O Muse, of an adventurous man who wandered far, when he had overthrown the sacred hold of Troy. Many the men whose towns he saw, whose ways he proved; and many a pang he bore in his own breast at sea while struggling for his life and his men's safe return. But even so, by all his zeal, he did not save his men; for through their own perversity they perished — fools! who devoured the kine of the exalted sun. Wherefore he took away the day of their return. Of this, O goddess, daughter of Zeus, beginning where thou wilt, speak even to us.

Now all the others who were saved from utter ruin were at home, safe both from war and sea. Him only, longing for his home and wife, a potent nymph, Kalypso, a heavenly goddess, held in her hollow grotto, desiring him to be her husband. Nay, when the time had come in the revolving years at which the gods ordained his going home to Ithaka, even then he was not freed from trouble nor amongst his friends. Yet the gods felt compassion, all save Poseidon, who fiercely assailed godlike Odysseus till he reached his land.

'Αλλ' ὁ μὲν Αἰθίοπας μετεκίαθε τηλόθ' ἐόντας,
Αἰθίοπας, τοὶ διχθὰ δεδαίαται, ἔσχατοι ἀνδρῶν,
οἱ μὲν δυσομένου Ὑπερίονος, οἱ δ' ἀνιόντος,
ἀντιόων ταύρων τε καὶ ἀρνειῶν ἑκατόμβης.
ἔνθ' ὅ γε τέρπετο δαιτὶ παρήμενος· οἱ δὲ δὴ ἄλλοι
Ζηνὸς ἐνὶ μεγάροισιν Ὀλυμπίου ἀθρόοι ἦσαν.
τοῖσι δὲ μύθων ἦρχε πατὴρ ἀνδρῶν τε θεῶν τε·
μνήσατο γὰρ κατὰ θυμὸν ἀμύμονος Αἰγίσθοιο,
τόν ῥ' Ἀγαμεμνονίδης τηλεκλυτὸς ἔκταν' Ὀρέστης·   30
τοῦ ὅ γ' ἐπιμνησθεὶς ἔπε' ἀθανάτοισι μετηύδα·
'Ὦ πόποι, οἷον δή νυ θεοὺς βροτοὶ αἰτιόωνται.
ἐξ ἡμέων γάρ φασι κάκ' ἔμμεναι· οἱ δὲ καὶ αὐτοὶ
σφῇσιν ἀτασθαλίῃσιν ὑπὲρ μόρον ἄλγε' ἔχουσιν,
ὡς καὶ νῦν Αἴγισθος ὑπὲρ μόρον Ἀτρείδαο   35
γῆμ' ἄλοχον μνηστήν, τὸν δ' ἔκτανε νοστήσαντα,
εἰδὼς αἰπὺν ὄλεθρον· ἐπεὶ πρό οἱ εἴπομεν ἡμεῖς,
Ἑρμείαν πέμψαντες, ἐύσκοπον ἀργειφόντην,
μήτ' αὐτὸν κτείνειν μήτε μνάασθαι ἄκοιτιν·
ἐκ γὰρ Ὀρέσταο τίσις ἔσσεται Ἀτρείδαο,   40
ὁππότ' ἂν ἡβήσῃ τε καὶ ἧς ἱμείρεται αἴης·
ὣς ἔφαθ' Ἑρμείας, ἀλλ' οὐ φρένας Αἰγίσθοιο
πεῖθ' ἀγαθὰ φρονέων· νῦν δ' ἀθρόα πάντ' ἀπέτισε.'
Τὸν δ' ἠμείβετ' ἔπειτα θεὰ γλαυκῶπις Ἀθήνη·
'ὦ πάτερ ἡμέτερε Κρονίδη, ὕπατε κρειόντων,   45
καὶ λίην κεῖνός γε ἐοικότι κεῖται ὀλέθρῳ·
ὣς ἀπόλοιτο καὶ ἄλλος ὅτις τοιαῦτά γε ῥέζοι.
ἀλλά μοι ἀμφ' Ὀδυσῆι δαΐφρονι δαίεται ἦτορ,
δυσμόρῳ, ὃς δὴ δηθὰ φίλων ἄπο πήματα πάσχει
νήσῳ ἐν ἀμφιρύτῃ, ὅθι τ' ὀμφαλός ἐστι θαλάσσης.   50
νῆσος δενδρήεσσα, θεὰ δ' ἐν δώματα ναίει,

But Poseidon was gone among the far-off Ethiopians — the Ethiopians, farthest of humankind, divided in two tribes, part at the setting of the exalted one, part at his rising — there to receive a sacrifice of bulls and rams. So sitting at the feast he took his pleasure. The other gods, meanwhile, were gathered in the halls of Zeus upon Olympos, and among them the father of men and gods began to speak; for in his mind he mused of gallant Aigisthos, whom Agamemnon's far-famed son, Orestes, slew. Mindful of him, he thus addressed the immortals:

"Lo, how men blame the gods! From us, they say, spring troubles. Yet of their own perversity, beyond what is their due, they meet with sorrow; even as this Aigisthos, beyond what was his due, married the lawful wife of the son of Atreus, and slew her husband on his coming home, though well he knew of his own utter ruin. For we ourselves forewarned him, dispatching Hermes, our clear-sighted Speedy-comer, and told him not to slay the man nor woo the wife. 'For because of the son of Atreus shall come vengeance from Orestes when he is grown and feels desire for his land.' This Hermes said, but did not turn the purpose of Aigisthos by his kindness. Now he has made a full atonement for it all."

Then answered him the goddess, keen-eyed Athene: "Our father, son of Kronos, most high above all rulers, that man assuredly lies in befitting ruin. So perish all who do such deeds! But now my heart is torn for wise Odysseus, hapless man, who, long cut off from friends, is meeting hardship upon a sea-girt island, the navel of the sea. Woody the island is, and there a goddess dwells,

Ἄτλαντος θυγάτηρ ὀλοόφρονος, ὅς τε θαλάσσης
πάσης βένθεα οἶδεν, ἔχει δέ τε κίονας αὐτὸς
μακρὰς, αἳ γαῖάν τε καὶ οὐρανὸν ἀμφὶς ἔχουσι.
τοῦ θυγάτηρ δύστηνον ὀδυρόμενον κατερύκει,          55
αἰεὶ δὲ μαλακοῖσι καὶ αἱμυλίοισι λόγοισι
θέλγει, ὅπως Ἰθάκης ἐπιλήσεται· αὐτὰρ Ὀδυσσεὺς,
ἱέμενος καὶ καπνὸν ἀποθρώσκοντα νοῆσαι
ἧς γαίης, θανέειν ἱμείρεται. οὐδέ νυ σοί περ
ἐντρέπεται φίλον ἦτορ, Ὀλύμπιε. οὔ νύ τ᾽ Ὀδυσσεὺς   60
Ἀργείων παρὰ νηυσὶ χαρίζετο ἱερὰ ῥέζων
Τροίῃ ἐν εὐρείῃ ; τί νύ οἱ τόσον ὠδύσαο, Ζεῦ ;᾽

    Τὴν δ᾽ ἀπαμειβόμενος προσέφη νεφεληγερέτα Ζεύς·
‘ τέκνον ἐμὸν, ποῖόν σε ἔπος φύγεν ἕρκος ὀδόντων.
πῶς ἂν ἔπειτ᾽ Ὀδυσῆος ἐγὼ θείοιο λαθοίμην,         65
ὃς περὶ μὲν νόον ἐστὶ βροτῶν, περὶ δ᾽ ἱρὰ θεοῖσιν
ἀθανάτοισιν ἔδωκε, τοὶ οὐρανὸν εὐρὺν ἔχουσιν ;
ἀλλὰ Ποσειδάων γαιήοχος ἀσκελὲς αἰὲν
Κύκλωπος κεχόλωται, ὃν ὀφθαλμοῦ ἀλάωσεν,
ἀντίθεον Πολύφημον, ὅου κράτος ἐστὶ μέγιστον      70
πᾶσιν Κυκλώπεσσι· Θόωσα δέ μιν τέκε νύμφη,
Φόρκυνος θυγάτηρ, ἁλὸς ἀτρυγέτοιο μέδοντος,
ἐν σπέσσι γλαφυροῖσι Ποσειδάωνι μιγεῖσα.
ἐκ τοῦ δὴ Ὀδυσῆα Ποσειδάων ἐνοσίχθων
οὔ τι κατακτείνει, πλάζει δ᾽ ἀπὸ πατρίδος αἴης.    75
ἀλλ᾽ ἄγεθ᾽, ἡμεῖς οἵδε περιφραζώμεθα πάντες
νόστον, ὅπως ἔλθῃσι· Ποσειδάων δὲ μεθήσει
ὃν χόλον· οὐ μὲν γάρ τι δυνήσεται ἀντία πάντων
ἀθανάτων ἀέκητι θεῶν ἐριδαινέμεν οἶος.᾽

    Τὸν δ᾽ ἠμείβετ᾽ ἔπειτα θεὰ γλαυκῶπις Ἀθήνη·     80
‘ ὦ πάτερ ἡμέτερε Κρονίδη, ὕπατε κρειόντων,

daughter of baleful Atlas who knows the depths of every sea and himself holds the lofty pillars which keep earth and sky asunder. His daughter has confined this hapless, sorrowing man, and ever with tender and insistent words allures him to forgetfulness of Ithaka. Yet still Odysseus, through longing but to see the smoke spring from his land, desires to die. Nevertheless, your heart turns not, Olympian one. Did not Odysseus seek your favor among the Argive ships, by offering sacrifice upon the plain of Troy? Why then are you so wroth against him, Zeus?"

Then answered her cloud-gathering Zeus, and said: "My child, what word has passed the barrier of your teeth? How could I e'er forget kingly Odysseus, who is beyond all mortal men in wisdom, beyond them too in giving honor to the immortal gods, who hold the open sky? Nay, 't is Poseidon, the girder of the land, is ceaselessly enraged about the Cyclops, whom Odysseus blinded of his eye, the god-like Polyphemos, whose is the greatest power among all Cyclops. A nymph, Thoösa, bore him, daughter of Phorkys, lord of the barren sea, having within the hollow caves united with Poseidon. And since that day the earth-shaking Poseidon does not indeed destroy Odysseus, but he drives him wandering from his land. But come, let us all here plan for his turning homeward. So shall Poseidon abate his anger, for he shall have no power, defying all, to strive alone with the immortal gods."

Then answered him the goddess, keen-eyed Athene: "Our father, son of Kronos, most high above all rulers,

εἰ μὲν δὴ νῦν τοῦτο φίλον μακάρεσσι θεοῖσι,
νοστῆσαι Ὀδυσῆα δαΐφρονα ὅνδε δόμονδε,
Ἑρμείαν μὲν ἔπειτα, διάκτορον ἀργειφόντην,
νῆσον ἐς Ὠγυγίην ὀτρύνομεν, ὄφρα τάχιστα          85
Νύμφῃ ἐϋπλοκάμῳ εἴπῃ νημερτέα βουλήν,
νόστον Ὀδυσσῆος ταλασίφρονος, ὥς κε νέηται.
αὐτὰρ ἐγὼν Ἰθάκηνδ' ἐσελεύσομαι, ὄφρα οἱ υἱὸν
μᾶλλον ἐποτρύνω, καί οἱ μένος ἐν φρεσὶ θείω,
εἰς ἀγορὴν καλέσαντα κάρη κομόωντας Ἀχαιοὺς      90
πᾶσι μνηστήρεσσιν ἀπειπέμεν, οἵ τέ οἱ αἰεὶ
μῆλ' ἁδινὰ σφάζουσι καὶ εἰλίποδας ἕλικας βοῦς.
πέμψω δ' ἐς Σπάρτην τε καὶ ἐς Πύλον ἠμαθόεντα,
νόστον πευσόμενον πατρὸς φίλου, ἤν που ἀκούσῃ,
ἠδ' ἵνα μιν κλέος ἐσθλὸν ἐν ἀνθρώποισιν ἔχῃσιν.'  95
  Ὣς εἰποῦσ' ὑπὸ ποσσὶν ἐδήσατο καλὰ πέδιλα,
ἀμβρόσια, χρύσεια, τά μιν φέρον ἠμὲν ἐφ' ὑγρὴν
ἠδ' ἐπ' ἀπείρονα γαῖαν ἅμα πνοιῇς ἀνέμοιο.
[εἵλετο δ' ἄλκιμον ἔγχος, ἀκαχμένον ὀξέϊ χαλκῷ,
βριθὺ, μέγα, στιβαρὸν, τῷ δάμνησι στίχας ἀνδρῶν  100
ἡρώων, τοῖσίν τε κοτέσσεται ὀβριμοπάτρη.]
βῆ δὲ κατ' Οὐλύμποιο καρήνων ἀΐξασα,
στῆ δ' Ἰθάκης ἐνὶ δήμῳ ἐπὶ προθύροις Ὀδυσῆος,
οὐδοῦ ἐπ' αὐλείου· παλάμῃ δ' ἔχε χάλκεον ἔγχος,
εἰδομένη ξείνῳ, Ταφίων ἡγήτορι, Μέντῃ.          105
εὗρε δ' ἄρα μνηστῆρας ἀγήνορας. οἱ μὲν ἔπειτα
πεσσοῖσι προπάροιθε θυράων θυμὸν ἔτερπον,
ἥμενοι ἐν ῥινοῖσι βοῶν, οὓς ἔκτανον αὐτοί.
κήρυκες δ' αὐτοῖσι καὶ ὀτρηροὶ θεράποντες
οἱ μὲν ἄρ' οἶνον ἔμισγον ἐνὶ κρητῆρσι καὶ ὕδωρ,  110

if it be now the pleasure of the blessed gods that wise Odysseus shall return to his own home, let us send Hermes forth — the Guide, the Speedy-comer — into the island of Ogygia, to tell the fair-haired nymph at once our steadfast purpose, that stout Odysseus shall set forth upon his homeward way. I, in the mean while, haste to Ithaka, to rouse his son yet more, and to put vigor in his breast; that so, summoning an assembly of the long-haired Achaians, he may speak out his will to all the suitors, men who continually butcher his thronging flocks and swing-paced, crook-horned oxen. And I will send him forth to Sparta and to sandy Pylos, to seek what he may hear of his dear father's coming, and so to win a good report amongst mankind."

Saying this, under her feet she bound her beautiful sandals, immortal, made of gold, which carry her over the flood and over the boundless land swift as a breath of wind. She took her ponderous spear, tipped with sharp bronze, thick, long, and strong, with which she vanquishes the ranks of men — of heroes, even — when this daughter of a mighty sire is roused against them. Then she went dashing down the ridges of Olympos and in the land of Ithaka stood by the gate of Odysseus, at the threshold of his court. Within her hand she held her brazen spear and seemed the stranger Mentes, the Taphian leader. Here then she found the lordly suitors. They were amusing themselves with games of draughts before the palace door, seated on hides of oxen which they themselves had slain. Pages and busy squires were near; some mixing wine and water in the bowls, others with porous sponges

οἱ δ' αὖτε σπόγγοισι πολυτρήτοισι τραπέζας
νίζον καὶ πρότιθεν, τοὶ δὲ κρέα πολλὰ δατεῦντο.

Τὴν δὲ πολὺ πρῶτος ἴδε Τηλέμαχος θεοειδής,
ἧστο γὰρ ἐν μνηστῆρσι φίλον τετιημένος ἦτορ,
ὀσσόμενος πατέρ' ἐσθλὸν ἐνὶ φρεσίν, εἴ ποθεν ἐλθὼν    115
μνηστήρων τῶν μὲν σκέδασιν κατὰ δώματα θείη,
τιμὴν δ' αὐτὸς ἔχοι καὶ κτήμασιν οἷσιν ἀνάσσοι.
τὰ φρονέων, μνηστῆρσι μεθήμενος, εἴσιδ' Ἀθήνην.
βῆ δ' ἰθὺς προθύροιο, νεμεσσήθη δ' ἐνὶ θυμῷ
ξεῖνον δηθὰ θύρῃσιν ἐφεστάμεν· ἐγγύθι δὲ στὰς    120
χεῖρ' ἕλε δεξιτερὴν καὶ ἐδέξατο χάλκεον ἔγχος,
καί μιν φωνήσας ἔπεα πτερόεντα προσηύδα·

'Χαῖρε, ξεῖνε, παρ' ἄμμι φιλήσεαι· αὐτὰρ ἔπειτα
δείπνου πασσάμενος μυθήσεαι ὅττεό σε χρή.'

Ὣς εἰπὼν ἡγεῖτ', ἡ δ' ἕσπετο Παλλὰς Ἀθήνη.    125
οἱ δ' ὅτε δή ῥ' ἔντοσθεν ἔσαν δόμου ὑψηλοῖο,
ἔγχος μέν ῥ' ἔστησε φέρων πρὸς κίονα μακρὴν
δουροδόκης ἔντοσθεν ἐυξόου, ἔνθα περ ἄλλα
ἔγχε' Ὀδυσσῆος ταλασίφρονος ἵστατο πολλά,
αὐτὴν δ' ἐς θρόνον εἷσεν ἄγων, ὑπὸ λῖτα πετάσσας,    130
καλὸν δαιδάλεον· ὑπὸ δὲ θρῆνυς ποσὶν ἦεν.
πὰρ δ' αὐτὸς κλισμὸν θέτο ποικίλον, ἔκτοθεν ἄλλων
μνηστήρων, μὴ ξεῖνος ἀνιηθεὶς ὀρυμαγδῷ
δείπνῳ ἀδήσειεν, ὑπερφιάλοισι μετελθών,
ἠδ' ἵνα μιν περὶ πατρὸς ἀποιχομένοιο ἔροιτο.    135
χέρνιβα δ' ἀμφίπολος προχόῳ ἐπέχευε φέρουσα
καλῇ χρυσείῃ, ὑπὲρ ἀργυρέοιο λέβητος,
νίψασθαι· παρὰ δὲ ξεστὴν ἐτάνυσσε τράπεζαν.
σῖτον δ' αἰδοίη ταμίη παρέθηκε φέρουσα,
εἴδατα πόλλ' ἐπιθεῖσα, χαριζομένη παρεόντων·    140

washing tables and laying ready, while others still cut up a store of meat.

By far the first to see Athene was godlike Telemachos. For he was sitting with the suitors, sad at heart, picturing in mind his noble father — how he might come from somewhere, make a scattering of the suitors up and down the house, take to himself his honors, and be master of his own. Thinking on this while he sat among the suitors, Athene met his eye. Straight to the door he went, at heart ashamed to have a stranger stand so long before his gates. So drawing near and grasping her right hand, he took her brazen spear, and, speaking, said to her in winged words: "Hail, stranger; here with us you shall be welcome, and by and by, when you have tasted food, you shall make known your needs."

Saying this, he led the way, and Pallas Athene followed. When they were come within the lofty hall, he carried the spear to a tall pillar and set it in a well-worn rack, where also stood many a spear of stout Odysseus. Athene herself he led to a chair and seated, spreading a linen cloth below. Good was the chair and richly wrought; beneath it was a footstool for the feet. Beside it, for himself, he set a sumptuous seat apart from all the suitors, for fear the stranger, worried by their din, might lose his taste for food, meeting with churlish men; and then that he might ask him, too, about his absent father. Now water for the hands a servant brought them, in a beautiful pitcher made of gold, and poured it out over a silver basin for their washing, and by them spread a polished table. And the grave housekeeper brought bread and placed before

δαιτρὸς δὲ κρειῶν πίνακας παρέθηκεν ἀείρας
παντοίων, παρὰ δέ σφι τίθει χρύσεια κύπελλά·
κῆρυξ δ' αὐτοῖσιν θάμ' ἐπῴχετο οἰνοχοεύων.

  Ἐς δ' ἦλθον μνηστῆρες ἀγήνορες. οἱ μὲν ἔπειτα
ἑξείης ἕζοντο κατὰ κλισμούς τε θρόνους τε.      145
τοῖσι δὲ κήρυκες μὲν ὕδωρ ἐπὶ χεῖρας ἔχευαν,
σῖτον δὲ δμωαὶ παρενήνεον ἐν κανέοισι,
κοῦροι δὲ κρητῆρας ἐπεστέψαντο ποτοῖο.
οἱ δ' ἐπ' ὀνείαθ' ἑτοῖμα προκείμενα χεῖρας ἴαλλον.
αὐτὰρ ἐπεὶ πόσιος καὶ ἐδητύος ἐξ ἔρον ἔντο      150
μνηστῆρες, τοῖσιν μὲν ἐνὶ φρεσὶν ἄλλα μεμήλει,
μολπή τ' ὀρχηστύς τε· τὰ γάρ τ' ἀναθήματα δαιτός.
κῆρυξ δ' ἐν χερσὶν κίθαριν περικαλλέα θῆκε
Φημίῳ, ὅς ῥ' ἤειδε παρὰ μνηστῆρσιν ἀνάγκῃ.
ἦ τοι ὁ φορμίζων ἀνεβάλλετο καλὸν ἀείδειν,      155
αὐτὰρ Τηλέμαχος προσέφη γλαυκῶπιν Ἀθήνην,
ἄγχι σχὼν κεφαλήν, ἵνα μὴ πευθοίαθ' οἱ ἄλλοι·

  ‘ Ξεῖνε φίλ', ἦ καί μοι νεμεσήσεαι ὅττι κεν εἴπω;
τούτοισιν μὲν ταῦτα μέλει, κίθαρις καὶ ἀοιδή,
ῥεῖ', ἐπεὶ ἀλλότριον βίοτον νήποινον ἔδουσιν,      160
ἀνέρος οὗ δή που λεύκ' ὀστέα πύθεται ὄμβρῳ
κείμεν' ἐπ' ἠπείρου, ἢ εἰν ἁλὶ κῦμα κυλίνδει.
εἰ κεῖνόν γ' Ἰθάκηνδε ἰδοίατο νοστήσαντα,
πάντες κ' ἀρησαίατ' ἐλαφρότεροι πόδας εἶναι
ἢ ἀφνειότεροι χρυσοῖό τε ἐσθῆτός τε.      165
νῦν δ' ὁ μὲν ὣς ἀπόλωλε κακὸν μόρον, οὐδέ τις ἡμῖν
θαλπωρή, εἴ πέρ τις ἐπιχθονίων ἀνθρώπων
φῇσιν ἐλεύσεσθαι· τοῦ δ' ὤλετο νόστιμον ἦμαρ.
ἀλλ' ἄγε μοι τόδε εἰπὲ καὶ ἀτρεκέως κατάλεξον·
τίς πόθεν εἰς ἀνδρῶν; πόθι τοι πόλις ἠδὲ τοκῆες;      170

them, setting out food of many a kind, freely giving of her store. The carver, too, took platters of meat, and placed before them, meat of all kinds, and set their golden goblets ready; while a page, pouring wine, passed to and fro between them.

Now there came in the lordly suitors. These soon took seats in order, on couches and on chairs. Pages poured water on their hands. Maids heaped them bread in trays, and young men brimmed the bowls with drink. And on the food spread out before them they laid hands. So after they had stayed desire for drink and food — these suitors — then in their thoughts they turned to other things, the song and dance, which crown a feast. And a page put a beautiful lyre into the hands of Phemios, who sang perforce among the suitors. Touching the lyre, he made his prelude to a beautiful song. Then said Telemachos to keen-eyed Athene, his head bent close, that others might not hear:

"Good stranger, will you take offense at what I say? These things are all their care, — the lyre and song, — an easy care, since making no amends, they eat another's substance, that of a man whose white bones now are rotting in the rain, if lying on the land, or in the sea the waters roll them round. But were they once to see him coming home to Ithaka, they all would pray rather for speed of foot than stores of gold and clothing. But he, instead, by some hard fate is gone, and naught remains to us of comfort — no, not if any man on earth shall say he still will come. Passed is his day of coming. But now declare me this, and plainly tell, who are you? Of what

ὁπποίης τ' ἐπὶ νηὸς ἀφίκεο· πῶς δέ σε ναῦται
ἤγαγον εἰς Ἰθάκην; τίνες ἔμμεναι εὐχετόωντο;
οὐ μὲν γάρ τί σε πεζὸν ὀίομαι ἐνθάδ' ἱκέσθαι.
καί μοι τοῦτ' ἀγόρευσον ἐτήτυμον, ὄφρ' ἐὺ εἰδῶ,
ἠὲ νέον μεθέπεις, ἦ καὶ πατρώιός ἐσσι            175
ξεῖνος, ἐπεὶ πολλοὶ ἴσαν ἀνέρες ἡμέτερον δῶ
ἄλλοι, ἐπεὶ καὶ κεῖνος ἐπίστροφος ἦν ἀνθρώπων.'
   Τὸν δ' αὖτε προσέειπε θεὰ γλαυκῶπις Ἀθήνη·
' τοιγὰρ ἐγώ τοι ταῦτα μάλ' ἀτρεκέως ἀγορεύσω.
Μέντης Ἀγχιάλοιο δαΐφρονος εὔχομαι εἶναι        180
υἱός, ἀτὰρ Ταφίοισι φιληρέτμοισιν ἀνάσσω.
νῦν δ' ὧδε ξὺν νηὶ κατήλυθον ἠδ' ἑτάροισι,
πλέων ἐπὶ οἴνοπα πόντον ἐπ' ἀλλοθρόους ἀνθρώπους,
ἐς Τεμέσην μετὰ χαλκόν, ἄγω δ' αἴθωνα σίδηρον.
νηῦς δέ μοι ἥδ' ἕστηκεν ἐπ' ἀγροῦ νόσφι πόληος,   185
ἐν λιμένι Ῥείθρῳ, ὑπὸ Νηίῳ ὑλήεντι.
ξεῖνοι δ' ἀλλήλων πατρώιοι εὐχόμεθ' εἶναι
ἐξ ἀρχῆς, εἴ πέρ τε γέροντ' εἴρηαι ἐπελθὼν
Λαέρτην ἥρωα, τὸν οὐκέτι φασὶ πόλινδε
ἔρχεσθ', ἀλλ' ἀπάνευθεν ἐπ' ἀγροῦ πήματα πάσχειν 190
γρηὶ σὺν ἀμφιπόλῳ, ἥ οἱ βρῶσίν τε πόσιν τε
παρτιθεῖ, εὖτ' ἄν μιν κάματος κατὰ γνῖα λάβῃσιν
ἑρπύζοντ' ἀνὰ γουνὸν ἀλωῆς οἰνοπέδοιο.
νῦν δ' ἦλθον· δὴ γάρ μιν ἔφαντ' ἐπιδήμιον εἶναι,
σὸν πατέρ'· ἀλλά νυ τόν γε θεοὶ βλάπτουσι κελεύθου.
οὐ γάρ πω τέθνηκεν ἐπὶ χθονὶ δῖος Ὀδυσσεύς,     196
ἀλλ' ἔτι που ζωὸς κατερύκεται εὐρέι πόντῳ,
νήσῳ ἐν ἀμφιρύτῃ, χαλεποὶ δέ μιν ἄνδρες ἔχουσιν,
ἄγριοι, οἵ που κεῖνον ἐρυκανόωσ' ἀέκοντα.
αὐτὰρ νῦν τοι ἐγὼ μαντεύσομαι, ὡς ἐνὶ θυμῷ      200

people? Where is your town and kindred? On what ship did you come? And how did sailors bring you to Ithaka? Whom did they call themselves? For I am sure you did not come on foot. And tell the truth in this, that I may know full well if for the first time you now visit here, or are you my father's friend? For many a man from foreign lands once sought our home; because Odysseus also was a rover in the world."

Then said to him the goddess, keen-eyed Athene: "Then I will very plainly tell you all: Mentes I call myself, the son of wise Anchialos, and I am lord of the oar-loving Taphians. Even now I ran in here, with ship and crew, when sailing over the wine-dark sea to men of a strange speech, to Temesê, for bronze; and I carry glittering iron. Here my ship lies, just off the fields outside the town, within the bay of Reithron, under woody Neïon. Hereditary friends we count ourselves, from early days, as you may learn if you will go and ask old lord Laërtes, who, people say, comes to the town no more, but far out in the country suffers hardship, an aged woman his attendant, who supplies him food and drink whenever weariness weighs down his knees, as he creeps about his slope of vineyard ground. It was but now I came, for people said your father was at home. Yet, as I see, the gods delay his journey. For royal Odysseus has not died in any land, but somewhere still alive, lingers on the wide sea, upon some sea-girt island, and cruel men constrain him — some savage folk, who hold him there against his will. Nay, I will make such prophecy as the immortals are forcing on my mind, and as I think will happen;

ἀθάνατοι βάλλουσι καὶ ὡς τελέεσθαι ὀίω,
οὔτε τι μάντις ἐὼν οὔτ' οἰωνῶν σάφα εἰδώς.
οὔ τοι ἔτι δηρόν γε φίλης ἀπὸ πατρίδος αἴης
ἔσσεται, οὐδ' εἴ πέρ τε σιδήρεα δέσματ' ἔχῃσι·
φράσσεται ὥς κε νέηται, ἐπεὶ πολυμήχανός ἐστιν.　205
ἀλλ' ἄγε μοι τόδε εἰπὲ καὶ ἀτρεκέως κατάλεξον,
εἰ δὴ ἐξ αὐτοῖο τόσος πάις εἰς Ὀδυσῆος.
αἰνῶς μὲν κεφαλήν τε καὶ ὄμματα καλὰ ἔοικας
κείνῳ, ἐπεὶ θαμὰ τοῖον ἐμισγόμεθ' ἀλλήλοισι,
πρίν γε τὸν ἐς Τροίην ἀναβήμεναι, ἔνθα περ ἄλλοι　210
Ἀργείων οἱ ἄριστοι ἔβαν κοίλης ἐνὶ νηυσίν·
ἐκ τοῦ δ' οὔτ' Ὀδυσῆα ἐγὼν ἴδον οὔτ' ἐμὲ κεῖνος.'
　Τὴν δ' αὖ Τηλέμαχος πεπνυμένος ἀντίον ηὔδα·
'τοιγὰρ ἐγώ τοι, ξεῖνε, μάλ' ἀτρεκέως ἀγορεύσω.
μήτηρ μέν τ' ἐμέ φησι τοῦ ἔμμεναι, αὐτὰρ ἐγώ γε　215
οὐκ οἶδ'· οὐ γάρ πώ τις ἑὸν γόνον αὐτὸς ἀνέγνω.
ὡς δὴ ἐγώ γ' ὄφελον μάκαρός νύ τευ ἔμμεναι υἱὸς
ἀνέρος, ὃν κτεάτεσσιν ἑοῖς ἔπι γῆρας ἔτετμε.
νῦν δ' ὃς ἀποτμότατος γένετο θνητῶν ἀνθρώπων,
τοῦ μ' ἔκ φασι γενέσθαι, ἐπεὶ σύ με τοῦτ' ἐρεείνεις.'　220
　Τὸν δ' αὖτε προσέειπε θεὰ γλαυκῶπις Ἀθήνη·
'οὐ μέν τοι γενεήν γε θεοὶ νώνυμνον ὀπίσσω
θῆκαν, ἐπεὶ σέ γε τοῖον ἐγείνατο Πηνελόπεια.
ἀλλ' ἄγε μοι τόδε εἰπὲ καὶ ἀτρεκέως κατάλεξον·
τίς δαὶς, τίς δὲ ὅμιλος ὅδ' ἔπλετο ; τίπτε δέ σε χρεώ ;
εἰλαπίνη ἦε γάμος ; ἐπεὶ οὐκ ἔρανος τάδε γ' ἐστίν.　226
ὥς τέ μοι ὑβρίζοντες ὑπερφιάλως δοκέουσι
δαίνυσθαι κατὰ δῶμα. νεμεσσήσαιτό κεν ἀνὴρ
αἴσχεα πόλλ' ὁρόων, ὅς τις πινυτός γε μετέλθοι.'
　Τὴν δ' αὖ Τηλέμαχος πεπνυμένος ἀντίον ηὔδα·　230

although I am no prophet and have no skill in bird-lore. Henceforth, not long shall he be absent from his own dear land, though iron fetters bind him. Some means he will devise to come away; for many a shift has he. But come, declare me this, and plainly tell, if you indeed — so tall — are the true son of Odysseus. In head and beautiful eyes you surely are much like him. For we were often together before he embarked for Troy, whither others, too, — the bravest of the Argives, — went in their hollow ships. But since that day I have not seen Odysseus, nor he me."

Then answered her discreet Telemachos: "Yes, stranger, I will plainly tell you all. My mother says I am his child; I myself do not know; for no one ever yet knew his own parentage. Yet would I were the son of some blest man on whom old age had come amongst his own possessions. But now, the man born most ill-fated of all human kind — of him they say I come, since this you ask me."

Then said to him the goddess, keen-eyed Athene: "Surely the gods meant that your house should not lack future fame, when to such son as you Penelope gave birth. But come, declare me this and plainly tell, what is the feast? What company is this? And what is your part here? Some drinking bout or wedding? It is no table where the guests bear equal charge. So rude they seem, in pride, feasting about the hall. A man must be indignant who comes here in his senses and looks on all this outrage."

Then answered her discreet Telemachos: "Stranger, —

' ξεῖν', ἐπεὶ ἂρ δὴ ταῦτά μ' ἀνείρεαι ἠδὲ μεταλλᾷς,'
μέλλεν μέν ποτε οἶκος ὅδ' ἀφνειὸς καὶ ἀμύμων
ἔμμεναι, ὄφρ' ἔτι κεῖνος ἀνὴρ ἐπιδήμιος ἦεν·
νῦν δ' ἑτέρως ἐβόλοντο θεοὶ κακὰ μητιόωντες,
οἳ κεῖνον μὲν ἄιστον ἐποίησαν περὶ πάντων          235
ἀνθρώπων, ἐπεὶ οὔ κε θανόντι περ ὧδ' ἀκαχοίμην,
εἰ μετὰ οἷς ἑτάροισι δάμη Τρώων ἐνὶ δήμῳ,
ἠὲ φίλων ἐν χερσὶν, ἐπεὶ πόλεμον τολύπευσε.
τῷ κέν οἱ τύμβον μὲν ἐποίησαν Παναχαιοί,
ἠδέ κε καὶ ᾧ παιδὶ μέγα κλέος ἤρατ' ὀπίσσω.          240
νῦν δέ μιν ἀκλειῶς ἅρπυιαι ἀνηρείψαντο·
οἴχετ' ἄιστος, ἄπυστος, ἐμοὶ δ' ὀδύνας τε γόους τε
κάλλιπεν· οὐδ' ἔτι κεῖνον ὀδυρόμενος στεναχίζω
οἶον, ἐπεί νύ μοι ἄλλα θεοὶ κακὰ κήδε' ἔτευξαν.
ὅσσοι γὰρ νήσοισιν ἐπικρατέουσιν ἄριστοι,          245
Δουλιχίῳ τε Σάμῃ τε καὶ ὑλήεντι Ζακύνθῳ,
ἠδ' ὅσσοι κραναὴν Ἰθάκην κάτα κοιρανέουσι,
τόσσοι μητέρ' ἐμὴν μνῶνται, τρύχουσι δὲ οἶκον.
ἡ δ' οὔτ' ἀρνεῖται στυγερὸν γάμον οὔτε τελευτὴν
ποιῆσαι δύναται· τοὶ δὲ φθινύθουσιν ἔδοντες          250
οἶκον ἐμόν· τάχα δή με διαρραίσουσι καὶ αὐτόν.'
    Τὸν δ' ἐπαλαστήσασα προσηύδα Παλλὰς Ἀθήνη·
' ὦ πόποι, ἦ δὴ πολλὸν ἀποιχομένου Ὀδυσῆος
δεύῃ, ὅ κε μνηστῆρσιν ἀναιδέσι χεῖρας ἐφείη.
εἰ γὰρ νῦν ἐλθὼν δόμου ἐν πρώτῃσι θύρῃσι          255
σταίη, ἔχων πήληκα καὶ ἀσπίδα καὶ δύο δοῦρε,
τοῖος ἐών οἷόν μιν ἐγὼ τὰ πρῶτ' ἐνόησα
οἴκῳ ἐν ἡμετέρῳ πίνοντά τε τερπόμενόν τε,
ἐξ Ἐφύρης ἀνιόντα παρ' Ἴλου Μερμερίδαο·
ᾤχετο γὰρ καὶ κεῖσε θοῆς ἐπὶ νηὸς Ὀδυσσεὺς          260

since now you ask of this and question me, — in former days this house bade fair to be wealthy and esteemed, while yet that man was still among his people. But the hard-purposed gods willed otherwise, who shut him from our knowledge more than all men beside. For were he dead, I should not feel such grief — if he had fallen amongst comrades in the Trojan land, or in the arms of friends when the skein of war was wound. Then would the whole Achaian host have made his grave, and even for his son a great name had been gained in after days. Now, silently the robber winds have swept him off. Gone is he, past all sight and hearing, and sorrow and sighing he has left to me. And yet no longer do I grieve and mourn for him alone; for now the gods have brought me other sore distress. For all the nobles that bear sway among the islands, — Doulichion, Samê, and woody Zakynthos, — and all who have the power in rocky Ithaka, all woo my mother and despoil my house. She neither declines the hated suit, nor has she power to end it; while they, with feasting, impoverish my house, and soon will bring me also to destruction."

Stirred into anger, Pallas Athene spoke: " Alas! in very truth, you greatly need absent Odysseus, to lay hands on the shameless suitors. What if even now he came, and here before his house stood at the outer gate, with helmet, shield, and his two spears — even such as when I watched him that first day at my own home, drinking and making merry, on his way from Ephyra, from Ilos, son of Mermeros. For thither, too, Odysseus went in his swift

φάρμακον ἀνδροφόνον διζήμενος, ὄφρα οἱ εἴη
ἰοὺς χρίεσθαι χαλκήρεας· ἀλλ' ὁ μὲν οὔ οἱ
δῶκεν, ἐπεί ῥα θεοὺς νεμεσίζετο αἰὲν ἐόντας,
ἀλλὰ πατήρ οἱ δῶκεν ἐμός· φιλέεσκε γὰρ αἰνῶς.
τοῖος ἐὼν μνηστῆρσιν ὁμιλήσειεν Ὀδυσσεύς·          265
πάντες κ' ὠκύμοροί τε γενοίατο πικρόγαμοί τε.
ἀλλ' ἦ τοι μὲν ταῦτα θεῶν ἐν γούνασι κεῖται,
ἤ κεν νοστήσας ἀποτίσεται, ἦε καὶ οὐκὶ,
οἷσιν ἐνὶ μεγάροισι· σὲ δὲ φράζεσθαι ἄνωγα
ὅππως κε μνηστῆρας ἀπώσεαι ἐκ μεγάροιο.          270
εἰ δ' ἄγε νῦν ξυνίει καὶ ἐμῶν ἐμπάζεο μύθων·
αὔριον εἰς ἀγορὴν καλέσας ἥρωας Ἀχαιοὺς
μῦθον πέφραδε πᾶσι, θεοὶ δ' ἐπιμάρτυροι ἔστων.
μνηστῆρας μὲν ἐπὶ σφέτερα σκίδνασθαι ἄνωχθι,
μητέρα δ', εἴ οἱ θυμὸς ἐφορμᾶται γαμέεσθαι,        275
ἂψ ἴτω ἐς μέγαρον πατρὸς μέγα δυναμένοιο·
οἱ δὲ γάμον τεύξουσι καὶ ἀρτυνέουσιν ἔεδνα
πολλὰ μάλ', ὅσσα ἔοικε φίλης ἐπὶ παιδὸς ἕπεσθαι.
σοὶ δ' αὐτῷ πυκινῶς ὑποθήσομαι, αἴ κε πίθηαι·
νῆ' ἄρσας ἐρέτῃσιν ἐείκοσιν, ἥ τις ἀρίστη,          280
ἔρχεο πευσόμενος πατρὸς δὴν οἰχομένοιο,
ἤν τίς τοι εἴπῃσι βροτῶν, ἢ ὄσσαν ἀκούσῃς
ἐκ Διός, ἥ τε μάλιστα φέρει κλέος ἀνθρώποισι.
πρῶτα μὲν ἐς Πύλον ἐλθὲ καὶ εἴρεο Νέστορα δῖον,
κεῖθεν δὲ Σπάρτηνδε παρὰ ξανθὸν Μενέλαον·        285
ὃς γὰρ δεύτατος ἦλθεν Ἀχαιῶν χαλκοχιτώνων.
εἰ μέν κεν πατρὸς βίοτον καὶ νόστον ἀκούσῃς,
ἦ τ' ἂν τρυχόμενός περ ἔτι τλαίης ἐνιαυτόν·
εἰ δέ κε τεθνηῶτος ἀκούσῃς μηδ' ἔτ' ἐόντος,
νοστήσας δὴ ἔπειτα φίλην ἐς πατρίδα γαῖαν        290

ship, seeking a deadly drug in which to dip his brazen arrows. But Ilos gave it not, because he feared gods, ever living. Yet this my father gave him, for he held him strangely dear. If as he was that day Odysseus now might meet the suitors, they all would find quick turns of fate and bitter rites of marriage.

" At all events, in the gods' lap it lies whether or no he shall return and wreak revenge within his halls. But you yourself I bid to plan to thrust the suitors from your door. Come, give me ear and make my words your guide. To-morrow, calling to an assembly the Achaian lords, make known your will to all, and the gods be your witness! The suitors, bid disperse, each to his own. And for your mother, if her heart inclines to marriage, let her return once more to the hall of her powerful father. They there shall make the wedding and arrange the many gifts which should accompany a well-loved child. Then for yourself I offer sound advice, if you will hearken. Fit out a ship, the best you have, with twenty oarsmen, and go and gather tidings of your long-absent father. Perhaps some man can tell you, or you may catch a rumor sent from Zeus, that carries tidings far and wide amongst mankind. First go to Pylos, and question royal Nestor. Then on to Sparta, to light-haired Menelaos; for he came last among the mailed Achaians. And if you hear your father is alive and coming home, however weary, still you might submit for one year more. But if you hear that he is dead — no longer with the living — you shall at once return to your own native land, and pile his mound and

σῆμά τέ οἱ χεῦαι καὶ ἐπὶ κτέρεα κτερεΐξαι
πολλὰ μάλ', ὅσσα ἔοικε, καὶ ἀνέρι μητέρα δοῦναι.
αὐτὰρ ἐπὴν δὴ ταῦτα τελευτήσῃς τε καὶ ἔρξῃς,
φράζεσθαι δὴ ἔπειτα κατὰ φρένα καὶ κατὰ θυμὸν
ὅππως κε μνηστῆρας ἐνὶ μεγάροισι τεοῖσι      295
κτείνῃς ἠὲ δόλῳ ἢ ἀμφαδόν· οὐδέ τί σε χρὴ
νηπιάας ὀχέειν, ἐπεὶ οὐκέτι τηλίκος ἐσσί.
ἢ οὐκ ἀίεις οἷον κλέος ἔλλαβε δῖος Ὀρέστης
πάντας ἐπ' ἀνθρώπους, ἐπεὶ ἔκτανε πατροφονῆα,
Αἴγισθον δολόμητιν, ὅ οἱ πατέρα κλυτὸν ἔκτα ;      300
καὶ σὺ, φίλος, μάλα γάρ σ' ὁρόω καλόν τε μέγαν τε,
ἄλκιμος ἔσσ', ἵνα τίς σε καὶ ὀψιγόνων εὖ εἴπῃ.
αὐτὰρ ἐγὼν ἐπὶ νῆα θοὴν κατελεύσομαι ἤδη
ἠδ' ἑτάρους, οἵ πού με μάλ' ἀσχαλόωσι μένοντες·
σοὶ δ' αὐτῷ μελέτω, καὶ ἐμῶν ἐμπάζεο μύθων.'      305
     Τὴν δ' αὖ Τηλέμαχος πεπνυμένος ἀντίον ηὔδα·
' ξεῖν', ἦ τοι μὲν ταῦτα φίλα φρονέων ἀγορεύεις,
ὥς τε πατὴρ ᾧ παιδὶ, καὶ οὔ ποτε λήσομαι αὐτῶν.
ἀλλ' ἄγε νῦν ἐπίμεινον, ἐπειγόμενός περ ὁδοῖο,
ὄφρα λοεσσάμενός τε τεταρπόμενός τε φίλον κῆρ,      310
δῶρον ἔχων ἐπὶ νῆα κίῃς, χαίρων ἐνὶ θυμῷ,
τιμῆεν, μάλα καλόν, ὅ τοι κειμήλιον ἔσται
ἐξ ἐμεῦ, οἷα φίλοι ξεῖνοι ξείνοισι διδοῦσι.'
     Τὸν δ' ἠμείβετ' ἔπειτα θεὰ γλαυκῶπις Ἀθήνη·
' μή μ' ἔτι νῦν κατέρυκε, λιλαιόμενόν περ ὁδοῖο.      315
δῶρον δ' ὅττι κέ μοι δοῦναι φίλον ἦτορ ἀνώγῃ,
αὖτις ἀνερχομένῳ δόμεναι οἰκόνδε φέρεσθαι,
καὶ μάλα καλὸν ἑλών. σοὶ δ' ἄξιον ἔσται ἀμοιβῆς.'
     Ἡ μὲν ἄρ' ὣς εἰποῦσ' ἀπέβη γλαυκῶπις Ἀθήνη,
ὄρνις δ' ὣς ἀνοπαῖα διέπτατο· τῷ δ' ἐνὶ θυμῷ      320

pay the funeral rites, full many, as are due, and you shall give your mother to a husband. So after you have ended this and finished all, consider next within your mind and heart how you may slay the suitors in your halls, whether by stratagem or open force. You must not hold to childish ways, for you are of childish age no longer. Have you not heard what fame royal Orestes gained with all mankind, because he slew the slayer, wily Aigisthos, who had slain his famous father? You too, my friend, — for of a truth I find you fair and tall, — be strong, that even men hereafter born may speak your praise. Now go I down to the swift ship and to my comrades, who no doubt chafe at waiting. Rely upon yourself, and make my words your guide."

Then answered her discreet Telemachos: "Stranger, assuredly in this you speak with kindness, even as a father to a son. Never shall I forget it. But pray, now, stay, though eager for your journey; that being bathed, refreshed in very soul, you turn to your ship in joyous mood, bearing a gift of honor, very beautiful, to be to you a keepsake from myself, even such a thing as dear friends give to friends."

Then answered him the goddess, keen-eyed Athene: "Do not detain me longer now, when anxious for my journey. And whatsoever gift your kind heart bids you give, give it when I return, for me to carry home. Choose one exceeding beautiful; it shall be matched in the exchange."

Saying this, keen-eyed Athene passed away, even as a bird — a sea-hawk — takes its flight. Into his

θῆκε μένος καὶ θάρσος, ὑπέμνησέν τέ ἑ πατρὸς
μᾶλλον ἔτ' ἢ τὸ πάροιθεν.   ὁ δὲ φρεσὶν ᾗσι νοήσας
θάμβησεν κατὰ θυμόν·  ὀίσατο γὰρ θεὸν εἶναι.
αὐτίκα δὲ μνηστῆρας ἐπῴχετο ἰσόθεος φώς.

Τοῖσι δ' ἀοιδὸς ἄειδε περικλυτός, οἱ δὲ σιωπῇ      325
εἵατ' ἀκούοντες·  ὁ δ' Ἀχαιῶν νόστον ἄειδε
λυγρὸν, ὃν ἐκ Τροίης ἐπετείλατο Παλλὰς Ἀθήνη.

Τοῦ δ' ὑπερωιόθεν φρεσὶ σύνθετο θέσπιν ἀοιδὴν
κούρη Ἰκαρίοιο, περίφρων Πηνελόπεια·
κλίμακα δ' ὑψηλὴν κατεβήσετο οἷο δόμοιο,       330
οὐκ οἴη, ἅμα τῇ γε καὶ ἀμφίπολοι δύ' ἕποντο.
ἡ δ' ὅτε δὴ μνηστῆρας ἀφίκετο δῖα γυναικῶν,
στῆ ῥα παρὰ σταθμὸν τέγεος πύκα ποιητοῖο,
ἄντα παρειάων σχομένη λιπαρὰ κρήδεμνα·
ἀμφίπολος δ' ἄρα οἱ κεδνὴ ἑκάτερθε παρέστη.       335
δακρύσασα δ' ἔπειτα προσηύδα θεῖον ἀοιδόν·

'Φήμιε, πολλὰ γὰρ ἄλλα βροτῶν θελκτήρια οἶδας,
ἔργ' ἀνδρῶν τε θεῶν τε, τά τε κλείουσιν ἀοιδοί·
τῶν ἕν γέ σφιν ἄειδε παρήμενος, οἱ δὲ σιωπῇ
οἶνον πινόντων·  ταύτης δ' ἀποπαύε' ἀοιδῆς       340
λυγρῆς, ἥ τε μοι αἰεὶ ἐνὶ στήθεσσι φίλον κῆρ
τείρει, ἐπεί με μάλιστα καθίκετο πένθος ἄλαστον.
τοίην γὰρ κεφαλὴν ποθέω μεμνημένη αἰεὶ
ἀνδρός, τοῦ κλέος εὐρὺ καθ' Ἑλλάδα καὶ μέσον Ἄργος.'

Τὴν δ' αὖ Τηλέμαχος πεπνυμένος ἀντίον ηὔδα·      345
'μῆτερ ἐμή, τί τ' ἄρα φθονέεις ἐρίηρον ἀοιδὸν
τέρπειν ὅππῃ οἱ νόος ὄρνυται;  οὔ νύ τ' ἀοιδοὶ
αἴτιοι, ἀλλά ποθι Ζεὺς αἴτιος, ὅς τε δίδωσιν
ἀνδράσιν ἀλφηστῇσιν, ὅπως ἐθέλῃσιν, ἑκάστῳ.
τούτῳ δ' οὐ νέμεσις Δαναῶν κακὸν οἶτον ἀείδειν·     350

heart strength had she brought and courage, turning his
thoughts upon his father more even than before.  As he
marked this in his mind, an awe came on his heart.  He
felt it was a god.  Straightway he sought the suitors, god-
like himself.

To them the famous bard was singing, while they in
silence sat and listened.  He sang of the return of the
Achaians — the sad return, which Pallas Athene had ap-
pointed them on leaving Troy.

Now from her upper chamber, there heard this won-
drous song the daughter of Ikarios, heedful Penelope, and
she descended the long stairway from her room — yet not
alone; two handmaids followed her.  And when this royal
lady reached the suitors, she stood beside a column of the
solid roof, holding before her face her delicate wimple,
the while a faithful handmaid stood on either side.  Then
bursting into tears, she said to the noble bard:

"Phemios, full many another tale you know to charm
mankind, exploits of men and gods, which bards make
famous.  Sit and sing one of these.  The rest drink wine
in silence.  But cease this song, this song of woe, which
harrows evermore the soul within my breast; because on
me has fallen deepest grief that cannot be forgotten.  So
dear a face I miss, ever remembering one whose fame is
wide through Hellas and mid-Argos."

Then answered her discreet Telemachos: " My mother,
why forbid the honored bard to cheer us in whatever way
his mind is moved?  The bards are not to blame, but rather
Zeus, who gives to toiling men even as he wills to each.
There is no cause to be displeased that this man sings us

τὴν γὰρ ἀοιδὴν μᾶλλον ἐπικλείουσ᾽ ἄνθρωποι,
ἥ τις ἀκουόντεσσι νεωτάτη ἀμφιπέληται.
σοὶ δ᾽ ἐπιτολμάτω κραδίη καὶ θυμὸς ἀκούειν·
οὐ γὰρ Ὀδυσσεὺς οἶος ἀπώλεσε νόστιμον ἦμαρ
ἐν Τροίῃ, πολλοὶ δὲ καὶ ἄλλοι φῶτες ὄλοντο.      355
[ἀλλ᾽ εἰς οἶκον ἰοῦσα τὰ σ᾽ αὐτῆς ἔργα κόμιζε,
ἱστόν τ᾽ ἠλακάτην τε, καὶ ἀμφιπόλοισι κέλευε
ἔργον ἐποίχεσθαι· μῦθος δ᾽ ἄνδρεσσι μελήσει
πᾶσι, μάλιστα δ᾽ ἐμοί· τοῦ γὰρ κράτος ἔστ᾽ ἐνὶ οἴκῳ.]᾽
Ἡ μὲν θαμβήσασα πάλιν οἶκόνδε βεβήκει·       360
παιδὸς γὰρ μῦθον πεπνυμένον ἔνθετο θυμῷ.
ἐς δ᾽ ὑπερῷ᾽ ἀναβᾶσα σὺν ἀμφιπόλοισι γυναιξὶ
κλαῖεν ἔπειτ᾽ Ὀδυσῆα, φίλον πόσιν, ὄφρα οἱ ὕπνον
ἡδὺν ἐπὶ βλεφάροισι βάλε γλαυκῶπις Ἀθήνη.
Μνηστῆρες δ᾽ ὁμάδησαν ἀνὰ μέγαρα σκιόεντα·       365
πάντες δ᾽ ἠρήσαντο παραὶ λεχέεσσι κλιθῆναι.
τοῖσι δὲ Τηλέμαχος πεπνυμένος ἤρχετο μύθων·
᾽Μητρὸς ἐμῆς μνηστῆρες, ὑπέρβιον ὕβριν ἔχοντες,
νῦν μὲν δαινύμενοι τερπώμεθα, μηδὲ βοητὺς
ἔστω, ἐπεὶ τόδε καλὸν ἀκουέμεν ἐστὶν ἀοιδοῦ       370
τοιοῦδ᾽ οἶος ὅδ᾽ ἐστί, θεοῖς ἐναλίγκιος αὐδήν.
ἠῶθεν δ᾽ ἀγορήνδε καθεζώμεσθα κιόντες
πάντες, ἵν᾽ ὑμῖν μῦθον ἀπηλεγέως ἀποείπω,
ἐξιέναι μεγάρων· ἄλλας δ᾽ ἀλεγύνετε δαῖτας,
ὑμὰ κτήματ᾽ ἔδοντες, ἀμειβόμενοι κατὰ οἴκους.       375
εἰ δ᾽ ὑμῖν δοκέει τόδε λωίτερον καὶ ἄμεινον
ἔμμεναι, ἀνδρὸς ἑνὸς βίοτον νήποινον ὀλέσθαι,
κείρετ᾽· ἐγὼ δὲ θεοὺς ἐπιβώσομαι αἰὲν ἐόντας,
αἴ κέ ποθι Ζεὺς δῷσι παλίντιτα ἔργα γενέσθαι·
νήποινοί κεν ἔπειτα δόμων ἔντοσθεν ὄλοισθε.᾽       380

of the Danaäns' cruel lot. The song mankind most heart-
ily applaud is that which rings the newest in their ears.
Then let your heart and soul submit to listen; for not
alone did Odysseus lose the day of his return at Troy,
but many another perished also. Nay, seek your cham-
ber and attend to matters of your own, — the loom, the
distaff, — and bid the women ply their tasks. Words are
for men — for all, and chief of all for me; for power
within this house rests here."

Amazed, she turned to her own room again, for the
wise saying of her son she laid to heart. So going to the
upper chamber with her maids, she there began to mourn
Odysseus, her dear husband, till on her eyelids keen-eyed
Athene caused a sweet sleep to fall.

But now the suitors broke into uproar up and down the
dusky hall. All clamored to lie beside her. But dis-
creet Telemachos began to speak: "You suitors of my
mother, of overweening pride, at present let us feast and
make good cheer, and let there be no brawling. For a
pleasant thing it is to hear a bard like this, one who is
even like the gods in voice. But in the morning let us
take our seats in the assembly, and all of you be there,
that I may openly make known my will that you should
quit my halls. Look after other tables, and eat what is
your own, changing about from house to house! Or if
it seems to you more profitable and better to ruin the liv-
ing of one man, without amends, go wasting on! But I
will call upon the gods that live forever, and pray that
Zeus may grant acts of requital. Then beyond all amends,
here in this very house ruin should fall on you."

Ὣς ἔφαθ᾽, οἱ δ᾽ ἄρα πάντες ὀδὰξ ἐν χείλεσι φύντες
Τηλέμαχον θαύμαζον, ὃ θαρσαλέως ἀγόρευε.
Τὸν δ᾽ αὖτ᾽ Ἀντίνοος προσέφη, Εὐπείθεος υἱός·
‘ Τηλέμαχ᾽, ἦ μάλα δή σε διδάσκουσιν θεοὶ αὐτοὶ
ὑψαγόρην τ᾽ ἔμεναι καὶ θαρσαλέως ἀγορεύειν·      885
μὴ σέ γε ἐν ἀμφιάλῳ Ἰθάκῃ βασιλῆα Κρονίων
ποιήσειεν, ὅ τοι γενεῇ πατρώιόν ἐστι.’
Τὸν δ᾽ αὖ Τηλέμαχος πεπνυμένος ἀντίον ηὔδα·
‘ Ἀντίνο᾽, ἦ καί μοι νεμεσήσεαι ὅττι κεν εἴπω ;
καί κεν τοῦτ᾽ ἐθέλοιμι Διὸς γε διδόντος ἀρέσθαι.      890
ἦ φῂς τοῦτο κάκιστον ἐν ἀνθρώποισι τετύχθαι ;
οὐ μὲν γάρ τι κακὸν βασιλευέμεν· αἶψά τέ οἱ δῶ
ἀφνειὸν πέλεται καὶ τιμηέστερος αὐτός.
ἀλλ᾽ ἦ τοι βασιλῆες Ἀχαιῶν εἰσὶ καὶ ἄλλοι
πολλοὶ ἐν ἀμφιάλῳ Ἰθάκῃ, νέοι ἠδὲ παλαιοὶ,      895
τῶν κέν τις τόδ᾽ ἔχῃσιν, ἐπεὶ θάνε δῖος Ὀδυσσεύς.
αὐτὰρ ἐγὼν οἴκοιο ἄναξ ἔσομ᾽ ἡμετέροιο
καὶ δμώων, οὕς μοι ληίσσατο δῖος Ὀδυσσεύς.
Τὸν δ᾽ αὖτ᾽ Εὐρύμαχος, Πολύβου παῖς, ἀντίον ηὔδα·
‘ Τηλέμαχ᾽, ἦ τοι ταῦτα θεῶν ἐν γούνασι κεῖται,      400
ὅς τις ἐν ἀμφιάλῳ Ἰθάκῃ βασιλεύσει Ἀχαιῶν·
κτήματα δ᾽ αὐτὸς ἔχοις καὶ δώμασι σοῖσιν ἀνάσσοις.
μὴ γὰρ ὅ γ᾽ ἔλθοι ἀνὴρ ὅς τίς σ᾽ ἀέκοντα βίηφι
κτήματ᾽ ἀπορραίσει, Ἰθάκης ἔτι ναιετοώσης.
ἀλλ᾽ ἐθέλω σε, φέριστε, περὶ ξείνοιο ἐρέσθαι,      405
ὁππόθεν οὗτος ἀνήρ, ποίης δ᾽ ἐξ εὔχεται εἶναι
γαίης, ποῦ δέ νύ οἱ γενεὴ καὶ πατρὶς ἄρουρα·
ἠέ τιν᾽ ἀγγελίην πατρὸς φέρει ἐρχομένοιο,
ἦ ἑὸν αὐτοῦ χρεῖος ἐελδόμενος τόδ᾽ ἱκάνει ;

He said, and all with teeth set in their lips marveled because Telemachos had spoken boldly.

Then said to him Antinoös, Eupeithes' son: "Telemachos, surely the gods themselves have you in training for a man of lofty tongue and a bold speaker. But may the son of Kronos never make you king in sea-girt Ithaka, although it is by birth your heritage!"

Then answered him discreet Telemachos: "Antinoös, will you feel offense at what I say? This I would gladly take, if Zeus would grant it. Do you think such fate the worst that can befall a man? Why, it is no bad thing to be a king! His house grows rich at once, and he himself is in more honor. Still, as to kings of the Achaians, there are many others here in sea-girt Ithaka, both young and old, some one of whom may take the place, now death has come to royal Odysseus. But I myself will be the lord of our own house and of the slaves which were the spoil of royal Odysseus."

Then answered him Eurymachos, the son of Polybos: "Telemachos, indeed in the gods' lap it lies to say which one of the Achaians shall be king in sea-girt Ithaka. Your substance may you keep, and of your house be lord; may the man never come who, heedless of your will, shall strip you of that substance while Ithaka shall stand. But, good sir, I would ask about this stranger — whence the man comes, and of what land he calls himself. Where are his kinsmen and his native fields? Does he bear tidings of your father's coming, or comes he here with hope of his own gains? How hastily he went! Not waiting for us

οἷον ἀναΐξας ἄφαρ οἴχεται, οὐδ᾽ ὑπέμεινε          410
γνώμεναι· οὐ μὲν γάρ τι κακῷ εἰς ὦπα ἐῴκει.᾽
   Τὸν δ᾽ αὖ Τηλέμαχος πεπνυμένος ἀντίον ηὔδα·
᾽ Εὐρύμαχ᾽, ἦ τοι νόστος ἀπώλετο πατρὸς ἐμοῖο·
οὔτ᾽ οὖν ἀγγελίης ἔτι πείθομαι, εἴ ποθεν ἔλθοι,
οὔτε θεοπροπίης ἐμπάζομαι, ἥν τινα μήτηρ          415
ἐς μέγαρον καλέσασα θεοπρόπον ἐξερέηται.
ξεῖνος δ᾽ οὗτος ἐμὸς πατρώιος ἐκ Τάφου ἐστὶ,
Μέντης δ᾽ Ἀγχιάλοιο δαΐφρονος εὔχεται εἶναι
υἱὸς, ἀτὰρ Ταφίοισι φιληρέτμοισιν ἀνάσσει.᾽
   Ὣς φάτο Τηλέμαχος, φρεσὶ δ᾽ ἀθανάτην θεὸν ἔγνω.
οἱ δ᾽ εἰς ὀρχηστύν τε καὶ ἱμερόεσσαν ἀοιδὴν          421
τρεψάμενοι τέρποντο, μένον δ᾽ ἐπὶ ἕσπερον ἐλθεῖν.
τοῖσι δὲ τερπομένοισι μέλας ἐπὶ ἕσπερος ἦλθε·
δὴ τότε κακκείοντες ἔβαν οἰκόνδε ἕκαστος.
Τηλέμαχος δ᾽, ὅθι οἱ θάλαμος περικαλλέος αὐλῆς          425
ὑψηλὸς δέδμητο, περισκέπτῳ ἐνὶ χώρῳ,
ἔνθ᾽ ἔβη εἰς εὐνὴν πολλὰ φρεσὶ μερμηρίζων.
τῷ δ᾽ ἄρ᾽ ἅμ᾽ αἰθομένας δαΐδας φέρε κεδνὰ ἰδυῖα
Εὐρύκλει᾽, Ὦπος θυγάτηρ Πεισηνορίδαο,
τήν ποτε Λαέρτης πρίατο κτεάτεσσιν ἑοῖσι,          430
πρωθήβην ἔτ᾽ ἐοῦσαν, ἐεικοσάβοια δ᾽ ἔδωκεν,
ἶσα δέ μιν κεδνῇ ἀλόχῳ τίεν ἐν μεγάροισιν,
εὐνῇ δ᾽ οὔ ποτ᾽ ἔμικτο, χόλον δ᾽ ἀλέεινε γυναικός·
ἥ οἱ ἅμ᾽ αἰθομένας δαΐδάς φέρε, καί ἑ μάλιστα
δμωάων φιλέεσκε, καὶ ἔτρεφε τυτθὸν ἐόντα.          435
ὤιξεν δὲ θύρας θαλάμου πύκα ποιητοῖο,
ἕζετο δ᾽ ἐν λέκτρῳ, μαλακὸν δ᾽ ἔκδυνε χιτῶνα·
καὶ τὸν μὲν γραίης πυκιμηδέος ἔμβαλε χερσίν.
ἡ μὲν τὸν πτύξασα καὶ ἀσκήσασα χιτῶνα,

to know him! And yet he seemed like no mean person in the face."

Then answered him discreet Telemachos: "Eurymachos, as for my father's coming, that is at an end. Tidings I trust no longer, let them come whence they may. Nor do I care for divinations such as my mother seeks, summoning a diviner to the hall. This stranger is my father's friend, a man of Taphos; Mentes he calls himself, the son of wise Anchialos, and he is lord of the oar-loving Taphians."

So spoke Telemachos, but in his mind he knew the immortal goddess. Meanwhile the others to dancing and the gladsome song turned merrily, and waited for the evening to come on. And on their merriment dark evening came. So then, desiring rest, each man departed homeward.

But for Telemachos, where on the beautiful court his chamber was built high, at a commanding point, there did he seek his bed, with many doubts in mind. And by his side, with blazing torch, went one who knew her duties — Eurykleia, daughter of Ops, Peisenor's son, whom once Laërtes purchased with his substance, when she was but a girl, and paid the price of twenty oxen. Her, equally with his faithful wife, he honored at the palace, but never sought her bed, avoiding a wife's anger. Now she it was who bore the blazing torches for Telemachos; for she of all the handmaids held him dear, and was his nurse when little. He opened the doors of the strong chamber, sat down upon the bed, pulled his soft tunic off, and laid it in the wise old woman's hands. Folding and

πασσάλῳ ἀγκρεμάσασα παρὰ τρητοῖσι λέχεσσι,    440
βῆ ῥ' ἴμεν ἐκ θαλάμοιο, θύρην δ' ἐπέρυσσε κορώνῃ
ἀργυρέῃ, ἐπὶ δὲ κληῖδ' ἐτάνυσσεν ἱμάντι.
ἔνθ' ὅ γε παννύχιος, κεκαλυμμένος οἰὸς ἀώτῳ,
βούλευε φρεσὶν ᾗσιν ὁδὸν τὴν πέφραδ' Ἀθήνη.

smoothing out the tunic, she hung it on a peg beside the corded bedstead, then left the chamber, and by its silver ring pulled to the door, drawing the bolt home by its strap. So there Telemachos, all the night long, wrapped in a fleece of wool, pondered in mind the course Athene counseled.

# ΟΔΥΣΣΕΙΑΣ Β.

### Ἰθακησίων ἀγορά. Τηλεμάχου ἀποδημία.

Ἦμος δ' ἠριγένεια φάνη ῥοδοδάκτυλος Ἠώς,
ὤρνυτ' ἄρ' ἐξ εὐνῆφιν Ὀδυσσῆος φίλος υἱὸς,
εἵματα ἑσσάμενος, περὶ δὲ ξίφος ὀξὺ θέτ' ὤμῳ,
ποσσὶ δ' ὑπὸ λιπαροῖσιν ἐδήσατο καλὰ πέδιλα,
βῆ δ' ἴμεν ἐκ θαλάμοιο θεῷ ἐναλίγκιος ἄντην.
αἶψα δὲ κηρύκεσσι λιγυφθόγγοισι κέλευσε
κηρύσσειν ἀγορήνδε κάρη κομόωντας Ἀχαιούς.
οἱ μὲν ἐκήρυσσον, τοὶ δ' ἠγείροντο μάλ' ὦκα.
αὐτὰρ ἐπεί ῥ' ἤγερθεν ὁμηγερέες τ' ἐγένοντο,
βῆ ῥ' ἴμεν εἰς ἀγορὴν, παλάμῃ δ' ἔχε χάλκεον ἔγχος.
οὐκ οἶος, ἅμα τῷ γε δύω κύνες ἀργοὶ ἕποντο.          11
θεσπεσίην δ' ἄρα τῷ γε χάριν κατέχευεν Ἀθήνη.
τὸν δ' ἄρα πάντες λαοὶ ἐπερχόμενον θηεῦντο·
ἕζετο δ' ἐν πατρὸς θώκῳ, εἶξαν δὲ γέροντες.
τοῖσι δ' ἔπειθ' ἥρως Αἰγύπτιος ἦρχ' ἀγορεύειν,          15
ὃς δὴ γήραϊ κυφὸς ἔην καὶ μυρία ᾔδη.
καὶ γὰρ τοῦ φίλος υἱὸς ἅμ' ἀντιθέῳ Ὀδυσῆι
Ἴλιον εἰς εὔπωλον ἔβη κοίλῃς ἐνὶ νηυσὶν,
Ἄντιφος αἰχμητής· τὸν δ' ἄγριος ἔκτανε Κύκλωψ
ἐν σπῆι γλαφυρῷ, πύματον δ' ὁπλίσσατο δόρπον.          20
τρεῖς δέ οἱ ἄλλοι ἔσαν, καὶ ὁ μὲν μνηστῆρσιν ὁμίλει,
Εὐρύνομος, δύο δ' αἰὲν ἔχον πατρώια ἔργα·
ἀλλ' οὐδ' ὣς τοῦ λῆθετ' ὀδυρόμενος καὶ ἀχεύων.
τοῦ ὅ γε δάκρυ χέων ἀγορήσατο καὶ μετέειπε·

# II.

SOON as the early, rosy-fingered Dawn appeared, the dear son of Odysseus rose from bed, put on his clothes, slung his sharp sword about his shoulder, under his shining feet bound his fair sandals, and came forth from his chamber in bearing like a god. Straightway he bade the clear-voiced heralds summon to an assembly the long-haired Achaians. Those summoned, and these gathered very quickly. So when they had been called and all were come, he set off for the assembly, holding in hand a brazen spear — yet not alone, two swift dogs followed him, and marvelous was the grace Athene cast about him. Then all the people gazed as he drew near. He sat down in his father's seat; the elders made him way.

The first to speak was lord Aigyptios, a man bowed down with age, who knew a thousand things. He spoke, for his dear son had gone with god-like Odysseus in the hollow ships to Ilios, that land of horses — Antiphos, a spearman. The savage Cyclops killed him in the deep cave, and on him made a supper last of all. Three other sons there were; one joined the suitors — Eurynomos — and two still kept their father's farm. Yet not for them did he forget to mourn and miss that other. Dropping a tear for him, he thus addressed them, saying:

' Κέκλυτε δὴ νῦν μευ, Ἰθακήσιοι, ὄττι κεν εἴπω·     25
οὔτε πω ἡμετέρη ἀγορὴ γένετ' οὔτε θόωκος
ἐξ οὗ Ὀδυσσεὺς δῖος ἔβη κοίλης ἐνὶ νηυσί.
νῦν δὲ τίς ὧδ' ἤγειρε ; τίνα χρειὼ τόσον ἵκει
ἠὲ νέων ἀνδρῶν, ἢ οἳ προγενέστεροί εἰσιν ;
ἠέ τιν' ἀγγελίην στρατοῦ ἔκλυεν ἐρχομένοιο,     30
ἥν χ' ἡμῖν σάφα εἴποι, ὅτε πρότερός γε πύθοιτο ;
ἠέ τι δήμιον ἄλλο πιφαύσκεται ἠδ' ἀγορεύει ;
ἐσθλός μοι δοκεῖ εἶναι, ὀνήμενος. εἴθε οἱ αὐτῷ
Ζεὺς ἀγαθὸν τελέσειεν, ὅ τι φρεσὶν ᾗσι μενοινᾷ.'
    Ὣς φάτο, χαῖρε δὲ φήμῃ Ὀδυσσῆος φίλος υἱός,     35
οὐδ' ἄρ' ἔτι δὴν ἧστο, μενοίνησεν δ' ἀγορεύειν,
στῆ δὲ μέσῃ ἀγορῇ· σκῆπτρον δέ οἱ ἔμβαλε χειρὶ
κῆρυξ Πεισήνωρ, πεπνυμένα μήδεα εἰδώς.
πρῶτον ἔπειτα γέροντα καθαπτόμενος προσέειπεν·
    ' Ὦ γέρον, οὐχ ἑκὰς οὗτος ἀνήρ, τάχα δ' εἴσεαι αὐτός,
ὃς λαὸν ἤγειρα· μάλιστα δέ μ' ἄλγος ἱκάνει.     41
οὔτε τιν' ἀγγελίην στρατοῦ ἔκλυον ἐρχομένοιο,
ἥν χ' ὑμῖν σάφα εἴπω, ὅτε πρότερός γε πυθοίμην,
οὔτε τι δήμιον ἄλλο πιφαύσκομαι οὐδ' ἀγορεύω,
ἀλλ' ἐμὸν αὐτοῦ χρεῖος, ὅ μοι κακὸν ἔμπεσεν οἴκῳ,     45
δοιά· τὸ μὲν πατέρ' ἐσθλὸν ἀπώλεσα, ὅς ποτ' ἐν ὑμῖν
τοίσδεσσιν βασίλευε, πατὴρ δ' ὣς ἤπιος ἦεν·
νῦν δ' αὖ καὶ πολὺ μεῖζον, ὃ δὴ τάχα οἶκον ἅπαντα
πάγχυ διαρραίσει, βίοτον δ' ἀπὸ πάμπαν ὀλέσσει.
μητέρι μοι μνηστῆρες ἐπέχραον οὐκ ἐθελούσῃ,     50
τῶν ἀνδρῶν φίλοι υἷες οἳ ἐνθάδε γ' εἰσὶν ἄριστοι,
οἳ πατρὸς μὲν ἐς οἶκον ἀπερρίγασι νέεσθαι
Ἰκαρίου, ὥς κ' αὐτὸς ἐεδνώσαιτο θύγατρα,
δοίη δ' ᾧ κ' ἐθέλοι καί οἱ κεχαρισμένος ἔλθοι.

"Hearken now, men of Ithaka, to what I say. Never has our assembly once been held — no single session — since royal Odysseus went in the hollow ships. Who is it calls us now, in such a fashion? Who has such urgent need? Young or old is he? Has he heard tidings of an army's coming, which he would plainly tell to us so soon as he has learned? Or has he other public matter to announce and argue? True man he seems to me, and blest already. Zeus grant him good in all his heart desires!"

As thus he spoke, the dear son of Odysseus gladdened at what was said, and kept his seat no longer. He burned to speak. He rose up in the midst of the assembly, and in his hand a herald placed the sceptre — a herald named Peisenor, discreet of understanding. Then turning first to the old man, he thus addressed him:

"Sire, not far off is he, as you full soon shall know, who called the people hither; for it is I who am in deepest trouble. No tidings of an army's coming have I heard, which I would plainly tell to you so soon as I have learned; nor have I other public matter to announce and argue. Rather it is my private need, ill falling on my house in twofold wise. For first I lost my noble father, who was formerly your king — kind father as e'er was — and now there comes a still more grievous thing, which soon will utterly destroy my home and quite cut off my substance. Suitors beset my mother sorely against her will, sons of the very men who are the leaders here. They shrink from going to the house of Ikarios, her father, to let him count the bride-gifts for his daughter, giving her

οἱ δ᾽ εἰς ἡμέτερον πωλεύμενοι ἤματα πάντα,　　55
βοῦς ἱερεύοντες καὶ ὄις καὶ πίονας αἶγας,
εἰλαπινάζουσιν πίνουσί τε αἴθοπα οἶνον
μαψιδίως· τὰ δὲ πολλὰ κατάνεται. οὐ γὰρ ἔπ᾽ ἀνὴρ
οἷος Ὀδυσσεὺς ἔσκεν, ἀρὴν ἀπὸ οἴκου ἀμῦναι.
ἡμεῖς δ᾽ οὔ νύ τι τοῖοι ἀμυνέμεν· ἦ καὶ ἔπειτα　　60
λευγαλέοι τ᾽ ἐσόμεσθα καὶ οὐ δεδαηκότες ἀλκήν.
ἦ τ᾽ ἂν ἀμυναίμην, εἴ μοι δύναμίς γε παρείη.
οὐ γὰρ ἔτ᾽ ἀνσχετὰ ἔργα τετεύχαται, οὐδ᾽ ἔτι καλῶς
οἶκος ἐμὸς διόλωλε· νεμεσσήθητε καὶ αὐτοί,
ἄλλους τ᾽ αἰδέσθητε περικτίονας ἀνθρώπους,　　65
οἳ περιναιετάουσι· θεῶν δ᾽ ὑποδείσατε μῆνιν,
μή τι μεταστρέψωσιν ἀγασσάμενοι κακὰ ἔργα.
λίσσομαι ἠμὲν Ζηνὸς Ὀλυμπίου ἠδὲ Θέμιστος,
ἥ τ᾽ ἀνδρῶν ἀγορὰς ἠμὲν λύει ἠδὲ καθίζει·
σχέσθε, φίλοι, καί μ᾽ οἶον ἐάσατε πένθεϊ λυγρῷ　　70
τείρεσθ᾽, εἰ μή πού τι πατὴρ ἐμὸς ἐσθλὸς Ὀδυσσεὺς
δυσμενέων κάκ᾽ ἔρεξεν ἐυκνήμιδας Ἀχαιούς,
τῶν μ᾽ ἀποτινύμενοι κακὰ ῥέζετε δυσμενέοντες,
τούτους ὀτρύνοντες. ἐμοὶ δέ κε κέρδιον εἴη
ὑμέας ἐσθέμεναι κειμήλιά τε πρόβασίν τε.　　75
εἴ χ᾽ ὑμεῖς γε φάγοιτε, τάχ᾽ ἄν ποτε καὶ τίσις εἴη.
τόφρα γὰρ ἂν κατὰ ἄστυ ποτιπτυσσοίμεθα μύθῳ
χρήματ᾽ ἀπαιτίζοντες, ἕως κ᾽ ἀπὸ πάντα δοθείη·
νῦν δέ μοι ἀπρήκτους ὀδύνας ἐμβάλλετε θυμῷ.᾽

　Ὣς φάτο χωόμενος, ποτὶ δὲ σκῆπτρον βάλε γαίῃ,　80
δάκρυ᾽ ἀναπρήσας· οἶκτος δ᾽ ἕλε λαὸν ἅπαντα.
ἔνθ᾽ ἄλλοι μὲν πάντες ἀκὴν ἔσαν, οὐδέ τις ἔτλη
Τηλέμαχον μύθοισιν ἀμείψασθαι χαλεποῖσιν·
Ἀντίνοος δέ μιν οἶος ἀμειβόμενος προσέειπε·

then to whom he will, whoever meets his favor; but haunting this house of ours day after day, killing our oxen, sheep, and fatted goats, they hold high revel, drinking sparkling wine with little heed. Much goes to waste, for no man is there fit like Odysseus to keep damage from our doors. We are not fit ourselves to guard the house; attempting it, we should be pitiful and found unskilled in conflict. Guard it I would if only strength were mine. For deeds are done which cannot be borne longer, and with no decency my house is plundered. Shame you should feel yourselves, and some respect as well for neighbors living near you, and awe before the anger of the gods, lest haply they may turn upon you, vexed with your evil courses. Nay, I entreat you by Olympian Zeus, and by that Justice which dissolves and gathers the assemblies of mankind, forbear, my friends! Leave me to pine in bitter grief alone, unless indeed my father, good Odysseus, ever in malice wronged the mailed Achaians, and in return for that you now with malice do me wrong, urging these people on. Better for me it were you should yourselves devour my stores and herds. If you devoured them, there might perhaps some day be recompense; for we would constantly pursue you with our suit throughout the town, demanding back our substance till all should be restored. Now, woes incurable you lay upon my heart."

In wrath he spoke, and dashed the sceptre to the ground, letting his tears burst forth, and pity fell on all the people. So all the rest were silent, none else dared to make Telemachos a bitter answer. Antinoös alone made answer, saying:

‘ Τηλέμαχ’ ὑψαγόρη, μένος ἄσχετε, ποῖον ἔειπες　85
ἡμέας αἰσχύνων, ἐθέλοις δέ κε μῶμον ἀνάψαι.
σοὶ δ’ οὔ τι μνηστῆρες Ἀχαιῶν αἴτιοί εἰσιν,
ἀλλὰ φίλη μήτηρ, ἥ τοι περὶ κέρδεα οἶδεν.
ἤδη γὰρ τρίτον ἐστὶν ἔτος, τάχα δ’ εἶσι τέταρτον,
ἐξ οὗ ἀτέμβει θυμὸν ἐνὶ στήθεσσιν Ἀχαιῶν.　90
πάντας μέν ῥ’ ἔλπει, καὶ ὑπίσχεται ἀνδρὶ ἑκάστῳ,
ἀγγελίας προϊεῖσα· νόος δέ οἱ ἄλλα μενοινᾷ.
ἡ δὲ δόλον τόνδ’ ἄλλον ἐνὶ φρεσὶ μερμήριξε·
στησαμένη μέγαν ἱστὸν ἐνὶ μεγάροισιν ὕφαινε,
λεπτὸν καὶ περίμετρον· ἄφαρ δ’ ἡμῖν μετέειπε·　95
κοῦροι, ἐμοὶ μνηστῆρες, ἐπεὶ θάνε δῖος Ὀδυσσεύς,
μίμνετ’ ἐπειγόμενοι τὸν ἐμὸν γάμον, εἰς ὅ κε φᾶρος
ἐκτελέσω, μή μοι μεταμώνια νήματ’ ὄληται,
Λαέρτῃ ἥρωι ταφήιον, εἰς ὅ τέ κέν μιν
μοῖρ’ ὀλοὴ καθέλῃσι τανηλεγέος θανάτοιο,　100
μή τίς μοι κατὰ δῆμον Ἀχαιιάδων νεμεσήσῃ,
αἴ κεν ἄτερ σπείρου κῆται πολλὰ κτεατίσσας.
ὣς ἔφαθ’, ἡμῖν δ’ αὖτ’ ἐπεπείθετο θυμὸς ἀγήνωρ.
ἔνθα καὶ ἡματίη μὲν ὑφαίνεσκεν μέγαν ἱστὸν,
νύκτας δ’ ἀλλύεσκεν, ἐπὴν δαΐδας παραθεῖτο.　105
ὣς τρίετες μὲν ἔληθε δόλῳ καὶ ἔπειθεν Ἀχαιούς·
ἀλλ’ ὅτε τέτρατον ἦλθεν ἔτος καὶ ἐπήλυθον ὧραι,
καὶ τότε δή τις ἔειπε γυναικῶν, ἣ σάφα ᾔδη,
καὶ τήν γ’ ἀλλύουσαν ἐφεύρομεν ἀγλαὸν ἱστόν·
ὣς τὸ μὲν ἐξετέλεσσε καὶ οὐκ ἐθέλουσ’ ὑπ’ ἀνάγκης·　110
σοὶ δ’ ὧδε μνηστῆρες ὑποκρίνονται, ἵν’ εἰδῇς
αὐτὸς σῷ θυμῷ, εἰδῶσι δὲ πάντες Ἀχαιοί.
μητέρα σὴν ἀπόπεμψον, ἄνωχθι δέ μιν γαμέεσθαι
τῷ ὅτεῳ τε πατὴρ κέλεται καὶ ἀνδάνει αὐτῇ.

"Telemachos, you of the lofty tongue and the un-
bridled temper, what do you mean by putting us to
shame?  On us you would be glad to fasten guilt.  I tell
you the Achaian suitors are not at all to blame; your
mother is to blame, who has a craft beyond all women.
The third year is gone by, and fast the fourth is going,
since she began to mock the hearts in our Achaian breasts.
To all she offers hopes, has promises for each, and sends
us messages, yet her heart has a different purpose.  Here
is the last pretext she cunningly devised.  Within the hall
she set up a great loom and went to weaving; fine was
the web and very large; and then to us said she: 'Young
men who are my suitors, now death has come to royal
Odysseus, forbear to press my marriage till I complete
this robe, — its threads must not be wasted, — a shroud
for lord Laërtes, against the time when the fell doom of
death that lays men low takes hold upon him.  Achaian
wives about the land I fear might give me blame, if he
should lie without a shroud — he who had great posses-
sions.'  Such were her words, and our high hearts as-
sented.  Then in the daytime would she weave at the
great web, but in the night unravel, after she brought
the torches.  Thus for three years she hid her craft and
cheated the Achaians.  But when the fourth year came,
as time rolled on, then at the last one of her maids, who
knew full well, confessed, and we discovered her unravel-
ing the splendid web; so then she finished it against her
will, perforce.  Therefore to you the suitors make this
answer, that you yourself may understand in your own
heart, and that the Achaians all may understand.  Send
off  our mother!  Bi   h              ·        ·          h mever

εἰ δ' ἔτ' ἀνιήσει γε πολὺν χρόνον υἷας Ἀχαιῶν,      115
τὰ φρονέουσ' ἀνὰ θυμὸν ἅ οἱ περὶ δῶκεν Ἀθήνη,
ἔργα τ' ἐπίστασθαι περικαλλέα καὶ φρένας ἐσθλὰς
κέρδεά θ', οἷ' οὔ πώ τιν' ἀκούομεν οὐδὲ παλαιῶν,
τάων αἳ πάρος ἦσαν ἐυπλοκάμιδες Ἀχαιαί,
Τυρώ τ' Ἀλκμήνη τε ἐυστέφανός τε Μυκήνη·      120
τάων οὔ τις ὁμοῖα νοήματα Πηνελοπείῃ
ᾔδη· ἀτὰρ μὲν τοῦτό γ' ἐναίσιμον οὐκ ἐνόησε.
τόφρα γὰρ οὖν βίοτόν τε τεὸν καὶ κτήματ' ἔδονται,
ὄφρα κε κείνη τοῦτον ἔχῃ νόον, ὅν τινά οἱ νῦν
ἐν στήθεσσι τιθεῖσι θεοί. μέγα μὲν κλέος αὐτῇ      125
ποιεῖτ', αὐτὰρ σοί γε ποθὴν πολέος βιότοιο·
ἡμεῖς δ' οὔτ' ἐπὶ ἔργα πάρος γ' ἴμεν οὔτε πῃ ἄλλῃ,
πρίν γ' αὐτὴν γήμασθαι Ἀχαιῶν ᾧ κ' ἐθέλῃσι.'

Τὸν δ' αὖ Τηλέμαχος πεπνυμένος ἀντίον ηὔδα·
' Ἀντίνο', οὔ πως ἔστι δόμων ἀέκουσαν ἀπῶσαι      130
ἥ μ' ἔτεχ', ἥ μ' ἔθρεψε· πατὴρ δ' ἐμὸς ἄλλοθι γαίης,
ζώει ὅ γ' ἢ τέθνηκε· κακὸν δέ με πόλλ' ἀποτίνειν
Ἰκαρίῳ, αἴ κ' αὐτὸς ἑκὼν ἀπὸ μητέρα πέμψω.
ἐκ γὰρ τοῦ πατρὸς κακὰ πείσομαι, ἄλλα δὲ δαίμων
δώσει, ἐπεὶ μήτηρ στυγερὰς ἀρήσετ' ἐρινῦς      135
οἴκου ἀπερχομένη· νέμεσις δέ μοι ἐξ ἀνθρώπων
ἔσσεται· ὣς οὐ τοῦτον ἐγώ ποτε μῦθον ἐνίψω.
ὑμέτερος δ' εἰ μὲν θυμὸς νεμεσίζεται αὐτῶν,
ἔξιτέ μοι μεγάρων, ἄλλας δ' ἀλεγύνετε δαῖτας
ὑμὰ κτήματ' ἔδοντες, ἀμειβόμενοι κατὰ οἴκους.      140
εἰ δ' ὑμῖν δοκέει τόδε λωίτερον καὶ ἄμεινον
ἔμμεναι, ἀνδρὸς ἑνὸς βίοτον νήποινον ὀλέσθαι,
κείρετ'· ἐγὼ δὲ θεοὺς ἐπιβώσομαι αἰὲν ἐόντας,

her father wills and him who pleases her! Or will she weary longer yet the sons of the Achaians, mindful at heart of what Athene in large measure gave her, skill in fair works, a noble mind, and such a craft as we have never known in those of old, those who were long ago fair-haired Achaian women, Tyro, Alkmenê, and crowned Mykenê — no one of whom had judgment like Penelope; and yet, in truth, in this she judged not wisely. For even so long shall men devour your life and substance as she retains the mind the gods put in her breast at present. Great fame she brings upon herself, but brings on you the loss of large possessions. To our own lands we will not go, nor elsewhere either, till she shall marry an Achaian — whom she will."

Then answered him discreet Telemachos: "Antinoös, against her will I cannot drive from home the one who bore me and who brought me up. My father is far away, — alive or dead, — and hard it were for me to pay the heavy charges to Ikarios which I needs must, if of my will alone I send my mother forth. For from her father's hand I shall meet ills; and others God will send, when my mother calls upon the dread Avengers as she forsakes the house; blame, too, will fall upon me from mankind. Therefore that word I never will pronounce; and if your hearts chafe at your footing here, then quit my halls! Look after other tables and eat what is your own, changing about from house to house! Or if it seems to you more profitable and better to ruin the living of one man, without amends, go wasting on! But I will call upon the gods that live forever and pray that Zeus may grant acts

αἴ κέ ποθι Ζεὺς δῶσι παλίντιτα ἔργα γενέσθαι.
νήποινοί κεν ἔπειτα δόμων ἔντοσθεν ὄλοισθε.'        145
    Ὣς φάτο Τηλέμαχος, τῷ δ' αἰετὼ εὐρύοπα Ζεὺς
ὑψόθεν ἐκ κορυφῆς ὄρεος προέηκε πέτεσθαι.
τὼ δ' ἔως μέν ῥ' ἐπέτοντο μετὰ πνοιῇς ἀνέμοιο,
πλησίω ἀλλήλοισι τιταινομένω πτερύγεσσιν·
ἀλλ' ὅτε δὴ μέσσην ἀγορὴν πολύφημον ἱκέσθην,        150
ἔνθ' ἐπιδινηθέντε τιναξάσθην πτερὰ πυκνά,
ἐς δ' ἰδέτην πάντων κεφαλάς, ὄσσοντο δ' ὄλεθρον,
δρυψαμένω δ' ὀνύχεσσι παρειὰς ἀμφί τε δειρὰς
δεξιὼ ἤιξαν διά τ' οἰκία καὶ πόλιν αὐτῶν.
θάμβησαν δ' ὄρνιθας, ἐπεὶ ἴδον ὀφθαλμοῖσιν·        155
ὥρμηναν δ' ἀνὰ θυμὸν ἅ περ τελέεσθαι ἔμελλον.
τοῖσι δὲ καὶ μετέειπε γέρων ἥρως Ἁλιθέρσης
Μαστορίδης· ὁ γὰρ οἶος ὁμηλικίην ἐκέκαστο
ὄρνιθας γνῶναι καὶ ἐναίσιμα μυθήσασθαι·
ὅ σφιν ἐυφρονέων ἀγορήσατο καὶ μετέειπε·        160
    ' Κέκλυτε δὴ νῦν μευ, Ἰθακήσιοι, ὅττι κεν εἴπω·
μνηστῆρσιν δὲ μάλιστα πιφαυσκόμενος τάδε εἴρω.
τοῖσιν γὰρ μέγα πῆμα κυλίνδεται· οὐ γὰρ Ὀδυσσεὺς
δὴν ἀπάνευθε φίλων ὧν ἔσσεται, ἀλλά που ἤδη
ἐγγὺς ἐὼν τοίσδεσσι φόνον καὶ κῆρα φυτεύει        165
πάντεσσιν· πολέσιν δὲ καὶ ἄλλοισιν κακὸν ἔσται,
οἳ νεμόμεσθ' Ἰθάκην εὐδείελον. ἀλλὰ πολὺ πρὶν
φραζώμεσθ' ὥς κεν καταπαύσομεν· οἱ δὲ καὶ αὐτοὶ
παυέσθων· καὶ γάρ σφιν ἄφαρ τόδε λώιόν ἐστιν.
οὐ γὰρ ἀπείρητος μαντεύομαι, ἀλλ' εὖ εἰδώς·        170
καὶ γὰρ κείνῳ φημὶ τελευτηθῆναι ἅπαντα
ὣς οἱ ἐμυθεόμην, ὅτε Ἴλιον εἰσανέβαινον
Ἀργεῖοι, μετὰ δέ σφιν ἔβη πολύμητις Ὀδυσσεύς.

of requital. Then beyond all amends, here in this very house, ruin should fall on you!"

So spoke Telemachos, and answering him far-seeing Zeus sent forth a pair of eagles, flying from a mountain peak on high. These for a time moved down along the wind, close by each other and with outstretched wings; but as they reached the middle of the many-voiced assembly, wheeling in circles there, they flapped their heavy wings, glared at the heads of all, and death was in their eyes. Then tearing with their claws each other's cheek and neck, they darted to the right, across the town and houses. Men marveled at the birds, as they beheld, and pondered in their hearts what they should mean. And to the rest spoke old lord Halitherses, the son of Mastor; for he surpassed all people of his time in understanding birds and telling words of fate. He with good will addressed them thus, and said:

"Hearken now, men of Ithaka, to what I say; and to the suitors with a special meaning do I speak. A great calamity is theirs, now rolling onward! For Odysseus will not long be parted from his friends, but even now is near, sowing the seeds of death and doom for all men here. Ay, and on many another, too, shall sorrow fall — on many of us who live in far-seen Ithaka! But long ere that, let us consider how to check these men, or rather, let them check themselves; that soon shall be their gain. For not as inexpert I prophesy, but with sure knowledge. And this I say: all has come true for him which I declared that day the Argive host took ship for Ilios, and with them wise Odysseus went along. I said that after

5

φῆν κακὰ πολλὰ παθόντ᾽, ὀλέσαντ᾽ ἄπο πάντας ἑταίρους
ἄγνωστον πάντεσσιν ἐεικοστῷ ἐνιαυτῷ                         175
οἴκαδ᾽ ἐλεύσεσθαι· τὰ δὲ δὴ νῦν πάντα τελεῖται.᾽

    Τὸν δ᾽ αὖτ᾽ Εὐρύμαχος, Πολύβου παῖς, ἀντίον ηὔδα·
᾽ὦ γέρον, εἰ δ᾽ ἄγε νῦν μαντεύεο σοῖσι τέκεσσιν
οἴκαδ᾽ ἰών, μή πού τι κακὸν πάσχωσιν ὀπίσσω·
ταῦτα δ᾽ ἐγὼ σέο πολλὸν ἀμείνων μαντεύεσθαι.               180
ὄρνιθες δέ τε πολλοὶ ὑπ᾽ αὐγὰς ἠελίοιο
φοιτῶσ᾽, οὐδέ τε πάντες ἐναίσιμοι· αὐτὰρ Ὀδυσσεὺς
ὤλετο τῆλ᾽, ὡς καὶ σὺ καταφθίσθαι σὺν ἐκείνῳ
ὤφελες. οὐκ ἂν τόσσα θεοπροπέων ἀγόρευες,
οὐδέ κε Τηλέμαχον κεχολωμένον ὧδ᾽ ἀνιείης                  185
σῷ οἴκῳ δῶρον ποτιδέγμενος, αἴ κε πόρῃσιν.
ἀλλ᾽ ἔκ τοι ἐρέω, τὸ δὲ καὶ τετελεσμένον ἔσται·
αἴ κε νεώτερον ἄνδρα παλαιά τε πολλά τε εἰδὼς
παρφάμενος ἐπέεσσιν ἐποτρύνῃς χαλεπαίνειν,
αὐτῷ μέν οἱ πρῶτον ἀνιηρέστερον ἔσται,                     190
[πρῆξαι δ᾽ ἔμπης οὔ τι δυνήσεται εἴνεκα τῶνδε·]
σοὶ δὲ, γέρον, θωὴν ἐπιθήσομεν ἥν κ᾽ ἐνὶ θυμῷ
τίνων ἀσχάλλῃς· χαλεπὸν δέ τοι ἔσσεται ἄλγος.
Τηλεμάχῳ δ᾽ ἐν πᾶσιν ἐγὼν ὑποθήσομαι αὐτός·
μητέρ᾽ ἑὴν ἐς πατρὸς ἀνωγέτω ἀπονέεσθαι·                   195
οἱ δὲ γάμον τεύξουσι καὶ ἀρτυνέουσιν ἔεδνα
πολλὰ μάλ᾽, ὅσσα ἔοικε φίλης ἐπὶ παιδὸς ἕπεσθαι.
οὐ γὰρ πρὶν παύσεσθαι ὀίομαι υἷας Ἀχαιῶν
μνηστύος ἀργαλέης, ἐπεὶ οὔ τινα δείδιμεν ἔμπης,
οὔτ᾽ οὖν Τηλέμαχον, μάλα περ πολύμυθον ἐόντα·              200
οὔτε θεοπροπίης ἐμπαζόμεθ᾽, ἣν σὺ, γεραιὲ,
μυθέαι ἀκράαντον, ἀπεχθάνεαι δ᾽ ἔτι μᾶλλον.
χρήματα δ᾽ αὖτε κακῶς βεβρώσεται, οὐδέ ποτ᾽ ἶσα

suffering much, and losing all his men, unknown to all, in the twentieth year he should come home. Now thus it all comes true."

Then answered him Eurymachos, the son of Polybos: "Well, well, old man, go home and play the prophet to your children, or else they may have trouble in the days to come! About these matters, I can prophesy much better than yourself. Plenty of birds flit in the sunshine, but not all are fateful. As for Odysseus, he died far away; and would that you had perished with him! You would not then have prated so of reading signs, nor would you, when Telemachos is wroth, thus press him on, looking for him to send your house some gift. But let me tell you this, a thing also to be found true; if you, who know the many things an old man knows, delude this youth with talk, urging him on to anger, it shall be in the first place all the worse for him, — and nothing can he do by aid of people here — and on yourself, old man, we will inflict a fine which it will grieve you to the soul to pay. And to Telemachos, here before all, I myself give this warning. Let him instruct his mother to depart back to her father's house. They there shall make the wedding and arrange the many gifts which should accompany a well-loved child; for never till then, I hold, will the sons of the Achaians quit their rough courtship. No fear have we of any man, not even of Telemachos, so full of talk. Nothing we reck of auguries which you, old man, idly declare, making yourself the more detested. So now again, his substance shall be miserably devoured, and no return be made, so

ἔσσεται, ὄφρα κεν ἦ γε διατρίβῃσιν Ἀχαιοὺς
ὃν γάμον· ἡμεῖς δ' αὖ ποτιδέγμενοι ἤματα πάντα        205
εἵνεκα τῆς ἀρετῆς ἐριδαίνομεν, οὐδὲ μετ' ἄλλας
ἐρχόμεθ', ἃς ἐπιεικὲς ὀπυιέμεν ἐστὶν ἑκάστῳ.'

   Τὸν δ' αὖ Τηλέμαχος πεπνυμένος ἀντίον ηὔδα·
'Εὐρύμαχ' ἠδὲ καὶ ἄλλοι, ὅσοι μνηστῆρες ἀγαυοί,
ταῦτα μὲν οὐχ ὑμέας ἔτι λίσσομαι οὐδ' ἀγορεύω·       210
ἤδη γὰρ τὰ ἴσασι θεοὶ καὶ πάντες Ἀχαιοί.
ἀλλ' ἄγε μοι δότε νῆα θοὴν καὶ εἴκοσ' ἑταίρους,
οἵ κέ μοι ἔνθα καὶ ἔνθα διαπρήσσωσι κέλευθον.
εἶμι γὰρ ἐς Σπάρτην τε καὶ ἐς Πύλον ἠμαθόεντα,
νόστον πευσόμενος πατρὸς δὴν οἰχομένοιο,            215
ἤν τίς μοι εἴπῃσι βροτῶν, ἢ ὄσσαν ἀκούσω
ἐκ Διός, ἥ τε μάλιστα φέρει κλέος ἀνθρώποισιν.
εἰ μέν κεν πατρὸς βίοτον καὶ νόστον ἀκούσω,
ἦ τ' ἄν, τρυχόμενός περ, ἔτι τλαίην ἐνιαυτόν·
εἰ δέ κε τεθνηῶτος ἀκούσω μηδ' ἔτ' ἐόντος,          220
νοστήσας δὴ ἔπειτα φίλην ἐς πατρίδα γαῖαν
σῆμά τέ οἱ χεύω καὶ ἐπὶ κτέρεα κτερεΐξω
πολλὰ μάλ', ὅσσα ἔοικε, καὶ ἀνέρι μητέρα δώσω.'

   Ἦ τοι ὅ γ' ὣς εἰπὼν κατ' ἄρ' ἕζετο, τοῖσι δ' ἀνέστη
Μέντωρ, ὅς ῥ' Ὀδυσῆος ἀμύμονος ἦεν ἑταῖρος,          225
καί οἱ ἰὼν ἐν νηυσὶν ἐπέτρεπεν οἶκον ἅπαντα,
πείθεσθαί τε γέροντι καὶ ἔμπεδα πάντα φυλάσσειν·
ὅ σφιν ἐυφρονέων ἀγορήσατο καὶ μετέειπε·

   'Κέκλυτε δὴ νῦν μευ, Ἰθακήσιοι, ὅττι κεν εἴπω·
μή τις ἔτι πρόφρων ἀγανὸς καὶ ἤπιος ἔστω            230
σκηπτοῦχος βασιλεύς, μηδὲ φρεσὶν αἴσιμα εἰδώς,
ἀλλ' αἰεὶ χαλεπός τ' εἴη καὶ αἴσυλα ῥέζοι,
ὡς οὔ τις μέμνηται Ὀδυσσῆος θείοιο

long as she delays the Achaians in her marriage. Moreover, waiting here day after day, as rivals for her charms, we will not seek out other women whom it might well become a man to marry."

Then answered him discreet Telemachos : " Eurymachos and all you other lordly suitors, these things I urge no longer; I have no more to say ; for now the gods and all the Achaians understand. Come, then, and give me a swift ship with twenty comrades, to help me make a journey up and down the sea ; for I will go to Sparta and to sandy Pylos, to ask about the coming home of my long-absent father. Perhaps some man can tell me, or I may catch a rumor sent from Zeus, which carries tidings far and wide amongst mankind. If I shall hear my father is alive and coming home, however weary, still I might submit for one year more. But if I hear that he is dead — no longer with the living — I will at once return to my own native land, and pile his mound and pay the funeral rites, full many, as are due, and I will give my mother to a husband."

So saying, he sat down ; and up rose Mentor, who was the friend of gallant Odysseus. On going with the ships, Odysseus gave him charge of all his house, that they should heed their elder and he keep all things secure. He with good will addressed them thus, and said:

" Hearken now, men of Ithaka, to what I say. Never again let sceptre-bearing king in all sincerity be kind and gentle, nor let him in his mind heed righteousness. Rather should he be always stern, and work unrighteous deeds ; since none remembers kingly Odysseus among the people

λαῶν, οἷσιν ἄνασσε, πατὴρ δ' ὣς ἤπιος ἦεν.
ἀλλ' ἦ τοι μνηστῆρας ἀγήνορας οὔ τι μεγαίρω      235
ἔρδειν ἔργα βίαια κακορραφίῃσι νόοιο·
σφὰς γὰρ παρθέμενοι κεφαλὰς κατέδουσι βιαίως
οἶκον Ὀδυσσῆος, τὸν δ' οὐκέτι φασὶ νέεσθαι.
νῦν δ' ἄλλῳ δήμῳ νεμεσίζομαι, οἷον ἅπαντες
ἧσθ' ἄνεῳ, ἀτὰρ οὔ τι καθαπτόμενοι ἐπέεσσι      240
παύρους μνηστῆρας καταπαύετε πολλοὶ ἐόντες.'

    Τὸν δ' Εὐηνορίδης Λειώκριτος ἀντίον ηὔδα·
' Μέντορ ἀταρτηρέ, φρένας ἠλεέ, ποῖον ἔειπες
ἡμέας ὀτρύνων καταπαυέμεν. ἀργαλέον δὲ
ἀνδράσι καὶ πλεόνεσσι μαχήσασθαι περὶ δαιτί.      245
εἴ περ γάρ κ' Ὀδυσεὺς Ἰθακήσιος αὐτὸς ἐπελθὼν
δαινυμένους κατὰ δῶμα ἑὸν μνηστῆρας ἀγαυοὺς
ἐξελάσαι μεγάροιο μενοινήσει' ἐνὶ θυμῷ,
οὔ κέν οἱ κεχάροιτο γυνή, μάλα περ χατέουσα,
ἐλθόντ', ἀλλά κεν αὐτοῦ ἀεικέα πότμον ἐπίσποι,      250
εἰ πλεόνεσσι μάχοιτο· σὺ δ' οὐ κατὰ μοῖραν ἔειπες.
ἀλλ' ἄγε, λαοὶ μὲν σκίδνασθ' ἐπὶ ἔργα ἕκαστος,
τούτῳ δ' ὀτρυνέει Μέντωρ ὁδὸν ἠδ' Ἁλιθέρσης,
οἵ τέ οἱ ἐξ ἀρχῆς πατρώιοί εἰσιν ἑταῖροι.
ἀλλ', ὀίω, καὶ δηθὰ καθήμενος ἀγγελιάων      255
πεύσεται εἰν Ἰθάκῃ, τελέει δ' ὁδὸν οὔ ποτε ταύτην.'

    Ὣς ἄρ' ἐφώνησεν, λῦσεν δ' ἀγορὴν αἰψηρήν.
οἱ μὲν ἄρ' ἐσκίδναντο ἑὰ πρὸς δώμαθ' ἕκαστος,
μνηστῆρες δ' ἐς δώματ' ἴσαν θείου Ὀδυσῆος.

    Τηλέμαχος δ' ἀπάνευθε κιὼν ἐπὶ θῖνα θαλάσσης,      260
χεῖρας νιψάμενος πολιῆς ἁλός, εὔχετ' Ἀθήνῃ.

    ' Κλῦθί μευ, ὃ χθιζὸς θεὸς ἤλυθες ἡμέτερον δῶ
καί μ' ἐν νηὶ κέλευσας ἐπ' ἠεροειδέα πόντον,

whom he ruled, kind father though he was. Yet I make
no complaint against the haughty suitors for doing deeds
of violence in insolence of heart. For they at hazard
of their heads thus violently devour the household of
Odysseus, saying he will come no more. It is with the
remainder of the people I am wroth, because you all sit
still, and, uttering not a word, you do not stop the suit-
ors, — they so few and you so many."

Then answered him Evenor's son, Leiokritos: "In-
fernal Mentor, crazy-witted man, what do you mean by
urging them to stop us? Hard would it be, for many
more than we, to fight with us on question of our food!
Indeed, should Ithakan Odysseus come himself upon us
lordly suitors feasting in his house, and be resolved in
heart to drive us from the hall, his wife would have no
joy, however great her longing, over his coming; but here
he should meet shameful death, fighting with more than
he. You spoke unwisely! Come, people, then, turn to
your own affairs! For this youth here, Mentor shall speed
his voyage, and Halitherses too, for they are from of old
his father's friends; but I suspect he still will sit about
for many a day, gather his news in Ithaka, and never
make the voyage."

He spoke and hastily dissolved the assembly. So they
dispersed, each going to his house; the suitors sought the
house of kingly Odysseus.

But Telemachos walked by himself along the sea-shore,
and, washing his hands in the foaming water, prayed
Athene: "Hear me, O thou who yesterday didst visit,
god as thou art, our home, and there didst bid me go on

νόστον πευσόμενον πατρὸς δὴν οἰχομένοιο,
ἔρχεσθαι· τὰ δὲ πάντα διατρίβουσιν Ἀχαιοὶ,          265
μνηστῆρες δὲ μάλιστα, κακῶς ὑπερηνορέοντες.'

   Ὡς ἔφατ' εὐχόμενος, σχεδόθεν δέ οἱ ἦλθεν Ἀθήνη,
Μέντορι εἰδομένη ἠμὲν δέμας ἠδὲ καὶ αὐδὴν,
καί μιν φωνήσασ' ἔπεα πτερόεντα προσηύδα·

   ' Τηλέμαχ', οὐδ' ὄπιθεν κακὸς ἔσσεαι οὐδ' ἀνοήμων,
εἰ δή τοι σοῦ πατρὸς ἐνέστακται μένος ἠὺ,            271
οἷος κεῖνος ἔην τελέσαι ἔργον τε ἔπος τε.
οὔ τοι ἔπειθ' ἀλίη ὁδὸς ἔσσεται οὐδ' ἀτέλεστος.
εἰ δ' οὐ κείνου γ' ἐσσὶ γόνος καὶ Πηνελοπείης,
οὐ σέ γ' ἔπειτα ἔολπα τελευτήσειν ἃ μενοινᾷς.        275
παῦροι γάρ τοι παῖδες ὁμοῖοι πατρὶ πέλονται,
οἱ πλέονες κακίους, παῦροι δέ τε πατρὸς ἀρείους.
ἀλλ' ἐπεὶ οὐδ' ὄπιθεν κακὸς ἔσσεαι οὐδ' ἀνοήμων,
οὐδέ σε πάγχυ γε μῆτις Ὀδυσσῆος προλέλοιπεν,
ἐλπωρή τοι ἔπειτα τελευτῆσαι τάδε ἔργα.             280
τῷ νῦν μνηστήρων μὲν ἔα βουλήν τε νόον τε
ἀφραδέων, ἐπεὶ οὔ τι νοήμονες οὐδὲ δίκαιοι·
οὐδέ τι ἴσασιν θάνατον καὶ κῆρα μέλαιναν,
ὃς δή σφι σχεδόν ἐστιν, ἐπ' ἤματι πάντας ὀλέσθαι.
σοὶ δ' ὁδὸς οὐκέτι δηρὸν ἀπέσσεται ἣν σύ μενοινᾷς·   285
τοῖος γάρ τοι ἑταῖρος ἐγὼ πατρώιός εἰμι,
ὅς τοι νῆα θοὴν στελέω καὶ ἅμ' ἔψομαι αὐτός.
ἀλλὰ σὺ μὲν πρὸς δώματ' ἰὼν μνηστῆρσιν ὁμίλει,
ὅπλισσόν τ' ἤια καὶ ἄγγεσιν ἄρσον ἄπαντα,
οἶνον ἐν ἀμφιφορεῦσι, καὶ ἄλφιτα, μυελὸν ἀνδρῶν,     290
δέρμασιν ἐν πυκινοῖσιν· ἐγὼ δ' ἀνὰ δῆμον ἑταίρους
αἶψ' ἐθελοντῆρας συλλέξομαι. εἰσὶ δὲ νῆες
πολλαὶ ἐν ἀμφιάλῳ Ἰθάκῃ, νέαι ἠδὲ παλαιαί·

shipboard, over the misty sea, to ask about the coming home of my long-absent father. All thy commands the Achaians hinder, the suitors most of all in wicked insolence."

So spoke he in his prayer, and near him came Athene, taking the guise of Mentor in figure and in voice, and speaking to him in winged words she said:

"Telemachos, henceforth you shall not be a base man nor a foolish, if in you stirs your father's hardy spirit, and you like him can give effect to deed and word./ But if you are not sprung from him and from Penelope, then am I hopeless of your gaining what you seek. Few sons are like their fathers; most are worse, few better, than the father. Yet because you henceforth will not be base nor foolish, nor has the wisdom of Odysseus wholly failed you, therefore there is a hope you will one day effect these deeds.

"Disregard, then, the plans and purposes of the mad suitors, for they are in no way wise or upright men. Nothing they know of death and the dark doom which now is near, so that they all shall perish in a day. But for yourself, the journey you desire shall not be long delayed. So truly am I your father's friend, I will provide you a swift ship and I will be your comrade. But go you to the palace, mix with the suitors, and prepare the stores, securing all in vessels — wine in jars, and corn, which is men's marrow, in tight skins — while I about the town quickly select a willing crew. In sea-girt Ithaka are many ships, ships new and old. Of these I will look out the

τάων μέν τοι ἐγὼν ἐπιόψομαι ἥ τις ἀρίστη,
ὦκα δ' ἐφοπλίσσαντες ἐνήσομεν εὑρέι πόντῳ.'      295
'Ὣς φάτ' Ἀθηναίη, κούρη Διός· οὐδ' ἄρ' ἔτι δὴν
Τηλέμαχος παρέμιμνεν, ἐπεὶ θεοῦ ἔκλυεν αὐδήν.
βῆ δ' ἴμεναι πρὸς δῶμα, φίλον τετιημένος ἦτορ,
εὗρε δ' ἄρα μνηστῆρας ἀγήνορας ἐν μεγάροισιν,
αἶγας ἀνιεμένους σιάλους θ' εὕοντας ἐν αὐλῇ.      300
Ἀντίνοος δ' ἰθὺς γελάσας κίε Τηλεμάχοιο·
ἔν τ' ἄρα οἱ φῦ χειρὶ ἔπος τ' ἔφατ' τ' ὀνόμαζε·
'Τηλέμαχ' ὑψαγόρη, μένος ἄσχετε, μή τί τοι ἄλλο
ἐν στήθεσσι κακὸν μελέτω ἔργον τε ἔπος τε,
ἀλλά μοι ἐσθιέμεν καὶ πινέμεν, ὡς τὸ πάρος περ.      305
ταῦτα δέ τοι μάλα πάντα τελευτήσουσιν Ἀχαιοί,
νῆα καὶ ἐξαίτους ἐρέτας, ἵνα θᾶσσον ἵκηαι
ἐς Πύλον ἠγαθέην μετ' ἀγαυοῦ πατρὸς ἀκουήν.'
Τὸν δ' αὖ Τηλέμαχος πεπνυμένος ἀντίον ηὔδα·
'Ἀντίνο' οὔ πως ἔστιν ὑπερφιάλοισι μεθ' ὑμῖν      310
δαίνυσθαί τ' ἀκέοντα καὶ εὐφραίνεσθαι ἔκηλον.
ἦ οὐχ ἅλις ὡς τὸ πάροιθεν ἐκείρετε πολλὰ καὶ ἐσθλὰ
κτήματ' ἐμά, μνηστῆρες, ἐγὼ δ' ἔτι νήπιος ἦα;
νῦν δ' ὅτε δὴ μέγας εἰμὶ καὶ ἄλλων μῦθον ἀκούων
πυνθάνομαι, καὶ δή μοι ἀέξεται ἔνδοθι θυμός,      315
πειρήσω ὥς κ' ὔμμι κακὰς ἐπὶ κῆρας ἰήλω,
ἠὲ Πύλονδ' ἐλθών, ἢ αὐτοῦ τῷδ' ἐνὶ δήμῳ.
εἶμι μέν, οὐδ' ἁλίη ὁδὸς ἔσσεται ἣν ἀγορεύω,
ἔμπορος· οὐ γὰρ νηὸς ἐπήβολος οὐδ' ἐρετάων
γίγνομαι· ὥς νύ που ὔμμιν ἐείσατο κέρδιον εἶναι.'      320
Ἦ ῥα, καὶ ἐκ χειρὸς χεῖρα σπάσατ' Ἀντινόοιο
[ῥεῖα· μνηστῆρες δὲ δόμον κάτα δαῖτα πένοντο].

best, and quickly making her ready we will launch her on the open sea."

So spoke Athene, daughter of Zeus. No longer then lingered Telemachos when he heard the goddess speak. He set off toward the house, though with a heavy heart, and found the lordly suitors at the palace flaying goats and singeing swine within the court. Antinoös with a laugh came forward to Telemachos, and taking him by the hand he spoke, and thus addressed him:

"Telemachos, you of the lofty tongue and the unbridled temper, do not again grow sore in heart at what we do or say! No, eat and drink just as you used to do. All you have asked of course the Achaians will provide — the ship and the picked crew — to help you quickly find your way to sacred Pylos, seeking for tidings of your noble father."

Then answered him discreet Telemachos: "Antinoös, I cannot, among you churlish men, sit quietly at table and calmly take my ease; for was it not enough that in the days gone by you suitors wasted much good property of mine, I still a helpless child? But now that I am grown, and, hearing the story from the lips of others, understand, and the heart swells within me, I will do what I may to bring on your heads an evil doom, whether I go to Pylos or remain here in the land. But go I will — not vain shall the voyage be of which I speak — a passenger with others, since I can get command of neither ship nor crew. So seemed it wisest now to you."

He spoke, and from the hand of Antinoös quietly drew his own. Meanwhile, the suitors in the house were busy

οἱ δ' ἐπελώβευον καὶ ἐκερτόμεον ἐπέεσσιν·
ὧδε δέ τις εἴπεσκε νέων ὑπερηνορεόντων·
'Ἦ μάλα Τηλέμαχος φόνον ἡμῖν μερμηρίζει.                       325
ἤ τινας ἐκ Πύλου ἄξει ἀμύντορας ἠμαθόεντος,
ἢ ὅ γε καὶ Σπάρτηθεν, ἐπεί νύ περ ἵεται αἰνῶς·
ἠὲ καὶ εἰς Ἐφύρην ἐθέλει, πίειραν ἄρουραν,
ἐλθεῖν, ὄφρ' ἔνθεν θυμοφθόρα φάρμακ' ἐνείκῃ,
ἐν δὲ βάλῃ κρητῆρι καὶ ἡμέας πάντας ὀλέσσῃ.                    330
  Ἄλλος δ' αὖτ' εἴπεσκε νέων ὑπερηνορεόντων·
'τίς δ' οἶδ' εἴ κε καὶ αὐτὸς ἰὼν κοίλης ἐπὶ νηὸς
τῆλε φίλων ἀπόληται ἀλώμενος ὥς περ Ὀδυσσεύς;
οὕτω κεν καὶ μᾶλλον ὀφέλλειεν πόνον ἄμμιν·
κτήματα γάρ κεν πάντα δασαίμεθα, οἰκία δ' αὖτε                 335
τούτου μητέρι δοῖμεν ἔχειν ἠδ' ὅς τις ὀπυίοι.'
  Ὣς φάν· ὁ δ' ὑψόροφον θάλαμον κατεβήσετο πατρὸς,
εὐρὺν, ὅθι νητὸς χρυσὸς καὶ χαλκὸς ἔκειτο
ἐσθής τ' ἐν χηλοῖσιν ἅλις τ' εὐῶδες ἔλαιον·
ἐν δὲ πίθοι οἴνοιο παλαιοῦ ἡδυπότοιο                          340
ἔστασαν, ἄκρητον θεῖον ποτὸν ἐντὸς ἔχοντες,
ἑξείης ποτὶ τοῖχον ἀρηρότες, εἴ ποτ' Ὀδυσσεὺς
οἴκαδε νοστήσειε καὶ ἄλγεα πολλὰ μογήσας.
κληισταὶ δ' ἔπεσαν σανίδες πυκινῶς ἀραρυῖαι,
δικλίδες· ἐν δὲ γυνὴ ταμίη νύκτας τε καὶ ἦμαρ                  345
ἔσχ', ἣ πάντ' ἐφύλασσε νόου πολυϊδρείῃσιν,
Εὐρύκλει', Ὦπος θυγάτηρ Πεισηνορίδαο.
τὴν τότε Τηλέμαχος προσέφη θάλαμόνδε καλέσσας·
  'Μαῖ', ἄγε δή μοι οἶνον ἐν ἀμφιφορεῦσιν ἄφυσσον
ἡδὺν, ὅτις μετὰ τὸν λαρώτατος ὃν σὺ φυλάσσεις,               350
κεῖνον ὀιομένη τὸν κάμμορον, εἴ ποθεν ἔλθοι
διογενὴς Ὀδυσεὺς θάνατον καὶ κῆρας ἀλύξας.

at their meal. They mocked him, jeering at him in their talk, and a rude youth would say:

"Really, Telemachos is plotting for our ruin! He will bring champions from sandy Pylos; or even from Sparta, so deeply is he stirred; or else he means to go to Ephyra, that fertile land, and fetch thence deadly drugs to drop into our wine-bowl and so destroy us all."

Then would another rude youth answer thus: "Who knows, if he goes off upon a hollow ship and wanders far from friends, but he too may be lost just as Odysseus was! And that would bring us even more to do; for all his goods we then must share, and give the house to his mother, for her to keep — her and the man who marries her."

So ran their talk. But now Telemachos passed down the house into his father's high-roofed chamber — broad it was — where in a pile lay gold and bronze, clothing in chests, and stores of fragrant oil. Great jars of old delicious wine were standing there, holding within pure liquor fit for gods, in order ranged along the wall, in case Odysseus, after many woes, ever came home again. Shut were the folding-doors, close-fitting, double; and here both night and day a housewife stayed, who in her watchful wisdom guarded all — Eurykleia, daughter of Ops, Peisenor's son. To her Telemachos now spoke, calling her to the room:

"Good nurse, come draw me wine in jars, sweet wine, and what is choicest next to the wine you keep, thinking that ill-starred man will one day come — high-born Odysseus, safe from death and doom. Fill twelve and fit them

δώδεκα δ' ἔμπλησον καὶ πώμασιν ἄρσον ἅπαντας.
ἐν δέ μοι ἄλφιτα χεῦον ἐυρραφέεσσι δοροῖσιν·
εἴκοσι δ' ἔστω μέτρα μυληφάτου ἀλφίτου ἀκτῆς.          855
αὐτὴ δ' οἴη ἴσθι· τὰ δ' ἀθρόα πάντα τετύχθω·
ἑσπέριος γὰρ ἐγὼν αἱρήσομαι, ὁππότε κεν δὴ
μήτηρ εἰς ὑπερῷ' ἀναβῇ κοίτου τε μέδηται.
εἶμι γὰρ ἐς Σπάρτην τε καὶ ἐς Πύλον ἠμαθόεντα,
νόστον πευσόμενος πατρὸς φίλου, ἤν που ἀκούσω.'          860

"Ὡς φάτο, κώκυσεν δὲ φίλη τροφὸς Εὐρύκλεια,
καί ῥ' ὀλοφυρομένη ἔπεα πτερόεντα προσηύδα·

'Τίπτε δέ τοι, φίλε τέκνον, ἐνὶ φρεσὶ τοῦτο νόημα
ἔπλετο; πῇ δ' ἐθέλεις ἰέναι πολλὴν ἐπὶ γαῖαν
μοῦνος ἐὼν ἀγαπητός; ὁ δ' ὤλετο τηλόθι πάτρης          865
διογενὴς Ὀδυσεὺς ἀλλογνώτῳ ἐνὶ δήμῳ.
οἱ δέ τοι αὐτίκ' ἰόντι κακὰ φράσσονται ὀπίσσω,
ὥς κε δόλῳ φθίῃς, τάδε δ' αὐτοὶ πάντα δάσονται.
ἀλλὰ μέν' αὖθ' ἐπὶ σοῖσι καθήμενος· οὐδέ τί σε χρὴ
πόντον ἐπ' ἀτρύγετον κακὰ πάσχειν οὐδ' ἀλάλησθαι.'

Τὴν δ' αὖ Τηλέμαχος πεπνυμένος ἀντίον ηὔδα·          871
'θάρσει, μαῖ', ἐπεὶ οὔ τοι ἄνευ θεοῦ ἥδε γε βουλή.
ἀλλ' ὄμοσον μὴ μητρί φίλῃ τάδε μυθήσασθαι,
πρίν γ' ὅτ' ἂν ἑνδεκάτη τε δυωδεκάτη τε γένηται,
ἢ αὐτὴν ποθέσαι καὶ ἀφορμηθέντος ἀκοῦσαι,          875
ὡς ἂν μὴ κλαίουσα κατὰ χρόα καλὸν ἰάπτῃ.'

"Ὡς ἄρ' ἔφη, γρηὺς δὲ θεῶν μέγαν ὅρκον ἀπώμνυ,
αὐτὰρ ἐπεί ῥ' ὄμοσέν τε τελεύτησέν τε τὸν ὅρκον,
αὐτίκ' ἔπειτά οἱ οἶνον ἐν ἀμφιφορεῦσιν ἄφυσσεν,
ἐν δέ οἱ ἄλφιτα χεῦεν ἐυρραφέεσσι δοροῖσι·          880
Τηλέμαχος δ' ἐς δώματ' ἰὼν μνηστῆρσιν ὁμίλει.

"Ἔνθ' αὖτ' ἄλλ' ἐνόησε θεὰ γλαυκῶπις Ἀθήνη,

all with covers. Then pour me barley into well-sewn sacks. Let there be twenty measures of ground barley-meal. None but yourself must know. Get all together, and I to-night will fetch them, so soon as my mother goes to her upper chamber seeking rest; for I am going to Sparta and to sandy Pylos, to see if I can learn of my dear father's coming."

As he said this, his good nurse Eurykleia cried aloud, and sorrowfully said in winged words: "Ah, my dear child, how came such notions in your mind? Where will you go through the wide world, our only one, our darling! High-born Odysseus is already dead, far from his home in some strange land. And now these men, the instant you are gone, will plot us evil for the days to come — how you by stealth may be cut off, and they thus share with one another all things here. No, stay you here at ease amongst your own! You have no need to suffer hardship, roaming over barren seas."

Then answered her discreet Telemachos: "Courage! good nurse, for not without God's warrant is my purpose. But swear to speak no word of this to my dear mother till the eleventh or twelfth day comes, or until she shall miss me and hear that I am gone, that so she may not stain her beautiful face with tears."

Thus did he speak, and the old woman swore by the gods a heavy oath. Then after she had sworn and ended all that oath, she straightway drew him wine in jars, and poured him barley into well-sewn sacks. Telemachos, meanwhile, passed to the house and joined the suitors.

Now elsewhere the goddess turned her thoughts, keen-

Τηλεμάχῳ ἐικυῖα κατὰ πτόλιν ᾤχετο πάντη,
καί ῥα ἑκάστῳ φωτὶ παρισταμένη φάτο μῦθον,
ἑσπερίους δ' ἐπὶ νῆα θοὴν ἀγέρεσθαι ἀνώγει.　　885
ἡ δ' αὖτε Φρονίοιο Νοήμονα φαίδιμον υἱὸν
ᾔτεε νῆα θοήν· ὁ δέ οἱ πρόφρων ὑπέδεκτο.

Δύσετό τ' ἠέλιος σκιόωντό τε πᾶσαι ἀγυιαί·
καί τότε νῆα θοὴν ἅλαδ' εἴρυσε, πάντα δ' ἐν αὐτῇ,
ὅπλ' ἐτίθει, τά τε νῆες ἐΰσσελμοι φορέουσι.　　890
στῆσε δ' ἐπ' ἐσχατιῇ λιμένος, περὶ δ' ἐσθλοὶ ἑταῖροι
ἀθρόοι ἠγερέθοντο· θεὰ δ' ὤτρυνεν ἕκαστον.

Ἔνθ' αὖτ' ἄλλ' ἐνόησε θεὰ γλαυκῶπις Ἀθήνη,
βῆ ῥ' ἴμεναι πρὸς δώματ' Ὀδυσσῆος θείοιο·
ἔνθα μνηστήρεσσιν ἐπὶ γλυκὺν ὕπνον ἔχευε,　　895
πλάζε δὲ πίνοντας, χειρῶν δ' ἔκβαλλε κύπελλα.
οἱ δ' εὕδειν ὤρνυντο κατὰ πτόλιν, οὐδ' ἄρ' ἔτι δὴν
εἴατ', ἐπεί σφισιν ὕπνος ἐπὶ βλεφάροισιν ἔπιπτεν.
αὐτὰρ Τηλέμαχον προσέφη γλαυκῶπις Ἀθήνη
ἐκπροκαλεσσαμένη μεγάρων εὖ ναιεταόντων,　　400
Μέντορι εἰδομένη ἠμὲν δέμας ἠδὲ καὶ αὐδήν·

'Τηλέμαχ', ἤδη μέν τοι ἐϋκνήμιδες ἑταῖροι
εἴατ' ἐπήρετμοι, τὴν σὴν ποτιδέγμενοι ὁρμήν·
ἀλλ' ἴομεν, μὴ δηθὰ διατρίβωμεν ὁδοῖο.'

'Ὥς ἄρα φωνήσασ' ἡγήσατο Παλλὰς Ἀθήνη　　405
καρπαλίμως· ὁ δ' ἔπειτα μετ' ἴχνια βαῖνε θεοῖο.
αὐτὰρ ἐπεί ῥ' ἐπὶ νῆα κατήλυθον ἠδὲ θάλασσαν,
εὗρον ἔπειτ' ἐπὶ θινὶ κάρη κομόωντας ἑταίρους.
τοῖσι δὲ καὶ μετέειφ' ἱερὴ ἲς Τηλεμάχοιο·

'Δεῦτε, φίλοι, ἤια φερώμεθα· πάντα γὰρ ἤδη　　410
ἀθρό' ἐνὶ μεγάρῳ· μήτηρ δ' ἐμὴ οὔ τι πέπυσται,
οὐδ' ἄλλαι δμωαί, μία δ' οἴη μῦθον ἄκουσεν.'

eyed Athene. In likeness of Telemachos, she went throughout the town, and, approaching one and another man, gave them the word, bidding them meet by the swift ship at eventide. Noëmon next, the famous son of Phronios, she begged for a swift ship; and this he freely promised.

Now the sun sank and all the ways grew dark. Then did she draw the swift ship to the sea and put in her all the gear that well-benched vessels carry; she anchored her by the harbor's mouth; the good crew gathered round about, and the goddess gave them zeal.

Then elsewhere the goddess turned her thoughts, keeneyed Athene. She set off for the house of princely Odysseus, there on the suitors poured sweet sleep, confused them as they drank, and made the cups fall from their hands. To rest they hurried off throughout the town, and did not longer tarry, for sleep fell on their eyelids. But to Telemachos now spoke keen-eyed Athene, calling him forth before the stately hall and taking the guise of Mentor in figure and in voice:

"Telemachos, already your mailed comrades sit at the oar and wait your starting. Come, let us go, and not lose time upon the way."

Saying this, Pallas Athene led the way in haste, and he walked after in the footsteps of the goddess. But when they came down to the ship and to the sea, they found upon the beach their long-haired comrades, to whom thus spoke revered Telemachos:

"Come, friends, and let us fetch the stores; all are at last collected at the hall. My mother knows of nothing,
"

Ὣς ἄρα φωνήσας ἡγήσατο, τοὶ δ᾽ ἅμ᾽ ἕποντο.
οἱ δ᾽ ἄρα πάντα φέροντες ἐϋσσέλμῳ ἐπὶ νηὶ
κάτθεσαν, ὡς ἐκέλευσεν Ὀδυσσῆος φίλος υἱός.          415
ἂν δ᾽ ἄρα Τηλέμαχος νηὸς βαῖν᾽, ἦρχε δ᾽ Ἀθήνη,
νηὶ δ᾽ ἐνὶ πρύμνῃ κατ᾽ ἄρ᾽ ἕζετο. ἄγχι δ᾽ ἄρ᾽ αὐτῆς
ἕζετο Τηλέμαχος· τοὶ δὲ πρυμνήσι᾽ ἔλυσαν,
ἂν δὲ καὶ αὐτοὶ βάντες ἐπὶ κληῖσι καθῖζον.
τοῖσιν δ᾽ ἴκμενον οὖρον ἵει γλαυκῶπις Ἀθήνη,          420
ἀκραῆ Ζέφυρον, κελάδοντ᾽ ἐπὶ οἴνοπα πόντον.
Τηλέμαχος δ᾽ ἑτάροισιν ἐποτρύνας ἐκέλευσεν
ὅπλων ἅπτεσθαι· τοὶ δ᾽ ὀτρύνοντος ἄκουσαν.
ἱστὸν δ᾽ εἰλάτινον κοίλης ἔντοσθε μεσόδμης
στῆσαν ἀείραντες, κατὰ δὲ προτόνοισιν ἔδησαν,          425
ἕλκον δ᾽ ἱστία λευκὰ ἐϋστρέπτοισι βοεῦσιν.
ἔπρησεν δ᾽ ἄνεμος μέσον ἱστίον, ἀμφὶ δὲ κῦμα
στείρῃ πορφύρεον μεγάλ᾽ ἴαχε νηὸς ἰούσης·
ἡ δ᾽ ἔθεεν κατὰ κῦμα διαπρήσσουσα κέλευθον.
δησάμενοι δ᾽ ἄρα ὅπλα θοὴν ἀνὰ νῆα μέλαιναν          430
στήσαντο κρητῆρας ἐπιστεφέας οἴνοιο,
λεῖβον δ᾽ ἀθανάτοισι θεοῖς αἰειγενέτῃσιν,
ἐκ πάντων δὲ μάλιστα Διὸς γλαυκώπιδι κούρῃ.
παννυχίη μέν ῥ᾽ ἥ γε καὶ ἠῶ πεῖρε κέλευθον.

Saying this he led the way, the others following after; and bringing all the stores into their well-benched ship they stowed them there, even as the dear son of Odysseus ordered. Then came Telemachos aboard; but Athene led the way, and at the vessel's stern she sat her down, while close at hand Telemachos was seated. The others slacked the stern-fasts, and coming aboard themselves took places at the pins. A favorable wind keen-eyed Athene sent, a brisk west wind that sang along the wine-dark sea. At this, Telemachos, inspiriting his men, bade them lay hold upon the tackling, and they hearkened to his call. Raising the pine-wood mast, they set it in the hollow socket, binding it firm with forestays, and hoisted the white sail with twisted oxhide thongs. Now the wind swelled the belly of the sail, and round the stem loudly the dark wave roared as the ship started. Onward she sped, forcing a passage through the waves. Having made the tackling fast throughout the swift black ship, the men brought bowls brimming with wine, and to the gods, that never die and never have been born, they poured it forth — chiefest of all to her, the keen-eyed child of Zeus. So through the night and early dawn did the ship cleave her way.

# ΟΔΥΣΣΕΙΑΣ Γ.

## Τὰ ἐν Πύλῳ.

Ἥλιος δ' ἀνόρουσε, λιπὼν περικαλλέα λίμνην,
οὐρανὸν ἐς πολύχαλκον, ἵν' ἀθανάτοισι φαείνοι
καὶ θνητοῖσι βροτοῖσιν ἐπὶ ζείδωρον ἄρουραν·
οἱ δὲ Πύλον, Νηλῆος ἐυκτίμενον πτολίεθρον,
ἷξον· τοὶ δ' ἐπὶ θινὶ θαλάσσης ἱερὰ ῥέζον,          5
ταύρους παμμέλανας, ἐνοσίχθονι κυανοχαίτῃ.
ἐννέα δ' ἕδραι ἔσαν, πεντακόσιοι δ' ἐν ἑκάστῃ
εἵατο, καὶ προὔχοντο ἑκάστοθι ἐννέα ταύρους.
εὖθ' οἱ σπλάγχν' ἐπάσαντο, θεῷ δ' ἐπὶ μηρί' ἔκαιον,
οἱ δ' ἰθὺς κατάγοντο, ἰδ' ἱστία νηὸς ἐίσης          10
στεῖλαν ἀείραντες, τὴν δ' ὥρμισαν, ἐκ δ' ἔβαν αὐτοί·
ἐκ δ' ἄρα Τηλέμαχος νηὸς βαῖν', ἦρχε δ' Ἀθήνη.
τὸν προτέρη προσέειπε θεὰ γλαυκῶπις Ἀθήνη·

    'Τηλέμαχ', οὐ μέν σε χρὴ ἔτ' αἰδοῦς οὐδ' ἡβαίον·
τοὔνεκα γὰρ καὶ πόντον ἐπέπλως, ὄφρα πύθηαι          15
πατρός, ὅπου κύθε γαῖα καὶ ὅν τινα πότμον ἐπέσπεν.
ἀλλ' ἄγε νῦν ἰθὺς κίε Νέστορος ἱπποδάμοιο·
εἴδομεν ἥν τινα μῆτιν ἐνὶ στήθεσσι κέκευθε.
λίσσεσθαι δέ μιν αὐτός, ὅπως νημερτέα εἴπῃ·
ψεῦδος δ' οὐκ ἐρέει· μάλα γὰρ πεπνυμένος ἐστί.'          20

    Τὴν δ' αὖ Τηλέμαχος πεπνυμένος ἀντίον ηὔδα·
    'Μέντορ, πῶς τ' ἄρ' ἴω πῶς τ' ἀρ' προσπτύξομαι αὐτόν;
οὐδέ τί πω μύθοισι πεπείρημαι πυκινοῖσιν·
αἰδὼς δ' αὖ νέον ἄνδρα γεραίτερον ἐξερέεσθαι.'

# III.

AND now the sun, leaving the beauteous bay, burst forth into the brazen sky, to shine for the immortals and for mortal men upon the fruitful fields; and the two came to Pylos, the stately town of Neleus. The townsfolk here were offering sacrifice upon the beach, slaying black bulls to the dark - haired Earth - shaker. Nine groups of them were there, five hundred sat in each, and before each group men held nine bulls in waiting. Just after they had tasted the inward parts, and now were burning to the god the thigh - pieces, the two ran swiftly in, hauled up and furled their trim ship's sail, brought her to anchor, and came forth themselves. So from the ship came forth Telemachos, but Athene led the way, and the first to speak was the goddess, keen-eyed Athene:

" Telemachos, you must not now be in the least abashed, because for this you crossed the sea, to ask about your father and to learn where the earth hides him and what fate he met. Go then straight forward to the horseman Nestor, and let us know what is the wisdom that lies hidden in his breast. Beg him yourself to tell the very truth. Falsehood he will not speak; truly upright is he."

Then answered her discreet Telemachos: "Mentor, how can I go? How importune him? For in sound words I am not practised. Besides, a youth must be abashed when questioning his elders."

Τὸν δ' αὖτε προσέειπε θεὰ γλαυκῶπις Ἀθήνη·      25
' Τηλέμαχ', ἄλλα μὲν αὐτὸς ἐνὶ φρεσὶ σῇσι νοήσεις,
ἄλλα δὲ καὶ δαίμων ὑποθήσεται· οὐ γὰρ ὀίω
οὔ σε θεῶν ἀέκητι γενέσθαι τε τραφέμεν τε.'
  Ὣς ἄρα φωνήσασ' ἡγήσατο Παλλὰς Ἀθήνη
καρπαλίμως· ὁ δ' ἔπειτα μετ' ἴχνια βαῖνε θεοῖο.      30
ἷξον δ' ἐς Πυλίων ἀνδρῶν ἄγυρίν τε καὶ ἕδρας,
ἔνθ' ἄρα Νέστωρ ἧστο σὺν υἱάσιν, ἀμφὶ δ' ἑταῖροι
δαῖτ' ἐντυνόμενοι κρέα τ' ὤπτων ἄλλα τ' ἔπειρον.
οἱ δ' ὡς οὖν ξείνους ἴδον, ἀθρόοι ἦλθον ἄπαντες,
χερσίν τ' ἠσπάζοντο καὶ ἑδριάασθαι ἄνωγον.      35
πρῶτος Νεστορίδης Πεισίστρατος ἐγγύθεν ἐλθὼν
ἀμφοτέρων ἕλε χεῖρα καὶ ἵδρυσεν παρὰ δαιτὶ
κώεσιν ἐν μαλακοῖσιν, ἐπὶ ψαμάθοις ἁλίῃσι,
πάρ τε κασιγνήτῳ Θρασυμήδεϊ καὶ πατέρι ᾧ·
δῶκε δ' ἄρα σπλάγχνων μοίρας, ἐν δ' οἶνον ἔχευε      40
χρυσείῳ δέπαϊ· δειδισκόμενος δὲ προσηύδα
Παλλάδ' Ἀθηναίην, κούρην Διὸς αἰγιόχοιο·
  ' Εὔχεο νῦν, ὦ ξεῖνε, Ποσειδάωνι ἄνακτι·
τοῦ γὰρ καὶ δαίτης ἠντήσατε δεῦρο μολόντες.
αὐτὰρ ἐπὴν σπείσῃς τε καὶ εὔξεαι, ἣ θέμις ἐστὶ,      45
δὸς καὶ τούτῳ ἔπειτα δέπας μελιηδέος οἴνου
σπεῖσαι, ἐπεὶ καὶ τοῦτον ὀίομαι ἀθανάτοισιν
εὔχεσθαι· πάντες δὲ θεῶν χατέουσ' ἄνθρωποι.
ἀλλὰ νεώτερός ἐστιν, ὁμηλικίη δ' ἐμοὶ αὐτῷ·
τοὔνεκα σοὶ προτέρῳ δώσω χρύσειον ἄλεισον.'      50
  Ὣς εἰπὼν ἐν χειρὶ τίθει δέπας ἡδέος οἴνου·
χαῖρε δ' Ἀθηναίη πεπνυμένῳ ἀνδρὶ δικαίῳ,
οὕνεκά οἱ προτέρῃ δῶκε χρύσειον ἄλεισον.
αὐτίκα δ' εὔχετο πολλὰ Ποσειδάωνι ἄνακτι.

Then said the goddess, keen-eyed Athene: "Telemachos, some promptings you will find in your own breast, and heaven will send still more; for, I am sure, not unbefriended by the gods have you been born and bred."

Saying this, Pallas Athene led the way in haste, and he walked after in the footsteps of the goddess. So they approached the gathering of the men of Pylos and the group where Nestor sat among his sons. Round him his people, making the banquet ready, were roasting meats and also putting pieces on the spits. But as they saw the strangers, all the men crowded near, gave hands in welcome, and asked them to sit down; and Nestor's son Peisistratos, approaching first, took each by the hand, and showed them places at the feast on some soft fleeces laid upon the sands, beside his brother Thrasymêdes and his father. He gave them portions of the inward parts, poured out some wine into a golden cup, and, offering welcome, said to Pallas Athene, daughter of ægis-bearing Zeus:

"Here, stranger, make a prayer to lord Poseidon. It is his feast you meet at this your coming. Then, after you have poured and prayed as is befitting, give this man too the cup of honeyed wine, for him to pour; for I suppose he also prays to the immortals. All men have need of gods. But he is the younger, young as I myself; so to you first I give the golden chalice."

Saying this, he placed the cup of sweet wine in her hand. And Athene was pleased to find the man so sensible and courteous, pleased that he gave her first the golden chalice. Forthwith she prayed a fervent prayer to lord Poseidon:

' Κλῦθι, Ποσείδαον γαιήοχε, μηδὲ μεγήρῃς                    55
ἡμῖν εὐχομένοισι τελευτῆσαι τάδε ἔργα.
Νέστορι μὲν πρώτιστα καὶ υἱάσι κῦδος ὄπαζε,
αὐτὰρ ἔπειτ' ἄλλοισι δίδου χαρίεσσαν ἀμοιβὴν
σύμπασιν Πυλίοισιν ἀγακλειτῆς ἑκατόμβης.
δὸς δ' ἔτι Τηλέμαχον καὶ ἐμὲ πρήξαντα νέεσθαι,        60
οὕνεκα δεῦρ' ἱκόμεσθα θοῇ σὺν νηὶ μελαίνῃ.'
Ὣς ἄρ' ἔπειτ' ἠρᾶτο καὶ αὐτὴ πάντα τελεύτα·
δῶκε δὲ Τηλεμάχῳ καλὸν δέπας ἀμφικύπελλον.
ὣς δ' αὔτως ἠρᾶτο 'Οδυσσῆος φίλος υἱός.
οἱ δ' ἐπεὶ ὤπτησαν κρέ' ὑπέρτερα καὶ ἐρύσαντο,        65
μοίρας δασσάμενοι δαίνυντ' ἐρικυδέα δαῖτα.
αὐτὰρ ἐπεὶ πόσιος καὶ ἐδητύος ἐξ ἔρον ἕντο,
τοῖς ἄρα μύθων ἦρχε Γερήνιος ἱππότα Νέστωρ.
' Νῦν δὴ κάλλιόν ἐστι μεταλλῆσαι καὶ ἐρέσθαι
ξείνους, οἵ τινές εἰσιν, ἐπεὶ τάρπησαν ἐδωδῆς.          70
ὦ ξεῖνοι, τίνες ἐστέ ; πόθεν πλεῖθ' ὑγρὰ κέλευθα ;
ἦ τι κατὰ πρῆξιν ἦ μαψιδίως ἀλάλησθε,
οἷά τε ληιστῆρες, ὑπεὶρ ἅλα, τοί τ' ἀλόωνται
ψυχὰς παρθέμενοι, κακὸν ἀλλοδαποῖσι φέροντες ;'
Τὸν δ' αὖ Τηλέμαχος πεπνυμένος ἀντίον ηὔδα·          75
θαρσήσας· αὐτὴ γὰρ ἐνὶ φρεσὶ θάρσος 'Αθήνη
θῆχ', ἵνα μιν περὶ πατρὸς ἀποιχομένοιο ἔροιτο
[ἠδ' ἵνα μιν κλέος ἐσθλὸν ἐν ἀνθρώποισιν ἔχῃσιν]·
''Ω Νέστορ Νηληιάδη, μέγα κῦδος 'Αχαιῶν,
εἴρεαι ὁππόθεν εἰμέν· ἐγὼ δέ κέ τοι καταλέξω.          80
ἡμεῖς ἐξ 'Ιθάκης ὑπονηίου εἰλήλουθμεν·
πρῆξις δ' ἥδ' ἰδίη, οὐ δήμιος, ἣν ἀγορεύω.
πατρὸς ἐμοῦ κλέος εὐρὺ μετέρχομαι, ἤν που ἀκούσω,
δίου 'Οδυσσῆος ταλασίφρονος, ὅν ποτέ φασι

" Hearken, Poseidon, thou girder of the land, and count
it not too much to give thy suppliants these blessings.
First upon Nestor and his sons bestow all honor; then
to the rest grant gracious recompense, to all the men of
Pylos, for their splendid sacrifice; and grant still farther
that Telemachos and I may sail away, having accomplished
that for which we came, we and our swift black ship."

Thus did she pray, and was herself fulfilling all. To
Telemachos she passed the beautiful double cup, and in
like manner also prayed the dear son of Odysseus. But
when the rest had roasted all the outer flesh and drawn it
off, dividing the portions, they held a famous feast. And
after they had stayed desire for drink and food, then thus
began the Gerenian horseman Nestor:

" Now, then, it is more suitable to prove our guests and
ask them who they are, since they are refreshed with food.
Strangers, who are you? Whence do you come, sailing
the watery ways? Are you upon some errand? Or do
you rove at random, as the pirates roam the seas, risking
their lives and bringing ill to strangers?"

Then answered him discreet Telemachos, plucking up
courage; for Athene herself put courage in his heart to
ask about his absent father and to win a good report
among mankind:

" O Nestor, son of Neleus, great glory of the Achaians,
you ask me whence we are, and I will tell you. We come
from Ithaka, under Mount Neïon. Our errand is our
own, no public thing, as I will show. I come to gather
scattered tidings of my father, royal long-tried Odysseus,

σὺν σοὶ μαρνάμενον Τρώων πόλιν ἐξαλαπάξαι.        85
ἄλλους μὲν γὰρ πάντας, ὅσοι Τρωσὶν πολέμιζον,
πευθόμεθ᾽, ἧχι ἕκαστος ἀπώλετο λυγρῷ ὀλέθρῳ,
κείνου δ᾽ αὖ καὶ ὄλεθρον ἀπευθέα θῆκε Κρονίων.
οὐ γάρ τις δύναται σάφα εἰπέμεν ὁππόθ᾽ ὄλωλεν,
εἴθ᾽ ὅ γ᾽ ἐπ᾽ ἠπείρου δάμη ἀνδράσι δυσμενέεσσιν,       90
εἴτε καὶ ἐν πελάγει μετὰ κύμασιν Ἀμφιτρίτης.
τοὔνεκα νῦν τὰ σὰ γούναθ᾽ ἱκάνομαι, αἴ κ᾽ ἐθέλῃσθα
κείνου λυγρὸν ὄλεθρον ἐνισπεῖν, εἴ που ὄπωπας
ὀφθαλμοῖσι τεοῖσιν, ἢ ἄλλου μῦθον ἄκουσας
πλαζομένου· περὶ γάρ μιν οἰζυρὸν τέκε μήτηρ.       95
μηδέ τί μ᾽ αἰδόμενος μειλίσσεο μηδ᾽ ἐλεαίρων,
ἀλλ᾽ εὖ μοι κατάλεξον ὅπως ἤντησας ὀπωπῆς.
λίσσομαι, εἴ ποτέ τοί τι πατὴρ ἐμός, ἐσθλὸς Ὀδυσσεὺς·
ἢ ἔπος ἠέ τι ἔργον ὑποστὰς ἐξετέλεσσε
δήμῳ ἔνι Τρώων, ὅθι πάσχετε πήματ᾽ Ἀχαιοί·       100
τῶν νῦν μοι μνῆσαι, καί μοι νημερτὲς ἐνίσπες.᾽
   Τὸν δ᾽ ἠμείβετ᾽ ἔπειτα Γερήνιος ἱππότα Νέστωρ·
᾽ὦ φίλ᾽, ἐπεί μ᾽ ἔμνησας ὀιζύος, ἣν ἐν ἐκείνῳ
δήμῳ ἀνέτλημεν μένος ἄσχετοι υἷες Ἀχαιῶν,
ἠμὲν ὅσα ξὺν νηυσὶν ἐπ᾽ ἠεροειδέα πόντον       105
πλαζόμενοι κατὰ ληΐδ᾽, ὅπῃ ἄρξειεν Ἀχιλλεύς,
ἠδ᾽ ὅσα καὶ περὶ ἄστυ μέγα Πριάμοιο ἄνακτος
μαρνάμεθ᾽· ἔνθα δ᾽ ἔπειτα κατέκταθεν ὅσσοι ἄριστοι.
ἔνθα μὲν Αἴας κεῖται ἀρήιος, ἔνθα δ᾽ Ἀχιλλεύς,
ἔνθα δὲ Πάτροκλος, θεόφιν μήστωρ ἀτάλαντος,       110
ἔνθα δ᾽ ἐμὸς φίλος υἱός, ἅμα κρατερὸς καὶ ἀμύμων,
Ἀντίλοχος, περὶ μὲν θείειν ταχὺς ἠδὲ μαχητής·
ἄλλα τε πόλλ᾽ ἐπὶ τοῖς πάθομεν κακά· τίς κεν ἐκεῖνα
πάντα γε μυθήσαιτο καταθνητῶν ἀνθρώπων;

who once, they say, fought side by side with you and sacked the Trojan town. For, as to all the others who were in the war at Troy, we have obtained some knowledge where each met his mournful death; but this man's death the son of Kronos left unknown. No one can surely say where he has died; whether on land he was borne down by foes, or on the sea among the waves of Amphitritê. Therefore I now come hither to your knees, to ask if you will tell me of his mournful death; whether perhaps you saw it for yourself with your own eyes, or heard the story from some wayfarer, for to exceeding grief his mother bore him. Out of regard for me use no mild word nor yield to pity, but tell me just how you had sight of him. I do entreat you, if ever my father, good Odysseus, in word or deed kept covenant with you, in that land of the Trojans where you Achaians suffered, be mindful of it now; tell me the very truth."

Then answered him the Gerenian horseman Nestor: "Ah, friend, you call to mind the pains we bore when in that land, untamed in spirit as we sons of the Achaians were — all we endured on ship-board on the misty sea, coasting for plunder wheresoe'er Achilles led; and all our fightings round the stronghold of King Priam, where fell at last our bravest. There warlike Ajax lies, and there Achilles. There too Patroklos, a peer of gods in counsel. There my own son, so strong and gallant, Antilochos, exceeding swift of foot, a famous fighter. And many other woes we had, added to these. Where is the mortal man that could recount them all? Nay, though you tarried

οὐδ' εἰ πεντάετές γε καὶ ἐξάετες παραμίμνων     115
ἐξερέοις ὅσα κεῖθι πάθον κακὰ δῖοι Ἀχαιοί·
πρίν κεν ἀνιηθεὶς σὴν πατρίδα γαῖαν ἵκοιο.
εἰνάετες γάρ σφιν κακὰ ῥάπτομεν ἀμφιέποντες
παντοίοισι δόλοισι, μόγις δ' ἐτέλεσσε Κρονίων.
ἔνθ' οὔ τίς ποτε μῆτιν ὁμοιωθήμεναι ἄντην     120
ἤθελ', ἐπεὶ μάλα πολλὸν ἐνίκα δῖος Ὀδυσσεὺς
παντοίοισι δόλοισι, πατὴρ τεός, εἰ ἐτεόν γε
κείνου ἔκγονός ἐσσι· σέβας μ' ἔχει εἰσορόωντα.
ἦ τοι γὰρ μῦθοί γε ἐοικότες, οὐδέ κε φαίης
ἄνδρα νεώτερον ὧδε ἐοικότα μυθήσασθαι.     125
ἔνθ' ἦ τοι εἵως μὲν ἐγὼ καὶ δῖος Ὀδυσσεὺς
οὔτε ποτ' εἰν ἀγορῇ δίχ' ἐβάζομεν οὔτ' ἐνὶ βουλῇ,
ἀλλ' ἕνα θυμὸν ἔχοντε νόῳ καὶ ἐπίφρονι βουλῇ
φραζόμεθ' Ἀργείοισιν ὅπως ὄχ' ἄριστα γένοιτο.
αὐτὰρ ἐπεὶ Πριάμοιο πόλιν διεπέρσαμεν αἰπὴν,     130
βῆμεν δ' ἐν νήεσσι, θεὸς δ' ἐκέδασσεν Ἀχαιούς,
καὶ τότε δὴ Ζεὺς λυγρὸν ἐνὶ φρεσὶ μήδετο νόστον
Ἀργείοις, ἐπεὶ οὔ τι νοήμονες οὐδὲ δίκαιοι
πάντες ἔσαν· τῷ σφεων πολέες κακὸν οἶτον ἐπέσπον
μήνιος ἐξ ὀλοῆς γλαυκώπιδος ὀβριμοπάτρης,     135
ἥ τ' ἔριν Ἀτρείδῃσι μετ' ἀμφοτέροισιν ἔθηκε.
τὼ δὲ καλεσσαμένω ἀγορὴν ἐς πάντας Ἀχαιούς,
μὰψ, ἀτὰρ οὐ κατὰ κόσμον, ἐς ἠέλιον καταδύντα,
οἱ δ' ἦλθον οἴνῳ βεβαρηότες υἷες Ἀχαιῶν,
μῦθον μυθείσθην, τοῦ εἵνεκα λαὸν ἄγειραν.     140
ἔνθ' ἦ τοι Μενέλαος ἀνώγει πάντας Ἀχαιοὺς
νόστου μιμνήσκεσθαι ἐπ' εὐρέα νῶτα θαλάσσης,
οὐδ' Ἀγαμέμνονι πάμπαν ἐήνδανε· βούλετο γάρ ῥα
λαὸν ἐρυκακέειν, ῥέξαι θ' ἱερὰς ἑκατόμβας,

five or six years here, asking what woes the great Achaians suffered, wearied ere I could tell, you would return to your own land.

"During nine years we plotted their destruction, assailing them with craft of every kind, and yet the son of Kronos hardly brought us through. There no man ever sought to vie with him in wisdom, for far beyond us all in craft of every kind was royal Odysseus, your father, — if indeed you are his child. Amazed am I to see! And yet, how like in speech! One would not say a younger man could speak so like him. There, all that while, royal Odysseus and I were never once at odds in the assembly or the council; but with one heart, with understanding, and with eager purpose, we planned how all might best be ordered for the Argives.

"Yet after we overthrew the lofty city of Priam, when we went away in ships and God dispersed the Achaians, ah, then Zeus purposed in his mind a sad voyage for the Argives! For nowise heedful and upright were all. So, many a one came to an evil end, through the fell wrath of the dread father's keen-eyed child, who caused a strife betwixt the two sons of Atreus. For these two summoned to an assembly all the Achaians, in haste, not in due order, at the setting sun, and heavy with wine the young Achaians came. Then was declared the reason why they called the host together. Now Menelaos exhorted all the Achaians to turn their thoughts toward going home on the broad ocean-ridges; but this pleased Agamemnon not at all; for he sought to stay the host and to offer sacred hec-

ὡς τὸν Ἀθηναίης δεινὸν χόλον ἐξακέσαιτο,          145
νήπιος, οὐδὲ τὸ ᾔδη, ὃ οὐ πείσεσθαι ἔμελλεν·
οὐ γάρ τ᾽ αἶψα θεῶν τρέπεται νόος αἰὲν ἐόντων.
ὡς τὼ μὲν χαλεποῖσιν ἀμειβομένω ἐπέεσσιν
ἔστασαν· οἱ δ᾽ ἀνόρουσαν ἐυκνήμιδες Ἀχαιοὶ
ἠχῇ θεσπεσίῃ, δίχα δέ σφισιν ἥνδανε βουλή.      150
νύκτα μὲν ἀέσαμεν χαλεπὰ φρεσὶν ὁρμαίνοντες
ἀλλήλοις· ἐπὶ γὰρ Ζεὺς ἤρτυε πῆμα κακοῖο·
ἠῶθεν δ᾽ οἱ μὲν νέας ἕλκομεν εἰς ἅλα δῖαν
κτήματά τ᾽ ἐντιθέμεσθα βαθυζώνους τε γυναῖκας.
ἡμίσεες δ᾽ ἄρα λαοὶ ἐρητύοντο μένοντες          155
αὖθι παρ᾽ Ἀτρείδῃ Ἀγαμέμνονι, ποιμένι λαῶν·
ἡμίσεες δ᾽ ἀναβάντες ἐλαύνομεν· αἱ δὲ μάλ᾽ ὦκα
ἔπλεον, ἐστόρεσεν δὲ θεὸς μεγακήτεα πόντον.
ἐς Τένεδον δ᾽ ἐλθόντες ἐρέξαμεν ἱρὰ θεοῖσιν,
οἴκαδε ἱέμενοι· Ζεὺς δ᾽ οὔ πω μήδετο νόστον,    160
σχέτλιος, ὅς ῥ᾽ ἔριν ὦρσε κακὴν ἔπι δεύτερον αὖτις.
οἱ μὲν ἀποστρέψαντες ἔβαν νέας ἀμφιελίσσας
ἀμφ᾽ Ὀδυσῆα ἄνακτα δαΐφρονα, ποικιλομήτην,
αὖτις ἐπ᾽ Ἀτρείδῃ Ἀγαμέμνονι ἦρα φέροντες·
αὐτὰρ ἐγὼ σὺν νηυσὶν ἀολλέσιν, αἵ μοι ἕποντο,   165
φεῦγον, ἐπεὶ γίγνωσκον ὃ δὴ κακὰ μήδετο δαίμων.
φεῦγε δὲ Τυδέος υἱὸς ἀρήιος, ὦρσε δ᾽ ἑταίρους.
ὀψὲ δὲ δὴ μετὰ νῶι κίε ξανθὸς Μενέλαος,
ἐν Λέσβῳ δ᾽ ἔκιχεν δολιχὸν πλόον ὁρμαίνοντας,
ἢ καθύπερθε Χίοιο νεοίμεθα παιπαλοέσσης,        170
νήσου ἐπὶ Ψυρίης, αὐτὴν ἐπ᾽ ἀριστέρ᾽ ἔχοντες,
ἢ ὑπένερθε Χίοιο, παρ᾽ ἠνεμόεντα Μίμαντα.
ᾐτέομεν δὲ θεὸν φῆναι τέρας· αὐτὰρ ὅ γ᾽ ἡμῖν
δεῖξε, καὶ ἠνώγει πέλαγος μέσον εἰς Εὔβοιαν

atombs, that so he might appease the dread wrath of Athene, — ah, fool! who did not know she might not be persuaded; but purposes are not lightly changed in gods who live forever. Thus the two stood exchanging bitter words, while up sprang other mailed Achaians in wild din, and different plans found favor. That night we rested, nursing in our breasts hard thoughts of one another. Zeus was preparing for us the curse that comes from wrong. At dawn we dragged our ships into the sacred sea, and put therein our goods and the low-girdled women. Half of the host held back, remaining with the son of Atreus, Agamemnon, the shepherd of the people, half went on board and sailed. Swiftly our ships ran on; God smoothed the billowy deep. Arrived at Tenedos, we offered sacrifices to the gods, as homeward bound; but Zeus determined we should not yet reach our home, — cruel! to waken bitter strife a second time. Some turned their curved ships back and took their way after Odysseus, that keen prince of varied wisdom, again to work the will of Agamemnon, son of Atreus. I, with the company of ships which followed me, pressed onward, for I knew some power intended ill. On pressed the warlike son of Tydeus, too, inspiriting his men. Later upon our track came light-haired Menelaos, and overtook us as at Lesbos we debated on the long sea voyage, doubtful if we should sail outside steep Chios, along the island Psyria, keeping it on our left, or inside Chios and past windy Mimas. We therefore begged the god to show some sign, and he made plain our way, bidding us cut the centre of the sea straight for Euboea, that so we might escape the sooner out of danger.

τέμνειν, ὄφρα τάχιστα ὑπὲκ κακότητα φύγοιμεν.   175
ὦρτο δ' ἐπὶ λιγὺς οὖρος ἀήμεναι· αἱ δὲ μάλ' ὦκα
ἰχθυόεντα κέλευθα διέδραμον, ἐς δὲ Γεραιστὸν
ἐννύχιαι κατάγοντο· Ποσειδάωνι δὲ ταύρων
πόλλ' ἐπὶ μῆρ' ἔθεμεν, πέλαγος μέγα μετρήσαντες·
τέτρατον ἦμαρ ἔην, ὅτ' ἐν Ἄργει νῆας ἐίσας   180
Τυδείδεω ἕταροι Διομήδεος ἱπποδάμοιο
ἵστασαν· αὐτὰρ ἐγώ γε Πύλονδ' ἔχον, οὐδέ ποτ' ἔσβη
οὖρος, ἐπειδὴ πρῶτα θεὸς προέηκεν ἀῆναι.
ὣς ἦλθον, φίλε τέκνον, ἀπευθής, οὐδέ τι οἶδα
κείνων, οἵ τ' ἐσάωθεν Ἀχαιῶν οἵ τ' ἀπόλοντο.   185
ὅσσα δ' ἐνὶ μεγάροισι καθήμενος ἡμετέροισι
πεύθομαι, ἣ θέμις ἐστί, δαήσεαι, οὐδέ σε κεύσω.
εὖ μὲν Μυρμιδόνας φάσ' ἐλθέμεν ἐγχεσιμώρους,
οὓς ἄγ' Ἀχιλλῆος μεγαθύμου φαίδιμος υἱός,
εὖ δὲ Φιλοκτήτην, Ποιάντιον ἀγλαὸν υἱόν.   190
πάντας δ' Ἰδομενεὺς Κρήτην εἰσήγαγ' ἑταίρους,
οἳ φύγον ἐκ πολέμου, πόντος δέ οἱ οὔ τιν' ἀπηύρα.
Ἀτρείδην δὲ καὶ αὐτοὶ ἀκούετε νόσφιν ἐόντες,
ὥς τ' ἦλθ' ὥς τ' Αἴγισθος ἐμήσατο λυγρὸν ὄλεθρον.
ἀλλ' ἦ τοι κεῖνος μὲν ἐπισμυγερῶς ἀπέτισεν·   195
ὡς ἀγαθὸν καὶ παῖδα καταφθιμένοιο λιπέσθαι
ἀνδρός, ἐπεὶ καὶ κεῖνος ἐτίσατο πατροφονῆα,
Αἴγισθον δολόμητιν, ὅ οἱ πατέρα κλυτὸν ἔκτα.
[καὶ σύ, φίλος, μάλα γάρ σ' ὁρόω καλόν τε μέγαν τε,
ἄλκιμος ἔσσ', ἵνα τίς σε καὶ ὀψιγόνων εὖ εἴπῃ.]'   200
   Τὸν δ' αὖ Τηλέμαχος πεπνυμένος ἀντίον ηὔδα·
'ὦ Νέστορ Νηληιάδη, μέγα κῦδος Ἀχαιῶν,
καὶ λίην κεῖνος μὲν ἐτίσατο, καί οἱ Ἀχαιοὶ
οἴσουσι κλέος εὐρὺ καὶ ἐσσομένοισι πυθέσθαι.

The whistling wind began to blow, and swiftly along their swarming courses sped our ships, and touched at night Geraistos; and to Poseidon did we offer many thighs of bulls, thankful that we had compassed the wide sea. It was the fourth day when the crews of Diomed the horseman, son of Tydeus, moored their trim ships at Argos. I still held on toward Pylos, nor did the breeze once fall after the god first sent it forth to blow.

"And thus it was I came, dear child, bringing no tidings; nothing I know about the rest of the Achaians, who were saved and who were lost. But all that I have learned while sitting here at home, this, as is proper, you shall know; I will hide nothing from you. Safely, they say, returned the spearmen of the Myrmidons, whom the proud son of fierce Achilles led; safely, too, Philoktêtes, the noble son of Poias; and back to Crete Idomeneus brought all his men, — all who escaped the war, the sea took not a man. About the son of Atreus you yourselves have heard, though you live far away, — how he returned, and how Aigisthos plotted his mournful death. Yet truly a fearful reckoning Aigisthos paid! When a man dies, how good it is to leave a son! For the son took vengeance on the slayer, wily Aigisthos, who had slain his famous father. You too, my friend, — for of a truth I find you fair and tall, — be strong, that even men hereafter born may speak your praise."

Then answered him discreet Telemachos: "O Nestor, son of Neleus, great glory of the Achaians, stoutly that son took vengeance, and the Achaians shall spread his name afar, that the men yet to be shall hear it told. Oh,

αἰ γὰρ ἐμοὶ τοσσήνδε θεοὶ δύναμιν περιθεῖεν,　　　　205
τίσασθαι μνηστῆρας ὑπερβασίης ἀλεγεινῆς,
οἵ τέ μοι ὑβρίζοντες ἀτάσθαλα μηχανόωνται.
ἀλλ' οὔ μοι τοιοῦτον ἐπέκλωσαν θεοὶ ὄλβον,
πατρί τ' ἐμῷ καὶ ἐμοί· νῦν δὲ χρὴ τετλάμεν ἔμπης.'

　　Τὸν δ' ἠμείβετ' ἔπειτα Γερήνιος ἱππότα Νέστωρ·　210
' ὦ φίλ', ἐπεὶ δὴ ταῦτά μ' ἀνέμνησας καὶ ἔειπες,
φασὶ μνηστῆρας σῆς μητέρος εἵνεκα πολλοὺς
ἐν μεγάροις, ἀέκητι σέθεν, κακὰ μηχανάασθαι.
εἰπέ μοι ἠὲ ἑκὼν ὑποδάμνασαι, ἦ σέ γε λαοὶ
ἐχθαίρουσ' ἀνὰ δῆμον, ἐπισπόμενοι θεοῦ ὀμφῇ.　　215
τίς δ' οἶδ' εἴ κέ ποτέ σφι βίας ἀποτίσεται ἐλθὼν,
ἢ ὅ γε μοῦνος ἐὼν, ἢ καὶ σύμπαντες Ἀχαιοί;
εἰ γάρ σ' ὡς ἐθέλοι φιλέειν γλαυκῶπις Ἀθήνη
ὡς τότ' Ὀδυσσῆος περικήδετο κυδαλίμοιο
δήμῳ ἔνι Τρώων, ὅθι πάσχομεν ἄλγε' Ἀχαιοί—　　220
οὐ γάρ πω ἴδον ὧδε θεοὺς ἀναφανδὰ φιλεῦντας
ὡς κείνῳ ἀναφανδὰ παρίστατο Παλλὰς Ἀθήνη—
εἴ σ' οὕτως ἐθέλοι φιλέειν κήδοιτό τε θυμῷ,
τῷ κέν τις κείνων γε καὶ ἐκλελάθοιτο γάμοιο.'

　　Τὸν δ' αὖ Τηλέμαχος πεπνυμένος ἀντίον ηὔδα·　225
' ὦ γέρον, οὔ πω τοῦτο ἔπος τελέεσθαι ὀΐω·
λίην γὰρ μέγα εἶπες· ἄγη μ' ἔχει. οὐκ ἂν ἐμοί γε
ἐλπομένῳ τὰ γένοιτ', οὐδ' εἰ θεοὶ ὡς ἐθέλοιεν.'

　　Τὸν δ' αὖτε προσέειπε θεὰ γλαυκῶπις Ἀθήνη·
' Τηλέμαχε, ποῖόν σε ἔπος φύγεν ἕρκος ὀδόντων.　230
ῥεῖα θεός γ' ἐθέλων καὶ τηλόθεν ἄνδρα σαῶσαι.
βουλοίμην δ' ἂν ἐγώ γε καὶ ἄλγεα πολλὰ μογήσας
οἴκαδέ τ' ἐλθέμεναι καὶ νόστιμον ἦμαρ ἰδέσθαι,
ἢ ἐλθὼν ἀπολέσθαι ἐφέστιος, ὡς Ἀγαμέμνων

that to me the gods would give such power that I might pay the suitors for their grievous wrongs, for they with insult work me abominations! But no such boon did the gods grant to my father and to me. Now, therefore, all must simply be endured."

Then answered him the Gerenian horseman Nestor: "Friend, since you turn my thoughts to this by your own words, they say that many suitors of your mother, heedless of you, work evil in your halls. Pray tell me, do you willingly submit, or are the people of your land opposing you, led by some voice of God? Who knows but yet Odysseus may return and recompense their outrage, either alone, or all the Achaians with him? Ah, might keen-eyed Athene be pleased to be your friend, as once she aided great Odysseus, there in the Trojan land where we Achaians suffered! For I never knew the gods show forth such open friendship as Pallas Athene showed in standing by Odysseus. If now to you she would be such a friend, and heartily would aid you, it might be some of these men here would cease to think of marriage."

Then answered him discreet Telemachos: "Ah sire, not soon, I think, will these words be fulfilled. Strongly you speak. I am astonished. Hope what I might, such things could never be, not if the gods should will them."

Then said to him the goddess, keen-eyed Athene: "Telemachos, what word has passed the barrier of your teeth? Easily may a god, who will, bring a man safe from far. But I myself would gladly meet a multitude of woes, if I might thus reach home and see my day of coming, and not come home and fall beside my hearth as

ὤλεθ' ὑπ' Αἰγίσθοιο δόλῳ καὶ ἧς ἀλόχοιο.                        235
ἀλλ' ἦ τοι θάνατον μὲν ὁμοίιον οὐδὲ θεοί περ
καὶ φίλῳ ἀνδρὶ δύνανται ἀλαλκέμεν, ὁππότε κεν δὴ
μοῖρ' ὀλοὴ καθέλῃσι τανηλεγέος θανάτοιο.'
    Τὴν δ' αὖ Τηλέμαχος πεπνυμένος ἀντίον ηὔδα·
' Μέντορ, μηκέτι ταῦτα λεγώμεθα κηδόμενοί περ·          240
κείνῳ δ' οὐκέτι νόστος ἐτήτυμος, ἀλλά οἱ ἤδη
φράσσαντ' ἀθάνατοι θάνατον καὶ κῆρα μέλαιναν.
νῦν δ' ἐθέλω ἔπος ἄλλο μεταλλῆσαι καὶ ἐρέσθαι
Νέστορ', ἐπεὶ περίοιδε δίκας ἠδὲ φρόνιν ἄλλων·
τρὶς γὰρ δή μίν φασιν ἀνάξασθαι γένε' ἀνδρῶν,      245
ὥς τέ μοι ἀθάνατος ἰνδάλλεται εἰσοράασθαι.
ὦ Νέστορ Νηληιάδη, σὺ δ' ἀληθὲς ἐνίσπες·
πῶς ἔθαν' Ἀτρείδης εὐρὺ κρείων Ἀγαμέμνων ;
ποῦ Μενέλαος ἔην ; τίνα δ' αὐτῷ μήσατ' ὄλεθρον
Αἴγισθος δολόμητις, ἐπεὶ κτάνε πολλὸν ἀρείω ;      250
ἦ οὐκ Ἄργεος ἦεν Ἀχαιικοῦ, ἀλλά πῃ ἄλλῃ
πλάζετ' ἐπ' ἀνθρώπους, ὁ δὲ θαρσήσας κατέπεφνε ;'
    Τὸν δ' ἠμείβετ' ἔπειτα Γερήνιος ἱππότα Νέστωρ·
' τοιγὰρ ἐγώ τοι, τέκνον, ἀληθέα πάντ' ἀγορεύσω.
ἦ τοι μὲν τάδε καὐτὸς ὀίεαι, ὥς κεν ἐτύχθη,        255
εἰ ζώοντ' Αἴγισθον ἐνὶ μεγάροισιν ἔτετμεν
Ἀτρείδης Τροίηθεν ἰών, ξανθὸς Μενέλαος·
τῷ κέ οἱ οὐδὲ θανόντι χυτὴν ἐπὶ γαῖαν ἔχευαν,
ἀλλ' ἄρα τόν γε κύνες τε καὶ οἰωνοὶ κατέδαψαν
κείμενον ἐν πεδίῳ ἑκὰς ἄστεος, οὐδέ κέ τίς μιν       260
κλαῦσεν Ἀχαιιάδων· μάλα γὰρ μέγα μήσατο ἔργον.
ἡμεῖς μὲν γὰρ κεῖθι πολέας τελέοντες ἀέθλους
ἥμεθ'· ὁ δ' εὔκηλος μυχῷ Ἄργεος ἱπποβότοιο
πόλλ' Ἀγαμεμνονέην ἄλοχον θέλγεσκ' ἐπέεσσιν.

Agamemnon fell, under the plottings of his own wife and Aigisthos. Yet death, the common lot, gods have no power to turn even from one they love, when the fell doom of death that lays men low once seizes him."

Then answered her discreet Telemachos: "Ah, Mentor, let us talk of this no more, sorrowful as we are. For him a true return can never be; but long ago the immortals fixed his death and his dark doom. Now I would trace a different tale, and question Nestor, since beyond all men else he knows the right way and the wise. Thrice has he ruled, they say, the generations of mankind, and as I look on him he seems like an immortal. O Nestor, son of Neleus, tell the truth! How died the son of Atreus, wide-ruling Agamemnon? And where was Menelaos? What was the deadly plot wily Aigisthos laid to kill a man much braver than himself? Was Menelaos gone from Achaian Argos, traveling to men afar, that so Aigisthos, taking courage, did the murder?"

Then answered him the Gerenian horseman Nestor: "Verily, I will tell you all the truth, my child. Indeed, you guess yourself how it had fallen out if Aigisthos had been found alive within the palace by the son of Atreus, light-haired Menelaos, as he returned from Troy. Then for Aigisthos, even when dead, they would have heaped no mound of earth, but dogs and birds had feasted on him where he lay upon the plain outside the city, and no Achaian woman had made lament for him; for surely it was a monstrous deed he wrought. At Troy we tarried, bringing to their issue many toils, while he, at ease hidden in grazing Argos, strove many times to win the wife of Aga-

ἡ δ' ἦ τοι τὸ πρὶν μὲν ἀναίνετο ἔργον ἀεικὲς,　　265
δῖα Κλυταιμνήστρη· φρεσὶ γὰρ κέχρητ' ἀγαθῇσι.
πὰρ δ' ἄρ' ἔην καὶ ἀοιδὸς ἀνήρ, ᾧ πόλλ' ἐπέτελλεν
Ἀτρείδης Τροίηνδε κιὼν εἴρυσθαι ἄκοιτιν.
ἀλλ' ὅτε δή μιν μοῖρα θεῶν ἐπέδησε δαμῆναι,
δὴ τότε τὸν μὲν ἀοιδὸν ἄγων ἐς νῆσον ἐρήμην　　270
κάλλιπεν οἰωνοῖσιν ἕλωρ καὶ κύρμα γενέσθαι,
τὴν δ' ἐθέλων ἐθέλουσαν ἀνήγαγεν ὅνδε δόμονδε.
πολλὰ δὲ μηρί' ἔκηε θεῶν ἱεροῖς ἐπὶ βωμοῖς,
πολλὰ δ' ἀγάλματ' ἀνῆψεν, ὑφάσματά τε χρυσόν τε,
ἐκτελέσας μέγα ἔργον, ὃ οὔ ποτε ἔλπετο θυμῷ.　　275
ἡμεῖς μὲν γὰρ ἅμα πλέομεν Τροίηθεν ἰόντες,
Ἀτρείδης καὶ ἐγώ, φίλα εἰδότες ἀλλήλοισιν·
ἀλλ' ὅτε Σούνιον ἱρὸν ἀφικόμεθ' ἄκρον Ἀθηνέων,
ἔνθα κυβερνήτην Μενελάου Φοῖβος Ἀπόλλων
οἷς ἀγανοῖς βελέεσσιν ἐποιχόμενος κατέπεφνε,　　280
πηδάλιον μετὰ χερσὶ θεούσης νηὸς ἔχοντα,
Φρόντιν Ὀνητορίδην· ὃς ἐκαίνυτο φῦλ' ἀνθρώπων
νῆα κυβερνῆσαι, ὁπότε σπέρχοιεν ἄελλαι.
ὣς ὁ μὲν ἔνθα κατέσχετ', ἐπειγόμενός περ ὁδοῖο,
ὄφρ' ἕταρον θάπτοι καὶ ἐπὶ κτέρεα κτερίσειεν.　　285
ἀλλ' ὅτε δὴ καὶ κεῖνος, ἰὼν ἐπὶ οἴνοπα πόντον
ἐν νηυσὶ γλαφυρῇσι, Μαλειάων ὄρος αἰπὺ
ἷξε θέων, τότε δὴ στυγερὴν ὁδὸν εὐρύοπα Ζεὺς
ἐφράσατο, λιγέων δ' ἀνέμων ἐπ' αὐτμένα χεῦε
κύματά τε τροφόεντα πελώρια, ἶσα ὄρεσσιν.　　290
ἔνθα διατμήξας τὰς μὲν Κρήτῃ ἐπέλασσεν,
ἧχι Κύδωνες ἔναιον Ἰαρδάνου ἀμφὶ ῥέεθρα.
ἔστι δέ τις λισσὴ αἰπεῖά τε εἰς ἅλα πέτρη
ἐσχατιῇ Γόρτυνος, ἐν ἠεροειδέι πόντῳ,

memnon by his words. At first, indeed, she scorned ill-doing, this royal Klytaimnestra, for she was of honorable mind. Moreover, a bard was with her whom the son of Atreus strictly charged, on setting forth for Troy, to guard his wife. But when at last the doom of gods constrained her to her ruin, then did Aigisthos take the bard to a lone island, and leave him there to be the prey and spoil of birds, while her, as willing as himself, he led to his own home. And many a thigh-piece did he burn upon the sacred altars of the gods, and many an offering render, woven stuffs and gold, at having achieved such monstrous deed as in his heart he had not hoped. Now as we came from Troy, the son of Atreus and myself set sail together full of loving thoughts; but when we were approaching sacred Sunion, a cape of Athens, Phoibos Apollo slew the helmsman of Menelaos, smiting him with his gentle shafts as he still held the rudder of the running ship within his hands. Phrontis it was, Onêtor's son, one who surpassed all humankind in piloting a ship when storms are wild. Thus Menelaos tarried, though eager for his journey, to bury his companion and to pay the funeral rites. But when he also, sailing in his hollow ships over the wine-dark sea, reached in his course the steep height of Maleia, then did far-seeing Zeus appoint for him a grievous way. He poured forth blasts of whistling winds and swollen waves, — enormous, huge as hills. Dividing the ships, he brought a part to Crete, where the Kydonians dwelt around the streams of Iardanos. Here is a cliff, smooth and steep toward the water, at the border land of Gortyn, on the misty sea, where the south wind drives in the heavy

ἔνθα Νότος μέγα κῦμα ποτὶ σκαιὸν ῥίον ὠθεῖ,                    295
ἐς Φαιστόν, μικρὸς δὲ λίθος μέγα κῦμ' ἀποέργει.
αἱ μὲν ἄρ' ἔνθ' ἦλθον, σπουδῇ δ' ἤλυξαν ὄλεθρον
ἄνδρες, ἀτὰρ νῆάς γε ποτὶ σπιλάδεσσιν ἔαξαν
κύματ'· ἀτὰρ τὰς πέντε νέας κυανοπρωρείους
Αἰγύπτῳ ἐπέλασσε φέρων ἄνεμός τε καὶ ὕδωρ.
ὡς ὁ μὲν ἔνθα πολὺν βίοτον καὶ χρυσὸν ἀγείρων
ἠλᾶτο ξὺν νηυσὶ κατ' ἀλλοθρόους ἀνθρώπους·
τόφρα δὲ ταῦτ' Αἴγισθος ἐμήσατο οἴκοθι λυγρά·
ἑπτάετες δ' ἤνασσε πολυχρύσοιο Μυκήνης
κτείνας Ἀτρείδην, δέδμητο δὲ λαὸς ὑπ' αὐτῷ.                    305
τῷ δέ οἱ ὀγδοάτῳ κακὸν ἤλυθε δῖος Ὀρέστης
ἂψ ἀπ' Ἀθηνάων, κατὰ δ' ἔκτανε πατροφονῆα,
Αἴγισθον δολόμητιν, ὅ οἱ πατέρα κλυτὸν ἔκτα.
ἦ τοι τὸν κτείνας δαίνυ τάφον Ἀργείοισι
μητρός τε στυγερῆς καὶ ἀνάλκιδος Αἰγίσθοιο·                    310
αὐτῆμαρ δέ οἱ ἦλθε βοὴν ἀγαθὸς Μενέλαος,
πολλὰ κτήματ' ἄγων, ὅσα οἱ νέες ἄχθος ἄειραν.
καὶ σύ, φίλος, μὴ δηθὰ δόμων ἄπο τῆλ' ἀλάλησο,
κτήματά τε προλιπὼν ἄνδρας τ' ἐν σοῖσι δόμοισιν
οὕτω ὑπερφιάλους, μή τοι κατὰ πάντα φάγωσι                    315
κτήματα δασσάμενοι, σὺ δὲ τηϋσίην ὁδὸν ἔλθῃς.
ἀλλ' ἐς μὲν Μενέλαον ἐγὼ κέλομαι καὶ ἄνωγα
ἐλθεῖν· κεῖνος γὰρ νέον ἄλλοθεν εἰλήλουθεν,
ἐκ τῶν ἀνθρώπων ὅθεν οὐκ ἔλποιτό γε θυμῷ
ἐλθέμεν, ὅν τινα πρῶτον ἀποσφήλωσιν ἄελλαι                    320
ἐς πέλαγος μέγα τοῖον, ὅθεν τέ περ οὐδ' οἰωνοὶ
αὐτόετες οἰχνεῦσιν, ἐπεὶ μέγα τε δεινόν τε.
ἀλλ' ἴθι νῦν σὺν νηΐ τε σῇ καὶ σοῖς ἑτάροισιν·
εἰ δ' ἐθέλεις πεζός, πάρα τοι δίφρος τε καὶ ἵπποι,

waves on the left point toward Phaistos, and this small rock holds back the heavy waves. Some came in here, and the men themselves hardly escaped destruction; their ships the waves crushed on the ledges. But the five other dark - bowed ships wind and wave bore to Egypt. So Menelaos gathered there much substance and much gold, coasting about on ship-board to men of alien speech; and all this time at home Aigisthos foully plotted. Seven years he reigned in rich Mykenê after slaying the son of Atreus. The people were held down. But in the eighth ill came, for royal Orestes came from Athens and slew the slayer, wily Aigisthos, who had slain his famous father. The slaughter done, he held a funeral banquet for the Argives, over his hateful mother and spiritless Aigisthos, and on that self-same day came Menelaos, good at the war-cry, bringing a store of treasure, all the freight his ships could bear.

"You too, dear friend, wander not long and far from home, leaving behind you wealth, and persons in your house so insolent as these, or they may swallow all your wealth, sharing it with each other, while you be gone yourself upon a fruitless journey. And yet, I say, go visit Menelaos. Indeed, I bid you go; for he is newly come from foreign lands and from those nations whence one could not in his heart expect to come, when the storms once had swept him off into so vast a sea, — a sea from which birds travel not within a year, so vast it is and fearful. Go then at once with your own ship and crew, or, if you like, by land; chariot and horses are ready for you, and ready, too,

πὰρ δέ τοι υἷες ἐμοὶ, οἵ τοι πομπῆες ἔσονται      325
ἐς Λακεδαίμονα δῖαν, ὅθι ξανθὸς Μενέλαος.
λίσσεσθαι δέ μιν αὐτὸς, ἵνα νημερτὲς ἐνίσπῃ.
ψεῦδος δ' οὐκ ἐρέει· μάλα γὰρ πεπνυμένος ἐστίν.'
  Ὡς ἔφατ', ἠέλιος δ' ἄρ' ἔδυ καὶ ἐπὶ κνέφας ἦλθε.
τοῖσι δὲ καὶ μετέειπε θεὰ γλαυκῶπις Ἀθήνη·      330
  ''Ὦ γέρον, ἦ τοι ταῦτα κατὰ μοῖραν κατέλεξας·
ἀλλ' ἄγε τάμνετε μὲν γλώσσας, κεράασθε δὲ οἶνον,
ὄφρα Ποσειδάωνι καὶ ἄλλοις ἀθανάτοισι
σπείσαντες κοίτοιο μεδώμεθα· τοῖο γὰρ ὥρη.
ἤδη γὰρ φάος οἴχεθ' ὑπὸ ζόφον, οὐδὲ ἔοικε      335
δηθὰ θεῶν ἐν δαιτὶ θαασσέμεν, ἀλλὰ νέεσθαι.'
  Ἦ ῥα Διὸς θυγάτηρ, τοὶ δ' ἔκλυον αὐδησάσης.
τοῖσι δὲ κήρυκες μὲν ὕδωρ ἐπὶ χεῖρας ἔχευαν,
κοῦροι δὲ κρητῆρας ἐπεστέψαντο ποτοῖο,
νώμησαν δ' ἄρα πᾶσιν ἐπαρξάμενοι δεπάεσσι·      340
γλώσσας δ' ἐν πυρὶ βάλλον, ἀνιστάμενοι δ' ἐπέλειβον.
αὐτὰρ ἐπεὶ σπεῖσάν τ' ἔπιόν θ' ὅσον ἤθελε θυμὸς,
δὴ τότ' Ἀθηναίη καὶ Τηλέμαχος θεοειδὴς
ἄμφω ἱέσθην κοίλην ἐπὶ νῆα νέεσθαι.
Νέστωρ δ' αὖ κατέρυκε καθαπτόμενος ἐπέεσσι·      345
  ' Ζεὺς τό γ' ἀλεξήσειε καὶ ἀθάνατοι θεοὶ ἄλλοι,
ὡς ὑμεῖς παρ' ἐμεῖο θοὴν ἐπὶ νῆα κίοιτε
ὥς τέ τευ ἢ παρὰ πάμπαν ἀνείμονος ἠὲ πενιχροῦ,
ᾧ οὔ τι χλαῖναι καὶ ῥήγεα πόλλ' ἐνὶ οἴκῳ,
οὔτ' αὐτῷ μαλακῶς οὔτε ξείνοισιν ἐνεύδειν.      350
αὐτὰρ ἐμοὶ πάρα μὲν χλαῖναι καὶ ῥήγεα καλά.
οὔ θην δὴ τοῦδ' ἀνδρὸς Ὀδυσσῆος φίλος υἱὸς
νηὸς ἐπ' ἰκριόφιν καταλέξεται, ὄφρ' ἂν ἐγώ γε

my sons to be your guides to sacred Lakedaimon, where
lives light-haired Menelaos. Beg him yourself to tell the
very truth. Falsehood he will not speak; truly upright
is he."

As he thus spoke the sun went down and darkness
came, and the goddess, keen-eyed Athene, said to them:

"Sire, surely these words of yours are fitly spoken. But
come, cut up the tongues and mix the wine, that after we
have poured libations to Poseidon and the rest of the im-
mortals we then may seek our rest, since it is time for
that. For now the light has passed into the west, and it
is not becoming to tarry long at the gods' feast; rather to
rise and go."

So spoke the daughter of Zeus; and they hearkened to
her saying. Pages poured water on their hands; young
men brimmed bowls with drink and served to all, with a
first pious portion for the cup; they themselves threw the
tongues into the flame, and, rising, poured libations. So
after they had poured and drunk as their hearts wished,
then would Athene and godlike Telemachos set off to-
gether for their hollow ship. But Nestor checked them
and rebuked them, saying:

"Zeus and the rest of the immortal gods forbid that
you should leave my house and turn to the swift ship!
As if I were a man quite without clothes and poor, a man
who had not robes and rugs enough at home for him-
self and friends to sleep in comfort! But at my house
are beautiful robes and rugs. And never, surely, shall
the son of this Odysseus lie on ship's deck while I am

ζώω, ἔπειτα δὲ παῖδες ἐνὶ μεγάροισι λίπωνται,
ξείνους ξεινίζειν, ὅς τίς κ' ἐμὰ δώμαθ' ἵκηται.'  855
  Τὸν δ' αὖτε προσέειπε θεὰ γλαυκῶπις Ἀθήνη·
' εὖ δὴ ταῦτά γ' ἔφησθα, γέρον φίλε· σοὶ δὲ ἔοικε
Τηλέμαχον πείθεσθαι, ἐπεὶ πολὺ κάλλιον οὕτως.
ἀλλ' οὗτος μὲν νῦν σοι ἅμ' ἔψεται, ὄφρα κεν εὕδῃ
σοῖσιν ἐνὶ μεγάροισιν· ἐγὼ δ' ἐπὶ νῆα μέλαιναν  860
εἶμ', ἵνα θαρσύνω θ' ἑτάρους εἴπω τε ἕκαστα.
οἶος γὰρ μετὰ τοῖσι γεραίτερος εὔχομαι εἶναι·
οἱ δ' ἄλλοι φιλότητι νεώτεροι ἄνδρες ἕπονται,
πάντες ὁμηλικίη μεγαθύμου Τηλεμάχοιο.
ἔνθα κε λεξαίμην κοίλῃ παρὰ νηὶ μελαίνῃ  865
νῦν· ἀτὰρ ἠῶθεν μετὰ Καύκωνας μεγαθύμους
εἶμ', ἔνθα χρεῖός μοι ὀφέλλεται, οὔ τι νέον γε,
οὐδ' ὀλίγον· σὺ δὲ τοῦτον, ἐπεὶ τεὸν ἵκετο δῶμα,
πέμψον σὺν δίφρῳ τε καὶ υἱέι· δὸς δέ οἱ ἵππους,
οἵ τοι ἐλαφρότατοι θείειν καὶ κάρτος ἄριστοι.'  870
  Ὣς ἄρα φωνήσασ' ἀπέβη γλαυκῶπις Ἀθήνη
φήνῃ εἰδομένη· θάμβος δ' ἕλε πάντας ἰδόντας,
θαύμαζεν δ' ὁ γεραιός, ὅπως ἴδεν ὀφθαλμοῖσι·
Τηλεμάχου δ' ἕλε χεῖρα, ἔπος τ' ἔφατ' ἔκ τ' ὀνόμαζεν·
' Ὦ φίλος, οὔ σε ἔολπα κακὸν καὶ ἄναλκιν ἔσεσθαι,
εἰ δή τοι νέῳ ὧδε θεοὶ πομπῆες ἕπονται.  876
οὐ μὲν γάρ τις ὅδ' ἄλλος Ὀλύμπια δώματ' ἐχόντων,
ἀλλὰ Διὸς θυγάτηρ, ἀγελείη τριτογένεια,
ἥ τοι καὶ πατέρ' ἐσθλὸν ἐν Ἀργείοισιν ἐτίμα.
ἀλλά, ἄνασσ', ἵληθι, δίδωθι δέ μοι κλέος ἐσθλόν,  880
αὐτῷ καὶ παίδεσσι καὶ αἰδοίῃ παρακοίτι·
σοὶ δ' αὖ ἐγὼ ῥέξω βοῦν ἦνιν εὐρυμέτωπον,
ἀδμήτην, ἣν οὔ πω ὑπὸ ζυγὸν ἤγαγεν ἀνήρ·

living, or while thereafter sons remain within my halls to entertain such guests as visit house of mine."

Then said to him the goddess, keen-eyed Athene: "Well have you said in this, kind sir, and good it were Telemachos should heed, for it is far more seemly so. Nay, he shall now attend you and sleep within your halls. But as for me, I go to the black ship to cheer my men and tell their several duties, for I alone can call myself their elder; the others follow me out of friendship, younger men, all of the age of bold Telemachos. There would I lay me down by the black hollow ship to-night; but in the morning I will go to the bold Kaukonians, where there are debts now due me, not recent ones nor small. For him, now he has come to you, send him upon his way by chariot with your son, and give him horses that have swiftest speed and best endurance."

Saying this, keen-eyed Athene passed away, in likeness of an osprey. Awe fell on all beholders. The old man marveled as he gazed, grasped by the hand Telemachos, and said as he addressed him:

"Dear friend, you will not prove, I think, a base man, lacking spirit, if when so young the gods become your guides; for this is none else of those who have their dwelling on Olympos than the daughter of Zeus, she who collects the spoil, Tritogeneia, who honored your good father too amongst the Argives. Ah, queen, be gracious, and vouchsafe me fair renown, — me and my children and my honored wife, — and I will give to thee a glossy heifer, broad of brow, unbroken, one no man ever brought be-

τήν τοι ἐγὼ ῥέξω χρυσὸν κέρασιν περιχεύας.'

Ὣς ἔφατ' εὐχόμενος, τοῦ δ' ἔκλυε Παλλὰς Ἀθήνη. 385
τοῖσιν δ' ἡγεμόνευε Γερήνιος ἱππότα Νέστωρ,
υἱάσι καὶ γαμβροῖσιν, ἑὰ πρὸς δώματα καλά.
ἀλλ' ὅτε δώμαθ' ἵκοντο ἀγακλυτὰ τοῖο ἄνακτος,
ἑξείης ἕζοντο κατὰ κλισμούς τε θρόνους τε,
τοῖς δ' ὁ γέρων ἐλθοῦσιν ἀνὰ κρητῆρα κέρασσεν 390
οἴνου ἡδυπότοιο, τὸν ἑνδεκάτῳ ἐνιαυτῷ
ὤιξεν ταμίη καὶ ἀπὸ κρήδεμνον ἔλυσε·
τοῦ ὁ γέρων κρητῆρα κεράσσατο, πολλὰ δ' Ἀθήνῃ
εὔχετ' ἀποσπένδων, κούρῃ Διὸς αἰγιόχοιο.

Αὐτὰρ ἐπεὶ σπεῖσάν τ' ἔπιόν θ' ὅσον ἤθελε θυμὸς, 395
οἱ μὲν κακκείοντες ἔβαν οἰκόνδε ἕκαστος,
τὸν δ' αὐτοῦ κοίμησε Γερήνιος ἱππότα Νέστωρ,
Τηλέμαχον, φίλον υἱὸν Ὀδυσσῆος θείοιο,
τρητοῖς ἐν λεχέεσσιν, ὑπ' αἰθούσῃ ἐριδούπῳ,
πὰρ δ' ἄρ' ἐμμελίην Πεισίστρατον, ὄρχαμον ἀνδρῶν,
ὅς οἱ ἔτ' ἠίθεος παίδων ἦν ἐν μεγάροισιν. 401
αὐτὸς δ' αὖτε καθεῦδε μυχῷ δόμου ὑψηλοῖο,
τῷ δ' ἄλοχος δέσποινα λέχος πόρσυνε καὶ εὐνήν.

Ἦμος δ' ἠριγένεια φάνη ῥοδοδάκτυλος Ἠώς,
ὤρνυτ' ἄρ' ἐξ εὐνῆφι Γερήνιος ἱππότα Νέστωρ, 405
ἐκ δ' ἐλθὼν κατ' ἄρ' ἕζετ' ἐπὶ ξεστοῖσι λίθοισιν,
οἵ οἱ ἔσαν προπάροιθε θυράων ὑψηλάων
λευκοί, ἀποστίλβοντες ἀλείφατος· οἷς ἔπι μὲν πρὶν
Νηλεὺς ἵζεσκεν, θεόφιν μήστωρ ἀτάλαντος·
ἀλλ' ὁ μὲν ἤδη κηρὶ δαμεὶς Ἄϊδόσδε βεβήκει. 410
Νέστωρ αὖ τότ' ἐφῖζε Γερήνιος, οὖρος Ἀχαιῶν,
σκῆπτρον ἔχων. περὶ δ' υἷες ἀολλέες ἠγερέθοντο
ἐκ θαλάμων ἐλθόντες, Ἐχέφρων τε Στρατίος τε

neath the yoke. Her I will give, tipping her horns with gold."

So spoke he in his prayer, and Pallas Athene heard him. Then the Gerenian horseman Nestor led sons and sons-in-law to his fair palace. And when they reached the far-famed palace of the king, they took their seats in order on couches and on chairs; and the old man mixed at their coming a vessel of sweet wine, which, now eleven years old, the housewife opened, loosening the lid. A bowl of this the old man mixed, and fervently he prayed, pouring libation to Athene, daughter of ægis-bearing Zeus.

Then after they had poured and drunk as their hearts wished, desiring rest, each man departed homeward; but in the house itself the Gerenian horseman Nestor gave to Telemachos a bed — him, the dear son of royal Odysseus — upon a corded bedstead beneath the echoing portico. By him he placed Peisistratos, that sturdy spearman, one ever foremost, he who was still the bachelor among the sons at home. But Nestor slept in the recess of the high hall, his wife the Queen making her bed beside him.

Now when the early rosy-fingered Dawn appeared, the Gerenian horseman Nestor rose from bed, and coming forth sat down on the smooth stones which stood before his lofty gate, white, glistening as with oil. On them in former days Neleus was wont to sit, a peer of gods in wisdom; but long ago he met his doom and went to the house of Hades, and now Gerenian Nestor sat thereon, as warder of the Achaians, holding the sceptre. Round him his sons collected in a group, on coming from their chambers, — Echephron and Stratios, Perseus, Arêtos, and gal-

Περσεύς τ' Ἄρητός τε καὶ ἀντίθεος Θρασυμήδης.
τοῖσι δ' ἔπειθ' ἕκτος Πεισίστρατος ἤλυθεν ἥρως,          415
πὰρ δ' ἄρα Τηλέμαχον θεοείκελον εἶσαν ἄγοντες.
τοῖσι δὲ μύθων ἦρχε Γερήνιος ἱππότα Νέστωρ·

  ' Καρπαλίμως μοι, τέκνα φίλα, κρηήνατ' ἐέλδωρ,
ὄφρ' ἦ τοι πρώτιστα θεῶν ἱλάσσομ' Ἀθήνην,
ἥ μοι ἐναργὴς ἦλθε θεοῦ ἐς δαῖτα θάλειαν.          420
ἀλλ' ἄγ' ὁ μὲν πεδίονδ' ἐπὶ βοῦν ἴτω, ὄφρα τάχιστα
ἔλθησιν, ἐλάσῃ δὲ βοῶν ἐπιβουκόλος ἀνήρ·
εἷς δ' ἐπὶ Τηλεμάχου μεγαθύμου νῆα μέλαιναν
πάντας ἰὼν ἑτάρους ἀγέτω, λιπέτω δὲ δύ' οἴους·
εἷς δ' αὖ χρυσοχόον Λαέρκεα δεῦρο κελέσθω          425
ἐλθεῖν, ὄφρα βοὸς χρυσὸν κέρασιν περιχεύῃ.
οἱ δ' ἄλλοι μένετ' αὐτοῦ ἀολλέες, εἴπατε δ' εἴσω
δμῳῆσιν κατὰ δώματ' ἀγακλυτὰ δαῖτα πένεσθαι,
ἕδρας τε ξύλα τ' ἀμφὶ καὶ ἀγλαὸν οἰσέμεν ὕδωρ.'

  Ὣς ἔφαθ', οἱ δ' ἄρα πάντες ἐποίπνυον.  ἦλθε μὲν ἆρ
          βοῦς          430
ἐκ πεδίου, ἦλθον δὲ θοῆς παρὰ νηὸς ἐίσης
Τηλεμάχου ἕταροι μεγαλήτορος, ἦλθε δὲ χαλκεὺς
ὅπλ' ἐν χερσὶν ἔχων χαλκήια, πείρατα τέχνης,
ἄκμονά τε σφῦράν τ' εὐποίητόν τε πυράγρην,
οἷσίν τε χρυσὸν εἰργάζετο· ἦλθε δ' Ἀθήνη          435
ἱρῶν ἀντιόωσα.  γέρων δ' ἱππηλάτα Νέστωρ
χρυσὸν ἔδωχ· ὁ δ' ἔπειτα βοὸς κέρασιν περίχευεν
ἀσκήσας, ἵν' ἄγαλμα θεὰ κεχάροιτο ἰδοῦσα.
βοῦν δ' ἀγέτην κεράων Στρατίος καὶ δῖος Ἐχέφρων.
χέρνιβα δέ σφ' Ἄρητος ἐν ἀνθεμόεντι λέβητι          440
ἤλυθεν ἐκ θαλάμοιο φέρων, ἑτέρῃ δ' ἔχεν οὐλὰς
ἐν κανέῳ· πέλεκυν δὲ μενεπτόλεμος Θρασυμήδης

lant Thrasymêdes, and sixth and last came lord Peisistra-
tos. Then they led forward princely Telemachos, and set
him by their side, and thus began the Gerenian horseman
Nestor :

" Hasten, dear children, and fulfil my vow ; that first
of all the gods I satisfy Athene, who came to me in open
presence at the gods' rich feast. Nay, now, let one go for
a heifer to the field, that she may come at once, and let the
neat-herd drive her up. One go to the black ship of bold
Telemachos, and bring here all his crew. Leave only two.
Let one again order the smith Laërkes hither, to tip with
gold the heifer's horns. Let the rest stay here together.
But tell the maids within to spread a feast throughout our
famous palace, to fetch some seats, some logs of wood, and
some fresh water."

He spoke ; away went all in breathless haste. And now
there came the heifer from the field ; there came from the
swift balanced ship the crew of brave Telemachos ; there
came the smith, with his smith's tools in hand, his imple-
ments of art, anvil and hammer and the shapely tongs,
with which he works the gold ; there came Athene, too, to
meet the sacrifice. Then the old horseman Nestor fur-
nished gold, and so that other welded it round the heifer's
horns, smoothing it till the goddess might be pleased to
view the offering. Now by the horns Stratios and noble
Echephron led up the heifer ; Arêtos brought lustral water
in a flowered basin from the store-room, and in his other
hand held barley in a basket ; and dauntless Thrasymêdes,
a sharp axe in his hand, stood by to fell the heifer, while
Perseus held the blood-bowl. Then the old horseman

8

ὀξὺν ἔχων ἐν χειρὶ παρίστατο, βοῦν ἐπικόψων.
Περσεὺς δ' ἀμνίον εἶχε· γέρων δ' ἱππηλάτα Νέστωρ
χέρνιβά τ' οὐλοχύτας τε κατήρχετο, πολλὰ δ' Ἀθήνῃ 445
εὔχετ' ἀπαρχόμενος, κεφαλῆς τρίχας ἐν πυρὶ βάλλων.

Αὐτὰρ ἐπεί ῥ' εὔξαντο καὶ οὐλοχύτας προβάλοντο,
αὐτίκα Νέστορος υἱὸς, ὑπέρθυμος Θρασυμήδης,
ἤλασεν ἄγχι στάς· πέλεκυς δ' ἀπέκοψε τένοντας
αὐχενίους, λῦσεν δὲ βοὸς μένος· αἱ δ' ὀλόλυξαν       450
θυγατέρες τε νυοί τε καὶ αἰδοίη παράκοιτις
Νέστορος, Εὐρυδίκη, πρέσβα Κλυμένοιο θυγατρῶν.
οἱ μὲν ἔπειτ' ἀνελόντες ἀπὸ χθονὸς εὐρυοδείης
ἔσχον· ἀτὰρ σφάξεν Πεισίστρατος, ὄρχαμος ἀνδρῶν.
τῆς δ' ἐπεὶ ἐκ μέλαν αἷμα ῥύη, λίπε δ' ὀστέα θυμὸς, 455
αἶψ' ἄρα μιν διέχευαν, ἄφαρ δ' ἐκ μηρία τάμνον
πάντα κατὰ μοῖραν, κατά τε κνίσῃ ἐκάλυψαν
δίπτυχα ποιήσαντες, ἐπ' αὐτῶν δ' ὠμοθέτησαν.
καῖε δ' ἐπὶ σχίζῃς ὁ γέρων, ἐπὶ δ' αἴθοπα οἶνον
λεῖβε· νέοι δὲ παρ' αὐτὸν ἔχον πεμπώβολα χερσίν.    460
αὐτὰρ ἐπεὶ κατὰ μῆρ' ἐκάη καὶ σπλάγχν' ἐπάσαντο,
μίστυλλόν τ' ἄρα τἆλλα καὶ ἀμφ' ὀβελοῖσιν ἔπειραν,
ὤπτων δ' ἀκροπόρους ὀβελοὺς ἐν χερσὶν ἔχοντες.

Τόφρα δὲ Τηλέμαχον λοῦσεν καλὴ Πολυκάστη,
Νέστορος ὁπλοτάτη θυγάτηρ Νηληιάδαο.                465
αὐτὰρ ἐπεὶ λοῦσέν τε καὶ ἔχρισεν λίπ' ἐλαίῳ,
ἀμφὶ δέ μιν φᾶρος καλὸν βάλεν ἠδὲ χιτῶνα,
ἔκ ῥ' ἀσαμίνθου βῆ δέμας ἀθανάτοισιν ὁμοῖος·
πὰρ δ' ὅ γε Νέστορ' ἰὼν κατ' ἄρ' ἕζετο, ποιμένα λαῶν.

Οἱ δ' ἐπεὶ ὤπτησαν κρέ' ὑπέρτερα καὶ ἐρύσαντο,    470
δαίνυνθ' ἑζόμενοι· ἐπὶ δ' ἀνέρες ἐσθλοὶ ὄροντο
οἶνον οἰνοχοεῦντες ἐνὶ χρυσέοις δεπάεσσιν.

Nestor began the opening rites, of washing hands and sprinkling meal. And fervently he prayed Athene at beginning, casting the forelocks in the fire.

So after they had prayed and strewn the barley-meal, forthwith the son of Nestor, ardent Thrasymêdes, drew near and dealt the blow. The axe cut through the cords of the neck and broke the heifer's power. A cry went up from the daughters of Nestor, the sons' wives, and his own honored wife, Eurydikê, the eldest of the daughters of Klymenos. The sons then raised the beast up from the trodden earth and held her so, the while Peisistratos, ever the foremost, cut the throat. And after the black blood had flowed and life had left the carcase, they straightway laid it open, quickly cut out the thighs, all in due order, wrapped them in fat in double layers, and placed raw flesh thereon. On billets of wood the old man burned them, and over all poured out the sparkling wine, while young men by his side held five-pronged spits. So after the thighs were burned and the inward parts were tasted, they sliced the rest, and stuck the bits on spits and roasted all, holding the pointed spits in hand.

Meanwhile to Telemachos fair Polykastê gave a bath, she who was youngest daughter of Nestor, son of Neleus. And after she had given the bath and had anointed him with oil, and put upon him a beautiful robe and tunic, forth from the bath he came, in bearing like the immortals, and he went and sat by Nestor, the shepherd of the people.

The others, too, when they had roasted the outer flesh and drawn it off, sat down and fell to feasting. Men of degree attended them, pouring the wine into their golden

αὐτὰρ ἐπεὶ πόσιος καὶ ἐδητύος ἐξ ἔρον ἔντο,
τοῖσι δὲ μύθων ἦρχε Γερήνιος ἱππότα Νέστωρ·

' Παῖδες ἐμοί, ἄγε, Τηλεμάχῳ καλλίτριχας ἵππους 475
ζεύξαθ' ὑφ' ἅρματ' ἄγοντες, ἵνα πρήσσῃσιν ὁδοῖο.'

Ὣς ἔφαθ', οἱ δ' ἄρα τοῦ μάλα μὲν κλύον ἠδ' ἐπίθοντο,
καρπαλίμως δ' ἔζευξαν ὑφ' ἅρμασιν ὠκέας ἵππους.
ἐν δὲ γυνὴ ταμίη σῖτον καὶ οἶνον ἔθηκεν
ὄψα τε, οἷα ἔδουσι διοτρεφέες βασιλῆες. 480
ἂν δ' ἄρα Τηλέμαχος περικαλλέα βήσετο δίφρον·
πὰρ δ' ἄρα Νεστορίδης Πεισίστρατος, ὄρχαμος ἀνδρῶν,
ἐς δίφρον τ' ἀνέβαινε καὶ ἡνία λάζετο χερσὶ,
μάστιξεν δ' ἐλάαν, τὼ δ' οὐκ ἀέκοντε πετέσθην
ἐς πεδίον, λιπέτην δὲ Πύλου αἰπὺ πτολίεθρον. 485
οἱ δὲ πανημέριοι σεῖον ζυγὸν ἀμφὶς ἔχοντες.

Δύσετό τ' ἠέλιος σκιόωντό τε πᾶσαι ἀγυιαί·
ἐς Φηρὰς δ' ἵκοντο Διοκλῆος ποτὶ δῶμα,
υἱέος Ὀρσιλόχοιο, τὸν Ἀλφειὸς τέκε παῖδα.
ἔνθα δὲ νύκτ' ἄεσαν, ὁ δὲ τοῖς πὰρ ξείνια θῆκεν. 490

Ἦμος δ' ἠριγένεια φάνη ῥοδοδάκτυλος Ἠώς,
ἵππους τ' ἐζεύγνυντ' ἀνά θ' ἄρματα ποικίλ' ἔβαινον·
[ἐκ δ' ἔλασαν προθύροιο καὶ αἰθούσης ἐριδούπου·]
μάστιξεν δ' ἐλάαν, τὼ δ' οὐκ ἀέκοντε πετέσθην.
ἷξον δ' ἐς πεδίον πυρηφόρον, ἔνθα δ' ἔπειτα 495
ἦνον ὁδόν· τοῖον γὰρ ὑπέκφερον ὠκέες ἵπποι.
δύσετό τ' ἠέλιος σκιόωντό τε πᾶσαι ἀγυιαί.

cups. So after they had stayed desire for drink and food, then thus began the Gerenian horseman Nestor: "Sons, go and yoke the long-maned horses for Telemachos, and harness them to the car, that he may make his journey."

Even so he spoke, and very willingly they heeded and obeyed. Quickly they harnessed the swift horses to the car. The housewife also put in bread and wine and dainties, such things as heaven-descended princes eat. And now Telemachos mounted the goodly chariot, and Nestor's son Peisistratos, ever the foremost, mounted the chariot with him, and took the reins in hand. He cracked the whip to start, and not unwillingly the pair flew off into the plain, left the steep hold of Pylos, and all day long they rattled the yoke they bore between them.

Now the sun sank and all the ways grew dark, and the men arrived at Pherai, before the house of Diokles, the son of Orsilochos, whose father was Alpheios. There for the night they rested; he gave them entertainment.

Then, as the early rosy-fingered Dawn appeared, they harnessed the horses, mounted the bright chariot, and off they drove from porch and echoing portico. They cracked the whip to start, and not unwillingly the pair flew off. So into the plain they came where grew the grain; and through this, by and by, they reached their journey's ending. So their swift horses sped them. Then the sun sank and all the ways grew dark.

# ΟΔΥΣΣΕΙΑΣ Δ.

## Τὰ ἐν Λακεδαίμονι.

Οἱ δ᾽ ἷξον κοίλην Λακεδαίμονα κητώεσσαν,
πρὸς δ᾽ ἄρα δώματ᾽ ἔλων Μενελάου κυδαλίμοιο.
τὸν δ᾽ εὗρον δαινύντα γάμον πολλοῖσιν ἔτῃσιν
υἱέος ἠδὲ θυγατρὸς ἀμύμονος ᾧ ἐνὶ οἴκῳ.
τὴν μὲν Ἀχιλλῆος ῥηξήνορος υἱέι πέμπεν·
ἐν Τροίῃ γὰρ πρῶτον ὑπέσχετο καὶ κατένευσε
δωσέμεναι, τοῖσιν δὲ θεοὶ γάμον ἐξετέλειον.
τὴν ἄρ᾽ ὅ γ᾽ ἔνθ᾽ ἵπποισι καὶ ἄρμασι πέμπε νέεσθαι
Μυρμιδόνων προτὶ ἄστυ περικλυτὸν, οἷσιν ἄνασσεν.
υἱέι δὲ Σπάρτηθεν Ἀλέκτορος ἤγετο κούρην,          10
ὅς οἱ τηλύγετος γένετο κρατερὸς Μεγαπένθης
ἐκ δούλης· Ἑλένῃ δὲ θεοὶ γόνον οὐκέτ᾽ ἔφαινον,
ἐπεὶ δὴ τὸ πρῶτον ἐγείνατο παῖδ᾽ ἐρατεινὴν,
Ἑρμιόνην, ἣ εἶδος ἔχε χρυσ ης Ἀφροδίτης.
  Ὡς οἱ μὲν δαίνυντο καθ᾽ ὑψερεφὲς μέγα δῶμα      15
γείτονες ἠδὲ ἔται Μενελάου κυδαλίμοιο,
τερπόμενοι· μετὰ δέ σφιν ἐμέλπετο θεῖος ἀοιδὸς
φορμίζων· δοιὼ δὲ κυβιστητῆρε κατ᾽ αὐτοὺς
μολπῆς ἐξάρχοντος ἐδίνευον κατὰ μέσσους.
  Τὼ δ᾽ αὖτ᾽ ἐν προθύροισι δόμων αὐτώ τε καὶ ἵππω,
Τηλέμαχος θ᾽ ἥρως καὶ Νέστορος ἀγλαὸς υἱὸς       21
στῆσαν· ὁ δὲ προμολὼν ἴδετο κρείων Ἐτεωνεὺς,
ὀτρηρὸς θεράπων Μενελάου κυδαλίμοιο,
βῆ δ᾽ ἴμεν ἀγγελέων διὰ δώματα ποιμένι λαῶν,

# IV.

INTO the hollows now they came of caverned Lakedai-
mon and drove to the palace of famous Menelaos. They
found him holding a wedding feast for all his kin, in
honor of the son and gentle daughter of his house. To
the son of Achilles, that breaker of men's ranks, he gave
his daughter; for long ago, at Troy, he made the promise
and agreed to give her, and now the gods brought round
their wedding. Therefore he sent her forth with horses
and with chariots to the famed city of the Myrmidons,
whose king her bridegroom was. For his son he took
as a wife Alektor's daughter out of Sparta, his son be-
ing now full grown, strong Megapenthes, the child of a
slave mother. To Helen did the gods grant no more issue
after she in the early time had borne her lovely child,
Hermionê, who had the grace of golden Aphroditê.

Thus at the feast in the great high-roofed house, neigh-
bors and kinsmen of famous Menelaos sat and made
merry. Among them sang the sacred bard and touched
his lyre; a pair of dancers went whirling down the cen-
tre as he began the song.

But at the palace gate two youths and their horses
stopped, princely Telemachos and the proud son of Nestor.
Great Eteôneus came forth and saw them, — he was a
busy squire of famous Menelaos, — and passed along the

ἀγχοῦ δ᾽ ἱστάμενος ἔπεα πτερόεντα προσηύδα·                25
‘Ξείνω δή τινε τώδε, διοτρεφὲς ὦ Μενέλαε,
ἄνδρε δύω, γενεῇ δὲ Διὸς μεγάλοιο ἔικτον.
ἀλλ᾽ εἴπ᾽ ἤ σφωιν καταλύσομεν ὠκέας ἵππους,
ἤ ἄλλον πέμπωμεν ἱκανέμεν, ὅς κε φιλήσῃ.’

    Τὸν δὲ μέγ᾽ ὀχθήσας προσέφη ξανθὸς Μενέλαος·      30
‘οὐ μὲν νήπιος ἦσθα, βοηθοΐδη Ἐτεωνεῦ,
τὸ πρίν· ἀτὰρ μὲν νῦν γε πάις ὣς νήπια βάζεις.
ἦ μὲν δὴ νῶι ξεινήια πολλὰ φαγόντε
ἄλλων ἀνθρώπων δεῦρ᾽ ἱκόμεθ᾽, αἴ κέ ποθι Ζεὺς
ἐξοπίσω περ παύσῃ ὀιζύος. ἀλλὰ λύ᾽ ἵππους      35
ξείνων, ἐς δ᾽ αὐτοὺς προτέρω ἄγε θοινηθῆναι.’

    Ὣς φάθ᾽, ὁ δὲ μεγάροιο διέσσυτο, κέκλετο δ᾽ ἄλλους
ὀτρηροὺς θεράποντας ἅμα σπέσθαι ἑοῖ αὐτῷ.
οἱ δ᾽ ἵππους μὲν λῦσαν ὑπὸ ζυγοῦ ἱδρώοντας,
καὶ τοὺς μὲν κατέδησαν ἐφ᾽ ἱππείῃσι κάπῃσι,      40
πὰρ δ᾽ ἔβαλον ζειάς, ἀνὰ δὲ κρῖ λευκὸν ἔμιξαν,
ἄρματα δ᾽ ἔκλιναν πρὸς ἐνώπια παμφανόωντα,
αὐτοὺς δ᾽ εἰσῆγον θεῖον δόμον· οἱ δὲ ἰδόντες
θαύμαζον κατὰ δῶμα διοτρεφέος βασιλῆος.
ὥς τε γὰρ ἠελίου αἴγλη πέλεν ἠὲ σελήνης      45
δῶμα καθ᾽ ὑψερεφὲς Μενελάου κυδαλίμοιο.
αὐτὰρ ἐπεὶ τάρπησαν ὁρώμενοι ὀφθαλμοῖσιν,
ἔς ῥ᾽ ἀσαμίνθους βάντες ἐυξέστας λούσαντο.
τοὺς δ᾽ ἐπεὶ οὖν δμωαὶ λοῦσαν καὶ χρῖσαν ἐλαίῳ,
ἀμφὶ δ᾽ ἄρα χλαίνας οὔλας βάλον ἠδὲ χιτῶνας,      50
ἔς ῥα θρόνους ἕζοντο παρ᾽ Ἀτρείδην Μενέλαον.
χέρνιβα δ᾽ ἀμφίπολος προχόῳ ἐπέχευε φέρουσα
καλῇ χρυσείῃ, ὑπὲρ ἀργυρέοιο λέβητος,
νίψασθαι· παρὰ δὲ ξεστὴν ἐτάνυσσε τράπεζαν.

hall to tell the shepherd of the people, and standing close he said in winged words:

"Here are some strangers, heaven-descended Menelaos, two men, and they are like the seed of mighty Zeus. Say, shall we unharness their swift horses, or send them on for some one else to entertain?"

Then, deeply moved, said light-haired Menelaos: "You were no fool, Boëthoös' son, Eteôneus, before this time, but now you are talking folly like a child! Only through largely tasting hospitality at strangers' hands we two are here, and we must look to Zeus henceforth to give us rest from trouble. No! take the harness from the strangers' horses, and bring the men within to share the feast."

He spoke, and Eteôneus hastened along the hall and called on other busy squires to follow after. They took the sweating horses from the yoke, tied them securely in the stalls, threw them some corn and mixed therewith white barley, then tipped the chariot up against the bright face-wall, and brought the men into the lordly house. And they, beholding, marveled at the dwelling of the heaven-descended king; for a sheen as of the sun or moon played through the high-roofed house of famous Menelaos. Now after they had satisfied their eyes with gazing, they sought the polished baths, and bathed. And when the maids had bathed them and anointed them with oil, and put upon them fleecy robes and tunics, they took their seats by Menelaos, son of Atreus. And water for the hands a servant brought them in a beautiful pitcher made of gold, and poured it out over a silver basin for their washing, and by them spread a polished table. Then the grave

σῖτον δ᾽ αἰδοίη ταμίη παρέθηκε φέρουσα,                    55
εἴδατα πόλλ᾽ ἐπιθεῖσα, χαριζομένη παρεόντων.
[δαιτρὸς δὲ κρειῶν πίνακας παρέθηκεν ἀείρας
παντοίων, παρὰ δέ σφι τίθει χρύσεια κύπελλα.]
τὼ καὶ δεικνύμενος προσέφη ξανθὸς Μενέλαος·

‘ Σίτου θ᾽ ἅπτεσθον καὶ χαίρετον. αὐτὰρ ἔπειτα      60
δείπνου πασσαμένω εἰρησόμεθ᾽ οἵ τινές ἐστον
[ἀνδρῶν· οὐ γάρ σφῶν γε γένος ἀπόλωλε τοκήων,
ἀλλ᾽ ἀνδρῶν γένος ἐστὲ διοτρεφέων βασιλήων
σκηπτούχων, ἐπεὶ οὔ κε κακοὶ τοιούσδε τέκοιεν.]’

“Ως φάτο, καὶ σφιν νῶτα βοὸς παρὰ πίονα θῆκεν      65
ὄπτ᾽ ἐν χερσὶν ἑλών, τά ῥά οἱ γέρα πάρθεσαν αὐτῷ.
οἱ δ᾽ ἐπ᾽ ὀνείαθ᾽ ἑτοῖμα προκείμενα χεῖρας ἴαλλον.
αὐτὰρ ἐπεὶ πόσιος καὶ ἐδητύος ἐξ ἔρον ἔντο,
δὴ τότε Τηλέμαχος προσεφώνεε Νέστορος υἱόν,
ἄγχι σχὼν κεφαλήν, ἵνα μὴ πευθοίαθ᾽ οἱ ἄλλοι·      70

‘ Φράζεο, Νεστορίδη, τῷ ἐμῷ κεχαρισμένε θυμῷ,
χαλκοῦ τε στεροπὴν κὰδ δώματα ἠχήεντα,
χρυσοῦ τ᾽ ἠλέκτρου τε καὶ ἀργύρου ἠδ᾽ ἐλέφαντος.
Ζηνός που τοιήδε γ᾽ Ὀλυμπίου ἔνδοθεν αὐλή,
ὅσσα τάδ᾽ ἄσπετα πολλά· σέβας μ᾽ ἔχει εἰσορόωντα.’

Τοῦ δ᾽ ἀγορεύοντος ξύνετο ξανθὸς Μενέλαος,         76
καί σφεας φωνήσας ἔπεα πτερόεντα προσηύδα·

‘ Τέκνα φίλ᾽, ἦ τοι Ζηνὶ βροτῶν οὐκ ἄν τις ἐρίζοι·
ἀθάνατοι γὰρ τοῦ γε δόμοι καὶ κτήματ᾽ ἔασιν·
ἀνδρῶν δ᾽ ἤ κέν τίς μοι ἐρίσσεται, ἠὲ καὶ οὐκὶ,     80
κτήμασιν. ἦ γὰρ πολλὰ παθὼν καὶ πόλλ᾽ ἐπαληθεὶς
ἠγαγόμην ἐν νηυσὶ καὶ ὀγδοάτῳ ἔτει ἦλθον·
Κύπρον Φοινίκην τε καὶ Αἰγυπτίους ἐπαληθείς,
Αἰθίοπάς θ᾽ ἱκόμην καὶ Σιδονίους καὶ Ἐρεμβοὺς

housekeeper brought bread and placed before them, setting out food of many a kind, freely giving of her store. The carver, too, took platters of meat and placed before them, meat of all kinds, and set their golden goblets ready. Then, greeting the pair, said light-haired Menelaos:

"Take food, and have good cheer! and after you have enjoyed your meal, we will inquire what men you are. Surely the parent line suffers no loss in you; but you are of some line of heaven-descended kings who bear the sceptre. No common men could have such children."

So saying, he set before them fat slices of a chine of beef, taking up in his hands the roasted flesh which had been placed before him as the piece of honor; and on the food spread out before them they laid hands. But after they had stayed desire for drink and food, Telemachos said to Nestor's son, — his head bent close that others might not hear:

"O son of Nestor, my heart's delight, observe the blaze of bronze throughout these echoing halls, the gold, the amber, silver, and ivory! The court of Olympian Zeus must be like this within. What untold wealth is here! I am amazed to see."

What he was saying light-haired Menelaos overheard, and speaking to them in winged words he said: "Dear children, surely mortal man could never vie with Zeus; eternal are his halls and his possessions; but one of humankind to vie with me in wealth there may or may not be. Through many woes and wanderings I brought it in my ships, and I was eight years on the way. Cyprus, Phœnicia, Egypt, I wandered over; I came to the Ethio-

καὶ Λιβύην, ἵνα τ' ἄρνες ἄφαρ κεραοὶ τελέθουσι.　　85
τρὶς γὰρ τίκτει μῆλα τελεσφόρον εἰς ἐνιαυτόν.
ἔνθα μὲν οὔτε ἄναξ ἐπιδευὴς οὔτε τι ποιμὴν
τυροῦ καὶ κρειῶν, οὐδὲ γλυκεροῖο γάλακτος,
ἀλλ' αἰεὶ παρέχουσιν ἐπηετανὸν γάλα θῆσθαι.
εἷος ἐγὼ περὶ κεῖνα πολὺν βίοτον συναγείρων　　90
ἠλώμην, τείως μοι ἀδελφεὸν ἄλλος ἔπεφνε
λάθρῃ, ἀνωιστί, δόλῳ οὐλομένης ἀλόχοιο·
ὣς οὔ τοι χαίρων τοῖσδε κτεάτεσσιν ἀνάσσω, —
καὶ πατέρων τάδε μέλλετ' ἀκουέμεν, οἵ τινες ὑμῖν
εἰσίν, — ἐπεὶ μάλα πόλλ' ἔπαθον, καὶ ἀπώλεσα οἶκον　95
εὖ μάλα ναιετάοντα, κεχανδότα πολλὰ καὶ ἐσθλά.
ὧν ὄφελον τριτάτην περ ἔχων ἐν δώμασι μοῖραν
ναίειν, οἱ δ' ἄνδρες σόοι ἔμμεναι, οἳ τότ' ὄλοντο
Τροίῃ ἐν εὐρείῃ, ἑκὰς Ἄργεος ἱπποβότοιο.
ἀλλ' ἔμπης πάντας μὲν ὀδυρόμενος καὶ ἀχεύων　　100
πολλάκις ἐν μεγάροισι καθήμενος ἡμετέροισιν —
ἄλλοτε μέν τε γόῳ φρένα τέρπομαι, ἄλλοτε δ' αὖτε
παυόμαι· αἰψηρὸς δὲ κόρος κρυεροῖο γόοιο —
τῶν πάντων οὐ τόσσον ὀδύρομαι, ἀχνύμενός περ,
ὡς ἑνός, ὅς τέ μοι ὕπνον ἀπεχθαίρει καὶ ἐδωδὴν　105
μνωομένῳ, ἐπεὶ οὔ τις Ἀχαιῶν τόσσ' ἐμόγησεν
ὅσσ' Ὀδυσεὺς ἐμόγησε καὶ ἤρατο. τῷ δ' ἄρ' ἔμελλεν
αὐτῷ κήδε' ἔσεσθαι, ἐμοὶ δ' ἄχος αἰὲν ἄλαστον
κείνου, ὅπως δὴ δηρὸν ἀποίχεται, οὐδέ τι ἴδμεν,
ζώει ὅ γ' ἢ τέθνηκεν. ὀδύρονταί νύ που αὐτὸν　110
Λαέρτης θ' ὁ γέρων καὶ ἐχέφρων Πηνελόπεια
Τηλέμαχός θ', ὃν ἔλειπε νέον γεγαῶτ' ἐνὶ οἴκῳ.'
　Ὣς φάτο, τῷ δ' ἄρα πατρὸς ὑφ' ἵμερον ὦρσε γόοιο,
δάκρυ δ' ἀπὸ βλεφάρων χαμάδις βάλε πατρὸς ἀκούσας,

pians, Sidonians, and Erembians, and into Libya, where the lambs are full-horned at their birth. Three times within the ripening year the flocks bear young. No master nor herdsman there lacks cheese, meat, or sweet milk, but the ewes always give their milk the whole year round. While I was gathering thereabouts much wealth and wandering on, a stranger slew my brother while off his guard, by stealth, and through the stratagem of his accursed wife. Thus with no pleasure am I lord of my possessions here. From your fathers, too, you must have heard the tale, whoever they may be; for great was my affliction, and I found a house in ruins, fair though it stood, and stored with many goods. Ah, would that I were here at home with but the third part of my wealth, and they were safe who fell on the plain of Troy, far off from grazing Argos! But no! and for them all I often grieve and mourn when sitting in my halls. Now with a sigh I ease my heart, then check myself; soon comes a surfeit of benumbing sorrow. Yet in my grief it is not all I so much mourn as one alone, who makes me loathe my sleep and food when I remember him; for no Achaian met the struggles that Odysseus met and won. Therefore on him it was appointed woe should fall, and upon me a ceaseless pang because of him; so long he tarries, whether alive or dead we do not know. Doubtless there mourn him now the old Laërtes, steadfast Penelope, and Telemachos, whom he left a new-born child at home."

So he spoke, and stirred in Telemachos yearnings to mourn his father. Tears from his eyelids dropped upon

χλαῖναν πορφυρέην ἄντ᾽ ὀφθαλμοῖιν ἀνασχὼν     115
ἀμφοτέρῃσιν χερσί. νόησε δέ μιν Μενέλαος,
μερμήριξε δ᾽ ἔπειτα κατὰ φρένα καὶ κατὰ θυμὸν
ἠέ μιν αὐτὸν πατρὸς ἐάσειε μνησθῆναι,
ἦ πρῶτ᾽ ἐξερέοιτο ἕκαστά τε πειρήσαιτο.

   Εἷος ὁ ταῦθ᾽ ὥρμαινε κατὰ φρένα καὶ κατὰ θυμὸν,  120
ἐκ δ᾽ Ἑλένη θαλάμοιο θυώδεος ὑψορόφοιο
ἤλυθεν, Ἀρτέμιδι χρυσηλακάτῳ εἰκυῖα.
τῇ δ᾽ ἄρ᾽ ἅμ᾽ Ἀδρήστη κλισίην εὔτυκτον ἔθηκεν,
Ἀλκίππη δὲ τάπητα φέρεν μαλακοῦ ἐρίοιο,
Φυλὼ δ᾽ ἀργύρεον τάλαρον φέρε, τόν οἱ ἔδωκεν     125
Ἀλκάνδρη, Πολύβοιο δάμαρ, ὃς ἔναι᾽ ἐνὶ Θήβῃς
Αἰγυπτίῃς, ὅθι πλεῖστα δόμοις ἐν κτήματα κεῖται·
ὃς Μενελάῳ δῶκε δύ᾽ ἀργυρέας ἀσαμίνθους,
δοιοὺς δὲ τρίποδας, δέκα δὲ χρυσοῖο τάλαντα.
χωρὶς δ᾽ αὖθ᾽ Ἑλένη ἄλοχος πόρε κάλλιμα δῶρα·   130
χρυσέην τ᾽ ἠλακάτην τάλαρόν θ᾽ ὑπόκυκλον ὄπασσεν
ἀργύρεον, χρυσῷ δ᾽ ἐπὶ χείλεα κεκράαντο.
τόν ῥά οἱ ἀμφίπολος Φυλὼ παρέθηκε φέρουσα
νήματος ἀσκητοῖο βεβυσμένον· αὐτὰρ ἐπ᾽ αὐτῷ
ἠλακάτη τετάνυστο ἰοδνεφὲς εἶρος ἔχουσα.     135
ἕζετο δ᾽ ἐν κλισμῷ, ὑπὸ δὲ θρῆνυς ποσὶν ἦεν.
αὐτίκα δ᾽ ἥ γ᾽ ἐπέεσσι πόσιν ἐρέεινεν ἕκαστα·

   ‘Ἴδμεν δὴ, Μενέλαε διοτρεφὲς, οἵ τινες οἵδε
ἀνδρῶν εὐχετόωνται ἱκανέμεν ἡμέτερον δῶ;
ψεύσομαι, ἦ ἔτυμον ἐρέω; κέλεται δέ με θυμός.   140
οὐ γάρ πώ τινά φημι ἐοικότα ὧδε ἰδέσθαι
οὔτ᾽ ἄνδρ᾽ οὔτε γυναῖκα, σέβας μ᾽ ἔχει εἰσορόωσαν,
ὡς ὅδ᾽ Ὀδυσσῆος μεγαλήτορος υἷι ἔοικε,
Τηλεμάχῳ, τὸν ἔλειπε νέον γεγαῶτ᾽ ἐνὶ οἴκῳ

the ground, when he heard his father's name, and he held with both his hands his purple cloak before his eyes. This Menelaos marked, and hesitated now within his mind and heart whether to leave him to make mention of his father, or first to question him and prove him through and through.

While he thus doubted in his mind and heart, forth from her fragrant high-roofed chamber Helen came, like golden-shafted Artemis. For her, Adrastê placed a well-wrought chair; Alkippê brought a carpet of soft wool, and Phylo a silver basket which Alkandrê gave, the wife of Polybos, who lived in Thebes of Egypt, where wealth in plenty fills the houses. He gave to Menelaos two silver baths, a pair of kettles, and ten golden talents. And then, besides, his wife gave Helen beautiful gifts; she gave a golden distaff and a basket upon rollers, fashioned of silver, and its rim finished with gold. This her attendant Phylo now brought and set beside her, filled with a curious yarn; across it lay the distaff, charged with dark wool. Seated upon her chair, — beneath there was a footstool for the feet, — she straightway questioned thus her husband closely:

" Do we know, heaven-descended Menelaos, who the men call themselves that seek our dwelling? Shall I speak false or true? My heart impels me. None have I ever seen, I think, so like another, be it a man or woman — amazed am I to see! — as this man here is like a son of brave Odysseus, even like Telemachos, who was left a new-born child at home by him, his father, when you

κεῖνος ἀνήρ, ὅτ' ἐμεῖο κυνώπιδος εἵνεκ' Ἀχαιοὶ          145
ἤλθεθ' ὑπὸ Τροίην, πόλεμον θρασὺν ὁρμαίνοντες.'

Τὴν δ' ἀπαμειβόμενος προσέφη ξανθὸς Μενέλαος·
'οὕτω νῦν καὶ ἐγὼ νοέω, γύναι, ὡς σὺ ἐΐσκεις·
κείνου γὰρ τοιοίδε πόδες τοιαίδε τε χεῖρες
ὀφθαλμῶν τε βολαὶ κεφαλή τ' ἐφύπερθέ τε χαῖται.          150
καὶ νῦν ἦ τοι ἐγὼ μεμνημένος ἀμφ' Ὀδυσῆι
μυθεόμην, ὅσα κεῖνος ὀϊζύσας ἐμόγησεν
ἀμφ' ἐμοί, αὐτὰρ ὁ πικρὸν ὑπ' ὀφρύσι δάκρυον εἶβε,
χλαῖναν πορφυρέην ἄντ' ὀφθαλμοῖιν ἀνασχών.'

Τὸν δ' αὖ Νεστορίδης Πεισίστρατος ἀντίον ηὔδα·          155
'Ἀτρεΐδη Μενέλαε διοτρεφές, ὄρχαμε λαῶν,
κείνου μέν τοι ὅδ' υἱὸς ἐτήτυμον, ὡς ἀγορεύεις·
ἀλλὰ σαόφρων ἐστί, νεμεσσᾶται δ' ἐνὶ θυμῷ
ὧδ' ἐλθὼν τὸ πρῶτον ἐπεσβολίας ἀναφαίνειν
ἄντα σέθεν, τοῦ νῶι θεοῦ ὡς τερπόμεθ' αὐδῇ.          160
αὐτὰρ ἐμὲ προέηκε Γερήνιος ἱππότα Νέστωρ
τῷ ἅμα πομπὸν ἕπεσθαι· ἐέλδετο γάρ σε ἰδέσθαι,
ὄφρα οἱ ἤ τι ἔπος ὑποθήσεαι ἠέ τι ἔργον.
πολλὰ γὰρ ἄλγε' ἔχει πατρὸς παῖς οἰχομένοιο
ἐν μεγάροις, ᾧ μὴ ἄλλοι ἀοσσητῆρες ἔωσιν,          165
ὡς νῦν Τηλεμάχῳ ὁ μὲν οἴχεται, οὐδέ οἱ ἄλλοι
εἴσ' οἵ κεν κατὰ δῆμον ἀλάλκοιεν κακότητα.'

Τὸν δ' ἀπαμειβόμενος προσέφη ξανθὸς Μενέλαος·
'ὦ πόποι, ἦ μάλα δὴ φίλου ἀνέρος υἱὸς ἐμὸν δῶ
ἵκεθ', ὃς εἵνεκ' ἐμεῖο πολέας ἐμόγησεν ἀέθλους·          170
καί μιν ἔφην ἐλθόντα φιλησέμεν ἔξοχον ἄλλων
Ἀργείων, εἰ νῶιν ὑπεὶρ ἅλα νόστον ἔδωκε
νηυσὶ θοῇσι γενέσθαι Ὀλύμπιος εὐρύοπα Ζεύς.
καί κέ οἱ Ἄργεϊ νάσσα πόλιν καὶ δώματ' ἔτευξα,

Achaians, for the sake of worthless me, came under the walls of Troy, eager for valorous fighting."

Then, answering her, said light-haired Menelaos: "Now I too note it, wife, even as you trace the likeness; those were his feet and hands, that was his glance, that too his head, and, up above, his hair. And even now, as I began to call to mind Odysseus and to tell the tale of all the grievous toils he bore in my behalf, this youth let fall a bitter tear from under his brows, and held his purple cloak before his eyes."

Then Nestor's son, Peisistratos, made answer: "O son of Atreus, heaven-descended Menelaos, leader of hosts, this is in truth his son, as you have said; but he is modest and too bashful in his heart to make a show of talk on his first coming here, before you too, whose voice we both enjoy as if it were a god's. The Gerenian horseman, Nestor, sent me forth from home to be his escort; for he desired to see you, hoping that you might give him aid by word or deed. Ah, many a grief the son of an absent father meets, even when at home, if other helpers are not by. So with Telemachos; the one is gone, and others there are none throughout the land to ward off ill."

Then, answering him, said light-haired Menelaos: "What! Is there then within my house the son of one so dear, one who for me bore many a conflict! I used to say that I should greet his coming far more than that of all the other Argives, if through the seas Olympian far-seeing Zeus let our swift ships find passage. In Argos I would have assigned to him a city, would here have built

9

ἐξ Ἰθάκης ἀγαγὼν σὺν κτήμασι καὶ τέκεϊ ᾧ        175
καὶ πᾶσιν λαοῖσι, μίαν πόλιν ἐξαλαπάξας,
αἳ περιναιετάουσιν, ἀνάσσονται δ' ἐμοὶ αὐτῷ.
καί κε θάμ' ἐνθάδ' ἐόντες ἐμισγόμεθ'· οὐδέ κεν ἡμέας
ἄλλο διέκρινεν φιλέοντέ τε τερπομένω τε,
πρίν γ' ὅτε δὴ θανάτοιο μέλαν νέφος ἀμφεκάλυψεν.     180
ἀλλὰ τὰ μέν που μέλλεν ἀγάσσεσθαι θεὸς αὐτός,
ὃς κεῖνον δύστηνον ἀνόστιμον οἶον ἔθηκεν.'
    Ὣς φάτο, τοῖσι δὲ πᾶσιν ὑφ' ἵμερον ὦρσε γόοιο.
κλαῖε μὲν Ἀργείη Ἑλένη, Διὸς ἐκγεγαυῖα,
κλαῖε δὲ Τηλέμαχός τε καὶ Ἀτρείδης Μενέλαος,     185
οὐδ' ἄρα Νέστορος υἱὸς ἀδακρύτω ἔχεν ὄσσε·
μνήσατο γὰρ κατὰ θυμὸν ἀμύμονος Ἀντιλόχοιο,
τόν ῥ' Ἠοῦς ἔκτεινε φαεινῆς ἀγλαὸς υἱός.
τοῦ ὅ γ' ἐπιμνησθεὶς ἔπεα πτερόεντ' ἀγόρευεν·
    ' Ἀτρείδη, περὶ μέν σε βροτῶν πεπνυμένον εἶναι     190
Νέστωρ φάσχ' ὁ γέρων, ὅτ' ἐπιμνησαίμεθα σεῖο
οἷσιν ἐνὶ μεγάροισι, καὶ ἀλλήλους ἐρέοιμεν,
καὶ νῦν, εἴ τί που ἔστι, πίθοιό μοι· οὐ γὰρ ἐγώ γε
τέρπομ' ὀδυρόμενος μεταδόρπιος, ἀλλὰ καὶ ἠὼς
ἔσσεται ἠριγένεια· νεμεσσῶμαί γε μὲν οὐδὲν     195
κλαίειν ὅς κε θάνῃσι βροτῶν καὶ πότμον ἐπίσπῃ.
τοῦτό νυ καὶ γέρας οἶον ὀϊζυροῖσι βροτοῖσι,
κείρασθαί τε κόμην βαλέειν τ' ἀπὸ δάκρυ παρειῶν.
καὶ γὰρ ἐμὸς τέθνηκεν ἀδελφεὸς, οὔ τι κάκιστος
Ἀργείων· μέλλεις δὲ σὺ ἴδμεναι· οὐ γὰρ ἐγώ γε     200
ἤντησ' οὐδὲ ἴδον· περὶ δ' ἄλλων φασὶ γενέσθαι
Ἀντίλοχον, περὶ μὲν θείειν ταχὺν ἠδὲ μαχητήν.'
    Τὸν δ' ἀπαμειβόμενος προσέφη ξανθὸς Μενέλαος·
' ὦ φίλ', ἐπεὶ τόσα εἶπες ὅσ' ἂν πεπνυμένος ἀνὴρ

his house, and I would have brought him out of Ithaka, —
him and his goods, his child, and all his people, — clear-
ing its dwellers from some single city that lies within my
neighborhood and owns me as its lord.  So living here, we
had been much together; and nothing further could have
parted then our joyous friendship till round us death's
dark cloud had closed.  But God himself must have been
envious of a life like this, and made that hapless man
alone to fail of coming."

So he spoke, and stirred in all a yearning after tears.
Then Argive Helen wept, the child of Zeus; Telemachos,
too, wept, and Menelaos, son of Atreus; nor yet did Nes-
tor's son keep his eyes tearless.  For he bethought him
in his heart of good Antilochos, whom the proud son of
the bright Dawn had slain; remembering whom, he spoke
in winged words:

"O son of Atreus, that you were wise beyond the wont
of men, old Nestor used to say when we would mention
you within his halls and question one another.  And now
if this be so, give heed to me, for I find little cheer in
sorrow at a feast.  Soon comes the dawn.  Not that I
think it ill to weep when one has died and met his doom.
It is the only honor men in grief can pay, to cut the hair
and drop from the cheek the tear.  A brother of mine
once died, one not the meanest of the Argives.  You must
have known him.  I never looked upon his face myself
and never knew him; but Antilochos, they say, was first
of all in speed of foot and as a fighter."

Then, answering him, said light-haired Menelaos:
"Friend, you have spoken as a **man** of understanding

εἴποι καὶ ῥέξειε, καὶ ὃς προγενέστερος εἴη·          205
τοίου γὰρ καὶ πατρὸς, ὃ καὶ πεπνυμένα βάζεις.
ῥεῖα δ᾽ ἀρίγνωτος γόνος ἀνέρος ᾧ τε Κρονίων
ὄλβον ἐπικλώσῃ γαμέοντί τε γεινομένῳ τε,
ὡς νῦν Νέστορι δῶκε διαμπερὲς ἤματα πάντα,
αὐτὸν μὲν λιπαρῶς γηρασκέμεν ἐν μεγάροισιν,          210
υἴεας αὖ πινυτούς τε καὶ ἔγχεσιν εἶναι ἀρίστους.
ἡμεῖς δὲ κλαυθμὸν μὲν ἐάσομεν, ὃς πρὶν ἐτύχθη,
δόρπου δ᾽ ἐξαῦτις μνησώμεθα, χερσὶ δ᾽ ἐφ᾽ ὕδωρ
χευάντων. μῦθοι δὲ καὶ ἠῶθέν περ ἔσονται
Τηλεμάχῳ καὶ ἐμοὶ διαειπέμεν ἀλλήλοισιν.᾽          215
῝Ως ἔφατ᾽, Ἀσφαλίων δ᾽ ἄρ᾽ ὕδωρ ἐπὶ χεῖρας ἔχευεν,
ὀτρηρὸς θεράπων Μενελάου κυδαλίμοιο.
οἱ δ᾽ ἐπ᾽ ὀνείαθ᾽ ἑτοῖμα προκείμενα χεῖρας ἴαλλον.
῎Ενθ᾽ αὖτ᾽ ἄλλ᾽ ἐνόησ᾽ Ἑλένη Διὸς ἐκγεγαυῖα·
αὐτίκ᾽ ἄρ᾽ εἰς οἶνον βάλε φάρμακον, ἔνθεν ἔπινον,          220
νηπενθές τ᾽ ἄχολόν τε, κακῶν ἐπίληθον ἁπάντων.
ὃς τὸ καταβρόξειεν, ἐπὴν κρητῆρι μιγείη,
οὔ κεν ἐφημέριός γε βάλοι κατὰ δάκρυ παρειῶν,
οὐδ᾽ εἴ οἱ κατατεθναίη μήτηρ τε πατήρ τε,
οὐδ᾽ εἰ οἱ προπάροιθεν ἀδελφεὸν ἢ φίλον υἱὸν          225
χαλκῷ δηιόῳεν, ὁ δ᾽ ὀφθαλμοῖσιν ὁρῷτο.
τοῖα Διὸς θυγάτηρ ἔχε φάρμακα μητιόεντα,
ἐσθλὰ, τά οἱ Πολύδαμνα πόρεν, Θῶνος παράκοιτις,
Αἰγυπτίη, τῇ πλεῖστα φέρει ζείδωρος ἄρουρα
φάρμακα, πολλὰ μὲν ἐσθλὰ μεμιγμένα, πολλὰ δὲ λυγρά·
ἰητρὸς δὲ ἕκαστος ἐπιστάμενος περὶ πάντων          231
ἀνθρώπων· ἦ γὰρ Παιήονός εἰσι γενέθλης.
αὐτὰρ ἐπεί ῥ᾽ ἐνέηκε κέλευσέ τε οἰνοχοῆσαι,
ἐξαῦτις μύθοισιν ἀμειβομένη προσέειπεν·

might speak and even might act, were he indeed your elder; for, sprung from such a father, you talk with understanding. Easily is his offspring known for whom the son of Kronos in birth and marriage weaves a blessing. And thus has he blessed Nestor continually, throughout his days, letting him reach serene old age at home, and letting his sons be youths of wisdom, mighty with the spear. But let us check the lamentation which arose erewhile, and turn once more to feasting. Let them pour water on our hands. Again, to-morrow, for Telemachos and me there will be tales to tell."

He spoke, and Asphalion poured water on their hands, —he was a busy squire of famous Menelaos; then on the food spread out before them they laid hands.

Now elsewhere Helen turned her thoughts, that child of Zeus. Straightway she cast into the wine of which they drank a drug which quenches pain and strife, and brings forgetfulness of every ill. He who should taste it, when mixed in the bowl, would not that day let tears fall down his cheeks although his mother and his father died, although before his door a brother or dear son were cut off by the sword, and his own eyes beheld. Such cunning drugs had the daughter of Zeus, drugs of a healing virtue, which Polydamna gave, the wife of Thon, in Egypt, where the fruitful soil yields drugs of every kind, some that when mixed are healing, others deadly. There every one is a physician, skilful beyond all humankind, for they are of the race of Paion. So after she had cast the drug into the bowl and bidden pour, then, once more taking up the word, she said:

' Ἀτρείδη Μενέλαε διοτρεφὲς ἠδὲ καὶ οἵδε                    235
ἀνδρῶν ἐσθλῶν παῖδες· ἀτὰρ θεὸς ἄλλοτε ἄλλῳ
Ζεὺς ἀγαθόν τε κακόν τε διδοῖ· δύναται γὰρ ἅπαντα·
ἤ τοι νῦν δαίνυσθε καθήμενοι ἐν μεγάροισι
καὶ μύθοις τέρπεσθε· ἐοικότα γὰρ καταλέξω.
πάντα μὲν οὐκ ἂν ἐγὼ μυθήσομαι οὐδ' ὀνομήνω,     240
ὅσσοι Ὀδυσσῆος ταλασίφρονός εἰσιν ἄεθλοι·
ἀλλ' οἷον τόδ' ἔρεξε καὶ ἔτλη καρτερὸς ἀνὴρ
δήμῳ ἔνι Τρώων, ὅθι πάσχετε πήματ' Ἀχαιοί.
αὐτόν μιν πληγῇσιν ἀεικελίῃσι δαμάσσας,
σπεῖρα κάκ' ἀμφ' ὤμοισι βαλών, οἰκῆι ἐοικώς,     245
ἀνδρῶν δυσμενέων κατέδυ πόλιν εὐρυάγυιαν·
ἄλλῳ δ' αὐτὸν φωτὶ κατακρύπτων ἤισκε
δέκτῃ, ὃς οὐδὲν τοῖος ἔην ἐπὶ νηυσὶν Ἀχαιῶν.
τῷ ἴκελος κατέδυ Τρώων πόλιν, οἱ δ' ἀβάκησαν
πάντες· ἐγὼ δέ μιν οἴη ἀνέγνων τοῖον ἐόντα,     250
καί μιν ἀνηρώτων· ὁ δὲ κερδοσύνῃ ἀλέεινεν.
ἀλλ' ὅτε δή μιν ἐγὼ λόεον καὶ χρῖον ἐλαίῳ,
ἀμφὶ δὲ εἵματα ἕσσα, καὶ ὤμοσα καρτερὸν ὅρκον
μὴ μὲν πρὶν Ὀδυσῆα μετὰ Τρώεσσ' ἀναφῆναι,
πρίν γε τὸν ἐς νῆάς τε θοὰς κλισίας τ' ἀφικέσθαι,     255
καὶ τότε δή μοι πάντα νόον κατέλεξεν Ἀχαιῶν.
πολλοὺς δὲ Τρώων κτείνας ταναήκεϊ χαλκῷ
ἦλθε μετ' Ἀργείους, κατὰ δὲ φρόνιν ἤγαγε πολλήν.
ἔνθ' ἄλλαι Τρωαὶ λίγ' ἐκώκυον· αὐτὰρ ἐμὸν κῆρ
χαῖρ', ἐπεὶ ἤδη μοι κραδίη τέτραπτο νέεσθαι     260
ἂψ οἶκόνδ', ἄτην δὲ μετέστενον, ἣν Ἀφροδίτη
δῶχ', ὅτε μ' ἤγαγε κεῖσε φίλης ἀπὸ πατρίδος αἴης,
παῖδά τ' ἐμὴν νοσφισσαμένην θάλαμόν τε πόσιν τε
οὔ τευ δευόμενον, οὔτ' ἂρ φρένας οὔτε τι εἶδος.'

" Heaven-descended son of Atreus, Menelaos, and you too, you sons of worthy men, though Zeus to one in one way, to another in another, distributes good and ill, — he is almighty, — yet for the present sit and feast within the hall, and cheer yourselves with tales. One fitting well the time I will relate. Fully I could not tell, could not even name, the many feats of sorely-tried Odysseus. But this is the sort of deed that brave man did and dared, there in the Trojan land where you Achaians suffered. Marring himself with cruel blows, casting a wretched garment round his shoulders, and looking like a slave, he walked the wide-wayed city of his foes; and other than his own true self he made himself appear in this disguise, even like a beggar, far as he was from such an one at the Achaian ships. In such a guise, he walked the Trojans' town; they took no notice, one and all; I alone knew him for the man he was, and questioned him. With craft he baffled me. But after I had bathed him and anointed him with oil and given him clothing, when I had sworn a heavy oath not to make known Odysseus to the Trojans till he should reach the swift ships and the tents, then did he tell me all the mind of the Achaians. So, slaying many Trojans with his trenchant sword, he went off to the Argives and carried back much knowledge. Thereat the other Trojan women raised a loud lament: my soul was glad, for my heart already turned toward going home again, and I would mourn the blindness Aphroditê sent when she lured me thither from my native land, abandoning my child, my chamber, and my husband, — a man who lacked for nothing, either in mind or person."

Τὴν δ' ἀπαμειβόμενος προσέφη ξανθὸς Μενέλαος·   265
' ναὶ δὴ ταῦτά γε πάντα, γύναι, κατὰ μοῖραν ἔειπες.
ἤδη μὲν πολέων ἐδάην βουλήν τε νόον τε
ἀνδρῶν ἡρώων, πολλὴν δ' ἐπελήλυθα γαῖαν·
ἀλλ' οὔ πω τοιοῦτον ἐγὼν ἴδον ὀφθαλμοῖσιν
οἷον Ὀδυσσῆος ταλασίφρονος ἔσκε φίλον κῆρ.   270
οἷον καὶ τόδ' ἔρεξε καὶ ἔτλη καρτερὸς ἀνὴρ
ἵππῳ ἔνι ξεστῷ, ἵν' ἐνήμεθα πάντες ἄριστοι
Ἀργείων Τρώεσσι φόνον καὶ κῆρα φέροντες.
ἦλθες ἔπειτα σὺ κεῖσε· κελευσέμεναι δέ σ' ἔμελλε
δαίμων, ὃς Τρώεσσιν ἐβούλετο κῦδος ὀρέξαι·   275
καί τοι Δηίφοβος θεοείκελος ἕσπετ' ἰούσῃ.
τρὶς δὲ περίστειξας κοῖλον λόχον ἀμφαφόωσα,
ἐκ δ' ὀνομακλήδην Δαναῶν ὀνόμαζες ἀρίστους,
πάντων Ἀργείων φωνὴν ἴσκουσ' ἀλόχοισιν.
αὐτὰρ ἐγὼ καὶ Τυδείδης καὶ δῖος Ὀδυσσεὺς   280
ἥμενοι ἐν μέσσοισιν ἀκούσαμεν ὡς ἐβόησας.
νῶι μὲν ἀμφοτέρω μενεήναμεν ὁρμηθέντε
ἢ ἐξελθέμεναι, ἢ ἔνδοθεν αἶψ' ὑπακοῦσαι·
ἀλλ' Ὀδυσεὺς κατέρυκε καὶ ἔσχεθεν ἱεμένω περ.
[ἔνθ' ἄλλοι μὲν πάντες ἀκὴν ἔσαν υἷες Ἀχαιῶν,   285
Ἄντικλος δὲ σέ γ' οἷος ἀμείψασθαι ἐπέεσσιν
ἤθελεν· ἀλλ' Ὀδυσεὺς ἐπὶ μάστακα χερσὶ πίεζε
νωλεμέως κρατερῇσι, σάωσε δὲ πάντας Ἀχαιούς,
τόφρα δ' ἔχ' ὄφρα σε νόσφιν ἀπήγαγε Παλλὰς Ἀθήνη.]'
Τὸν δ' αὖ Τηλέμαχος πεπνυμένος ἀντίον ηὔδα·   290
' Ἀτρείδη Μενέλαε διοτρεφὲς, ὄρχαμε λαῶν,
ἄλγιον· οὐ γάρ οἵ τι τάδ' ἤρκεσε λυγρὸν ὄλεθρον,
οὐδ' εἰ οἱ κραδίη γε σιδηρέη ἔνδοθεν ἦεν.
ἀλλ' ἄγετ' εἰς εὐνὴν τράπεθ' ἡμέας, ὄφρα καὶ ἤδη

Then, answering her, said light-haired Menelaos: "Yes, all your tale, my wife, is told right well. Ere now I have made trial of the wisdom and the will of many a hero, and I have traveled over many lands; but never with these eyes have I beheld so true a soul as sorely-tried Odysseus. This also is the sort of deed that brave man did and dared within the wooden horse where all we Argive chiefs were lying, bearing to the Trojans death and doom. Erelong you passed that way, — some god must have impelled you, seeking to bring the Trojans honor; godlike Deïphobos was following after. Thrice walking round our hollow ambush, touching it here and there, you called by name the Danaän chiefs, feigning the voice of every Argive's wife. Now I and the son of Tydeus and royal Odysseus, crouched in the middle, heard your call, and two of us, starting up, were minded to go forth, or else to answer straightway from within; but Odysseus drew us back and stayed our rashness. Then all the other sons of the Achaians held their peace. Antiklos only was determined to make answer to your words; but Odysseus firmly closed his mouth with his strong hands, and thus saved all the Achaians. Throughout the time he held him thus, till Pallas Athene led you off."

Then answered him discreet Telemachos: "O son of Atreus, heaven-descended Menelaos, leader of hosts, so much the harder is it; all was of no avail against a mournful death, although an iron heart was in his breast. Nay, bring us to our beds, that so at last, lulled in sweet sleep, we be at ease."

ὕπνῳ ὕπο γλυκερῷ ταρπώμεθα κοιμηθέντες.'            295
 ῝Ως ἔφατ', Ἀργείη δ' Ἑλένη δμωῇσι κέλευσε
δέμνι' ὑπ' αἰθούσῃ θέμεναι, καὶ ῥήγεα καλὰ
πορφύρε' ἐμβαλέειν, στορέσαι τ' ἐφύπερθε τάπητας,
χλαίνας τ' ἐνθέμεναι οὔλας καθύπερθεν ἔσασθαι.
αἱ δ' ἴσαν ἐκ μεγάροιο δάος μετὰ χερσὶν ἔχουσαι,   300
δέμνια δὲ στόρεσαν· ἐκ δὲ ξείνους ἄγε κῆρυξ.
οἱ μὲν ἄρ' ἐν προδόμῳ δόμου αὐτόθι κοιμήσαντο,
Τηλέμαχός θ' ἥρως καὶ Νέστορος ἀγλαὸς υἱός·
Ἀτρείδης δὲ καθεῦδε μυχῷ δόμου ὑψηλοῖο,
πὰρ δ' Ἑλένη τανύπεπλος ἐλέξατο, δῖα γυναικῶν.   305
 Ἦμος δ' ἠριγένεια φάνη ῥοδοδάκτυλος Ἠώς,
ὤρνυτ' ἄρ' ἐξ εὐνῆφι βοὴν ἀγαθὸς Μενέλαος
εἵματα ἑσσάμενος, περὶ δὲ ξίφος ὀξὺ θέτ' ὤμῳ,
ποσσὶ δ' ὑπὸ λιπαροῖσιν ἐδήσατο καλὰ πέδιλα,
βῆ δ' ἴμεν ἐκ θαλάμοιο θεῷ ἐναλίγκιος ἄντην,      310
Τηλεμάχῳ δὲ παρῖζεν ἔπος τ' ἔφατ' ἔκ τ' ὀνόμαζε·
 ‘ Τίπτε δέ σε χρειὼ δεῦρ' ἤγαγε, Τηλέμαχ' ἥρως,
ἐς Λακεδαίμονα δῖαν, ἐπ' εὐρέα νῶτα θαλάσσης ;
δήμιον, ἢ ἴδιον ; τόδε μοι νημερτὲς ἐνίσπες.'
 Τὸν δ' αὖ Τηλέμαχος πεπνυμένος ἀντίον ηὔδα·     315
‘ Ἀτρείδη Μενέλαε διοτρεφὲς, ὄρχαμε λαῶν,
ἤλυθον, εἴ τινά μοι κληηδόνα πατρὸς ἐνίσποις.
ἐσθίεταί μοι οἶκος, ὄλωλε δὲ πίονα ἔργα,
δυσμενέων δ' ἀνδρῶν πλεῖος δόμος, οἵ τέ μοι αἰεὶ
μῆλ' ἀδινὰ σφάζουσι καὶ εἰλίποδας ἕλικας βοῦς,   320
μητρὸς ἐμῆς μνηστῆρες ὑπέρβιον ὕβριν ἔχοντες.
τοὔνεκα νῦν τὰ σὰ γούναθ' ἱκάνομαι, αἴ κ' ἐθέλησθα
κείνου λυγρὸν ὄλεθρον ἐνισπεῖν, εἴ που ὄπωπας
ὀφθαλμοῖσι τεοῖσιν, ἢ ἄλλου μῦθον ἄκουσας

He spoke, and Argive Helen bade the maids to set a couch beneath the portico, to lay upon it beautiful purple rugs, spread blankets over these, and then place woollen mantles on the outside for a covering. So the maids left the hall, with torches in their hands, and spread the bed; and a page led forth the strangers. Thus in the fore part of the house slept lord Telemachos and the proud son of Nestor. But the son of Atreus slept in the recess of the high hall, and by him long-robed Helen lay, a queen of women.

Soon as the early rosy-fingered Dawn appeared, Menelaos, good at the war-cry, rose from bed, put on his clothes, slung his sharp sword about his shoulder, under his shining feet bound his fair sandals, and came forth from his chamber in bearing like a god. Then seating himself beside Telemachos, he thus addressed him, saying:

" What is it that has brought you here, my lord Telemachos, to sacred Lakedaimon on the broad ocean-ridges? Some public need or private? Tell me the very truth."

Then answered him discreet Telemachos: " O son of Atreus, heaven-descended Menelaos, leader of hosts, I came to see if you could tell me tidings of my father. My home is swallowed up, my rich farms wasted; with men of evil hearts my house is filled, men who continually butcher my thronging flocks and swing-paced crook-horned oxen — the suitors of my mother, overweening in their pride. Therefore I now come hither to your knees to ask that you will tell me of my father's mournful death, whether perhaps you saw it for yourself with your own

πλαζομένου· περὶ γάρ μιν ὀιζυρὸν τέκε μήτηρ.　825
μηδέ τί μ' αἰδόμενος μειλίσσεο μηδ' ἐλεαίρων,
ἀλλ' εὖ μοι κατάλεξον ὅπως ἤντησας ὀπωπῆς.
λίσσομαι, εἴ ποτέ τοί τι πατὴρ ἐμὸς, ἐσθλὸς Ὀδυσσεὺς,
ἢ ἔπος ἠέ τι ἔργον ὑποστὰς ἐξετέλεσσε
δήμῳ ἔνι Τρώων, ὅθι πάσχετε πήματ' Ἀχαιοί·　830
τῶν νῦν μοι μνῆσαι, καί μοι νημερτὲς ἐνίσπες.'

　Τὸν δὲ μέγ' ὀχθήσας προσέφη ξανθὸς Μενέλαος·
' ὢ πόποι, ἦ μάλα δὴ κρατερόφρονος ἀνδρὸς ἐν εὐνῇ
ἤθελον εὐνηθῆναι ἀνάλκιδες αὐτοὶ ἐόντες.
ὡς δ' ὁπότ' ἐν ξυλόχῳ ἔλαφος κρατεροῖο λέοντος　835
νεβροὺς κοιμήσασα νεηγενέας γαλαθηνοὺς
κνημοὺς ἐξερέῃσι καὶ ἄγκεα ποιήεντα
βοσκομένη, ὁ δ' ἔπειτα ἑὴν εἰσήλυθεν εὐνήν,
ἀμφοτέροισι δὲ τοῖσιν ἀεικέα πότμον ἐφῆκεν,
ὡς Ὀδυσεὺς κείνοισιν ἀεικέα πότμον ἐφήσει.　840
αἲ γὰρ, Ζεῦ τε πάτερ καὶ Ἀθηναίη καὶ Ἄπολλον,
τοῖος ἐὼν οἷός ποτ' ἐυκτιμένῃ ἐνὶ Λέσβῳ
ἐξ ἔριδος Φιλομηλείδῃ ἐπάλαισεν ἀναστὰς,
κὰδ δ' ἔβαλε κρατερῶς, κεχάροντο δὲ πάντες Ἀχαιοί,
τοῖος ἐὼν μνηστῆρσιν ὁμιλήσειεν Ὀδυσσεύς·　845
πάντες κ' ὠκύμοροί τε γενοίατο πικρόγαμοί τε.
ταῦτα δ' ἅ μ' εἰρωτᾷς καὶ λίσσεαι, οὐκ ἂν ἐγώ γε
ἄλλα παρὲξ εἴποιμι παρακλιδὸν, οὐδ' ἀπατήσω·
ἀλλὰ τὰ μέν μοι ἔειπε γέρων ἅλιος νημερτὴς,
τῶν οὐδέν τοι ἐγὼ κρύψω ἔπος οὐδ' ἐπικεύσω.　850
　Αἰγύπτῳ μ' ἔτι δεῦρο θεοὶ μεμαῶτα νέεσθαι
ἔσχον, ἐπεὶ οὔ σφιν ἔρεξα τελήεσσας ἑκατόμβας.
[οἱ δ' αἰεὶ βούλοντο θεοὶ μεμνῆσθαι ἐφετμέων.]
νῆσος ἔπειτά τις ἔστι πολυκλύστῳ ἐνὶ πόντῳ

eyes, or heard the story from some wayfarer; for to exceeding grief his mother bore him. Out of regard for me use no mild word nor yield to pity, but tell me just how you had sight of him. I do entreat you, if ever my father, good Odysseus, in word or deed kept covenant with you in that land of the Trojans where you Achaians suffered, be mindful of it now; tell me the very truth."

Then, deeply moved, said light-haired Menelaos: "Heavens! So in a very brave man's bed they sought to lie, the weaklings! As when in the den of a strong lion a hind has laid asleep her new-born sucking fawns, then roams the slopes and grassy hollows seeking food, and by and by into his lair the lion comes, and on both hind and fawns brings ghastly doom; so shall Odysseus bring on them a ghastly doom. Ah, father Zeus, Athene, and Apollo! if with the power he showed one day in stately Lesbos, when he rose and wrestled in a match with Philomeleides, and down he threw him heavily, while the Achaians all rejoiced — if as he was that day, Odysseus now might meet the suitors, they all would find quick turns of fate and bitter rites of marriage. But as to what you ask with such entreaty, I will not turn and talk of other things, deceiving you; but everything that the unerring old man of the sea told me, in not a word will I disguise or hide from you.

"At the river of Egypt, eager as I was to hasten hither, the gods still held me back, because I did not make the offerings due; and the gods wish us ever to be mindful of their precepts. Now in the dashing sea an island lies,

Αἰγύπτου προπάροιθε, Φάρον δέ ἑ κικλήσκουσι,         355
τόσσον ἄνευθ᾽ ὅσσον τε πανημερίη γλαφυρὴ νηῦς
ἤνυσεν, ᾗ λιγὺς οὖρος ἐπιπνείῃσιν ὄπισθεν·
ἐν δὲ λιμὴν εὔορμος, ὅθεν τ᾽ ἀπὸ νῆας ἐίσας
ἐς πόντον βάλλουσιν, ἀφυσσάμενοι μέλαν ὕδωρ.
ἔνθα μ᾽ ἐείκοσιν ἤματ᾽ ἔχον θεοί, οὐδέ ποτ᾽ οὖροι     360
πνείοντες φαίνονθ᾽ ἁλιάες, οἵ ῥά τε νηῶν
πομπῆες γίγνονται ἐπ᾽ εὐρέα νῶτα θαλάσσης.
καί νύ κεν ἤια πάντα κατέφθιτο καὶ μένε᾽ ἀνδρῶν,
εἰ μή τίς με θεῶν ὀλοφύρατο καί μ᾽ ἐσάωσε,
Πρωτέος ἰφθίμου θυγάτηρ, ἁλίοιο γέροντος,           365
Εἰδοθέη.  τῇ γάρ ῥα μάλιστά γε θυμὸν ὄρινα,
ἥ μ᾽ οἴῳ ἔρροντι συνήντετο νόσφιν ἑταίρων·
αἰεὶ γὰρ περὶ νῆσον ἀλώμενοι ἰχθυάασκον
γναμπτοῖς ἀγκίστροισιν, ἔτειρε δὲ γαστέρα λιμός.
ἡ δ᾽ ἐμεῦ ἄγχι στᾶσα ἔπος φάτο φώνησέν τε·          370
νήπιός εἰς, ὦ ξεῖνε, λίην τόσον ἠδὲ χαλίφρων,
ἦε ἑκὼν μεθίεις καὶ τέρπεαι ἄλγεα πάσχων ;
ὡς δὴ δήθ᾽ ἐνὶ νήσῳ ἐρύκεαι, οὐδέ τι τέκμωρ
εὑρέμεναι δύνασαι, μινύθει δέ τοι ἦτορ ἑταίρων.
ὡς ἔφατ᾽, αὐτὰρ ἐγώ μιν ἀμειβόμενος προσέειπον·      375
ἐκ μέν τοι ἐρέω, ἥ τις σύ πέρ ἐσσι θεάων,
ὡς ἐγὼ οὔ τι ἑκὼν κατερύκομαι, ἀλλά νυ μέλλω
ἀθανάτους ἀλιτέσθαι, οἳ οὐρανὸν εὐρὺν ἔχουσιν.
ἀλλὰ σύ πέρ μοι εἰπέ, θεοὶ δέ τε πάντα ἴσασιν,
ὅς τίς μ᾽ ἀθανάτων πεδάᾳ καὶ ἔδησε κελεύθου,         380
νόστον θ᾽, ὡς ἐπὶ πόντον ἐλεύσομαι ἰχθυόεντα.
ὡς ἐφάμην, ἡ δ᾽ αὐτίκ᾽ ἀμείβετο δῖα θεάων·
τοιγὰρ ἐγώ τοι, ξεῖνε, μάλ᾽ ἀτρεκέως ἀγορεύσω.
πωλεῖταί τις δεῦρο γέρων ἅλιος νημερτὴς,

off the Egyptian coast — Pharos they call it — distant as
far as a hollow ship runs in a full day's sail when a
whistling wind blows after. By it there lies a bay with a
good anchorage, from which they send the trim ships off
to sea, supplying them with the dark water. Here the
gods kept me twenty days; not once the winds appeared
that blow along the sea and serve the ships as pilots on
the broad ocean-ridges. So all my stores would have been
spent and my men's courage, had not a certain goddess
pitied and preserved me. This was Eidothea, the daugh-
ter of mighty Proteus, the old man of the sea; for I
deeply touched her heart as she met me on my solitary
way, parted from my companions; for they were ever
roaming round the island, fishing with crooked hooks, and
hunger pinched their bellies. She, drawing near me,
spoke and thus she said: 'Are you so very helpless,
stranger, and unnerved, or do you purposely give way,
taking a pleasure in your pains? So long you have been
pent within the island, unable to discover an escape, while
fainter grows the courage of your comrades.'

"So she spoke, and answering her I said: 'Then let me
tell you, whatsoever goddess you may be, that I am held
here through no will of mine, but I must have offended
the immortals, who hold the open sky. Rather tell me —
for gods know all — which of the immortals chains me
here and bars my progress; and tell me of my homeward
way, how I may pass along the swarming sea.'

"So I spoke, and straight the heavenly goddess an-
swered: 'Then I will tell you, stranger, very plainly.
There haunts this place a certain old man of the sea, un-

ἀθάνατος Πρωτεὺς Αἰγύπτιος, ὅς τε θαλάσσης        885
πάσης βένθεα οἶδε, Ποσειδάωνος ὑποδμώς·
τὸν δέ τ' ἐμόν φασιν πατέρ' ἔμμεναι ἠδὲ τεκέσθαι.
τόν γ' εἴ πως σὺ δύναιο λοχησάμενος λελαβέσθαι,
ὅς κέν τοι εἴπῃσιν ὁδὸν καὶ μέτρα κελεύθου
νόστον θ', ὡς ἐπὶ πόντον ἐλεύσεαι ἰχθυόεντα.        890
καὶ δέ κέ τοι εἴπῃσι, διοτρεφές, αἴ κ' ἐθέλῃσθα,
ὅττι τοι ἐν μεγάροισι κακόν τ' ἀγαθόν τε τέτυκται,
οἰχομένοιο σέθεν δολιχὴν ὁδὸν ἀργαλέην τε.
ὣς ἔφατ', αὐτὰρ ἐγώ μιν ἀμειβόμενος προσέειπον·
αὐτὴ νῦν φράζευ σὺ λόχον θείοιο γέροντος,        895
μή πώς με προϊδὼν ἠὲ προδαεὶς ἀλέηται·
ἀργαλέος γάρ τ' ἐστὶ θεὸς βροτῷ ἀνδρὶ δαμῆναι.
ὣς ἐφάμην, ἡ δ' αὐτίκ' ἀμείβετο δῖα θεάων·
τοιγὰρ ἐγώ τοι, ξεῖνε, μάλ' ἀτρεκέως ἀγορεύσω.
ἦμος δ' ἠέλιος μέσον οὐρανὸν ἀμφιβεβήκει        400
τῆμος ἄρ' ἐξ ἁλὸς εἶσι γέρων ἅλιος νημερτὴς
πνοιῇ ὕπο Ζεφύροιο, μελαίνῃ φρικὶ καλυφθείς,
ἐκ δ' ἐλθὼν κοιμᾶται ὑπὸ σπέσσι γλαφυροῖσιν·
ἀμφὶ δέ μιν φῶκαι νέποδες καλῆς ἁλοσύδνης
ἀθρόαι εὕδουσιν, πολιῆς ἁλὸς ἐξαναδῦσαι,        405
πικρὸν ἀποπνείουσαι ἁλὸς πολυβενθέος ὀδμήν.
ἔνθα σ' ἐγὼν ἀγαγοῦσα ἅμ' ἠοῖ φαινομένηφιν,
εὐνάσω ἑξείης· σὺ δ' ἐν κρίνασθαι ἑταίρους
τρεῖς, οἵ τοι παρὰ νηυσὶν ἐϋσσέλμοισιν ἄριστοι.
πάντα δέ τοι ἐρέω ὀλοφώϊα τοῖο γέροντος.        410
φώκας μέν τοι πρῶτον ἀριθμήσει καὶ ἔπεισιν·
αὐτὰρ ἐπὴν πάσας πεμπάσσεται ἠδὲ ἴδηται,
λέξεται ἐν μέσσῃσι, νομεὺς ὣς πώεσι μήλων.
τὸν μὲν ἐπὴν δὴ πρῶτα κατευνηθέντα ἴδησθε,

erring and immortal, Proteus of Egypt, who knows the depths of every sea, and is Poseidon's minister. He is, they say, my father, who begot me. If you could only lie in wait and seize on him, he would tell you of your course, the stages of your journey, and of your homeward way, how you may pass along the swarming sea. And he could tell you, heaven-descended man, if you desired, all that has happened at your home, of good or ill, while you have wandered on your long and toilsome journey.'

"So she spoke, and answering her I said : 'Do you instruct me how to lie in wait for the old god, lest he foreseeing or foreknowing may escape. Hard is a god for mortal man to master.'

"So I spoke, and straight the heavenly goddess answered: 'Then I will tell you, stranger, very plainly. When now the sun has reached mid-heaven, forth from the water comes the unerring old man of the sea, at a puff of the west wind and veiled in the dark ripple. And when come forth, he lays him down within the hollow caves; while round him seals, the brood of a fair sea nymph, huddle and sleep, on rising from the foaming water, and pungent is the scent they breathe of the unfathomed sea. There will I bring you at the dawn of day, and lay you in the line. Meantime do you choose carefully for comrades the three best men you have among the well-benched ships. And I will tell you all the old man's magic arts. First he will count the seals and go their round; and when he has told them off by fives and found them all, he will lie down amongst them, like a shepherd with his flock. As soon as you see him laid to rest, then summon all your might and

10

καὶ τότ' ἔπειθ' ὑμῖν μελέτω κάρτος τε βίη τε,　　　415
αὖθι δ' ἔχειν μεμαῶτα καὶ ἐσσύμενόν περ ἀλύξαι.
πάντα δὲ γιγνόμενος πειρήσεται, ὅσσ' ἐπὶ γαῖαν
ἑρπετὰ γίγνονται καὶ ὕδωρ καὶ θεσπιδαὲς πῦρ·
ὑμεῖς δ' ἀστεμφέως ἐχέμεν μᾶλλόν τε πιέζειν.
ἀλλ' ὅτε κεν δή σ' αὐτὸς ἀνείρηται ἐπέεσσι,　　　420
τοῖος ἐὼν οἷόν κε κατευνηθέντα ἴδησθε,
καὶ τότε δὴ σχέσθαι τε βίης λῦσαί τε γέροντα,
ἥρως, εἴρεσθαι δὲ θεῶν ὅς τίς σε χαλέπτει,
νόστον θ', ὡς ἐπὶ πόντον ἐλεύσεαι ἰχθυόεντα.
ὣς εἰποῦσ' ὑπὸ πόντον ἐδύσετο κυμαίνοντα.　　　425
αὐτὰρ ἐγὼν ἐπὶ νῆας, ὅθ' ἔστασαν ἐν ψαμάθοισιν,
ἤια· πολλὰ δέ μοι κραδίη πόρφυρε κιόντι.
αὐτὰρ ἐπεί ῥ' ἐπὶ νῆα κατήλυθον ἠδὲ θάλασσαν,
δόρπον θ' ὁπλισάμεσθ', ἐπί τ' ἤλυθεν ἀμβροσίη νύξ·
δὴ τότε κοιμήθημεν ἐπὶ ῥηγμῖνι θαλάσσης.　　　430
ἦμος δ' ἠριγένεια φάνη ῥοδοδάκτυλος Ἠώς,
καὶ τότε δὴ παρὰ θῖνα θαλάσσης εὐρυπόροιο
ἤια πολλὰ θεοὺς γουνούμενος· αὐτὰρ ἑταίρους
τρεῖς ἄγον, οἷσι μάλιστα πεποίθεα πᾶσαν ἐπ' ἰθύν.
Τόφρα δ' ἄρ' ἥ γ' ὑποδῦσα θαλάσσης εὐρέα κόλπον,　　435
τέσσαρα φωκάων ἐκ πόντου δέρματ' ἔνεικε·
πάντα δ' ἔσαν νεόδαρτα· δόλον δ' ἐπεμήδετο πατρί.
εὐνὰς δ' ἐν ψαμάθοισι διαγλάψασ' ἁλίῃσιν
ἧστο μένουσ'· ἡμεῖς δὲ μάλα σχεδὸν ἤλθομεν αὐτῆς·
ἑξείης δ' εὔνησε, βάλεν δ' ἐπὶ δέρμα ἑκάστῳ.　　　440
ἔνθα κεν αἰνότατος λόχος ἔπλετο. τεῖρε γὰρ αἰνῶς
φωκάων ἁλιοτρεφέων ὀλοώτατος ὀδμή.
τίς γάρ κ' εἰναλίῳ παρὰ κήτεϊ κοιμηθείη ;
ἀλλ' αὐτὴ ἐσάωσε καὶ ἐφράσατο μέγ' ὄνειαρ·

main and hold him fast, although he strive and struggle to be free.    He will attempt to take the shape of whatso-ever moves on earth, of water even, and heaven-kindled fire; yet hold unflinchingly and clasp the faster.    But when at length he questions you in his own shape, — in the same shape as when you saw him sleeping, — then, hero, cease from violence and set the old man free, but ask what god afflicts you, and ask about your homeward way, how you may pass along the swarming sea.'

"Saying this, she plunged into the surging sea.    So to the ships which lay along the sands I turned away, and as I went, often my heart grew dark.    But when I came down to the ship and to the sea, and we had made our supper, and the immortal night was come, we laid us down upon the beach.    Then as the early rosy-fingered Dawn appeared, along the shore of the wide-stretching sea I went with many supplications to the gods.    I took three com-rades with me, men whom I trusted most in every under-taking.

" She, in the mean time, having plunged into the sea's broad bosom, brought from the deep four skins of seals; all were fresh-flayed; and she prepared the plot against her father.    She had scooped hollows in the sands, and sat awaiting us; near her we drew; she made us all lie down in order and threw a skin on each.    Then might our ambuscade have proved a hard one; for the pestilent stench of the sea-born seals oppressed us sorely.    And who would make his bed with a creature of the sea?    But she preserved us and contrived for us great ease.    Under

ἀμβροσίην ὑπὸ ῥῖνα ἑκάστῳ θῆκε φέρουσα          445
ἡδὺ μάλα πνείουσαν, ὄλεσσε δὲ κήτεος ὀδμήν.
πᾶσαν δ᾽ ἠοίην μένομεν τετληότι θυμῷ·
φῶκαι δ᾽ ἐξ ἁλὸς ἦλθον ἀολλέες.  αἱ μὲν ἔπειτα
ἑξῆς εὐνάζοντο παρὰ ῥηγμῖνι θαλάσσης·
ἔνδιος δ᾽ ὁ γέρων ἦλθ᾽ ἐξ ἁλός, εὗρε δὲ φώκας          450
ζατρεφέας, πάσας δ᾽ ἄρ᾽ ἐπῴχετο, λέκτο δ᾽ ἀριθμόν.
ἐν δ᾽ ἡμέας πρώτους λέγε κήτεσιν, οὐδέ τι θυμῷ
ὠίσθη δόλον εἶναι· ἔπειτα δὲ λέκτο καὶ αὐτός.
ἡμεῖς δὲ ἰάχοντες ἐπεσσύμεθ᾽, ἀμφὶ δὲ χεῖρας
βάλλομεν· οὐδ᾽ ὁ γέρων δολίης ἐπελήθετο τέχνης,          455
ἀλλ᾽ ἦ τοι πρώτιστα λέων γένετ᾽ ἠυγένειος,
αὐτὰρ ἔπειτα δράκων καὶ πάρδαλις ἠδὲ μέγας σῦς·
γίγνετο δ᾽ ὑγρὸν ὕδωρ καὶ δένδρεον ὑψιπέτηλον.
ἡμεῖς δ᾽ ἀστεμφέως ἔχομεν τετληότι θυμῷ.
ἀλλ᾽ ὅτε δή ῥ᾽ ἀνίαζ᾽ ὁ γέρων ὀλοφώια εἰδώς,          460
καὶ τότε δή μ᾽ ἐπέεσσιν ἀνειρόμενος προσέειπε·
τίς νύ τοι, Ἀτρέος υἱέ, θεῶν συμφράσσατο βουλάς,
ὄφρα μ᾽ ἕλοις ἀέκοντα λοχησάμενος ; τέο σε χρή ;
ὣς ἔφατ᾽, αὐτὰρ ἐγώ μιν ἀμειβόμενος προσέειπον·
οἶσθα, γέρον, τί με ταῦτα παρατροπέων ἐρεείνεις ;          465
ὡς δὴ δήθ᾽ ἐνὶ νήσῳ ἐρύκομαι, οὐδέ τι τέκμωρ
εὑρέμεναι δύναμαι, μινύθει δέ μοι ἔνδοθεν ἦτορ.
ἀλλὰ σύ πέρ μοι εἰπέ, θεοὶ δέ τε πάντα ἴσασιν,
ὅς τίς μ᾽ ἀθανάτων πεδάᾳ καὶ ἔδησε κελεύθου,
νόστον θ᾽, ὡς ἐπὶ πόντον ἐλεύσομαι ἰχθυόεντα.          470
ὣς ἐφάμην, ὁ δέ μ᾽ αὐτίκ᾽ ἀμειβόμενος προσέειπεν·
ἀλλὰ μάλ᾽ ὤφελλες Διί τ᾽ ἄλλοισίν τε θεοῖσι
ῥέξας ἱερὰ κάλ᾽ ἀναβαινέμεν, ὄφρα τάχιστα
σὴν ἐς πατρίδ᾽ ἵκοιο πλέων ἐπὶ οἴνοπα πόντον.

the nose of each, she set ambrosia, very sweet of smell, and this destroyed the creature's stench. So all the morning did we wait, with patient hearts. At last the seals came trooping from the sea, and soon lay down in order on the beach. At noon the old man came from the sea, found his fat seals, went over all, and told their number, telling us first among the creatures, and never in his heart suspected there was fraud. At length he too lay down. Then with a shout we sprang and threw our arms about him, and the old man did not forget his crafty arts: but first he turned into a bearded lion, then into a dragon, leopard, and huge boar; he turned into liquid water, into a branching tree; still we held firm, with patient hearts. But when the old man at last grew weary, skilful though he was in wiles, in open speech he questioned me and said:

"'Which of the gods, O son of Atreus, aided your plot to seize me here against my will, by ambuscade? What would you have?'

"So he spoke, and answering him I said: 'You know, old man, — why turn me off with such a question? — how I am long pent in this island, unable to discover an escape, while fainter grows my heart within. Rather tell me — for gods know all — which of the immortals chains me here and bars my progress, and tell me of my homeward way, how I may pass along the swarming sea.'

"So I spoke, and straightway answering me said he: 'Nay, but to Zeus and to the other gods you should have made good offerings on setting forth, if you would quickly reach your native land, sailing the wine-dark sea; for now

οὐ γάρ τοι πρὶν μοῖρα φίλους τ' ἰδέειν καὶ ἱκέσθαι     475
οἶκον ἐυκτίμενον καὶ σὴν ἐς πατρίδα γαῖαν,
πρίν γ' ὅτ' ἂν Αἰγύπτοιο, διιπετέος ποταμοῖο,
αὖτις ὕδωρ ἔλθῃς ῥέξῃς θ' ἱερὰς ἑκατόμβας
ἀθανάτοισι θεοῖσι, τοὶ οὐρανὸν εὐρὺν ἔχουσι·
καὶ τότε τοι δώσουσιν ὁδὸν θεοί, ἣν σὺ μενοινᾷς.     480
ὣς ἔφατ', αὐτὰρ ἐμοί γε κατεκλάσθη φίλον ἦτορ,
οὕνεκά μ' αὖτις ἄνωγεν ἐπ' ἠεροειδέα πόντον
Αἴγυπτόνδ' ἰέναι, δολιχὴν ὁδὸν ἀργαλέην τε.
ἀλλὰ καὶ ὣς μιν ἔπεσσιν ἀμειβόμενος προσέειπον·
ταῦτα μὲν οὕτω δὴ τελέω, γέρον, ὡς σὺ κελεύεις.     485
ἀλλ' ἄγε μοι τόδε εἰπὲ καὶ ἀτρεκέως κατάλεξον,
ἢ πάντες σὺν νηυσὶν ἀπήμονες ἦλθον Ἀχαιοί,
οὓς Νέστωρ καὶ ἐγὼ λίπομεν Τροίηθεν ἰόντες,
ἠέ τις ὤλετ' ὀλέθρῳ ἀδευκέι ἧς ἐπὶ νηός,
ἠὲ φίλων ἐν χερσίν, ἐπεὶ πόλεμον τολύπευσεν.     490
ὣς ἐφάμην, ὁ δέ μ' αὐτίκ' ἀμειβόμενος προσέειπεν·
Ἀτρείδη, τί με ταῦτα διείρεαι; οὐδέ τί σε χρὴ
ἴδμεναι, οὐδὲ δαῆναι ἐμὸν νόον· οὐδέ σέ φημι
δὴν ἄκλαυτον ἔσεσθαι, ἐπεί κ' εὖ πάντα πύθηαι.
πολλοὶ μὲν γὰρ τῶν γε δάμεν, πολλοὶ δὲ λίποντο·     495
ἀρχοὶ δ' αὖ δύο μοῦνοι Ἀχαιῶν χαλκοχιτώνων
ἐν νόστῳ ἀπόλοντο· μάχῃ δέ τε καὶ σὺ παρῆσθα.'
εἷς δ' ἔτι που ζωὸς κατερύκεται εὐρέι πόντῳ.
Αἴας μὲν μετὰ νηυσὶ δάμη δολιχηρέτμοισι.
Γυρῇσίν μιν πρῶτα Ποσειδάων ἐπέλασσε     500
πέτρῃσιν μεγάλῃσι, καὶ ἐξεσάωσε θαλάσσης·
καί νύ κεν ἔκφυγε κῆρα, καὶ ἐχθόμενός περ Ἀθήνῃ,
εἰ μὴ ὑπερφίαλον ἔπος ἔκβαλε καὶ μέγ' ἀάσθη·
φῆ ῥ' ἀέκητι θεῶν φυγέειν μέγα λαῖτμα θαλάσσης.

it is not permitted you to see your friends and reach your stately house and native land until you come again to Egypt's waters, to its heaven-descended stream, and offer sacred hecatombs to the immortal gods who hold the open sky.   Then shall the gods grant you the course which you desire.'

"As he spoke thus, my very soul was crushed within me because he bade me cross again the misty sea and go to Egypt's river, a long and weary way.   Yet still I answered thus and said : 'Old man, all that you bid me I will do. Only declare me this and plainly tell, did all the Achaians with their ships return unharmed, whom Nestor and I left on our setting forth from Troy ?   Or did men die by grievous death at sea, or in the arms of friends when the skein of war was wound ?'

"So I spoke, and straightway answering me said he : 'O son of Atreus, why question me of this ?   Well were it that you should not see nor comprehend my knowledge. I think you will not long be free from tears after you clearly learn of all.   Yes, many were cut off and many spared.   Of leaders, only two among the mailed Achaians died on the journey home — as for the battle, you yourself were there — and one, still living, lingers yet somewhere on the wide sea.   Ajax was lost, he and his long-oared ships.   At first Poseidon brought him to the great rocks of Gyrai and saved him from the sea.   And so he might have escaped his doom, though hated by Athene, had he not uttered overweening words, puffed up with pride ; for he said he had escaped the great gulf of the sea in spite of

τοῦ δὲ Ποσειδάων μεγάλ' ἔκλυεν αὐδήσαντος·     505
αὐτίκ' ἔπειτα τρίαιναν ἑλὼν χερσὶ στιβαρῇσιν
ἤλασε Γυραίην πέτρην, ἀπὸ δ' ἔσχισεν αὐτήν·
καὶ τὸ μὲν αὐτόθι μεῖνε, τὸ δὲ τρύφος ἔμπεσε πόντῳ,
τῷ ῥ' Αἴας τὸ πρῶτον ἐφεζόμενος μέγ' ἀάσθη·
τὸν δ' ἐφόρει κατὰ πόντον ἀπείρονα κυμαίνοντα.     510
ὣς ὁ μὲν ἔνθ' ἀπόλωλεν, ἐπεὶ πίεν ἁλμυρὸν ὕδωρ.
σὸς δέ που ἔκφυγε κῆρας ἀδελφεὸς ἠδ' ὑπάλυξεν
ἐν νηυσὶ γλαφυρῇσι· σάωσε δὲ πότνια Ἥρη.
ἀλλ' ὅτε δὴ τάχ' ἔμελλε Μαλειάων ὄρος αἰπὺ
ἵξεσθαι, τότε δή μιν ἀναρπάξασα θύελλα     515
πόντον ἐπ' ἰχθυόεντα φέρεν μεγάλα στενάχοντα,
ἀγροῦ ἐπ' ἐσχατιήν, ὅθι δώματα ναῖε Θυέστης
τὸ πρὶν, ἀτάρ τότ' ἔναιε Θυεστιάδης Αἴγισθος.
ἀλλ' ὅτε δὴ καὶ κεῖθεν ἐφαίνετο νόστος ἀπήμων,
ἂψ δὲ θεοὶ οὖρον στρέψαν, καὶ οἴκαδ' ἵκοντο,     520
ἦ τοι ὁ μὲν χαίρων ἐπεβήσετο πατρίδος αἴης,
καὶ κύνει ἁπτόμενος ἣν πατρίδα· πολλὰ δ' ἀπ' αὐτοῦ
δάκρυα θερμὰ χέοντ', ἐπεὶ ἀσπασίως ἴδε γαῖαν.
τὸν δ' ἄρ' ἀπὸ σκοπιῆς εἶδε σκοπός, ὅν ῥα καθεῖσεν
Αἴγισθος δολόμητις ἄγων, ὑπὸ δ' ἔσχετο μισθὸν     525
χρυσοῦ δοιὰ τάλαντα· φύλασσε δ' ὅ γ' εἰς ἐνιαυτον,
μή ἑ λάθοι παριὼν, μνήσαιτο δὲ θούριδος ἀλκῆς.
βῆ δ' ἴμεν ἀγγελέων πρὸς δώματα ποιμένι λαῶν.
αὐτίκα δ' Αἴγισθος δολίην ἐφράσσατο τέχνην·
κρινάμενος κατὰ δῆμον ἐείκοσι φῶτας ἀρίστους     530
εἷσε λόχον, ἑτέρωθι δ' ἀνώγει δαῖτα πένεσθαι.
αὐτὰρ ὁ βῆ καλέων Ἀγαμέμνονα, ποιμένα λαῶν,
ἵπποισιν καὶ ὄχεσφιν, ἀεικέα μερμηρίζων.
τὸν δ' οὐκ εἰδότ' ὄλεθρον ἀνήγαγε, καὶ κατέπεφνε

gods. Poseidon heard his haughty boasting and straight-
way, grasping the trident in his sturdy hands, he smote
the rock of Gyrai, splitting it open. One part held to its
place; the broken piece fell in the sea. Now upon this
Ajax at first had sat, puffed up with pride. It bore him
down into the boundless surging deep. So there he died,
when he drank the briny water. 

" ' Your brother had escaped his doom and come with
safety, he and his hollow ships; for powerful Herê saved
him. But when he was about to reach the steep height
of Maleia, a sweeping storm bore him once more along
the swarming sea, loudly lamenting, to the boundaries of
that country where Thyestes dwelt in former days, but
where now dwelt Thyestes' son, Aigisthos. And when his
course from this point on seemed clear of danger, and the
gods changed the wind about and home they came, then
truly with rejoicing he trod his country's soil, and kissed
and clasped that soil; and from him many hot tears fell,
because he saw the land with gladness. But from a watch-
tower did a watchman spy him, whom wily Aigisthos
posted there, promising him for pay two golden talents.
He had been keeping guard throughout the year, lest un-
observed the king might pass and try the force of arms.
He hurried to the house to tell the shepherd of the people,
and soon Aigisthos planned his treacherous craft. Select-
ing twenty of the bravest in the land, he laid an ambush;
and across the hall he bade that a feast be spread. Then
he went to welcome Agamemnon, the shepherd of the
people, with horses and with chariots, while meditating
crimes. He led him up unheeding to his death and slew

δειπνίσσας, ὥς τίς τε κατέκτανε βοῦν ἐπὶ φάτνῃ.    585
οὐδέ τις Ἀτρείδεω ἑτάρων λίπεθ' οἵ οἱ ἕποντο,
οὐδέ τις Αἰγίσθου, ἀλλ' ἔκταθεν ἐν μεγάροισιν.
ὣς ἔφατ', αὐτὰρ ἐμοί γε κατεκλάσθη φίλον ἦτορ,
κλαῖον δ' ἐν ψαμάθοισι καθήμενος, οὐδέ νύ μοι κῆρ
ἤθελ' ἔτι ζώειν καὶ ὁρᾶν φάος ἠελίοιο.    540
αὐτὰρ ἐπεὶ κλαίων τε κυλινδόμενός τε κορέσθην,
δὴ τότε με προσέειπε γέρων ἅλιος νημερτής·
μηκέτι, Ἀτρέος υἱέ, πολὺν χρόνον ἀσκελὲς οὕτω
κλαῖ', ἐπεὶ οὐκ ἄνυσίν τινα δήομεν· ἀλλὰ τάχιστα
πείρα ὅπως κεν δὴ σὴν πατρίδα γαῖαν ἵκηαι.    545
ἢ γάρ μιν ζωόν γε κιχήσεαι, ἤ κεν Ὀρέστης
κτεῖνεν ὑποφθάμενος· σὺ δέ κεν τάφου ἀντιβολήσαις.
ὣς ἔφατ', αὐτὰρ ἐμοὶ κραδίη καὶ θυμὸς ἀγήνωρ
αὖτις ἐνὶ στήθεσσι καὶ ἀχνυμένῳ περ ἰάνθη·
καί μιν φωνήσας ἔπεα πτερόεντα προσηύδων.    550
τούτους μὲν δὴ οἶδα· σὺ δὲ τρίτον ἄνδρ' ὀνόμαζε,
ὅς τις ἔτι ζωὸς κατερύκεται εὐρέι πόντῳ
[ἠὲ θανών· ἐθέλω δὲ καὶ ἀχνύμενός περ ἀκοῦσαι].
ὣς ἐφάμην, ὁ δέ μ' αὐτίκ' ἀμειβόμενος προσέειπεν·
υἱὸς Λαέρτεω, Ἰθάκῃ ἔνι οἰκία ναίων·    555
τὸν δ' ἴδον ἐν νήσῳ θαλερὸν κατὰ δάκρυ χέοντα,
Νύμφης ἐν μεγάροισι Καλυψοῦς, ἥ μιν ἀνάγκῃ
ἴσχει· ὁ δ' οὐ δύναται ἣν πατρίδα γαῖαν ἱκέσθαι·
οὐ γάρ οἱ πάρα νῆες ἐπήρετμοι καὶ ἑταῖροι,
οἵ κέν μιν πέμποιεν ἐπ' εὐρέα νῶτα θαλάσσης.    560
σοὶ δ' οὐ θέσφατόν ἐστι, διοτρεφὲς ὦ Μενέλαε,
Ἄργει ἐν ἱπποβότῳ θανέειν καὶ πότμον ἐπισπεῖν,
ἀλλά σ' ἐς Ἠλύσιον πεδίον καὶ πείρατα γαίης
ἀθάνατοι πέμψουσιν, ὅθι ξανθὸς Ῥαδάμανθυς,

him feasting, as one cuts the ox down in the stall. Not a man was left who followed the son of Atreus, nor one who followed Aigisthos; all died within the hall.'

"As he thus spoke, my very soul was crushed within me, and sitting on the sands I fell to weeping; and now my heart no longer cared to live or see the sunshine. But when of weeping and of writhing I had had my fill, then thus began the unerring old man of the sea: 'Do not, O son of Atreus, long and unceasingly thus weep, because we know there is no remedy. Seek rather with all speed to reach your native land; for either you will find Aigisthos still alive, or Orestes will have slain him, so forestalling you, and you might join the funeral feast.'

"So he spoke, and the heart and sturdy spirit in my breast, grieved as I was, again grew warm; and speaking to him in winged words I said: 'Of these men then I know, but name the third who lingers still alive on the wide sea; or be he dead, spite of my grief, I fain would hear.'

"So I spoke, and straightway answering me said he: 'It is Laërtes' son, who dwells in Ithaka. I saw him on an island, letting the big tears fall, in the halls of the nymph Kalypso, who holds him there by force. No power has he to reach his native land, for he has no ships fitted with oars, nor crews to bear him over the broad ocean-ridges. As for yourself, heaven-favored Menelaos, it is not God's decree that you should die and meet your doom in grazing Argos; but to the Elysian plain and the earth's limits the immortal gods shall bear you, where fair-haired Rhada-

τῇ περ ῥηίστη βιοτὴ πέλει ἀνθρώποισιν·  565
οὐ νιφετός, οὔτ᾽ ἂρ χειμὼν πολὺς οὔτε ποτ᾽ ὄμβρος,
ἀλλ᾽ αἰεὶ Ζεφύροιο λιγὺ πνείοντος ἀήτας
Ὠκεανὸς ἀνίησιν ἀναψύχειν ἀνθρώπους,
οὔνεκ᾽ ἔχεις Ἑλένην καί σφιν γαμβρὸς Διός ἐσσι.
ὣς εἰπὼν ὑπὸ πόντον ἐδύσετο κυμαίνοντα.  570
αὐτὰρ ἐγὼν ἐπὶ νῆας ἅμ᾽ ἀντιθέοις ἑτάροισιν
ἤια, πολλὰ δέ μοι κραδίη πόρφυρε κιόντι.
αὐτὰρ ἐπεί ῥ᾽ ἐπὶ νῆα κατήλθομεν ἠδὲ θάλασσαν,
δόρπον θ᾽ ὁπλισάμεσθ᾽, ἐπί τ᾽ ἤλυθεν ἀμβροσίη νύξ·
δὴ τότε κοιμήθημεν ἐπὶ ῥηγμῖνι θαλάσσης.  575
ἦμος δ᾽ ἠριγένεια φάνη ῥοδοδάκτυλος Ἠώς,
νῆας μὲν πάμπρωτον ἐρύσσαμεν εἰς ἅλα δῖαν,
ἐν δ᾽ ἱστοὺς τιθέμεσθα καὶ ἱστία νηυσὶν ἐίσῃς·
ἂν δὲ καὶ αὐτοὶ βάντες ἐπὶ κληῖσι καθῖζον·
ἑξῆς δ᾽ ἑζόμενοι πολιὴν ἅλα τύπτον ἐρετμοῖς.  580
ἂψ δ᾽ εἰς Αἰγύπτοιο, διιπετέος ποταμοῖο,
στῆσα νέας, καὶ ἔρεξα τεληέσσας ἑκατόμβας.
αὐτὰρ ἐπεὶ κατέπαυσα θεῶν χόλον αἰὲν ἐόντων,
χεῦ᾽ Ἀγαμέμνονι τύμβον, ἵν᾽ ἄσβεστον κλέος εἴη.
ταῦτα τελευτήσας νεόμην, δίδοσαν δέ μοι οὖρον  585
ἀθάνατοι, τοί μ᾽ ὦκα φίλην ἐς πατρίδ᾽ ἔπεμψαν.
ἀλλ᾽ ἄγε νῦν ἐπίμεινον ἐνὶ μεγάροισιν ἐμοῖσιν,
ὄφρα κεν ἑνδεκάτη τε δυωδεκάτη τε γένηται·
καὶ τότε σ᾽ εὖ πέμψω, δώσω δέ τοι ἀγλαὰ δῶρα
τρεῖς ἵππους καὶ δίφρον ἐύξοον· αὐτὰρ ἔπειτα  590
δώσω καλὸν ἄλεισον, ἵνα σπένδῃσθα θεοῖσιν
ἀθανάτοις, ἐμέθεν μεμνημένος ἤματα πάντα.᾽
  Τὸν δ᾽ αὖ Τηλέμαχος πεπνυμένος ἀντίον ηὔδα·
῾Ἀτρείδη, μὴ δή με πολὺν χρόνον ἐνθάδ᾽ ἔρυκε.

manthus dwells. Here utterly at ease passes the life of men. No snow is here, no winter long, no rain, but the loud-blowing breezes of the west Okeanos sends up only to bring men coolness ; for you have Helen, and are in the eyes of gods the son-in-law of Zeus.'

"Saying this, he plunged into the surging sea, and I with my gallant men turned to our ships; and as I went often my heart grew dark. But when we came down to the ship and to the sea, and we had made our supper, and the immortal night was come, we laid us down upon the beach. Then as the early rosy-fingered Dawn appeared, we in the first place launched our ships into the sacred sea, we put the mast and sails in the trim ships, the men embarked themselves, took places at the pins, and, sitting in order, smote the foaming water with their oars. So back again to Egypt's waters, to its heaven - descended stream, I set my ships, and made the offerings due. And after appeasing the anger of the gods that live forever, I raised a mound to Agamemnon, in order that his fame might never die. This done, I sailed away, and the gods gave a breeze and brought me swiftly to my native land. But come, remain awhile here at my hall, until eleven or twelve days pass. Then I will send you forth with honor and give you splendid gifts, three horses and a polished car. Moreover, I will give a goodly chalice, that as you pour libations to the immortal gods you may be mindful all your days of me."

Then answered him discreet Telemachos : " O son of Atreus, keep me no long time here, though for a year I

καὶ γάρ κ' εἰς ἐνιαυτὸν ἐγὼ παρὰ σοί γ' ἀνεχοίμην 595
ἥμενος, οὐδέ κέ μ' οἴκου ἕλοι πόθος οὐδὲ τοκήων·
αἰνῶς γὰρ μύθοισιν ἔπεσσί τε σοῖσιν ἀκούων
τέρπομαι. ἀλλ' ἤδη μοι ἀνιάζουσιν ἑταῖροι
ἐν Πύλῳ ἠγαθέῃ· σὺ δέ με χρόνον ἐνθάδ' ἐρύκεις.
δῶρον δ' ὅττι κέ μοι δοίης, κειμήλιον ἔστω· 600
ἵππους δ' εἰς Ἰθάκην οὐκ ἄξομαι, ἀλλὰ σοὶ αὐτῷ
ἐνθάδε λείψω ἄγαλμα· σὺ γὰρ πεδίοιο ἀνάσσεις
εὐρέος, ᾧ ἔνι μὲν λωτὸς πολύς, ἐν δὲ κύπειρον
πυροί τε ζειαί τε ἰδ' εὐρυφυὲς κρῖ λευκόν.
ἐν δ' Ἰθάκῃ οὔτ' ἂρ δρόμοι εὐρέες οὔτε τι λειμών· 605
αἰγίβοτος, καὶ μᾶλλον ἐπήρατος ἱπποβότοιο.
οὐ γάρ τις νήσων ἱππήλατος οὐδ' εὐλείμων,
αἵ θ' ἁλὶ κεκλίαται· Ἰθάκη δέ τε καὶ περὶ πασέων.'
   Ὣς φάτο, μείδησεν δὲ βοὴν ἀγαθὸς Μενέλαος,
χειρί τέ μιν κατέρεξεν ἔπος τ' ἔφατ' ἔκ τ' ὀνόμαζεν. 610
   'Αἵματός εἰς ἀγαθοῖο, φίλον τέκος, οἷ' ἀγορεύεις·
τοιγὰρ ἐγώ τοι ταῦτα μεταστήσω· δύναμαι γάρ.
δώρων δ', ὅσσ' ἐν ἐμῷ οἴκῳ κειμήλια κεῖται
δώσω ὃ κάλλιστον καὶ τιμηέστατόν ἐστι.
δώσω τοι κρητῆρα τετυγμένον· ἀργύρεος δὲ 615
ἔστιν ἅπας, χρυσῷ δ' ἐπὶ χείλεα κεκράανται·
ἔργον δ' Ἡφαίστοιο· πόρεν δέ ἑ Φαίδιμος ἥρως,
Σιδονίων βασιλεύς, ὅθ' ἑὸς δόμος ἀμφεκάλυψε
κεῖσέ με νοστήσαντα· τεῒν δ' ἐθέλω τόδ' ὀπάσσαι.'
   Ὣς οἱ μὲν τοιαῦτα πρὸς ἀλλήλους ἀγόρευον, 620
δαιτυμόνες δ' ἐς δώματ' ἴσαν θείου βασιλῆος.
οἱ δ' ἦγον μὲν μῆλα, φέρον δ' εὐήνορα οἶνον·
σῖτον δέ σφ' ἄλοχοι καλλικρήδεμνοι ἔπεμπον.
ὣς οἱ μὲν περὶ δεῖπνον ἐνὶ μεγάροισι πένοντο,

well could bear to tarry, and not a wish for home or parents ever would cross me; for I find a wonderful pleasure in hearing your tales and talk. But already friends at sacred Pylos are uneasy, and you still hold me here. As for the gift that you would give, pray let it be some keepsake. Horses I will not take to Ithaka, but I will leave them here — to you, an honor; for you rule over open plains, where lotus is abundant, marsh-grass and corn and rye, and the white broad-eared barley. In Ithaka there are no open runs, no meadows; a land for goats, and pleasanter than grazing country. Not one of the islands is a place to drive a horse, none has good meadows, of all that rest upon the sea ; Ithaka least of all."

He spoke, and Menelaos, good at the war-cry, smiled, patted him with his hand, and spoke thus, saying:

"Of noble blood you are, dear child, as your words show. Yes, I will make the change, for well I can. Out of the gifts stored in my house as keepsakes I will give the thing most beautiful and precious; I will give a well-wrought bowl. It is of solid silver, its rim finished with gold, the work of Hephaistos. To me lord Phaidimos, the king of the Sidonians, gave it, when his house once received me upon my homeward way. This I will gladly give you."

So ran their talk with one another. And now the guests came to the palace of the noble king. Men drove up sheep, and brought the cheering wine, and their veiled wives sent bread. Thus were they busied with the feast throughout the halls.

μνηστῆρες δὲ πάροιθεν Ὀδυσσῆος μεγάροιο     625
δίσκοισιν τέρποντο καὶ αἰγανέῃσιν ἱέντες,
ἐν τυκτῷ δαπέδῳ, ὅθι περ πάρος, ὕβριν ἔχοντες.
Ἀντίνοος δὲ καθῆστο καὶ Εὐρύμαχος θεοειδὴς,
ἀρχοὶ μνηστήρων, ἀρετῇ δ᾽ ἔσαν ἔξοχ᾽ ἄριστοι.
τοῖς δ᾽ υἱὸς Φρονίοιο Νοήμων ἐγγύθεν ἐλθὼν     630
Ἀντίνοον μύθοισιν ἀνειρόμενος προσέειπεν·

‘ Ἀντίνο᾽ ἦ ῥά τι ἴδμεν ἐνὶ φρεσὶν, ἦε καὶ οὐκὶ,
ὁππότε Τηλέμαχος νεῖτ᾽ ἐκ Πύλου ἠμαθόεντος ;
νῆά μοι οἴχετ᾽ ἄγων· ἐμὲ δὲ χρεὼ γίγνεται αὐτῆς
Ἤλιδ᾽ ἐς εὐρύχορον διαβήμεναι, ἔνθα μοι ἵπποι     635
δώδεκα θήλειαι, ὑπὸ δ᾽ ἡμίονοι ταλαεργοὶ
ἀδμῆτες· τῶν κέν τιν᾽ ἐλασσάμενος δαμασαίμην.’

“Ὣς ἔφαθ᾽, οἱ δ᾽ ἀνὰ θυμὸν ἐθάμβεον· οὐ γὰρ ἔφαντο
ἐς Πύλον οἴχεσθαι Νηλήιον, ἀλλά που αὐτοῦ
ἀγρῶν ἢ μήλοισι παρέμμεναι, ἠὲ συβώτῃ.     640

Τὸν δ᾽ αὖτ᾽ Ἀντίνοος προσέφη, Εὐπείθεος υἱός·
‘ νημερτές μοι ἔνισπε, πότ᾽ ᾤχετο καὶ τίνες αὐτῷ
κοῦροι ἕπουτ᾽ ; Ἰθάκης ἐξαίρετοι, ἦ ἑοὶ αὐτοῦ
θῆτές τε δμῶές τε ; δύναιτό κε καὶ τὸ τελέσσαι.
καί μοι τοῦτ᾽ ἀγόρευσον ἐτήτυμον, ὄφρ᾽ εὖ εἰδῶ,     645
ἦ σε βίῃ ἀέκοντος ἀπηύρα νῆα μέλαιναν,
ἦε ἑκὼν οἱ δῶκας, ἐπεὶ προσπτύξατο μύθῳ.’

Τὸν δ᾽ υἱὸς Φρονίοιο Νοήμων ἀντίον ηὔδα·
‘ αὐτὸς ἑκὼν οἱ δῶκα· τί κεν ῥέξειε καὶ ἄλλος,
ὁππότ᾽ ἀνὴρ τοιοῦτος ἔχων μελεδήματα θυμῷ     650
αἰτίζῃ ; χαλεπόν κεν ἀνήνασθαι δόσιν εἴη.
κοῦροι δ᾽ οἳ κατὰ δῆμον ἀριστεύουσι μεθ᾽ ἡμέας,
οἵ οἱ ἕπουτ᾽· ἐν δ᾽ ἀρχὸν ἐγὼ βαίνοντ᾽ ἐνόησα
Μέντορα, ἠὲ θεὸν, τῷ δ᾽ αὐτῷ πάντα ἐῴκει.

But before the hall of Odysseus the suitors were making merry, throwing the discus and the hunting spear upon the level pavement, holding riot as of old. Here sat Antinoös and god-like Eurymachos, the leaders of the suitors; for they in manly power were quite the first. To them Noëmon, son of Phronios, now drew near; and questioning Antinoös thus he spoke:

"Antinoös, do we know at all, or do we not, when Telemachos will come from sandy Pylos? He went off with a ship of mine, and I have need of her for crossing to broad Elis, where I keep my twelve brood mares. The hardy mules, their foals, are still unbroken; one I would fetch away and break him in."

So he spoke. The others were amazed. They did not think Telemachos was gone to Pylos, to the land of Neleus; they thought he still was here about the farms, among the flocks, or with the swineherd.

Then said to him Antinoös, Eupeithes' son: "Tell me precisely when he went, and what young men were with him. Picked men of Ithaka, or his own hirelings and slaves? That indeed might he do! And tell the truth in this, that I may know full well; did he with violence, against your will, take the black ship? Or did you give it willingly, because he begged it?"

Then answered him Noëmon, son of Phronios: "I gave it willingly. What else could a man do when one like him, with troubles on his heart, entreated? Hard would it be to keep from giving. The youths who next to us are noblest in the land are his companions. I marked their captain as he went on board, and it was Mentor, or a god

ἀλλὰ τὸ θαυμάζω· ἴδον ἐνθάδε Μέντορα δῖον          655
χθιζὸν ὑπηοῖον. τότε δ' ἔμβη νηὶ Πύλονδε.'
'Ὡς ἄρα φωνήσας ἀπέβη πρὸς δώματα πατρός,
τοῖσιν δ' ἀμφοτέροισιν ἀγάσσατο θυμὸς ἀγήνωρ.
μνηστῆρας δ' ἄμυδις κάθισαν καὶ παῦσαν ἀέθλων.
τοῖσιν δ' Ἀντίνοος μετέφη, Εὐπείθεος υἱὸς          660
[ἀχνύμενος· μένεος δὲ μέγα φρένες ἀμφιμέλαιναι
πίμπλαντ', ὄσσε δέ οἱ πυρὶ λαμπετόωντι ἐΐκτην]·
'Ὢ πόποι, ἦ μέγα ἔργον ὑπερφιάλως ἐτελέσθη
Τηλεμάχῳ, ὁδὸς ἥδε· φάμεν δέ οἱ οὐ τελέεσθαι.
ἐκ τοσσῶνδ' ἀέκητι νέος παῖς οἴχεται αὔτως,          665
νῆα ἐρυσσάμενος, κρίνας τ' ἀνὰ δῆμον ἀρίστους.
ἄρξει καὶ προτέρω κακὸν ἔμμεναι· ἀλλά οἱ αὐτῷ
Ζεὺς ὀλέσειε βίην, πρὶν ἥβης μέτρον ἱκέσθαι.
ἀλλ' ἄγ' ἐμοὶ δότε νῆα θοὴν καὶ εἴκοσ' ἑταίρους,
ὄφρα μιν αὐτὸν ἰόντα λοχήσομαι ἠδὲ φυλάξω          670
ἐν πορθμῷ Ἰθάκης τε Σάμοιό τε παιπαλοέσσης,
ὡς ἂν ἐπισμυγερῶς ναυτίλλεται εἵνεκα πατρός.'
'Ὡς ἔφαθ', οἱ δ' ἄρα πάντες ἐπῄνεον ἠδ' ἐκέλευον·
αὐτίκ' ἔπειτ' ἀνστάντες ἔβαν δόμον εἰς Ὀδυσῆος.
Οὐδ' ἄρα Πηνελόπεια πολὺν χρόνον ἦεν ἄπυστος          675
μύθων, οὓς μνηστῆρες ἐνὶ φρεσὶ βυσσοδόμευον·
κῆρυξ γάρ οἱ ἔειπε Μέδων, ὃς ἐπεύθετο βουλὰς
αὐλῆς ἐκτὸς ἐών· οἱ δ' ἔνδοθι μῆτιν ὕφαινον.
βῆ δ' ἴμεν ἀγγελέων διὰ δώματα Πηνελοπείῃ·
τὸν δὲ κατ' οὐδοῦ βάντα προσηύδα Πηνελόπεια·          680
'Κῆρυξ, τίπτε δέ σε πρόεσαν μνηστῆρες ἀγαυοί;
ἢ εἰπέμεναι δμωῇσιν Ὀδυσσῆος θείοιο
ἔργων παύσασθαι, σφίσι δ' αὐτοῖς δαῖτα πένεσθαι;
μὴ μνηστεύσαντες μηδ' ἄλλοθ' ὁμιλήσαντες

exactly like him. And still in this I am puzzled. Here I saw noble Mentor yesterday in the morning; yet there he had embarked for Pylos."

So saying, he departed to his father's house. But the proud spirits of the two were stirred. They made the suitors sit down side by side and stop their sports. And then Antinoös, Eupeithes' son, addressed them in displeasure. With a great passion was his dark soul filled. His eyes were like bright fire.

"Ye gods! here is a monstrous action impudently brought to pass, this journey of Telemachos. We told him not to make it; and here in spite of all of us this young boy simply goes, launching a ship and picking out the best men of the land. Before we think, he will begin to be our bane. But may Zeus blast his power before he reaches man's estate! Come, give me a swift ship with twenty men, that I may lie in wait upon his way, and guard the strait from Ithaka to rugged Samos. So to his grief he cruises off to find his father.'" He spoke; the others all approved and urged him on. Then they arose and entered the hall of Odysseus.

But now Penelope, no long time after, learned of the talk on which the suitors' hearts were brooding. For the page Medon told her, who overheard the plot as he stood outside the court, while they within it framed their scheme. He hastened through the palace with the tidings to Penelope; and as he crossed her threshold Penelope spoke thus:

"Page, why have the lordly suitors sent you here? Was it to tell the maids of noble Odysseus to put by work and lay for them the table? Oh that they never

ὕστατα καὶ πύματα νῦν ἐνθάδε δειπνήσειαν.    685
οἳ θάμ' ἀγειρόμενοι βίοτον κατακείρετε πολλὸν,
κτῆσιν Τηλεμάχοιο δαΐφρονος· οὐδέ τι πατρῶν
ὑμετέρων τὸ πρόσθεν ἀκούετε, παῖδες ἐόντες,
οἷος Ὀδυσσεὺς ἔσκε μεθ' ὑμετέροισι τοκεῦσιν,
οὔτε τινὰ ῥέξας ἐξαίσιον οὔτε τι εἰπὼν    690
ἐν δήμῳ· ἥ τ' ἐστὶ δίκη θείων βασιλήων·
ἄλλον κ' ἐχθαίρῃσι βροτῶν, ἄλλον κε φιλοίη.
κεῖνος δ' οὔ ποτε πάμπαν ἀτάσθαλον ἄνδρα ἐώργει.
ἀλλ' ὁ μὲν ὑμέτερος θυμὸς καὶ ἀεικέα ἔργα
φαίνεται, οὐδέ τίς ἐστι χάρις μετόπισθ' εὐεργέων.'    695
   Τὴν δ' αὖτε προσέειπε Μέδων, πεπνυμένα εἰδώς,
' αἲ γὰρ δή, βασίλεια, τόδε πλεῖστον κακὸν εἴη.
ἀλλὰ πολὺ μεῖζόν τε καὶ ἀργαλεώτερον ἄλλο
μνηστῆρες φράζονται, ὃ μὴ τελέσειε Κρονίων·
Τηλέμαχον μεμάασι κατακτάμεν ὀξέϊ χαλκῷ    700
οἴκαδε νισσόμενον· ὁ δ' ἔβη μετὰ πατρὸς ἀκουὴν
ἐς Πύλον ἠγαθέην ἠδ' ἐς Λακεδαίμονα δῖαν.'
   Ὣς φάτο, τῆς δ' αὐτοῦ λύτο γούνατα καὶ φίλον ἦτορ,
δὴν δέ μιν ἀμφασίη ἐπέων λάβε· τὼ δέ οἱ ὄσσε
δακρυόφι πλῆσθεν, θαλερὴ δέ οἱ ἔσχετο φωνή.    705
ὀψὲ δὲ δή μιν ἔπεσσιν ἀμειβομένη προσέειπε·
   ' Κῆρυξ, τίπτε δέ μοι παῖς οἴχεται; οὐδέ τί μιν χρεὼ
νηῶν ὠκυπόρων ἐπιβαινέμεν, αἵ θ' ἁλὸς ἵπποι
ἀνδράσι γίγνονται, περόωσι δὲ πουλὺν ἐφ' ὑγρήν.
ἦ ἵνα μηδ' ὄνομ' αὐτοῦ ἐν ἀνθρώποισι λίπηται;'    710
   Τὴν δ' ἠμείβετ' ἔπειτα Μέδων πεπνυμένα εἰδώς,
' οὐκ οἶδ' ἤ τίς μιν θεὸς ὤρορεν ἦε καὶ αὐτοῦ
θυμὸς ἐφωρμήθη ἴμεν ἐς Πύλον, ὄφρα πύθηται
πατρὸς ἑοῦ ἢ νόστον, ἢ ὅν τινα πότμον ἐπέσπεν.'

had wooed or gathered here, or that they here might eat to-day their last and latest meal! You are the men who troop about and waste large means, even all the estate of wise Telemachos. To your fathers of old you gave no heed when you were children, nor heard what sort of man Odysseus was among your elders, how he did no wrong by deed or word to any in the land. And that is the common way with high-born kings; one man they hate and love another. But he wrought no iniquity toward any man. Yet now what your hearts are, what your vile deeds, is plain to see. There is no gratitude for good deeds done."

Then Medon spoke, a man of understanding: "Ah Queen, I would that were our greatest danger; but weightier matters yet, a sorer evil, the suitors now propose — which may the son of Kronos hinder! They have resolved to slay Telemachos with the keen sword, as he sails home. He went away for tidings of his father, to hallowed Pylos and to sacred Lakedaimon."

As he thus spoke, her knees grew feeble and her very soul. Long time a speechless stupor held her; her two eyes filled with tears; her full voice stayed. But at the last, she answered thus and said: "Page, why is my child gone? What need had he to mount the coursing ships, which serve men for sea-horses and cross the mighty flood? Was it to leave not even a name amongst men here?"

Then answered Medon, that man of understanding: "I do not know whether some god impelled him, or if his own heart stirred within to go to Pylos, to learn about his father's coming or there to hear what fate he met."

Ὡς ἄρα φωνήσας ἀπέβη κατὰ δῶμ' Ὀδυσῆος.      715
τὴν δ' ἄχος ἀμφεχύθη θυμοφθόρον, οὐδ' ἄρ' ἔτ' ἔτλη
δίφρῳ ἐφέζεσθαι πολλῶν κατὰ οἶκον ἐόντων,
ἀλλ' ἄρ' ἐπ' οὐδοῦ ἷζε πολυκμήτου θαλάμοιο
οἴκτρ' ὀλοφυρομένη· περὶ δὲ δμωαὶ μινύριζον
πᾶσαι, ὅσαι κατὰ δώματ' ἔσαν νέαι ἠδὲ παλαιαί.      720
τῆς δ' ἁδινὸν γοόωσα μετηύδα Πηνελόπεια·

' Κλῦτε, φίλαι· περὶ γάρ μοι Ὀλύμπιος ἄλγε' ἔδωκεν
ἐκ πασέων, ὅσσαι μοι ὁμοῦ τράφεν ἠδ' ἐγένοντο,
ἣ πρὶν μὲν πόσιν ἐσθλὸν ἀπώλεσα θυμολέοντα,
παντοίης ἀρετῇσι κεκασμένον ἐν Δαναοῖσιν,      725
ἐσθλὸν, τοῦ κλέος εὐρὺ καθ' Ἑλλάδα καὶ μέσον Ἄργος·
νῦν αὖ παῖδ' ἀγαπητὸν ἀνηρείψαντο θύελλαι
ἀκλέα ἐκ μεγάρων, οὐδ' ὁρμηθέντος ἄκουσα.
σχέτλιαι, οὐδ' ὑμεῖς περ ἐνὶ φρεσὶ θέσθε ἑκάστη
ἐκ λεχέων μ' ἀνεγεῖραι, ἐπιστάμεναι σάφα θυμῷ,      730
ὁππότε κεῖνος ἔβη κοίλην ἐπὶ νῆα μέλαιναν.
εἰ γὰρ ἐγὼ πυθόμην ταύτην ὁδὸν ὁρμαίνοντα,
τῷ κε μάλ' ἤ κεν ἔμεινε, καὶ ἐσσύμενός περ ὁδοῖο
ἤ κέ με τεθνηυῖαν ἐνὶ μεγάροισιν ἔλειπεν.
ἀλλά τις ὀτρηρῶς Δολίον καλέσειε γέροντα,      735
δμῶ' ἐμὸν ὅν μοι ἔδωκε πατὴρ ἔτι δεῦρο κιούσῃ,
καί μοι κῆπον ἔχει πολυδένδρεον, ὄφρα τάχιστα
Λαέρτῃ τάδε πάντα παρεζόμενος καταλέξῃ,
εἰ δή πού τινα κεῖνος ἐνὶ φρεσὶ μῆτιν ὑφήνας
ἐξελθὼν λαοῖσιν ὀδύρεται, οἳ μεμάασιν      740
ὃν καὶ Ὀδυσσῆος φθῖσαι γόνον ἀντιθέοιο.'

Τὴν δ' αὖτε προσέειπε φίλη τροφὸς Εὐρύκλεια·
' νύμφα φίλη, σὺ μὲν ἄρ με κατάκτανε νηλέι χαλκῷ,
ἢ ἔα ἐν μεγάρῳ· μῦθον δέ τοι οὐκ ἐπικεύσω·

So saying, he departed along the hall of Odysseus. But upon her heart-eating anguish fell. No longer had she power to sit upon a chair, though many were in the room, but down she sank upon the floor of her rich chamber, pitifully moaning. Round about, her maids were sobbing — all her household, old and young. And with repeated cries, Penelope thus spoke :

" Listen, dear maids ! Surely the Olympian gave me exceeding sorrow, beyond all women born and bred my mates. For I in former days lost my good husband, a man of lion heart, for every excellence honored among the Danaäns — good man! his fame is wide through Hellas and mid-Argos. Moreover now my darling son the winds have snatched away, silently, from my halls ; I heard not of his going. Hard-hearted maids ! No one of you took thought to rouse me from my bed, though well your own hearts knew what time he went away on the black hollow ship. Ah, had I learned that he was purposing this journey, surely he would have stayed, however eager for the journey, or else he should have left me dead within the hall. But now let some one haste and call old Dolios, the slave my father gave me at my coming, who tends my orchard trees ; that he may quickly go, seat himself by Laërtes, and, telling all, learn if Laërtes in his wisdom can devise a way to come before the people and cry out against the men who seek to crush his race, the race of great Odysseus."

Thus answered then her good nurse Eurykleia: " Dear lady, slay me with the ruthless sword or let me live within the hall ; I will not hide my story. I knew of all. I gave

ἦδε' ἐγὼ τάδε πάντα, πόρον δέ οἱ ὅσσ' ἐκέλευε,                745
σῖτον καὶ μέθυ ἡδύ· ἐμεῦ δ' ἕλετο μέγαν ὅρκον
μὴ πρὶν σοὶ ἐρέειν, πρὶν δωδεκάτην γε γενέσθαι
ἢ σ' αὐτὴν ποθέσαι καὶ ἀφορμηθέντος ἀκοῦσαι,
ὡς ἂν μὴ κλαίουσα κατὰ χρόα καλὸν ἰάπτῃς.
ἀλλ' ὑδρηναμένη, καθαρὰ χροΐ εἵμαθ' ἑλοῦσα,             750
εἰς ὑπερῷ' ἀναβᾶσα σὺν ἀμφιπόλοισι γυναιξὶν
εὔχε' Ἀθηναίῃ κούρῃ Διὸς αἰγιόχοιο·
ἦ γάρ κέν μιν ἔπειτα καὶ ἐκ θανάτοιο σαώσαι.
μηδὲ γέροντα κάκου κεκακωμένον· οὐ γὰρ ὀίω
πάγχυ θεοῖς μακάρεσσι γονὴν Ἀρκεισιάδαο            755
ἔχθεσθ', ἀλλ' ἔτι πού τις ἐπέσσεται ὅς κεν ἔχῃσι
δώματά θ' ὑψερεφέα καὶ ἀπόπροθι πίονας ἀγρούς.'
  Ὣς φάτο, τῆς δ' εὔνησε γόον, σχέθε δ' ὄσσε γόοιο.
ἡ δ' ὑδρηναμένη, καθαρὰ χροΐ εἵμαθ' ἑλοῦσα,
εἰς ὑπερῷ' ἀνέβαινε σὺν ἀμφιπόλοισι γυναιξὶν,        760
ἐν δ' ἔθετ' οὐλοχύτας κανέῳ, ἠρᾶτο δ' Ἀθήνῃ·
  ‘ Κλῦθί μευ, αἰγιόχοιο Διὸς τέκος, ἀτρυτώνη,
εἴ ποτέ τοι πολύμητις ἐνὶ μεγάροισιν Ὀδυσσεὺς
ἢ βοὸς ἢ ὄιος κατὰ πίονα μηρί' ἔκηε,
τῶν νῦν μοι μνῆσαι, καί μοι φίλον υἷα σάωσον,         765
μνηστῆρας δ' ἀπάλαλκε κακῶς ὑπερηνορέοντας.'
  Ὣς εἰποῦσ' ὀλόλυξε, θεὰ δέ οἱ ἔκλυεν ἀρῆς.
μνηστῆρες δ' ὁμάδησαν ἀνὰ μέγαρα σκιόεντα·
ὧδε δέ τις εἴπεσκε νέων ὑπερηνορεόντων·
  ‘‘Η μάλα δὴ γάμον ἄμμι πολυμνήστη βασίλεια      77
ἀρτύει, οὐδέ τι οἶδεν ὅ οἱ φόνος υἷι τέτυκται.'
  Ὣς ἄρα τις εἴπεσκε, τὰ δ' οὐκ ἴσαν ὡς ἐτέτυκτο.
τοῖσιν δ' Ἀντίνοος ἀγορήσατο καὶ μετέειπε·
  ‘ Δαιμόνιοι, μύθους μὲν ὑπερφιάλους ἀλέασθε

him what he wanted, bread and sweet wine. But he ex-
acted from me a great oath to speak no word of this to you
till the twelfth day was come, or until you should miss him
and hear that he was gone, that so you might not stain
your beautiful face with tears. Now therefore bathe, and
putting on fresh garments, go to your upper chamber
with your maids, and offer prayer to Athene, daughter
of ægis-bearing Zeus; for thus she may preserve him
even from death. Vex not an old man, vexed already.
Surely I cannot think the Arkeisian line is wholly hate-
ful to the blessed gods. Nay, one shall still survive to
hold the high-roofed house and the fat fields around."

She spoke, and lulled the other's cries and stayed her
eyes from tears. Penelope bathed, and putting on fresh
garments went to her upper chamber with her maids, took
barley in her basket, and thus she prayed Athene:

"Hear me, thou child of ægis-bearing Zeus, unwearied
one. If ever wise Odysseus when at home burned the fat
thighs of ox or sheep to thee, thereof be mindful now;
preserve me my dear son. Guard him against the suitors'
cruel outrage!"

Thus having said, she raised the cry, and the goddess
heard her prayer. But the suitors broke into uproar up
and down the dusky halls, and a rude youth would say:
"Ha, ha! at last the long-wooed queen makes ready for
our marriage. Little she thinks that for her son death is
in waiting." So they would talk, nor knew themselves
what was in waiting.

And now Antinoös addressed them, saying: "Good

πάντας ὁμῶς, μή πού τις ἐπαγγείλῃσι καὶ εἴσω.　775
ἀλλ' ἄγε σιγῇ τοῖον ἀναστάντες τελέωμεν
μῦθον, ὃ δὴ καὶ πᾶσιν ἐνὶ φρεσὶν ἤραρεν ἡμῖν.'
῍Ως εἰπὼν ἐκρίνατ' ἐείκοσι φῶτας ἀρίστους,
βὰν δ' ἰέναι ἐπὶ νῆα θοὴν καὶ θῖνα θαλάσσης.
νῆα μὲν οὖν πάμπρωτον ἁλὸς βένθοσδε ἔρυσσαν,　780
ἐν δ' ἱστόν τε τίθεντο καὶ ἱστία νηὶ μελαίνῃ,
ἠρτύναντο δ' ἐρετμὰ τροποῖς ἐν δερματίνοισι
πάντα κατὰ μοῖραν· ἀνά θ' ἱστία λευκὰ πέτασσαν·
τεύχεα δέ σφ' ἤνεικαν ὑπέρθυμοι θεράποντες.
ὑψοῦ δ' ἐν νοτίῳ τήν γ' ὥρμισαν, ἐκ δ' ἔβαν αὐτοί·　785
ἔνθα δὲ δόρπον ἕλοντο, μένον δ' ἐπὶ ἕσπερον ἐλθεῖν.
῾Η δ' ὑπερῴῳ αὖθι περίφρων Πηνελόπεια
κεῖτ' ἄρ' ἄσιτος, ἄπαστος ἐδητύος ἠδὲ ποτῆτος,
ὁρμαίνουσ' ἢ οἱ θάνατον φύγοι υἱὸς ἀμύμων,
ἢ ὅ γ' ὑπὸ μνηστῆρσιν ὑπερφιάλοισι δαμείη.　790
ὅσσα δὲ μερμήριξε λέων ἀνδρῶν ἐν ὁμίλῳ
δείσας, ὁππότε μιν δόλιον περὶ κύκλον ἄγωσι,
τόσσα μιν ὁρμαίνουσαν ἐπήλυθε νήδυμος ὕπνος·
εὗδε δ' ἀνακλινθεῖσα, λύθεν δέ οἱ ἅψεα πάντα.
῎Ενθ' αὖτ' ἄλλ' ἐνόησε θεὰ γλαυκῶπις Ἀθήνη·　795
εἴδωλον ποίησε, δέμας δ' ἤικτο γυναικὶ,
Ἰφθίμῃ, κούρῃ μεγαλήτορος Ἰκαρίοιο,
τὴν Εὔμηλος ὄπυιε, Φερῇς ἔνι οἰκία ναίων.
πέμπε δέ μιν πρὸς δώματ' Ὀδυσσῆος θείοιο,
εἵως Πηνελόπειαν ὀδυρομένην, γοόωσαν,　800
παύσειε κλαυθμοῖο γόοιό τε δακρυόεντος.
ἐς θάλαμον δ' εἰσῆλθε παρὰ κληῖδος ἱμάντα,
στῆ δ' ἄρ' ὑπὲρ κεφαλῆς, καί μιν πρὸς μῦθον ἔειπεν·
'Εὕδεις, Πηνελόπεια, φίλον τετιημένη ἦτορ;

sirs, beware of haughty talk of every kind, for fear that some one may report it in the house. Come, rather, let us rise and quietly as we may let us effect the scheme which pleased the hearts of all.'"

When he had spoken thus, he chose the twenty fittest men, who went to the swift ship and to the beach. Here first of all they launched the ship into deep water, they put the mast and sail in the black ship, fitted the oars into their leathern slings, all in due order, and up aloft spread the white sail. Stately squires carried their armor. Then well out in the stream they moored their boat, they themselves disembarked, here took their supper, and waited for the evening to come on.

But in her upper chamber heedful Penelope lay in the same place fasting, tasting neither food nor drink, anxious whether her gallant son would escape death, or by the audacious suitors be borne down ; as doubts a lion in a crowd of men, in terror as they draw the crafty circle round him. To her in such anxiety sweet slumber came, and lying back she slept and every joint relaxed.

Then elsewhere the goddess turned her thoughts, keen-eyed Athene. She shaped a phantom, fashioned in a woman's form, even like Iphthimê, daughter of brave Ikarios, her whom Eumêlos married, that had his home at Pherai. And this she sent to the house of matchless Odysseus, that it might make Penelope, mourning and sighing now, cease from her griefs and tearful sighs. It came into the chamber, past the bolt-strap, stood by her head and thus addressed her :

" Are you asleep, Penelope, dear troubled heart ? No,

οὐ μέν σ' οὐδὲ ἐῶσι θεοὶ ῥεῖα ζώοντες          805
κλαίειν οὐδ' ἀκάχησθαι, ἐπεὶ ῥ' ἔτι νόστιμός ἐστι
σὸς παῖς· οὐ μὲν γάρ τι θεοῖς ἀλιτήμενός ἐστι.'

Τὴν δ' ἠμείβετ' ἔπειτα περίφρων Πηνελόπεια,
ἡδὺ μάλα κνώσσουσ' ἐν ὀνειρείῃσι πύλῃσι·

'Τίπτε, κασιγνήτη, δεῦρ' ἤλυθες; οὔ τι πάρος γε     810
πωλέαι, ἐπεὶ μάλα πολλὸν ἀπόπροθι δώματα ναίεις·
καί με κέλεαι παύσασθαι ὀιζύος ἠδ' ὀδυνάων
πολλέων, αἵ μ' ἐρέθουσι κατὰ φρένα καὶ κατὰ θυμόν,
ἣ πρὶν μὲν πόσιν ἐσθλὸν ἀπώλεσα θυμολέοντα,
παντοίῃς ἀρετῇσι κεκασμένον ἐν Δαναοῖσιν,        815
ἐσθλὸν, τοῦ κλέος εὐρὺ καθ' Ἑλλάδα καὶ μέσον Ἄργος·
νῦν αὖ παῖς ἀγαπητὸς ἔβη κοίλης ἐπὶ νηός,
νήπιος, οὔτε πόνων εὖ εἰδὼς οὔτ' ἀγοράων.
τοῦ δὴ ἐγὼ καὶ μᾶλλον ὀδύρομαι ἤ περ ἐκείνου.
τοῦ δ' ἀμφιτρομέω καὶ δείδια μή τι πάθῃσιν,     820
ἢ ὅ γε τῶν ἐνὶ δήμῳ, ἵν' οἴχεται, ἢ ἐνὶ πόντῳ·
δυσμενέες γὰρ πολλοὶ ἐπ' αὐτῷ μηχανόωνται,
ἱέμενοι κτεῖναι, πρὶν πατρίδα γαῖαν ἱκέσθαι.'

Τὴν δ' ἀπαμειβόμενον προσέφη εἴδωλον ἀμαυρόν·
'θάρσει, μηδέ τι πάγχυ μετὰ φρεσὶ δείδιθι λίην·    825
τοίη γάρ οἱ πομπὸς ἅμ' ἔρχεται, ἥν τε καὶ ἄλλοι
ἀνέρες ἠρήσαντο παρεστάμεναι, δύναται γὰρ,
Παλλὰς Ἀθηναίη· σὲ δ' ὀδυρομένην ἐλεαίρει·
ἥ νῦν με προέηκε τεῒν τάδε μυθήσασθαι.'

Τὴν δ' αὖτε προσέειπε περίφρων Πηνελόπεια·     830
'εἰ μὲν δὴ θεός ἐσσι, θεοῖό τε ἔκλυες αὐδῆς,
εἰ δ' ἄγε μοι καὶ κεῖνον ὀιζυρὸν κατάλεξον,
ἤ που ἔτι ζώει καὶ ὁρᾷ φάος ἠελίοιο,
ἢ ἤδη τέθνηκε καὶ εἰν Ἀίδαο δόμοισι.'

never shall the gods that live at ease leave you to weep and pine; for still your son is destined to return, since in the gods' sight he is no transgressor."

Then answered heedful Penelope, very sweetly slumbering at the gates of dreams: "Why, sister, have you come? You never before were with me, for very far away you have your dwelling. And you bid me cease from grief and all the pangs that vex my mind and heart, me who in former days lost my good husband, a man of lion heart, for every excellence honored among the Danaäns — good man! his fame is wide through Hellas and mid-Argos. Moreover now my darling son is gone on a hollow ship, a mere boy, too, but little skilled in cares and counsels. Therefore for him I mourn even more than for that other. For him I tremble, and I fear that he may meet with ill, either from those within the land where he is gone, or on the sea. For many are the foes that plot against him, seeking to slay him before he gains his native land."

And answering her, said the dim phantom: "Take heart, and be not in your mind too sore afraid. So true a guide goes with him as other men have prayed to stand beside them— for powerful is she — Pallas Athene. Seeing you grieve, she pities you, and it was she who sent me here to tell you so."

Then heedful Penelope said to her: "If you are a god and have obeyed some heavenly bidding, come tell me also of that hapless one, if he still lives and sees the sunshine; or is he already dead and in the halls of Hades?"

Τὴν δ' ἀπαμειβόμενον προσέφη εἴδωλον ἀμαυρόν·   835
'οὐ μέν τοι κεῖνόν γε διηνεκέως ἀγορεύσω,
ζώει ὅ γ', ἦ τέθνηκε· κακὸν δ' ἀνεμώλια βάζειν.'
   "Ὣς εἰπὼν σταθμοῖο παρὰ κληῖδα λιάσθη
ἐς πνοιὰς ἀνέμων· ἡ δ' ἐξ ὕπνου ἀνόρουσε
κούρη Ἰκαρίοιο· φίλον δέ οἱ ἦτορ ἰάνθη,   840
ὥς οἱ ἐναργὲς ὄνειρον ἐπέσσυτο νυκτὸς ἀμολγῷ.
   Μνηστῆρες δ' ἀναβάντες ἐπέπλεον ὑγρὰ κέλευθα,
Τηλεμάχῳ φόνον αἰπὺν ἐνὶ φρεσὶν ὁρμαίνοντες.
ἔστι δέ τις νῆσος μέσσῃ ἁλὶ πετρήεσσα,
μεσσηγὺς Ἰθάκης τε Σάμοιό τε παιπαλοέσσης,   845
Ἀστερὶς, οὐ μεγάλη· λιμένες δ' ἔνι ναύλοχοι αὐτῇ
ἀμφίδυμοι· τῇ τόν γε μένον λοχόωντες Ἀχαιοί.

And answering her, said the dim phantom : " Of him I will not speak at length, be he alive or dead. To speak vain words is ill."

So saying, it glided past the door-post's bolt into the airy breezes. And out of sleep awoke Ikarios' daughter, and her very soul was warmed, so clear a dream was sent her in the dead of night.

Meanwhile the suitors, embarking in their ship, sailed on their watery journey, revolving in their minds the speedy murder of Telemachos. Now in mid-sea there is a rocky island, midway from Ithaka to rugged Samos — Star Islet called — of no great size. Its harbor, safe for ships, has double mouths; and here it was the Achaians waited, watching.

# ΟΔΥΣΣΕΙΑΣ Ε.

## Ὀδυσσέως σχεδία.

Ἠὼς δ' ἐκ λεχέων παρ' ἀγαυοῦ Τιθωνοῖο
ὤρνυθ', ἵν' ἀθανάτοισι φόως φέροι ἠδὲ βροτοῖσιν·
οἱ δὲ θεοὶ θῶκόνδε καθίζανον, ἐν δ' ἄρα τοῖσι
Ζεὺς ὑψιβρεμέτης, οὗ τε κράτος ἐστὶ μέγιστον.
τοῖσι δ' Ἀθηναίη λέγε κήδεα πόλλ' Ὀδυσῆος     5
μνησαμένη· μέλε γάρ οἱ ἐὼν ἐν δώμασι νύμφης·
' Ζεῦ πάτερ ἠδ' ἄλλοι μάκαρες θεοὶ αἰὲν ἐόντες,
μή τις ἔτι πρόφρων ἀγανὸς καὶ ἤπιος ἔστω
σκηπτοῦχος βασιλεύς, μηδὲ φρεσὶν αἴσιμα εἰδώς·
ἀλλ' αἰεὶ χαλεπός τ' εἴη καὶ αἴσυλα ῥέζοι,     10
ὡς οὔ τις μέμνηται Ὀδυσσῆος θείοιο
λαῶν, οἷσιν ἄνασσε, πατὴρ δ' ὡς ἤπιος ἦεν.
ἀλλ' ὁ μὲν ἐν νήσῳ κεῖται κρατέρ' ἄλγεα πάσχων,
νύμφης ἐν μεγάροισι Καλυψοῦς, ἥ μιν ἀνάγκη
ἴσχει· ὁ δ' οὐ δύναται ἣν πατρίδα γαῖαν ἱκέσθαι·     15
οὐ γάρ οἱ πάρα νῆες ἐπήρετμοι καὶ ἑταῖροι,
οἵ κέν μιν πέμποιεν ἐπ' εὐρέα νῶτα θαλάσσης.
νῦν αὖ παῖδ' ἀγαπητὸν ἀποκτεῖναι μεμάασιν
οἴκαδε νισσόμενον· ὁ δ' ἔβη μετὰ πατρὸς ἀκουὴν
ἐς Πύλον ἠγαθέην ἠδ' ἐς Λακεδαίμονα δῖαν.'     20
Τὴν δ' ἀπαμειβόμενος προσέφη νεφεληγερέτα Ζεύς·
' τέκνον ἐμόν, ποῖόν σε ἔπος φύγεν ἕρκος ὀδόντων·
οὐ γὰρ δὴ τοῦτον μὲν ἐβούλευσας νόον αὐτή,
ὡς ἦ τοι κείνους Ὀδυσεὺς ἀποτίσεται ἐλθών;

# V.

DAWN from her couch by high Tithônus rose to bring light to immortals and to men, and the gods sat in council: with them was Zeus, who thunders from on high, whose power is over all; and to them Athene told the many sorrows of Odysseus, mindful of him, for she was troubled by his stay in the nymph's dwelling.

"O Father Zeus, and all you blessed gods that live forever, never again let sceptre-bearing king in all sincerity be kind and gentle, nor let him in his mind heed righteousness. Rather should he be always stern and work unrighteous deeds; since none remembers kingly Odysseus among the people whom he ruled, kind father though he was. Upon an island he is tarrying now, in great distress, in the halls of the nymph Kalypso, who holds him there by force. No power has he to reach his native land, for he has no ships fitted with oars, nor crews to bear him over the broad ocean-ridges. Now, too, men seek to slay his darling son, as he sails home. He went away for tidings of his father, to hallowed Pylos and to sacred Lakedaimon."

Then answering, said cloud-gathering Zeus: "My child, what word has passed the barrier of your teeth? Nay, did not you devise the plan yourself that Odysseus should chastise these men at his return? As for Telemachos,

12

Τηλέμαχον δὲ σὺ πέμψον ἐπισταμένως, δύνασαι γάρ, 25
ὥς κε μάλ᾽ ἀσκηθὴς ἣν πατρίδα γαῖαν ἵκηται,
μνηστῆρες δ᾽ ἐν νηὶ παλιμπετὲς ἀπονέωνται.᾽
    Ἦ ῥα, καὶ Ἑρμείαν, υἱὸν φίλον, ἀντίον ηὔδα·
Ἑρμεία· σὺ γὰρ αὖτε τά τ᾽ ἄλλα περ ἄγγελός ἐσσι·
νύμφῃ ἐυπλοκάμῳ εἰπεῖν νημερτέα βουλὴν, 30
νόστον Ὀδυσσῆος ταλασίφρονος, ὥς κε νέηται
οὔτε θεῶν πομπῇ οὔτε θνητῶν ἀνθρώπων·
ἀλλ᾽ ὅ γ᾽ ἐπὶ σχεδίης πολυδέσμου πήματα πάσχων
ἤματί κ᾽ εἰκοστῷ Σχερίην ἐρίβωλον ἵκοιτο,
Φαιήκων ἐς γαῖαν, οἳ ἀγχίθεοι γεγάασιν, 35
οἵ κέν μιν περὶ κῆρι θεὸν ὣς τιμήσουσι,
πέμψουσιν δ᾽ ἐν νηὶ φίλην ἐς πατρίδα γαῖαν,
χαλκόν τε χρυσόν τε ἅλις ἐσθῆτά τε δόντες,
πόλλ᾽, ὅσ᾽ ἂν οὐδέ ποτε Τροίης ἐξήρατ᾽ Ὀδυσσεύς,
εἴ περ ἀπήμων ἦλθε, λαχὼν ἀπὸ ληίδος αἶσαν. 40
ὣς γάρ οἱ μοῖρ᾽ ἐστὶ φίλους τ᾽ ἰδέειν καὶ ἱκέσθαι
οἶκον ἐς ὑψόροφον καὶ ἑὴν ἐς πατρίδα γαῖαν.᾽
    Ὣς ἔφατ᾽, οὐδ᾽ ἀπίθησε διάκτορος ἀργειφόντης.
αὐτίκ᾽ ἔπειθ᾽ ὑπὸ ποσσὶν ἐδήσατο καλὰ πέδιλα,
ἀμβρόσια, χρύσεια, τά μιν φέρον ἠμὲν ἐφ᾽ ὑγρὴν 45
ἠδ᾽ ἐπ᾽ ἀπείρονα γαῖαν ἅμα πνοιῇς ἀνέμοιο.
εἵλετο δὲ ῥάβδον, τῇ τ᾽ ἀνδρῶν ὄμματα θέλγει
ὧν ἐθέλει, τοὺς δ᾽ αὖτε καὶ ὑπνώοντας ἐγείρει.
τὴν μετὰ χερσὶν ἔχων πέτετο κρατὺς ἀργειφόντης.
Πιερίην δ᾽ ἐπιβὰς ἐξ αἰθέρος ἔμπεσε πόντῳ· 50
σεύατ᾽ ἔπειτ᾽ ἐπὶ κῦμα λάρῳ ὄρνιθι ἐοικὼς,
ὅς τε κατὰ δεινοὺς κόλπους ἁλὸς ἀτρυγέτοιο
ἰχθῦς ἀγρώσσων πυκινὰ πτερὰ δεύεται ἅλμῃ·
τῷ ἴκελος πολέεσσιν ὀχήσατο κύμασιν Ἑρμῆς.

speed him along his course with wisdom, — as you can, — that he may come unharmed to his own native land, and the suitors in their ship may be turned back again."

He spoke, and said to Hermes, his dear son : " Hermes, since in all else you are my messenger, tell to the fair-haired nymph our steadfast purpose, that hardy Odysseus shall set forth upon his homeward way, not with gods' guidance nor with that of mortal man ; but by himself, upon a strong-built boat, beset with sorrows, in twenty days he shall reach fertile Scheria, the land of the Phaiakians, who are kinsmen of the gods. There shall they greatly honor him, as if he were a god, and bear him on his way by ship to his own native land, giving him stores of bronze and gold and clothing, more than Odysseus would have won from Troy, had he returned unharmed, with his due share of spoil. Thus, then, it is appointed him to see his friends and reach his high-roofed house and native land."

So he spoke, and the guide, the Speedy-comer, did not disobey ; forthwith under his feet he bound his beautiful sandals, immortal, made of gold, which carry him over the flood and over the boundless land swift as a breath of wind. He took the wand with which he charms to sleep the eyes of whom he will, while again whom he will he wakens out of slumber. Holding this in his hand, the powerful Speedy-comer began his flight ; he crossed Pieria, then from the upper air dropped down upon the deep and skimmed along the water like a bird, a gull, which down the fearful hollows of the barren sea, snatching at fish, dips its thick plumage in the spray. In such wise, through

ἀλλ' ὅτε δὴ τὴν νῆσον ἀφίκετο τηλόθ' ἐοῦσαν,　　55
ἔνθ' ἐκ πόντου βὰς ἰοειδέος ἤπειρόνδε
ἤιεν, ὄφρα μέγα σπέος ἵκετο, τῷ ἔνι νύμφη
ναῖεν ἐυπλόκαμος· τὴν δ' ἔνδοθι τέτμεν ἐοῦσαν.
πῦρ μὲν ἐπ' ἐσχαρόφιν μέγα καίετο, τηλόθι δ' ὀδμὴ
κέδρου τ' εὐκεάτοιο θύου τ' ἀνὰ νῆσον ὀδώδει　　60
δαιομένων· ἡ δ' ἔνδον ἀοιδιάουσ' ὀπὶ καλῇ,
ἱστὸν ἐποιχομένη χρυσείῃ κερκίδ' ὕφαινεν.
ὕλη δὲ σπέος ἀμφὶ πεφύκει τηλεθόωσα,
κλήθρη τ' αἴγειρός τε καὶ εὐώδης κυπάρισσος.
ἔνθα δέ τ' ὄρνιθες τανυσίπτεροι εὐνάζοντο,　　65
σκῶπές τ' ἴρηκές τε τανύγλωσσοί τε κορῶναι
εἰνάλιαι, τῇσίν τε θαλάσσια ἔργα μέμηλεν.
ἡ δ' αὐτοῦ τετάνυστο περὶ σπείους γλαφυροῖο
ἡμερὶς ἡβώωσα, τεθήλει δὲ σταφυλῇσι·
κρῆναι δ' ἑξείης πίσυρες ῥέον ὕδατι λευκῷ,　　70
πλησίαι ἀλλήλων τετραμμέναι ἄλλυδις ἄλλη.
ἀμφὶ δὲ λειμῶνες μαλακοὶ ἴου ἠδὲ σελίνου
θήλεον· ἔνθα κ' ἔπειτα καὶ ἀθάνατός περ ἐπελθὼν
θηήσαιτο ἰδὼν καὶ τερφθείη φρεσὶν ᾗσιν.
ἔνθα στὰς θηεῖτο διάκτορος ἀργειφόντης.　　75
αὐτὰρ ἐπειδὴ πάντα ἑῷ θηήσατο θυμῷ,
αὐτίκ' ἄρ' εἰς εὐρὺ σπέος ἤλυθεν· οὐδέ μιν ἄντην
ἠγνοίησεν ἰδοῦσα Καλυψώ, δῖα θεάων,
οὐ γάρ τ' ἀγνῶτες θεοὶ ἀλλήλοισι πέλονται
ἀθάνατοι, οὐδ' εἴ τις ἀπόπροθι δώματα ναίει.　　80
οὐδ' ἄρ' Ὀδυσσῆα μεγαλήτορα ἔνδον ἔτετμεν,
ἀλλ' ὅ γ' ἐπ' ἀκτῆς κλαῖε καθήμενος, ἔνθα πάρος περ,
δάκρυσι καὶ στοναχῇσι καὶ ἄλγεσι θυμὸν ἐρέχθων
[πόντον ἐπ' ἀτρύγετον δερκέσκετο δάκρυα λείβων].

the multitude of waves, moved Hermes. But when he neared the distant island, there turning landward off the dark blue sea, he passed on till he came to a great grotto, where dwelt a fair-haired nymph. He found her in her home. Upon the hearth a great fire blazed, and far along the island the fragrance of split cedar and of sandal-wood sent perfume as they burned. In-doors, and singing in a pleasant voice, she plied the loom and wove with golden shuttle. Around the grotto, trees grew luxuriantly, alder and poplar and sweet-scented cypress, where long-winged birds had nests, — owls, hawks, and sea-crows ready-tongued, who ply their business in the waters. Here too was trained over the hollow grotto a thrifty vine, luxuriant with clusters; and four springs in a row were running with clear water, making their way beside each other here and there. On either hand, soft meadows of violet and parsley bloomed. Here, therefore, even an immortal who should come might gaze at what he saw, and in his heart be glad.

Here stood and gazed the guide, the Speedy-comer. Then after he had gazed on all to his heart's fill, straightway he turned into the spacious grotto, and at a glance Kalypso, the heavenly goddess, failed not to know it was he; for not unknown to one another are the immortal gods, although they have their dwellings far apart. But brave Odysseus was not found within; for he sat weeping on the shore, where, as of old, with tears and groans and griefs racking his heart, he watched the barren sea and poured forth tears. And now Kalypso, the heavenly god-

Ἑρμείαν δ᾽ ἐρέεινε Καλυψὼ, δῖα θεάων,　　　　　85
ἐν θρόνῳ ἱδρύσασα φαεινῷ, σιγαλόεντι·
' Τίπτε μοι, Ἑρμεία χρυσόρραπι, εἰλήλουθας
αἰδοῖός τε φίλος τε ; πάρος γε μὲν οὔ τι θαμίζεις.
αὔδα ὅ τι φρονέεις· τελέσαι δέ με θυμὸς ἄνωγεν,
εἰ δύναμαι τελέσαι γε καὶ εἰ τετελεσμένον ἐστίν.　　90
[ἀλλ᾽ ἕπεο προτέρω, ἵνα τοι πὰρ ξείνια θείω.]'
 "Ὣς ἄρα φωνήσασα θεὰ παρέθηκε τράπεζαν
ἀμβροσίης πλήσασα, κέρασσε δὲ νέκταρ ἐρυθρόν.
αὐτὰρ ὁ πῖνε καὶ ἦσθε διάκτορος ἀργειφόντης.
αὐτὰρ ἐπεὶ δείπνησε καὶ ἤραρε θυμὸν ἐδωδῇ,　　　95
καὶ τότε δή μιν ἔπεσσιν ἀμειβόμενος προσέειπεν·
 ' Εἰρωτᾷς μ᾽ ἐλθόντα θεὰ θεόν· αὐτὰρ ἐγώ τοι
νημερτέως τὸν μῦθον ἐνισπήσω· κέλεαι γάρ.
Ζεὺς ἐμέ γ᾽ ἠνώγει δεῦρ᾽ ἐλθέμεν οὐκ ἐθέλοντα·
τίς δ᾽ ἂν ἑκὼν τοσσόνδε διαδράμοι ἁλμυρὸν ὕδωρ　100
ἄσπετον ; οὐδέ τις ἄγχι βροτῶν πόλις, οἵ τε θεοῖσιν
ἱερά τε ῥέζουσι καὶ ἐξαίτους ἑκατόμβας.
ἀλλὰ μάλ᾽ οὔ πως ἔστι Διὸς νόον αἰγιόχοιο
οὔτε παρεξελθεῖν ἄλλον θεὸν οὔθ᾽ ἁλιῶσαι.
φησί τοι ἄνδρα παρεῖναι ὀιζυρώτατον ἄλλων,　　　105
τῶν ἀνδρῶν οἳ ἄστυ πέρι Πριάμοιο μάχοντο
εἰνάετες, δεκάτῳ δὲ πόλιν πέρσαντες ἔβησαν
οἴκαδ᾽· ἀτὰρ ἐν νόστῳ Ἀθηναίην ἀλίτοντο,
ἥ σφιν ἐπῶρσ᾽ ἄνεμόν τε κακὸν καὶ κύματα μακρά.
[ἔνθ᾽ ἄλλοι μὲν πάντες ἀπέφθιθεν ἐσθλοὶ ἑταῖροι,　110
τὸν δ᾽ ἄρα δεῦρ᾽ ἄνεμός τε φέρων καὶ κῦμα πέλασσε.]
τὸν νῦν σ᾽ ἠνώγειν ἀποπεμπέμεν ὅττι τάχιστα·
οὐ γάρ οἱ τῇδ᾽ αἶσα φίλων ἀπονόσφιν ὀλέσθαι,
ἀλλ᾽ ἔτι οἱ μοῖρ᾽ ἐστὶ φίλους τ᾽ ἰδέειν καὶ ἱκέσθαι

dess, questioned Hermes, when she had seated him upon a bright and shining chair :

"Pray, Hermes of the golden wand, why are you come, honored and welcome though you are? You were not often with me hitherto. Speak what you have in mind; my heart bids me to do it, if I can do it and it is a thing that can be done. But follow me first, and let me give you entertainment."

Speaking thus, the goddess laid a table, loading it with ambrosia and mixing ruddy nectar; and so the guide, the Speedy-comer, drank and ate. But when he had supped and stayed his heart with food, then thus he answered her and said :

"Goddess, you question me, a god, about my coming hither, and I will truly tell my story, as you bid. Zeus ordered me to come, against my will. Who of his own accord would cross such stretches of salt sea? Interminable! And no city of men at hand to make an offering to the gods and bring them chosen hecatombs. Nevertheless the will of ægis-bearing Zeus no other god may cross or set at naught. He says a man is with you in a more piteous case than any of those who fought before the town of Priam nine years long, and in the tenth destroyed the city and departed homeward. These on their homeward way offended Athene, who raised ill winds against them and a heavy sea. Thus all the rest of his good comrades perished, but him the driving wind and water brought in here. This is the man whom Zeus now bids you send away, and quickly too, for it is not ordained that he shall perish far from friends; it is his lot once

οἶκον ἐς ὑψόροφον καὶ ἑὴν ἐς πατρίδα γαῖαν.᾽   115

῾Ὡς φάτο, ῥίγησεν δὲ Καλυψώ, δῖα θεάων,
καί μιν φωνήσασ᾽ ἔπεα πτερόεντα προσηύδα·

‘ Σχέτλιοί ἐστε, θεοί, ζηλήμονες ἔξοχον ἄλλων,
οἵ τε θεαῖς ἀγάασθε παρ᾽ ἀνδράσιν εὐνάζεσθαι
ἀμφαδίην, ἤν τίς τε φίλον ποιήσετ᾽ ἀκοίτην.   120
ὡς μὲν ὅτ᾽ Ὡρίων᾽ ἕλετο ῥοδοδάκτυλος Ἠώς,
τόφρα οἱ ἠγάασθε θεοὶ ῥεῖα ζώοντες,
ἕως μιν ἐν Ὀρτυγίῃ χρυσόθρονος Ἄρτεμις ἁγνὴ
οἷς ἀγανοῖς βελέεσσιν ἐποιχομένη κατέπεφνεν.
ὡς δ᾽ ὁπότ᾽ Ἰασίωνι ἐυπλόκαμος Δημήτηρ,   125
ᾧ θυμῷ εἴξασα, μίγη φιλότητι καὶ εὐνῇ
νειῷ ἔνι τριπόλῳ· οὐδὲ δὴν ἦεν ἄπυστος
Ζεύς, ὅς μιν κατέπεφνε βαλὼν ἀργῆτι κεραυνῷ.
ὣς δ᾽ αὖ νῦν μοι ἄγασθε, θεοί, βροτὸν ἄνδρα παρεῖναι.
τὸν μὲν ἐγὼν ἐσάωσα περὶ τρόπιος βεβαῶτα   130
οἶον, ἐπεί οἱ νῆα θοὴν ἀργῆτι κεραυνῷ
Ζεὺς ἔλσας ἐκέασσε μέσῳ ἐνὶ οἴνοπι πόντῳ.
ἔνθ᾽ ἄλλοι μὲν πάντες ἀπέφθιθεν ἐσθλοὶ ἑταῖροι,
τὸν δ᾽ ἄρα δεῦρ᾽ ἄνεμός τε φέρων καὶ κῦμα πέλασσε.
τὸν μὲν ἐγὼ φίλεόν τε καὶ ἔτρεφον, ἠδὲ ἔφασκον   135
θήσειν ἀθάνατον καὶ ἀγήρων ἤματα πάντα.
ἀλλ᾽ ἐπεὶ οὔ πως ἔστι Διὸς νόον αἰγιόχοιο
οὔτε παρεξελθεῖν ἄλλον θεὸν οὔθ᾽ ἁλιῶσαι,
ἐρρέτω, εἴ μιν κεῖνος ἐποτρύνει καὶ ἀνώγει,
πόντον ἐπ᾽ ἀτρύγετον.   πέμψω δέ μιν οὔ πῃ ἐγώ γε·   140
οὐ γάρ μοι πάρα νῆες ἐπήρετμοι καὶ ἑταῖροι,
οἵ κέν μιν πέμποιεν ἐπ᾽ εὐρέα νῶτα θαλάσσης·
αὐτάρ οἱ πρόφρων ὑποθήσομαι, οὐδ᾽ ἐπικεύσω,
ὥς κε μάλ᾽ ἀσκηθὴς ἣν πατρίδα γαῖαν ἵκηται.

more to see his friends and reach his high-roofed house and native land."

As he said this, Kalypso, the heavenly goddess, shuddered, and speaking to him in winged words she said: "You gods are hard and envious beyond all, to grudge the goddesses their meeting men in open wedlock, when one makes the man she loves her husband. Thus was it when the rosy-fingered Dawn had chosen Orion, you gods that live at ease grudged him to her continually, till at Ortygia chaste gold-throned Artemis attacked and slew him with her gentle arrows. When, too, fair-haired Demêter, following her heart, lay with Iasion in the thrice-ploughed field, not long was Zeus unmindful, but he slew him, hurling his gleaming bolt. So now again, you gods grudge me the mortal tarrying here. Yet it was I who saved him, as he rode astride his keel alone, when Zeus with a gleaming bolt had smitten his swift ship and wrecked it in the middle of the wine-dark sea. Thus all the rest of his good comrades perished, but him the driving wind and water brought in here. I cared for him and tended him, and often said that I would make him an immortal, young forever. But since the will of ægis-bearing Zeus no other god may cross or set at naught, let him depart, if Zeus insists and orders, over the barren sea! Only I will not send him on his way, for I have no ships fitted with oars, nor crews to bear him over the broad ocean-ridges; but I will freely give him counsel, and I will not hide how he may come unharmed to his own native land."

Τὴν δ' αὖτε προσέειπε διάκτορος ἀργειφόντης·  145
' οὕτω νῦν ἀπόπεμπε, Διὸς δ' ἐποπίζεο μῆνιν,
μή πώς τοι μετόπισθε κοτεσσάμενος χαλεπήνῃ.'
Ὣς ἄρα φωνήσας ἀπέβη κρατὺς ἀργειφόντης·
ἡ δ' ἐπ' Ὀδυσσῆα μεγαλήτορα πότνια νύμφη
ἤι', ἐπεὶ δὴ Ζηνὸς ἐπέκλυεν ἀγγελιάων.  150
τὸν δ' ἄρ' ἐπ' ἀκτῆς εὗρε καθήμενον· οὐδέ ποτ' ὄσσε
δακρυόφιν τέρσοντο, κατείβετο δὲ γλυκὺς αἰὼν
νόστον ὀδυρομένῳ, ἐπεὶ οὐκέτι ἥνδανε νύμφη.
ἀλλ' ἦ τοι νύκτας μὲν ἰαύεσκεν καὶ ἀνάγκῃ
ἐν σπέσσι γλαφυροῖσι παρ' οὐκ ἐθέλων ἐθελούσῃ·  155
ἤματα δ' ἐν πέτρῃσι καὶ ἠιόνεσσι καθίζων
[δάκρυσι καὶ στοναχῇσι καὶ ἄλγεσι θυμὸν ἐρέχθων]
πόντον ἐπ' ἀτρύγετον δερκέσκετο δάκρυα λείβων.
ἀγχοῦ δ' ἱσταμένη προσεφώνεε δῖα θεάων·
' Κάμμορε, μή μοι ἔτ' ἐνθάδ' ὀδύρεο, μηδέ τοι αἰὼν  160
φθινέτω· ἤδη γάρ σε μάλα πρόφρασσ' ἀποπέμψω.
ἀλλ' ἄγε δούρατα μακρὰ ταμὼν ἁρμόζεο χαλκῷ
εὐρεῖαν σχεδίην· ἀτὰρ ἴκρια πῆξαι ἐπ' αὐτῆς
ὑψοῦ, ὥς σε φέρῃσιν ἐπ' ἠεροειδέα πόντον.
αὐτὰρ ἐγὼ σῖτον καὶ ὕδωρ καὶ οἶνον ἐρυθρὸν  165
ἐνθήσω μενοεικέ', ἅ κέν τοι λιμὸν ἐρύκοι,
εἵματά τ' ἀμφιέσω, πέμψω δέ τοι οὖρον ὄπισθεν,
ὥς κε μάλ' ἀσκηθὴς σὴν πατρίδα γαῖαν ἵκηαι,
αἴ κε θεοί γ' ἐθέλωσι, τοὶ οὐρανὸν εὐρὺν ἔχουσιν,
οἵ μευ φέρτεροί εἰσι νοῆσαί. τε κρῆναί τε.'  170
Ὣς φάτο, ῥίγησεν δὲ πολύτλας δῖος Ὀδυσσεύς,
καί μιν φωνήσας ἔπεα πτερόεντα προσηύδα·
' Ἄλλο τι δὴ σὺ, θεὰ, τόδε μήδεαι οὐδέ τι πομπὴν,
ἤ με κέλεαι σχεδίῃ περάαν μέγα λαῖτμα θαλάσσης,

Then said to her the guide, the Speedy-comer: "Even so, then, let him go! Beware the wrath of Zeus! Let not his anger by and by grow hot against you!"

So saying, the powerful Speedy-comer went his way, while the potent nymph hastened to brave Odysseus when she heard the words of Zeus. Upon the shore she found him sitting, and from his eyes the tears were never dried; his sweet life ebbed away in longings for his home, because the nymph pleased him no more. Yet did he always lie by night, though by constraint, within the hollow grotto, unwilling by her willing side; but in the daytime, sitting on the rocks and sands, with tears and groans and griefs racking his heart, he watched the barren sea and poured forth tears. So drawing near, the heavenly goddess said to him:

"Ah, ill-starred man, sorrow no longer here, nor let your days be wasted, for I at last will freely let you go. Come, then, hew the long timbers and fashion with your axe a broad-beamed boat; lay a high deck across, and let it bear you over the misty sea. I will supply you bread, water, and ruddy wine such as you like, to keep off hunger; I will provide you clothing and will send a wind to follow, that you may come unharmed to your own native land, — if the gods will, who hold the open sky, for they are mightier than I to purpose or fulfil."

As she said this, royal long-tried Odysseus shuddered, and speaking to her in winged words he said:

"Some other purpose, goddess, you surely have in this than aid upon my way, when you thus bid me cross in a boat that great gulf of the sea — terrible, toilsome —

δεινόν τ' ἀργαλέον τε· τὸ δ' οὐδ' ἐπὶ νῆες ἐῖσαι    175
ὠκύποροι περόωσιν, ἀγαλλόμεναι Διὸς οὔρῳ.
οὐδ' ἂν ἐγὼν ἀέκητι σέθεν σχεδίης ἐπιβαίην,
εἰ μή μοι τλαίης γε, θεά, μέγαν ὅρκον ὀμόσσαι
μή τί μοι αὐτῷ πῆμα κακὸν βουλευσέμεν ἄλλο.'

  ῝Ως φάτο, μείδησεν δὲ Καλυψὼ, δῖα θεάων,    180
χειρί τέ μιν κατέρεξεν ἔπος τ' ἔφατ' ἔκ τ' ὀνόμαζεν·

  '῏Η δὴ ἀλιτρός γ' ἐσσὶ καὶ οὐκ ἀποφώλια εἰδὼς,
οἷον δὴ τὸν μῦθον ἐπεφράσθης ἀγορεῦσαι.
ἴστω νῦν τόδε γαῖα καὶ οὐρανὸς εὐρὺς ὕπερθε
καὶ τὸ κατειβόμενον Στυγὸς ὕδωρ, ὅς τε μέγιστος    185
ὅρκος δεινότατός τε πέλει μακάρεσσι θεοῖσι,
μή τί σοι αὐτῷ πῆμα κακὸν βουλευσέμεν ἄλλο.
ἀλλὰ τὰ μὲν νοέω καὶ φράσσομαι, ἅσσ' ἂν ἐμοί περ
αὐτῇ μηδοίμην, ὅτε με χρειὼ τόσον ἵκοι·
καὶ γὰρ ἐμοὶ νόος ἐστὶν ἐναίσιμος, οὐδέ μοι αὐτῇ    190
θυμὸς ἐνὶ στήθεσσι σιδήρεος, ἀλλ' ἐλεήμων.'

  ῝Ως ἄρα φωνήσασ' ἡγήσατο δῖα θεάων
καρπαλίμως· ὁ δ' ἔπειτα μετ' ἴχνια βαῖνε θεοῖο.
ἷξον δὲ σπεῖος γλαφυρὸν θεὸς ἠδὲ καὶ ἀνὴρ,
καί ῥ' ὁ μὲν ἔνθα καθέζετ' ἐπὶ θρόνου ἔνθεν ἀνέστη    195
Ἑρμείας, νύμφη δ' ἐτίθει πάρα πᾶσαν ἐδωδὴν,
ἔσθειν καὶ πίνειν, οἷα βροτοὶ ἄνδρες ἔδουσιν·
αὐτὴ δ' ἀντίον ἷζεν Ὀδυσσῆος θείοιο,
τῇ δὲ παρ' ἀμβροσίην δμωαὶ καὶ νέκταρ ἔθηκαν.
οἱ δ' ἐπ' ὀνείαθ' ἑτοῖμα προκείμενα χεῖρας ἴαλλον.    200
αὐτὰρ ἐπεὶ τάρπησαν ἐδητύος ἠδὲ ποτῆτος,
τοῖς ἄρα μύθων ἦρχε Καλυψὼ, δῖα θεάων·

  ' Διογενὲς Λαερτιάδη, πολυμήχαν' Ὀδυσσεῦ,
οὕτω δὴ οἰκόνδε φίλην ἐς πατρίδα γαῖαν

which trim ships cannot cross, although they speed so fast, glad in the breeze of Zeus. But I will never, notwithstanding what you say, set foot upon a boat till you submit, goddess, to swear a mighty oath never again to plot against me cruel wrong."

He spoke; Kalypso, the heavenly goddess, smiled, patted him with her hand and spoke thus, saying:

"You are a cunning rogue, never inclined to folly! How could you think of uttering such a word! Hear this, then, Earth, and the broad Heaven above, and thou down-flowing water of Styx!—which is the strongest and most dreaded oath amongst the blessed gods,—I never again will plot against you cruel wrong. Nay, I have that in mind, and that I here propose, which I should seek for my own good were such need laid on me. Indeed, my thoughts are upright; no iron heart is in my breast, but one of pity."

Saying this, the heavenly goddess led the way in haste, and he walked after in the footsteps of the goddess. And now they reached the hollow grotto, the goddess and the man, and he sat down upon the chair whence Hermes had arisen. The nymph then set before him all food to eat and drink which men are wont to use, and took her seat on the other side, over against noble Odysseus, while for her needs the maids set forth ambrosia and nectar; then on the food spread out before them they laid hands. So after they had enjoyed their food and drink, then thus began Kalypso, the heavenly goddess:

"High-born son of Laërtes, ready Odysseus, do you so wish to go home at once to your own native land? Fare-

αὐτίκα νῦν ἐθέλεις ἰέναι ; σὺ δὲ χαῖρε καὶ ἔμπης.   205
εἴ γε μὲν εἰδείης σῇσι φρεσὶν ὅσσα τοι αἶσα
κήδε' ἀναπλῆσαι, πρὶν πατρίδα γαῖαν ἱκέσθαι,
ἐνθάδε κ' αὖθι μένων σὺν ἐμοὶ τόδε δῶμα φυλάσσοις
ἀθάνατός τ' εἴης, ἱμειρόμενός περ ἰδέσθαι
σὴν ἄλοχον, τῆς αἰὲν ἐέλδεαι ἤματα πάντα.   210
οὐ μέν θην κείνης γε χερείων εὔχομαι εἶναι,
οὐ δέμας, οὐδὲ φυὴν, ἐπεὶ οὔ πως οὐδὲ ἔοικε
θνητὰς ἀθανάτῃσι δέμας καὶ εἶδος ἐρίζειν.'
    Τὴν δ' ἀπαμειβόμενος προσέφη πολύμητις Ὀδυσσεύς·
'πότνα θεὰ, μή μοι τόδε χώεο· οἶδα καὶ αὐτὸς   215
πάντα μάλ', οὕνεκα σεῖο περίφρων Πηνελόπεια
εἶδος ἀκιδνοτέρη μέγεθός τ' εἰσάντα ἰδέσθαι·
ἡ μὲν γὰρ βροτός ἐστι, σὺ δ' ἀθάνατος καὶ ἀγήρως.
ἀλλὰ καὶ ὡς ἐθέλω καὶ ἐέλδομαι ἤματα πάντα
οἴκαδέ τ' ἐλθέμεναι καὶ νόστιμον ἦμαρ ἰδέσθαι.   220
εἰ δ' αὖ τις ῥαίῃσι θεῶν ἐνὶ οἴνοπι πόντῳ,
τλήσομαι ἐν στήθεσσιν ἔχων ταλαπενθέα θυμόν·
ἤδη γὰρ μάλα πόλλ' ἔπαθον καὶ πόλλ' ἐμόγησα
κύμασι καὶ πολέμῳ· μετὰ καὶ τόδε τοῖσι γενέσθω.'
    Ὣς ἔφατ', ἠέλιος δ' ἄρ' ἔδυ καὶ ἐπὶ κνέφας ἦλθεν·   225
ἐλθόντες δ' ἄρα τώ γε μυχῷ σπείους γλαφυροῖο
τερπέσθην φιλότητι, παρ' ἀλλήλοισι μένοντες.
    Ἦμος δ' ἠριγένεια φάνη ῥοδοδάκτυλος Ἠὼς,
αὐτίχ' ὁ μὲν χλαῖνάν τε χιτῶνά τε ἔννυτ' Ὀδυσσεύς,
αὐτὴ δ' ἀργύφεον φᾶρος μέγα ἔννυτο νύμφη,   230
λεπτὸν καὶ χαρίεν, περὶ δὲ ζώνην βάλετ' ἰξυῖ
καλὴν χρυσείην· κεφαλῇ δ' ἐφύπερθε καλύπτρην·
καὶ τότ' Ὀδυσσῆι μεγαλήτορι μήδετο πομπήν.
δῶκε μέν οἱ πέλεκυν μέγαν, ἄρμενον ἐν παλάμῃσι,

well, then, even so! But if you knew within your mind
what measure of woe you must fulfil before you reach
that native land, you would remain with me and keep this
house and be immortal, spite of your wish to see your
wife, whom you are always longing for day after day.
Yet not beneath her do I count myself, either in form or
stature; for surely it is unlikely that mortal women rival
the immortals in form and beauty."

Then wise Odysseus answered her and said: "Powerful
goddess, do not for this be wroth with me. Full well I
know that heedful Penelope, compared with you, is poor to
look upon in height and beauty; for she is human, but
you, being an immortal, are never touched with years.
Yet even so, I wish — yes, every day I long — to travel
home and see my day of coming. And if again one of
the gods shall wreck me on the wine-dark sea, I will be
patient still, having within my breast a heart well-tried
with trouble; for in times past much have I borne and
much have toiled, in waves and war; to that, let this be
added."

As he thus spoke the sun went down and darkness
came; and so the two, hid in the hollow grotto, joyed in
their love, abiding by each other.

Soon as the early rosy-fingered Dawn appeared, quickly
Odysseus dressed in cloak and tunic, and the nymph
dressed herself in a long robe of silver-white, finespun
and graceful, she bound a beautiful golden girdle round
her waist, and set her veil upon her head. Then she pre-
pared to send forth brave Odysseus. She gave him a
great axe, which fitted well his hand; it was an axe of

χάλκεον, ἀμφοτέρωθεν ἀκαχμένον· αὐτὰρ ἐν αὐτῷ          235
στειλειὸν περικαλλὲς ἐλάινον, εὖ ἐναρηρός·
δῶκε δ' ἔπειτα σκέπαρνον ἐύξοον· ἦρχε δ' ὁδοῖο
νήσου ἐπ' ἐσχατιῆς, ὅθι δένδρεα μακρὰ πεφύκει,
κλήθρη τ' αἴγειρός τ', ἐλάτη τ' ἦν οὐρανομήκης,
αὖα πάλαι, περίκηλα, τά οἱ πλώοιεν ἐλαφρῶς.          240
αὐτὰρ ἐπειδὴ δεῖξ' ὅθι δένδρεα μακρὰ πεφύκει,
ἡ μὲν ἔβη πρὸς δῶμα Καλυψὼ, δῖα θεάων,
αὐτὰρ ὁ τάμνετο δοῦρα· θοῶς δέ οἱ ἤνυτο ἔργον.
εἴκοσι δ' ἔκβαλε πάντα, πελέκκησεν δ' ἄρα χαλκῷ,
ξέσσε δ' ἐπισταμένως καὶ ἐπὶ στάθμην ἴθυνε.          245
τόφρα δ' ἔνεικε τέρετρα Καλυψὼ, δῖα θεάων·
τέτρηνεν δ' ἄρα πάντα καὶ ἥρμοσεν ἀλλήλοισι,
γόμφοισιν δ' ἄρα τήν γε καὶ ἁρμονίῃσιν ἄρασσεν.
ὅσσον τίς τ' ἔδαφος νηὸς τορνώσεται ἀνὴρ
φορτίδος εὐρείης, εὖ εἰδὼς τεκτοσυνάων,          250
τόσσον ἐπ' εὐρεῖαν σχεδίην ποιήσατ' Ὀδυσσεύς.
ἴκρια δὲ στήσας, ἀραρὼν θαμέσι σταμίνεσσι,
ποίει· ἀτὰρ μακρῇσιν ἐπηγκενίδεσσι τελεύτα.
ἐν δ' ἱστὸν ποίει καὶ ἐπίκριον ἄρμενον αὐτῷ·
πρὸς δ' ἄρα πηδάλιον ποιήσατο, ὄφρ' ἰθύνοι.          255
φράξε δέ μιν ῥίπεσσι διαμπερὲς οἰσυΐῃσι
κύματος εἶλαρ ἔμεν· πολλὴν δ' ἐπεχεύατο ὕλην.
τόφρα δὲ φάρε' ἔνεικε Καλυψὼ, δῖα θεάων,
ἱστία ποιήσασθαι· ὁ δ' εὖ τεχνήσατο καὶ τά.
ἐν δ' ὑπέρας τε κάλους τε πόδας τ' ἐνέδησεν ἐν αὐτῇ, 260
μοχλοῖσιν δ' ἄρα τήν γε κατείρυσεν εἰς ἅλα δῖαν.
    Τέτρατον ἦμαρ ἔην, καὶ τῷ τετέλεστο ἅπαντα·
τῷ δ' ἄρα πέμπτῳ πέμπ' ἀπὸ νήσου δῖα Καλυψὼ,
εἵματά τ' ἀμφιέσασα θυώδεα καὶ λούσασα.

. bronze, sharp on both sides, and had a beautiful olive handle, strongly fastened; she gave him, too, a polished adze. And now she led the way far off along the island to where the trees grew tall — alder and poplar and sky-stretching pine, long-seasoned, very dry, that would float lightly. When she had shown him where the trees grew tall, homeward Kalypso went, the heavenly goddess, while he began to cut the timber. Soon his work was done. Twenty in all he felled, and trimmed them with the axe, smoothed them with skill, and to the line he brought them level. Meanwhile, Kalypso, the heavenly goddess, brought him augers, and so he bored each piece and fitted them together and thus with pins and morticings fastened his boat. As when a man skilful in carpentry fashions the hull of a broad freight-ship, of such a size Odysseus built the broad-beamed boat. Putting in decks and jointing them to close-set ribs he built her, and then with long side-planking finished off. A mast he made and sail-yard fitted to it; he made a rudder, too, with which to steer. And then he caulked the boat from end to end with willow withes, to guard against the waves, and laid on wood in plenty. Meanwhile, Kalypso, the heavenly goddess, brought him cloth to make the sail, and well did he contrive this too. Braces and halyards and sheet-ropes he set up in her and then with levers heaved her down into the sacred sea.

The fourth day came, and he had finished all. So on the fifth divine Kalypso sent him from the island, putting upon him fragrant clothes and giving him a bath. A skin

13

ἐν δέ οἱ ἀσκὸν ἔθηκε θεὰ μέλανος οἴνοιο          265
τὸν ἕτερον, ἕτερον δ᾽ ὕδατος μέγαν, ἐν δὲ καὶ ἦα
κωρύκῳ· ἐν δέ οἱ ὄψα τίθει μενοεικέα πολλά·
οὖρον δὲ προέηκεν ἀπήμονά τε λιαρόν τε.
γηθόσυνος δ᾽ οὔρῳ πέτασ᾽ ἱστία δῖος Ὀδυσσεύς.
αὐτὰρ ὁ πηδαλίῳ ἰθύνετο τεχνηέντως          270
ἥμενος· οὐδέ οἱ ὕπνος ἐπὶ βλεφάροισιν ἔπιπτε
Πληιάδας τ᾽ ἐσορῶντι καὶ ὀψὲ δύοντα Βοώτην
Ἄρκτον θ᾽, ἣν καὶ ἄμαξαν ἐπίκλησιν καλέουσιν,
ἥ τ᾽ αὐτοῦ στρέφεται καί τ᾽ Ὠρίωνα δοκεύει,
οἴη δ᾽ ἄμμορός ἐστι λοετρῶν Ὠκεανοῖο·          275
τὴν γὰρ δή μιν ἄνωγε Καλυψώ, δῖα θεάων,
ποντοπορευέμεναι ἐπ᾽ ἀριστερὰ χειρὸς ἔχοντα.
ἑπτὰ δὲ καὶ δέκα μὲν πλέεν ἤματα ποντοπορεύων,
ὀκτωκαιδεκάτῃ δ᾽ ἐφάνη ὄρεα σκιόεντα
γαίης Φαιήκων, ὅθι τ᾽ ἄγχιστον πέλεν αὐτῷ·          280
εἴσατο δ᾽ ὡς ὅτε ῥινὸν ἐν ἠεροειδέι πόντῳ.

   Τὸν δ᾽ ἐξ Αἰθιόπων ἀνιὼν κρείων ἐνοσίχθων
τηλόθεν ἐκ Σολύμων ὀρέων ἴδεν· εἴσατο γάρ οἱ
πόντον ἐπιπλώων· ὁ δ᾽ ἐχώσατο κηρόθι μᾶλλον,
κινήσας δὲ κάρη προτὶ ὃν μυθήσατο θυμόν·          285

   ' Ὢ πόποι, ἦ μάλα δὴ μετεβούλευσαν θεοὶ ἄλλως
ἀμφ᾽ Ὀδυσῆι ἐμεῖο μετ᾽ Αἰθιόπεσσιν ἐόντος,
καὶ δὴ Φαιήκων γαίης σχεδόν, ἔνθα οἱ αἶσα
ἐκφυγέειν μέγα πεῖραρ ὀιζύος, ἥ μιν ἱκάνει·
ἀλλ᾽ ἔτι μέν μίν φημι ἅδην ἐλάαν κακότητος.'          290

   Ὣς εἰπὼν σύναγεν νεφέλας, ἐτάραξε δὲ πόντον
χερσὶ τρίαιναν ἑλών· πάσας δ᾽ ὀρόθυνεν ἀέλλας
παντοίων ἀνέμων, σὺν δὲ νεφέεσσι κάλυψε
γαῖαν ὁμοῦ καὶ πόντον· ὀρώρει δ᾽ οὐρανόθεν νύξ.

the goddess gave him, filled with dark wine, a second large one full of water, and in a sack some corn. She put into the boat whatever dainties pleased his taste and sent along his course a soft and gentle breeze. Joyfully to the breeze royal Odysseus spread his sail, and with his rudder skilfully he steered from where he sat. No sleep fell on his eyelids as he gazed upon the Pleiads, on Boötes, setting late, and on the Bear that men call too the Wain, which turns around one spot, watching Orion, and alone dips not in the ocean-stream. For Kalypso, the heavenly goddess, bade him to cross the sea keeping this on his left; so seventeen days he sailed across the sea. On the eighteenth there came in sight the dim heights of Phaia-kia, where nearest him it lay; it looked like a shield upon the misty sea.

But now the great Earth-shaker, coming from Ethiopia, spied him afar from the mountains of the Solymoi, for Odysseus came in sight as he sailed along the sea; and Poseidon grew more wroth in spirit, and, shaking his head, he muttered to his heart:

"Aha! so then the gods have changed their purposes about Odysseus, while I was with the Ethiopians! And here he is close on the coast of the Phaiakians, where he is destined to escape from the great coil of evil that sur-rounds him. Yet still I think that I shall drive him into sufficient trouble."

So saying, he gathered clouds and stirred the deep, grasping the trident in his hands; he started tempests of winds from every quarter, and with his clouds covered both land and sea; night broke from heaven; Euros

σὺν δ᾽ Εὖρός τε Νότος τ᾽ ἔπεσε Ζέφυρός τε δυσαὴς 295
καὶ Βορέης αἰθρηγενέτης, μέγα κῦμα κυλίνδων.
καὶ τότ᾽ Ὀδυσσῆος λύτο γούνατα καὶ φίλον ἦτορ,
ὀχθήσας δ᾽ ἄρα εἶπε πρὸς ὃν μεγαλήτορα θυμόν·
‘Ὤ μοι ἐγὼ δειλός, τί νύ μοι μήκιστα γένηται;
δείδω μὴ δὴ πάντα θεὰ νημερτέα εἶπεν, 300
ἥ μ᾽ ἔφατ᾽ ἐν πόντῳ, πρὶν πατρίδα γαῖαν ἱκέσθαι,
ἄλγε᾽ ἀναπλήσειν· τὰ δὲ δὴ νῦν πάντα τελεῖται,
οἵοισιν νεφέεσσι περιστέφει οὐρανὸν εὐρὺν
Ζεύς, ἐτάραξε δὲ πόντον, ἐπισπέρχουσι δ᾽ ἄελλαι
παντοίων ἀνέμων. νῦν μοι σῶς αἰπὺς ὄλεθρος. 305
τρισμάκαρες Δαναοὶ καὶ τετράκις, οἳ τότ᾽ ὄλοντο
Τροίῃ ἐν εὐρείῃ, χάριν Ἀτρείδῃσι φέροντες.
ὡς δὴ ἐγώ γ᾽ ὄφελον θανέειν καὶ πότμον ἐπισπεῖν
ἤματι τῷ ὅτε μοι πλεῖστοι χαλκήρεα δοῦρα
Τρῶες ἐπέρριψαν περὶ Πηλείωνι θανόντι. 310
τῷ κ᾽ ἔλαχον κτερέων, καί μευ κλέος ἦγον Ἀχαιοί·
νῦν δέ με λευγαλέῳ θανάτῳ εἵμαρτο ἁλῶναι.᾽
Ὣς ἄρα μιν εἰπόντ᾽ ἔλασεν μέγα κῦμα κατ᾽ ἄκρης,
δεινὸν ἐπεσσύμενον, περὶ δὲ σχεδίην ἐλέλιξε.
τῆλε δ᾽ ἀπὸ σχεδίης αὐτὸς πέσε, πηδάλιον δὲ 315
ἐκ χειρῶν προέηκε· μέσον δέ οἱ ἱστὸν ἔαξε
δεινὴ μισγομένων ἀνέμων ἐλθοῦσα θύελλα,
τηλοῦ δὲ σπεῖρον καὶ ἐπίκριον ἔμπεσε πόντῳ.
τὸν δ᾽ ἄρ᾽ ὑπόβρυχα θῆκε πολὺν χρόνον, οὐδ᾽ ἐδυνάσθη
αἶψα μάλ᾽ ἀνσχεθέειν μεγάλου ὑπὸ κύματος ὁρμῆς· 320
εἵματα γάρ ῥ᾽ ἐβάρυνε, τά οἱ πόρε δῖα Καλυψώ.
ὀψὲ δὲ δή ῥ᾽ ἀνέδυ, στόματος δ᾽ ἐξέπτυσεν ἅλμην
πικρήν, ἥ οἱ πολλὴ ἀπὸ κρατὸς κελάρυζεν.
ἀλλ᾽ οὐδ᾽ ὣς σχεδίης ἐπελήθετο, τειρόμενός περ,

and Notos rushed forth together, hard-blowing Zephyros, and sky-born Boreas, rolling up heavy waves. Then did Odysseus' knees grow feeble, and his very soul, and in dismay he said to his stout heart:

" Ah, woe is me! What now will be my end? I fear that all the goddess told was true, when she declared that on the sea, before I reached my native land, I should be filled with sorrow. Now all is come to pass. See with what clouds Zeus overcasts the open sky! He set the deep astir, and storms of wind are hurrying from every quarter. Now instant death is sure. Thrice, four times happy Danaäns who in the time gone by fell on the plain of Troy to please the sons of Atreus! Would I had died there, too, and met my doom the day a multitude of Trojans hurled at me brazen spears over the body of the son of Peleus! Then had I found a burial, and the Achaians had borne my name afar. Now I must be cut off by an inglorious death."

As he thus spoke, a great wave broke on high, with a mad plunge, whirling his boat around; far from the boat he fell and dropped the rudder from his hand. The mast snapped in the middle under the wild storm of opposing winds that struck, and far in the sea canvas and sail-yard fell. The water held him long submerged; he could not quickly rise after the crash of the great wave, for the clothes weighed him down which divine Kalypso gave. At length, however, he came up, spitting from out his mouth the bitter brine which plentifully trickled from his head. Yet even then, spent as he was, he did not forget

ἀλλὰ μεθορμηθεὶς ἐνὶ κύμασιν ἐλλάβετ' αὐτῆς,          825
ἐν μέσσῃ δὲ καθῖζε τέλος θανάτου ἀλεείνων.
τὴν δ' ἐφόρει μέγα κῦμα κατὰ ῥόον ἔνθα καὶ ἔνθα.
ὡς δ' ὅτ' ὀπωρινὸς Βορέης φορέῃσιν ἀκάνθας
ἂμ πεδίον, πυκιναὶ δὲ πρὸς ἀλλήλῃσιν ἔχονται,
ὣς τὴν ἂμ πέλαγος ἄνεμοι φέρον ἔνθα καὶ ἔνθα·          830
ἄλλοτε μέν τε Νότος Βορέῃ προβάλεσκε φέρεσθαι,
ἄλλοτε δ' αὖτ' Εὖρος Ζεφύρῳ εἴξασκε διώκειν.

Τὸν δὲ ἴδεν Κάδμου θυγάτηρ, καλλίσφυρος Ἰνὼ,
Λευκοθέη, ἣ πρὶν μὲν ἔην βροτὸς αὐδήεσσα,
νῦν δ' ἁλὸς ἐν πελάγεσσι θεῶν ἐξ ἔμμορε τιμῆς.          835
ἥ ῥ' Ὀδυσῆ' ἐλέησεν ἀλώμενον, ἄλγε' ἔχοντα·
[αἰθυίῃ δ' εἰκυῖα ποτῇ ἀνεδύσετο λίμνης,]
ἷζε δ' ἐπὶ σχεδίης πολυδέσμου εἶπέ τε μῦθον·

‘ Κάμμορε, τίπτε τοι ὧδε Ποσειδάων ἐνοσίχθων
ὠδύσατ' ἐκπάγλως, ὅτι τοι κακὰ πολλὰ φυτεύει ;          840
οὐ μὲν δή σε καταφθίσει, μάλα περ μενεαίνων.
ἀλλὰ μάλ' ὧδ' ἔρξαι, δοκέεις δέ μοι οὐκ ἀπινύσσειν·
εἵματα ταῦτ' ἀποδὺς σχεδίην ἀνέμοισι φέρεσθαι
κάλλιπ', ἀτὰρ χείρεσσι νέων ἐπιμαίεο νόστου
γαίης Φαιήκων, ὅθι τοι μοῖρ' ἐστὶν ἀλύξαι.          845
τῇ δὲ, τόδε κρήδεμνον ὑπὸ στέρνοιο τάνυσσαι
ἄμβροτον· οὐδέ τί τοι παθέειν δέος οὐδ' ἀπολέσθαι.
αὐτὰρ ἐπὴν χείρεσσιν ἐφάψεαι ἠπείροιο,
ἂψ ἀπολυσάμενος βαλέειν εἰς οἴνοπα πόντον
πολλὸν ἀπ' ἠπείρου, αὐτὸς δ' ἀπονόσφι τραπέσθαι.’          850

῝Ως ἄρα φωνήσασα θεὰ κρήδεμνον ἔδωκεν,
αὐτὴ δ' ἂψ ἐς πόντον ἐδύσετο κυμαίνοντα
αἰθυίῃ εἰκυῖα· μέλαν δέ ἑ κῦμα κάλυψεν.
αὐτὰρ ὁ μερμήριξε πολύτλας δῖος Ὀδυσσεύς·

his boat, but pushing on amongst the waves laid hold of her, and in her middle got a seat and so escaped death's ending. But her the great wave drove along its current, up and down. As when in autumn Boreas drives thistle-heads along the plain, and close they cling together, so her along the water did the winds drive up and down. One moment Notos tossed her on for Boreas to drive; the next would Euros give her up for Zephyros to chase.

But the daughter of Kadmos saw him, fair-ankled Ino, that goddess pale who formerly was mortal and of human speech, but now in the water's depths shares the gods' honors. She pitied Odysseus, cast away and meeting sorrow, and like a petrel on the wing she rose from the sea's trough, and lighting on his jointed boat she spoke to him these words:

"Ah, ill-starred man, why is it that the earth-shaking Poseidon is so furiously enraged that he makes many woes spring up around you? Destroy you he shall not, whatever be his purpose! Only do this, — you seem to me not to lack understanding. Strip off these clothes, leaving your boat for the winds to carry, and strike out with your arms to seek a landing on the Phaiakian coast, where fate allows you safety. Here, spread this wimple underneath your breast. It is immortal; have no fear of suffering or death. But when with your hands you touch the land, untie and fling the wimple into the wine-dark sea, well off the shore, and turn yourself away."

Saying this, the goddess gave the wimple, and she herself plunged back into the surging sea, in the likeness of a petrel. The dark wave closed around. Then hesitated

ὀχθήσας δ' ἄρα εἶπε πρὸς ὃν μεγαλήτορα θυμόν·   855
' Ὢ μοι ἐγώ, μή τίς μοι ὑφαίνῃσιν δόλον αὖτε
ἀθανάτων, ὅτε με σχεδίης ἀποβῆναι ἀνώγει.
ἀλλὰ μάλ' οὔ πω πείσομ', ἐπεὶ ἑκὰς ὀφθαλμοῖσι
γαῖαν ἐγὼν ἰδόμην, ὅθι μοι φάτο φύξιμον εἶναι.
ἀλλὰ μάλ' ὧδ' ἔρξω, δοκέει δέ μοι εἶναι ἄριστον·   360
ὄφρ' ἂν μέν κεν δούρατ' ἐν ἁρμονίῃσιν ἀρήρῃ,
τόφρ' αὐτοῦ μενέω καὶ τλήσομαι ἄλγεα πάσχων·
αὐτὰρ ἐπὴν δή μοι σχεδίην διὰ κῦμα τινάξῃ,
νήξομ', ἐπεὶ οὐ μέν τι πάρα προνοῆσαι ἄμεινον.'

Εἷος ὁ ταῦθ' ὥρμαινε κατὰ φρένα καὶ κατὰ θυμόν,   365
ὦρσε δ' ἐπὶ μέγα κῦμα Ποσειδάων ἐνοσίχθων,
δεινόν τ' ἀργαλέον τε, κατηρεφές, ἤλασε δ' αὐτόν.
ὡς δ' ἄνεμος ζαὴς ἠίων θημῶνα τινάξῃ
καρφαλέων, τὰ μὲν ἄρ τε διεσκέδασ' ἄλλυδις ἄλλῃ,
ὣς τῆς δούρατα μακρὰ διεσκέδασ'.  αὐτὰρ Ὀδυσσεὺς   370
ἀμφ' ἑνὶ δούρατι βαῖνε, κέληθ' ὡς ἵππον ἐλαύνων,
εἵματα δ' ἐξαπέδυνε, τά οἱ πόρε δῖα Καλυψώ.
αὐτίκα δὲ κρήδεμνον ὑπὸ στέρνοιο τάνυσσεν,
αὐτὸς δὲ πρηνὴς ἁλὶ κάππεσε, χεῖρε πετάσσας,
νηχέμεναι μεμαώς· ἴδε δὲ κρείων ἐνοσίχθων,   375
κινήσας δὲ κάρη προτὶ ὃν μυθήσατο θυμόν·

' Οὕτω νῦν κακὰ πολλὰ παθὼν ἀλόω κατὰ πόντον,
εἰς ὅ κεν ἀνθρώποισι διοτρεφέεσσι μιγήῃς·
ἀλλ' οὐδ' ὣς σε ἔολπα ὀνόσσεσθαι κακότητος.'

Ὣς ἄρα φωνήσας ἵμασεν καλλίτριχας ἵππους,   880
ἵκετο δ' εἰς Αἰγάς, ὅθι οἱ κλυτὰ δώματ' ἔασιν.

Αὐτὰρ Ἀθηναίη, κούρη Διός, ἄλλ' ἐνόησεν·
ἦ τοι τῶν ἄλλων ἀνέμων κατέδησε κελεύθους,
παύσασθαι δ' ἐκέλευσε καὶ εὐνηθῆναι ἅπαντας·

royal long-tried Odysseus, and in dismay he said to his stout heart:

"Ah me! I fear that here again an immortal plots me harm in bidding me leave my boat. I will not yet obey, for still afar my eyes descry the land where it was said my safety lies. This I will do, for best it seems; so long as the beams hold in the fastenings, I will stay here and bide what I must bear; but when the surge batters my boat to pieces, then I will swim. No forecast can be better."

While he thus doubted in his mind and heart, earth-shaking Poseidon raised a great wave, gloomy and grievous, and with bending crest, and launched it on him. And as a gusty wind tosses a heap of corn when it is dry, and some it scatters one way, some another, so were the long beams scattered. But Odysseus mounted on a beam, — as if he rode a steed, — stripped off the clothing which divine Kalypso gave, spread quickly the wimple underneath his breast, and plunged down headlong in the sea, with hands outstretched, ready to swim. The great Earth-shaker spied him, and shaking his head he muttered to his heart:

"Thus, after meeting many ills, be tossed about the sea till you meet men that are the seed of Zeus; but even then, I trust, you will not laugh at danger."

Saying this, he lashed his full-maned steeds and came to Aigai, where his lordly dwelling stands.

And now Athene, daughter of Zeus, formed a fresh purpose. She barred the pathway of the other winds, bade them to cease and all be laid to rest; but she roused

ὦρσε δ' ἐπὶ κραιπνὸν Βορέην, πρὸ δὲ κύματ' ἔαξεν,     385
ἕως ὅ γε Φαιήκεσσι φιληρέτμοισι μιγείη
διογενὴς Ὀδυσεύς, θάνατον καὶ Κῆρας ἀλύξας.

Ἔνθα δύω νύκτας δύο τ' ἤματα κύματι πηγῷ
πλάζετο, πολλὰ δέ οἱ κραδίη προτιόσσετ' ὄλεθρον.
ἀλλ' ὅτε δὴ τρίτον ἦμαρ ἐυπλόκαμος τέλεσ' Ἠώς,     390
καὶ τότ' ἔπειτ' ἄνεμος μὲν ἐπαύσατο ἡ δὲ γαλήνη
ἔπλετο νηνεμίη, ὁ δ' ἄρα σχεδὸν εἴσιδε γαῖαν
ὀξὺ μάλα προιδών, μεγάλου ὑπὸ κύματος ἀρθείς.
ὡς δ' ὅτ' ἂν ἀσπάσιος βίοτος παίδεσσι φανήῃ
πατρός, ὃς ἐν νούσῳ κῆται κρατέρ' ἄλγεα πάσχων,     395
δηρὸν τηκόμενος, στυγερὸς δέ οἱ ἔχραε δαίμων,
ἀσπάσιον δ' ἄρα τόν γε θεοὶ κακότητος ἔλυσαν,
ὣς Ὀδυσῆ' ἀσπαστὸν ἐείσατο γαῖα καὶ ὕλη,
νῆχε δ' ἐπειγόμενος ποσὶν ἠπείρου ἐπιβῆναι.
ἀλλ' ὅτε τόσσον ἀπῆν ὅσσον τε γέγωνε βοήσας,     400
καὶ δὴ δοῦπον ἄκουσε ποτὶ σπιλάδεσσι θαλάσσης·
ῥόχθει γὰρ μέγα κῦμα ποτὶ ξερὸν ἠπείροιο
δεινὸν ἐρευγόμενον, εἴλυτο δὲ πάνθ' ἁλὸς ἄχνῃ·
οὐ γὰρ ἔσαν λιμένες νηῶν ὄχοι, οὐδ' ἐπιωγαί,
ἀλλ' ἀκταὶ προβλῆτες ἔσαν σπιλάδες τε πάγοι τε·     405
καὶ τότ' Ὀδυσσῆος λύτο γούνατα καὶ φίλον ἦτορ,
ὀχθήσας δ' ἄρα εἶπε πρὸς ὃν μεγαλήτορα θυμόν·

'Ὤ μοι, ἐπεὶ δὴ γαῖαν ἀελπέα δῶκεν ἰδέσθαι
Ζεύς, καὶ δὴ τόδε λαῖτμα διατμήξας ἐτέλεσσα,
ἔκβασις οὔ πη φαίνεθ' ἁλὸς πολιοῖο θύραζε·     410
ἔκτοσθεν μὲν γὰρ πάγοι ὀξέες, ἀμφὶ δὲ κῦμα
βέβρυχεν ῥόθιον, λισσὴ δ' ἀναδέδρομε πέτρη,
ἀγχιβαθὴς δὲ θάλασσα, καὶ οὔ πως ἔστι πόδεσσι
στήμεναι ἀμφοτέροισι καὶ ἐκφυγέειν κακότητα·

bustling Boreas and before it broke the waves, that safely among the oar-loving Phaiakians might come high-born Odysseus, freed from death and doom.

Then two nights and two days upon the solid waves he drifted onward; many a time his heart faced death. But when the fair-haired Dawn brought the third day, then the wind ceased; there came a breathless calm; and close at hand he spied the coast, as he cast a keen glance forward, upborne on a great wave. As when the precious life is watched by children in a father, who lies in sickness, suffering great pain and slowly wasting, — for a hostile power assails him, — and then the man thus prized the gods set free from danger; so precious in Odysseus' eyes appeared the land and trees. Onward he swam, impatient for his feet to touch the ground. But when he was as far away as one can call, he heard a pounding of the ocean on the ledges; for the great waves roared as on the barren land they madly dashed, and all was whirled in spray. There was no harbor here to hold a ship, no open roads; only projecting bluffs, ledges, and reefs. Then did Odysseus' knees grow feeble, and his very soul, and in dismay he said to his stout heart:

"Alas! when Zeus now lets me see unhoped-for land, when forcing my way along the gulf I finally reach its end, no landing anywhere appears out of the foaming sea. Outside are jagged reefs, and all around thunder the surging waves, and sheer the cliff runs up. Deep to the edge is the sea, and possible it is not to hold with the two feet and so escape from danger. If I should try to land, great

μή πώς μ' ἐκβαίνοντα βάλῃ λίθακι ποτὶ πέτρῃ      415
κῦμα μέγ' ἁρπάξαν· μελέη δέ μοι ἔσσεται ὁρμή.
εἰ δέ κ' ἔτι προτέρω παρανήξομαι, ἤν που ἐφεύρω
ἠϊόνας τε παραπλῆγας λιμένας τε θαλάσσης,
δείδω μή μ' ἐξαῦτις ἀναρπάξασα θύελλα
πόντον ἐπ' ἰχθυόεντα φέρῃ βαρέα στενάχοντα,      420
ἠέ τί μοι καὶ κῆτος ἐπισσεύῃ μέγα δαίμων
ἐξ ἁλός, οἷά τε πολλὰ τρέφει κλυτὸς Ἀμφιτρίτη·
οἶδα γὰρ ὥς μοι ὀδώδυσται κλυτὸς ἐννοσίγαιος.'

   Εἷος ὁ ταῦθ' ὥρμαινε κατὰ φρένα καὶ κατὰ θυμόν,
τόφρα δέ μιν μέγα κῦμα φέρε τρηχεῖαν ἐπ' ἀκτήν.      425
ἔνθα κ' ἀπὸ ῥινοὺς δρύφθη, σὺν δ' ὀστέ' ἀράχθη,
εἰ μὴ ἐπὶ φρεσὶ θῆκε θεὰ γλαυκῶπις Ἀθήνη·
ἀμφοτέρῃσι δὲ χερσὶν ἐπεσσύμενος λάβε πέτρης,
τῆς ἔχετο στενάχων, εἵως μέγα κῦμα παρῆλθε.
καὶ τὸ μὲν ὣς ὑπάλυξε, παλιρρόθιον δέ μιν αὖτις      430
πλῆξεν ἐπεσσύμενον, τηλοῦ δέ μιν ἔμβαλε πόντῳ.
ὡς δ' ὅτε πουλύποδος θαλάμης ἐξελκομένοιο
πρὸς κοτυληδονόφιν πυκιναὶ λάιγγες ἔχονται,
ὣς τοῦ πρὸς πέτρῃσι θρασειάων ἀπὸ χειρῶν
ῥινοὶ ἀπέδρυφθεν· τὸν δὲ μέγα κῦμα κάλυψεν.      435
ἔνθα κε δὴ δύστηνος ὑπὲρ μόρον ὤλετ' Ὀδυσσεύς,
εἰ μὴ ἐπιφροσύνην δῶκε γλαυκῶπις Ἀθήνη.
κύματος ἐξαναδύς, τά τ' ἐρεύγεται ἤπειρόνδε,
νῆχε παρέξ, ἐς γαῖαν ὁρώμενος, εἴ που ἐφεύροι
ἠϊόνας τε παραπλῆγας λιμένας τε θαλάσσης.      444
ἀλλ' ὅτε δὴ ποταμοῖο κατὰ στόμα καλλιρόοιο
ἷξε νέων, τῇ δή οἱ ἐείσατο χῶρος ἄριστος,
λεῖος πετράων, καὶ ἐπὶ σκέπας ἦν ἀνέμοιο,
ἔγνω δὲ προρέοντα καὶ εὔξατο ὃν κατὰ θυμόν·

sweeping waves may dash me against the solid rock; useless would the attempt be! But if I swim still further on along the coast, hoping to find a sloping shore and harbors off the sea, I fear a sweeping storm may bear me yet once more along the swarming sea, loudly lamenting; or God may send upon me a monster of the sea, — and many such great Amphitritê breeds, — for I know how angry is the great Land-shaker."

While he thus doubted in his mind and heart, a great wave bore him onward toward the rugged shore. There would his skin have been stripped off and his bones broken, had not the goddess, keen-eyed Athene, given him counsel. Struggling, he grasped the rock with both his hands, and held on, groaning, till the great wave passed. That one he thus escaped, but the back-flowing water struck him again, still struggling, and swept him out to sea. And just as, when a polyp is torn from out its bed, about its suckers clustering pebbles cling, so on the rocks pieces of skin were stripped from his strong hands. The great wave covered him. Then miserably, before his time, Odysseus would have died, if keen-eyed Athene had not given him ready thought; for rising beyond the waves that thundered on the coast, he swam along outside, eying the land, in hopes to find a sloping shore and harbors off the sea. But when, as he swam, he reached the mouth of a fair-flowing river, there the ground seemed most fit, well cleared of stones and sheltered from the breeze. He felt the river flowing forth, and in his heart he prayed:

"Hear me, O Lord, whoe'er thou art! Thee, long

' Κλῦθι, ἄναξ, ὅτις ἐσσί· πολύλλιστον δέ σ' ἱκάνω,
φεύγων ἐκ πόντοιο Ποσειδάωνος ἐνιπάς.　　　　　445
αἰδοῖος μέν τ' ἐστὶ καὶ ἀθανάτοισι θεοῖσιν
ἀνδρῶν ὅς τις ἵκηται ἀλώμενος, ὡς καὶ ἐγὼ νῦν
σόν τε ῥόον σά τε γούναθ' ἱκάνω πολλὰ μογήσας.
ἀλλ' ἐλέαιρε, ἄναξ· ἱκέτης δέ τοι εὔχομαι εἶναι.'　　　450
῝Ως φάθ', ὁ δ' αὐτίκα παῦσεν ἑὸν ῥόον, ἔσχε δὲ κῦμα,
πρόσθε δέ οἱ ποίησε γαλήνην, τὸν δ' ἐσάωσεν
ἐς ποταμοῦ προχοάς· ὁ δ' ἄρ' ἄμφω γούνατ' ἔκαμψε
χεῖράς τε στιβαράς· ἁλὶ γὰρ δέδμητο φίλον κῆρ.
ᾤδεε δὲ χρόα πάντα, θάλασσα δὲ κήκιε πολλὴ　　　455
ἂν στόμα τε ῥῖνάς θ'· ὁ δ' ἄρ' ἄπνευστος καὶ ἄναυδος
κεῖτ' ὀλιγηπελέων, κάματος δέ μιν αἰνὸς ἵκανεν.
ἀλλ' ὅτε δή ῥ' ἔμπνυτο καὶ ἐς φρένα θυμὸς ἀγέρθη,
καὶ τότε δὴ κρήδεμνον ἀπὸ ἕο λῦσε θεοῖο.
καὶ τὸ μὲν ἐς ποταμὸν ἁλιμυρήεντα μεθῆκεν,　　　460
ἂψ δ' ἔφερεν μέγα κῦμα κατὰ ῥόον, αἶψα δ' ἄρ' Ἰνὼ
δέξατο χερσὶ φίλῃσιν· ὁ δ' ἐκ ποταμοῖο λιασθεὶς
σχοίνῳ ὑπεκλίνθη, κύσε δὲ ζείδωρον ἄρουραν·
ὀχθήσας δ' ἄρα εἶπε πρὸς ὃν μεγαλήτορα θυμόν·
'῝Ω μοι ἐγώ, τί πάθω; τί νύ μοι μήκιστα γένηται;
εἰ μέν κ' ἐν ποταμῷ δυσκηδέα νύκτα φυλάσσω,　　　465
μή μ' ἄμυδις στίβη τε κακὴ καὶ θῆλυς ἐέρση
ἐξ ὀλιγηπελίης δαμάσῃ κεκαφηότα θυμόν·
αὔρη δ' ἐκ ποταμοῦ ψυχρὴ πνέει ἠῶθι πρό.
εἰ δέ κεν ἐς κλιτὺν ἀναβὰς καὶ δάσκιον ὕλην　　　470
θάμνοις ἐν πυκινοῖσι καταδράθω, εἴ με μεθείη
ῥῖγος καὶ κάματος, γλυκερὸς δέ μοι ὕπνος ἐπέλθῃ,
δείδω μὴ θήρεσσιν ἕλωρ καὶ κύρμα γένωμαι.'
῝Ως ἄρα οἱ φρονέοντι δοάσσατο κέρδιον εἶναι·

desired, I find, when flying from Poseidon's threatenings on the sea. Respected even of immortal gods is he who comes a fugitive, as I here now come to thy current, to thy knees, through many a struggle. Nay, Lord, have pity! I call myself thy suppliant."

He spoke, and the god straightway stayed the stream and checked the waves, before 'him made a calm, and brought him safely into the river's mouth. Both knees hung loose, and both his sturdy arms, for by the sea his spirit had been broken. His body was all swollen, and water gushed in a stream out of his mouth and nostrils. So, breathless and speechless, fainting he lay and dire fatigue o'ercame him. But when he had gained breath, and in his breast his spirit came again, then he unbound the wimple of the goddess and dropped it in the river running out to sea; and back the great wave carried it along its current, and Ino soon received it in her friendly hands. But he, retreating from the stream, lay down among the rushes and kissed the bounteous earth, and in dismay he said to his stout heart:

"Ah me! What shall I do? What now will be my end? If by the stream I watch throughout the weary night, may not the bitter frost and the fresh dew together after this faintness stop an exhausted life? The breeze from off a river blows cool toward early morning. But if I climb the hill-side up to the dusky wood and sleep in the thick bushes, — supposing that the chill and weariness depart and pleasant sleep should come, — I am afraid I may become the wild beasts' prey and prize."

Yet on reflecting thus, this seemed the better way; he

βῆ ῥ' ἴμεν εἰς ὕλην· τὴν δὲ σχεδὸν ὕδατος εὗρεν     475
ἐν περιφαινομένῳ· δοιοὺς δ' ἄρ' ὑπήλυθε θάμνους,
ἐξ ὁμόθεν πεφυῶτας· ὁ μὲν φυλίης, ὁ δ' ἐλαίης.
τοὺς μὲν ἄρ' οὔτ' ἀνέμων διάη μένος ὑγρὸν ἀέντων,
οὔτε ποτ' ἠέλιος φαέθων ἀκτῖσιν ἔβαλλεν,
οὔτ' ὄμβρος περάασκε διαμπερές· ὣς ἄρα πυκνοὶ     480
ἀλλήλοισιν ἔφυν ἐπαμοιβαδίς· οὓς ὑπ' Ὀδυσσεὺς
δύσετ'. ἄφαρ δ' εὐνὴν ἐπαμήσατο χερσὶ φίλῃσιν
εὐρεῖαν· φύλλων γὰρ ἔην χύσις ἤλιθα πολλή,
ὅσσον τ' ἠὲ δύω ἠὲ τρεῖς ἄνδρας ἔρυσθαι
ὥρῃ χειμερίῃ, εἰ καὶ μάλα περ χαλεπαίνοι.     485
τὴν μὲν ἰδὼν γήθησε πολύτλας δῖος Ὀδυσσεύς,
ἐν δ' ἄρα μέσσῃ λέκτο· χύσιν δ' ἐπεχεύατο φύλλων.
ὡς δ' ὅτε τις δαλὸν σποδιῇ ἐνέκρυψε μελαίνῃ
ἀγροῦ ἐπ' ἐσχατιῆς, ᾧ μὴ πάρα γείτονες ἄλλοι,
σπέρμα πυρὸς σώζων, ἵνα μή ποθεν ἄλλοθεν αὕοι,     490
ὣς Ὀδυσσεὺς φύλλοισι καλύψατο· τῷ δ' ἄρ' Ἀθήνη
ὕπνον ἐπ' ὄμμασι χεῦ', ἵνα μιν παύσειε τάχιστα
δυσπονέος καμάτοιο, φίλα βλέφαρ' ἀμφικαλύψας.

hastened therefore to the wood. This he found near the water, with open space around. He crept under a pair of shrubs sprung from a single spot: the one was wild, the other common, olive. These no force of wind with its chill breath could pierce, no sunbeams smite, nor rain pass through, they grew so thickly intertwined with one another. Under them crept Odysseus, and quickly with his hands he scraped a bed together, an ample one, for the litter of leaves was large, enough to shelter two or three men on a wintry day, however sharp the weather. This royal long-tried Odysseus saw with joy, and he lay down in the midst, heaping the fallen leaves above. As a man hides a brand in a dark bed of ashes, at some out-lying farm where neighbors are not near, hoarding a seed of fire to save his seeking elsewhere, even so did Odysseus hide himself in the leaves; and on his eyes Athene poured a sleep, to quickly ease him from the fatigue of toil, letting his eyelids close.

14

# ΟΔΥΣΣΕΙΑΣ Ζ.

### Ὀδυσσέως ἄφιξις εἰς Φαίακας.

Ὣς ὁ μὲν ἔνθα καθεῦδε πολύτλας δῖος Ὀδυσσεὺς
ὕπνῳ καὶ καμάτῳ ἀρημένος· αὐτὰρ Ἀθήνη
βῆ ῥ᾽ ἐς Φαιήκων ἀνδρῶν δῆμόν τε πόλιν τε,
οἳ πρὶν μέν ποτ᾽ ἔναιον ἐν εὐρυχόρῳ Ὑπερείῃ,
ἀγχοῦ Κυκλώπων, ἀνδρῶν ὑπερηνορεόντων,
οἵ σφεας σινέσκοντο, βίηφι δὲ φέρτεροι ἦσαν.
ἔνθεν ἀναστήσας ἄγε Ναυσίθοος θεοειδὴς,
εἷσεν δὲ Σχερίῃ, ἑκὰς ἀνδρῶν ἀλφηστάων,
ἀμφὶ δὲ τεῖχος ἔλασσε πόλει, καὶ ἐδείματο οἴκους,
καὶ νηοὺς ποίησε θεῶν, καὶ ἐδάσσατ᾽ ἀρούρας.          10
ἀλλ᾽ ὁ μὲν ἤδη κηρὶ δαμεὶς Ἀιδόσδε βεβήκει,
Ἀλκίνοος δὲ τότ᾽ ἦρχε, θεῶν ἄπο μήδεα εἰδώς.
τοῦ μὲν ἔβη πρὸς δῶμα θεὰ γλαυκῶπις Ἀθήνη,
νόστον Ὀδυσσῆι μεγαλήτορι μητιόωσα.
βῆ δ᾽ ἴμεν ἐς θάλαμον πολυδαίδαλον, ᾧ ἔνι κούρη          15
κοιμᾶτ᾽ ἀθανάτῃσι φυὴν καὶ εἶδος ὁμοίη,
Ναυσικάα, θυγάτηρ μεγαλήτορος Ἀλκινόοιο,
πὰρ δὲ δύ᾽ ἀμφίπολοι, χαρίτων ἄπο κάλλος ἔχουσαι,
σταθμοῖιν ἑκάτερθε· θύραι δ᾽ ἐπέκειντο φαειναί.
ἡ δ᾽ ἀνέμου ὡς πνοιὴ ἐπέσσυτο δέμνια κούρης,          20
στῆ δ᾽ ἄρ᾽ ὑπὲρ κεφαλῆς, καί μιν πρὸς μῦθον ἔειπεν,
εἰδομένη κούρῃ ναυσικλειτοῖο Δύμαντος,
ἥ οἱ ὁμηλικίη μὲν ἔην, κεχάριστο δὲ θυμῷ.
τῇ μιν ἐεισαμένη προσέφη γλαυκῶπις Ἀθήνη·

# VI.

THUS royal long-tried Odysseus slumbered here, heavy with sleep and toil; but Athene went to the land and town of the Phaiakians. This people once in olden times lived in the broad Highlands, near that rude folk the Cyclops, who often plundered them, being in strength more powerful than they. Moving them thence, godlike Nausithoös, their leader, established them at Scheria, far from toiling men. He ran a wall around the town, built houses there, made temples for the gods, and laid out farms; but long ago Nausithoös had met his doom and gone to the house of Hades, and Alkinoös now was reigning, trained in wisdom by the gods. To this man's dwelling came the goddess, keen-eyed Athene, planning a safe return for brave Odysseus. She hastened to a chamber, richly wrought, in which a maid was sleeping, of form and beauty like the immortals, Nausikaä, daughter of brave Alkinoös. Near by two handmaids, dowered with beauty by the Graces, slept by the threshold, one on either hand. The shining doors were closed; but Athene, like a breath of air, moved on to the maid's couch, stood by her head, and thus addressed her, — taking the likeness of the daughter of Dymas, the famous seaman, a maiden just Nausikaä's age, dear to her heart. Taking her guise, thus spoke keen-eyed Athene:

' Ναυσικάα, τί νύ σ' ὧδε μεθήμονα γείνατο μήτηρ ;   25
εἵματα μέν τοι κεῖται ἀκηδέα σιγαλόεντα,
σοὶ δὲ γάμος σχεδόν ἐστιν, ἵνα χρὴ καλὰ μὲν αὐτὴν
ἕννυσθαι, τὰ δὲ τοῖσι παρασχεῖν οἵ κέ σ' ἄγωνται.
ἐκ γάρ τοι τούτων φάτις ἀνθρώπους ἀναβαίνει
ἐσθλή, χαίρουσιν δὲ πατὴρ καὶ πότνια μήτηρ.   30
ἀλλ' ἴομεν πλυνέουσαι ἅμ' ἠοῖ φαινομένηφι·
καί τοι ἐγὼ συνέριθος ἅμ' ἕψομαι, ὄφρα τάχιστα
ἐντύνεαι, ἐπεὶ οὔ τοι ἔτι δὴν παρθένος ἔσσεαι·
ἤδη γάρ σε μνῶνται ἀριστῆες κατὰ δῆμον
πάντων Φαιήκων, ὅθι τοι γένος ἐστὶ καὶ αὐτῇ.   35
ἀλλ' ἄγ' ἐπότρυνον πατέρα κλυτὸν ἠῶθι πρὸ
ἡμιόνους καὶ ἄμαξαν ἐφοπλίσαι, ἥ κεν ἄγῃσι
ζῶστρά τε καὶ πέπλους καὶ ῥήγεα σιγαλόεντα.
καὶ δὲ σοὶ ὧδ' αὐτῇ πολὺ κάλλιον ἠὲ πόδεσσιν
ἔρχεσθαι· πολλὸν γὰρ ἀπὸ πλυνοί εἰσι πόληος.'   40
'Η μὲν ἄρ' ὡς εἰποῦσ' ἀπέβη γλαυκῶπις 'Αθήνη
Οὔλυμπόνδ', ὅθι φασὶ θεῶν ἕδος ἀσφαλὲς αἰεὶ
ἔμμεναι· οὔτ' ἀνέμοισι τινάσσεται οὔτε ποτ' ὄμβρῳ
δεύεται οὔτε χιὼν ἐπιπίλναται, ἀλλὰ μάλ' αἴθρη
πέπταται ἀνέφελος, λευκὴ δ' ἐπιδέδρομεν αἴγλη·   45
τῷ ἔνι τέρπονται μάκαρες θεοὶ ἤματα πάντα.
ἔνθ' ἀπέβη γλαυκῶπις, ἐπεὶ διεπέφραδε κούρῃ.
Αὐτίκα δ' 'Ηὼς ἦλθεν ἐύθρονος, ἥ μιν ἔγειρε
Ναυσικάαν εὔπεπλον· ἄφαρ δ' ἀπεθαύμασ' ὄνειρον,
βῆ δ' ἴμεναι διὰ δώμαθ', ἵν' ἀγγείλειε τοκεῦσι,   50
πατρὶ φίλῳ καὶ μητρί· κιχήσατο δ' ἔνδον ἐόντας.
ἡ μὲν ἐπ' ἐσχάρῃ ἧστο σὺν ἀμφιπόλοισι γυναιξὶν,
ἠλάκατα στρωφῶσ' ἁλιπόρφυρα· τῷ δὲ θύραζε
ἐρχομένῳ ξύμβλητο μετὰ κλειτοὺς βασιλῆας

" Nausikaä, how did your mother ever have a child so heedless? Your splendid clothes lie all uncared for, though the wedding time is near, when it is proper to wear fine clothes yourself and furnish them to those that may attend you; for from these things a good name goes abroad and father and honored mother are made glad. Then let us go a-washing at the dawn of day, and I will be your fellow, that you may soon be ready; for, really, not much longer will you be a maid. Already you have for suitors the chief ones of the land throughout Phaiakia, where you too were born. Come, then, urge your good father early in the morning to harness the mules and cart, so as to carry the girdles, robes, and splendid rugs. Yes, and for you yourself it is more decent so than setting forth on foot; for the pools are far from the town."

Saying this, keen-eyed Athene passed away, off to Olympos, where they say the dwelling of the gods stands fast forever. Never with winds is it disturbed, nor by the rain made wet, nor does the snow come near; but everywhere the upper air spreads cloudless, and a bright radiance plays over all, wherein the blessed gods are happy all day long. Thither now went the keen-eyed one, when she had spoken with the maid.

Soon gay-throned morning came, and waked fair-robed Nausikaä. So she marveled at the dream, and hastened through the palace to tell it to her parents, to her father dear and mother. She found them still in-doors: her mother sat by the hearth among the waiting-women, spinning sea-purple yarn; she met her father at the door, just going forth to join the famous princes at the council,

ἐς βουλήν, ἵνα μιν κάλεον Φαίηκες ἀγαυοί.　　　　55
ἡ δὲ μάλ᾽ ἄγχι στᾶσα φίλον πατέρα προσέειπε·
　‘Πάππα φίλ᾽, οὐκ ἂν δή μοι ἐφοπλίσσειας ἀπήνην
ὑψηλὴν εὔκυκλον, ἵνα κλυτὰ εἵματ᾽ ἄγωμαι
ἐς ποταμὸν πλυνέουσα, τά μοι ρερυπωμένα κεῖται ;
καὶ δὲ σοὶ αὐτῷ ἔοικε μετὰ πρώτοισιν ἐόντα　　　60
βουλὰς βουλεύειν καθαρὰ χροΐ εἵματ᾽ ἔχοντα.
πέντε δέ τοι φίλοι υἷες ἐνὶ μεγάροις γεγάασιν,
οἱ δύ᾽ ὀπυίοντες, τρεῖς δ᾽ ἠίθεοι θαλέθοντες·
οἱ δ᾽ αἰεὶ ἐθέλουσι νεόπλυτα εἵματ᾽ ἔχοντες
ἐς χορὸν ἔρχεσθαι· τὰ δ᾽ ἐμῇ φρενὶ πάντα μέμηλεν.’　65
　῝Ως ἔφατ᾽· αἴδετο γὰρ θαλερὸν γάμον ἐξονομῆναι
πατρὶ φίλῳ· ὁ δὲ πάντα νόει καὶ ἀμείβετο μύθῳ·
　‘Οὔτε τοι ἡμιόνων φθονέω, τέκος, οὔτε τευ ἄλλου.
ἔρχευ· ἀτάρ τοι δμῶες ἐφοπλίσσουσιν ἀπήνην
ὑψηλὴν εὔκυκλον, ὑπερτερίῃ ἀραρυῖαν.’　　　　70
　῝Ως εἰπὼν δμώεσσιν ἐκέκλετο, τοὶ δ᾽ ἐπίθοντο.
οἱ μὲν ἄρ᾽ ἐκτὸς ἄμαξαν ἐύτροχον ἡμιονείην
ὥπλεον, ἡμιόνους θ᾽ ὕπαγον ζεῦξάν δ᾽ ὑπ᾽ ἀπήνῃ·
κούρη δ᾽ ἐκ θαλάμοιο φέρεν ἐσθῆτα φαεινήν.
καὶ τὴν μὲν κατέθηκεν ἐυξέστῳ ἐπ᾽ ἀπήνῃ,　　　75
μήτηρ δ᾽ ἐν κίστῃ ἐτίθει μενοεικέ᾽ ἐδωδὴν
παντοίην, ἐν δ᾽ ὄψα τίθει, ἐν δ᾽ οἶνον ἔχευεν
ἀσκῷ ἐν αἰγείῳ· κούρη δ᾽ ἐπεβήσετ᾽ ἀπήνης.
δῶκεν δὲ χρυσέῃ ἐν ληκύθῳ ὑγρὸν ἔλαιον,
εἵως χυτλώσαιτο σὺν ἀμφιπόλοισι γυναιξίν.　　　80
ἡ δ᾽ ἔλαβεν μάστιγα καὶ ἡνία σιγαλόεντα,
μάστιξεν δ᾽ ἐλάαν· καναχὴ δ᾽ ἦν ἡμιόνοιιν·
αἱ δ᾽ ἄμοτον τανύοντο, φέρον δ᾽ ἐσθῆτα καὶ αὐτὴν,

whither the high Phaiakians had summoned him. So standing very close, she said to her dear father:

"Papa dear, could you not have the wagon harnessed for me, — the high one, with good wheels, — for me to take my nice clothes to the river to be washed, which now are lying dirty? Surely for you yourself it is but proper, when you are with the first men holding councils, that you should wear clean clothing. Five good sons too are here at home, — two married, and three merry young men still, — and they are always wanting to go to the dance, wearing fresh clothes. And this is all a trouble on my mind."

Such were her words, for she was shy of naming the glad marriage to her father dear; but he understood it all, and answered thus:

"I grudge you not the mules, my child, nor anything beside. Go! Quickly shall the servants harness the wagon for you, — the high one, with good wheels, and fitted with rack above."

Saying this, he called out to the servants, who gave heed. Out in the court they made the easy mule-cart ready; they brought the mules, and yoked them to the wagon. The maid took from her room her pretty clothing, and this she stowed in the neat wagon; her mother put in a chest food the maid liked, of every kind, put dainties in, and poured some wine into a goat-skin bottle, — the maid, meanwhile, had got into the wagon, — and gave her in a golden flask some liquid oil, that she might bathe and anoint herself, she and the waiting-women. Nausikaä took the whip and the bright reins, and cracked the whip to start. There was a clatter of the mules, and steadily

οὐκ οἴην, ἅμα τῇ γε καὶ ἀμφίπολοι κίον ἄλλαι.

Αἱ δ᾽ ὅτε δὴ ποταμοῖο ῥόον περικαλλέ᾽ ἵκοντο,        85
ἔνθ᾽ ἦ τοι πλυνοὶ ἦσαν ἐπηετανοί, πολὺ δ᾽ ὕδωρ
καλὸν ὑπεκπρορέει μάλα περ ῥυπόωντα καθῆραι,
ἔνθ᾽ αἵ γ᾽ ἡμιόνους μὲν ὑπεκπροέλυσαν ἀπήνης.
καὶ τὰς μὲν σεῦαν ποταμὸν πάρα δινήεντα
τρώγειν ἄγρωστιν μελιηδέα· ταὶ δ᾽ ἀπ᾽ ἀπήνης        90
εἵματα χερσὶν ἕλοντο καὶ ἐσφόρεον μέλαν ὕδωρ,
στεῖβον δ᾽ ἐν βόθροισι θοῶς ἔριδα προφέρουσαι.
αὐτὰρ ἐπεὶ πλῦνάν τε κάθηράν τε ῥύπα πάντα,
ἐξείης πέτασαν παρὰ θῖν᾽ ἁλός, ἧχι μάλιστα
λάιγγας ποτὶ χέρσον ἀποπλύνεσκε θάλασσα.        95
αἱ δὲ λοεσσάμεναι καὶ χρισάμεναι λίπ᾽ ἐλαίῳ
δεῖπνον ἔπειθ᾽ εἵλοντο παρ᾽ ὄχθησιν ποταμοῖο,
εἵματα δ᾽ ἠελίοιο μένον τερσήμεναι αὐγῇ.
αὐτὰρ ἐπεὶ σίτου τάρφθεν δμωαί τε καὶ αὐτή,
σφαίρῃ ταὶ δ᾽ ἄρ᾽ ἔπαιζον, ἀπὸ κρήδεμνα βαλοῦσαι·        100
τῇσι δὲ Ναυσικάα λευκώλενος ἤρχετο μολπῆς.
οἵη δ᾽ Ἄρτεμις εἶσι κατ᾽ οὔρεος ἰοχέαιρα,
ἢ κατὰ Τηΰγετον περιμήκετον ἢ Ἐρύμανθον,
τερπομένη κάπροισι καὶ ὠκείης ἐλάφοισι·
τῇ δέ θ᾽ ἅμα νύμφαι, κοῦραι Διὸς αἰγιόχοιο,        105
ἀγρονόμοι παίζουσι· γέγηθε δέ τε φρένα Λητώ··
πασάων δ᾽ ὑπὲρ ἥ γε κάρη ἔχει ἠδὲ μέτωπα,
ῥεῖά τ᾽ ἀριγνώτη πέλεται, καλαὶ δέ τε πᾶσαι·
ὣς ἥ γ᾽ ἀμφιπόλοισι μετέπρεπε παρθένος ἀδμής.

Ἀλλ᾽ ὅτε δὴ ἄρ᾽ ἔμελλε πάλιν οἰκόνδε νέεσθαι        110
ζεύξασ᾽ ἡμιόνους πτύξασά τε εἵματα καλά,
ἔνθ᾽ αὖτ᾽ ἄλλ᾽ ἐνόησε θεὰ γλαυκῶπις Ἀθήνη,
ὡς Ὀδυσεὺς ἔγροιτο, ἴδοι τ᾽ εὐώπιδα κούρην,

they pulled, drawing the clothing and the maid,—yet not alone; beside her went the waiting-women too.

When now they came to the fair river's current, where the pools were always full,—for in abundance clear water bubbles from beneath to cleanse the foulest stains,—they turned the mules loose from the wagon, and let them stray along the eddying stream, to crop the honeyed pasturage. Then from the wagon they took the clothing in their arms, carried it into the dark water, and stamped it in the pits, with rivalry in speed. And after they had washed and cleansed it of all stains, they spread it carefully along the beach, just where the waves washed up the pebbles on the shore. Then bathing and anointing with the oil, they presently took their meal on the stream's banks and waited for the clothes to dry in the sunshine. And when they were refreshed with food, the maids and she, they then began to play at ball, throwing their wimples off. White-armed Nausikaä led their sport; and as the huntress Artemis goes down a mountain, down the long slope of Taÿgetos or Erymanthos, exulting in the boars and the swift deer, while round her sport the woodland nymphs, daughters of aegis-bearing Zeus, and glad is Leto's heart, for all the rest her child o'ertops by head and brow, and easily marked is she, though all are fair; so were her women by that virgin pure excelled.

But when Nausikaä prepared to turn toward home once more, to yoke the mules and fold up the clean clothes, elsewhere the goddess, keen-eyed Athene, turned her thoughts; for she would have Odysseus wake and see the bright-eyed maid, who might to the Phaiakian city

ἢ οἱ Φαιήκων ἀνδρῶν πόλιν ἡγήσαιτο.
σφαῖραν ἔπειτ' ἔρριψε μετ' ἀμφίπολον βασίλεια·      115
ἀμφιπόλου μὲν ἅμαρτε, βαθείῃ δ' ἔμβαλε δίνῃ,
αἱ δ' ἐπὶ μακρὸν ἄυσαν.  ὁ δ' ἔγρετο δῖος Ὀδυσσεύς,
ἑζόμενος δ' ὥρμαινε κατὰ φρένα καὶ κατὰ θυμόν·
  ' Ὤ μοι ἐγώ, τέων αὖτε βροτῶν ἐς γαῖαν ἱκάνω ;
ἦ ῥ' οἵ γ' ὑβρισταί τε καὶ ἄγριοι οὐδὲ δίκαιοι,      120
ἦε φιλόξεινοι, καί σφιν νόος ἐστὶ θεουδής ;
ὥς τέ με κουράων ἀμφήλυθε θῆλυς ἀυτή,
νυμφάων, αἲ ἔχουσ' ὀρέων αἰπεινὰ κάρηνα
καὶ πηγὰς ποταμῶν καὶ πίσεα ποιήεντα.
ἦ νύ που ἀνθρώπων εἰμὶ σχεδὸν αὐδηέντων ;      125
ἀλλ' ἄγ', ἐγὼν αὐτὸς πειρήσομαι ἠδὲ ἴδωμαι.'
  Ὣς εἰπὼν θάμνων ὑπεδύσετο δῖος Ὀδυσσεύς,
ἐκ πυκινῆς δ' ὕλης πτόρθον κλάσε χειρὶ παχείῃ
φύλλων, ὡς ῥύσαιτο περὶ χροῒ μήδεα φωτός.
βῆ δ' ἴμεν ὥς τε λέων ὀρεσίτροφος, ἀλκὶ πεποιθώς,      130
ὅς τ' εἶσ' ὑόμενος καὶ ἀήμενος, ἐν δέ οἱ ὄσσε
δαίεται· αὐτὰρ ὁ βουσὶ μετέρχεται ἢ ὀίεσσιν
ἠὲ μετ' ἀγροτέρας ἐλάφους· κέλεται δέ ἑ γαστὴρ
μήλων πειρήσοντα καὶ ἐς πυκινὸν δόμον ἐλθεῖν·
ὣς Ὀδυσεὺς κούρῃσιν ἐυπλοκάμοισιν ἔμελλε      135
μίξεσθαι, γυμνός περ ἐών· χρειὼ γὰρ ἵκανε.
σμερδαλέος δ' αὐτῇσι φάνη κεκακωμένος ἅλμῃ,
τρέσσαν δ' ἄλλυδις ἄλλη ἐπ' ἠιόνας προὐχούσας·
οἴη δ' Ἀλκινόου θυγάτηρ μένε· τῇ γὰρ Ἀθήνη
θάρσος ἐνὶ φρεσὶ θῆκε καὶ ἐκ δέος εἵλετο γυίων.      140
στῆ δ' ἄντα σχομένη· ὁ δὲ μερμήριξεν Ὀδυσσεύς·
ἢ γούνων λίσσοιτο λαβὼν εὐώπιδα κούρην,
ἢ αὔτως ἐπέεσσιν ἀποσταδὰ μειλιχίοισι

show the way. Just then the princess tossed the ball to an attendant, and, missing her, she threw it into the deep eddy. At this they screamed aloud. Royal Odysseus woke, and, sitting up, debated in his mind and heart:

"Alas! To what men's land am I come now? Lawless and savage are they, with no regard for right, or are they kind to strangers, and reverent toward the gods? It was as if there came to me the delicate voice of maids — nymphs, it may be, that haunt the craggy peaks of hills, the springs of streams and grassy marshes; or am I now, perhaps, near men of human speech? Suppose I make a trial for myself, and see."

So saying, royal Odysseus crept from the thicket and broke with his strong hand a spray of leaves from the close wood, to be a covering round his body for his nakedness. He set off like a lion that is bred among the hills and confident of strength: onward he goes, beaten with rain and wind; his two eyes glare; and now among the oxen or the sheep he moves, or tracking the wild deer; his belly bids him make trial of the flocks, even by entering the guarded folds; so was Odysseus about to meet those fair-haired maids, all naked though he was, for his need pressed him. To them he seemed a loathsome sight, befouled with brine. They hurried off, one here, one there, over the stretching sands. Only the daughter of Alkinoös stayed, for in her breast Athene had put courage and from her limbs took fear. Steadfast she stood to meet him, and a doubt crossed Odysseus whether to make his suit by clasping the knees of the bright-eyed maid, or where he stood, aloof, in winning words to make that suit,

λίσσοιτ', εἰ δείξειε πόλιν καὶ εἵματα δοίη.
ὡς ἄρα οἱ φρονέοντι δοάσσατο κέρδιον εἶναι,            145
λίσσεσθαι ἐπέεσσιν ἀποσταδὰ μειλιχίοισι,
μή οἱ γοῦνα λαβόντι χολώσαιτο φρένα κούρη.
αὐτίκα μειλίχιον καὶ κερδαλέον φάτο μῦθον·
  'Γουνοῦμαί σε, ἄνασσα· θεός νύ τις, ἦ βροτός ἐσσι;
εἰ μέν τις θεός ἐσσι, τοὶ οὐρανὸν εὐρὺν ἔχουσιν,       150
Ἀρτέμιδί σε ἐγώ γε, Διὸς κούρῃ μεγάλοιο,
εἶδός τε μέγεθός τε φυήν τ' ἄγχιστα ἐίσκω·
εἰ δέ τίς ἐσσι βροτῶν, τοὶ ἐπὶ χθονὶ ναιετάουσι,
τρισμάκαρες μὲν σοί γε πατὴρ καὶ πότνια μήτηρ,
τρισμάκαρες δὲ κασίγνητοι· μάλα πού σφισι θυμὸς       155
αἰὲν ἐυφροσύνῃσιν ἰαίνεται εἵνεκα σεῖο,
λευσσόντων τοιόνδε θάλος χορὸν εἰσοιχνεῦσαν.
κεῖνος δ' αὖ περὶ κῆρι μακάρτατος ἔξοχον ἄλλων,
ὅς κέ σ' ἐέδνοισι βρίσας οἶκόνδ' ἀγάγηται.
οὐ γάρ πω τοιοῦτον ἴδον βροτὸν ὀφθαλμοῖσιν,          160
οὔτ' ἄνδρ' οὔτε γυναῖκα· σέβας μ' ἔχει εἰσορόωντα.
Δήλῳ δή ποτε τοῖον Ἀπόλλωνος παρὰ βωμῷ
φοίνικος νέον ἔρνος ἀνερχόμενον ἐνόησα·
ἦλθον γὰρ καὶ κεῖσε, πολὺς δέ μοι ἕσπετο λαὸς
τὴν ὁδὸν ᾗ δὴ μέλλεν ἐμοὶ κακὰ κήδε' ἔσεσθαι.         165
ὡς δ' αὕτως καὶ κεῖνο ἰδὼν ἐτεθήπεα θυμῷ
δήν, ἐπεὶ οὔ πω τοῖον ἀνήλυθεν ἐκ δόρυ γαίης,
ὡς σὲ, γύναι, ἄγαμαί τε τέθηπά τε δείδιά τ' αἰνῶς
γούνων ἅψασθαι· χαλεπὸν δέ με πένθος ἱκάνει.
χθιζὸς ἐεικοστῷ φύγον ἤματι οἴνοπα πόντον·           170
τόφρα δέ μ' αἰεὶ κῦμ' ἐφόρει κραιπναί τε θύελλαι
νήσου ἀπ' Ὠγυγίης· νῦν δ' ἐνθάδε κάββαλε δαίμων,
ὄφρα' τί που καὶ τῇδε πάθω κακόν· οὐ γὰρ ὀίω

and try if she would show the town and give him clothing. Reflecting thus, it seemed the better way to make his suit in winning words aloof, for fear if he should clasp her knees, the maid might be offended. Forthwith he spoke — a winning and shrewd speech:

"I am your suppliant, princess. Are you some god or mortal? If one of the gods that hold the open sky, to Artemis, daughter of mighty Zeus, in beauty, height, and bearing I find you likest. But if you are a mortal and live upon the earth, most happy is your father and your honored mother, most happy your brothers also. Surely their hearts ever grow warm with pleasure over you, when watching such a blossom moving in the dance. And then exceeding happy he, beyond all others, who shall with gifts prevail and lead you home. For I never before saw such a being with these eyes — no man, no woman. Awe holds me as I gaze. At Delos once, by Apollo's altar, something like you I noticed, — a young palm-shoot springing up; for thither too I came, and a great troop was with me, upon a journey where I was to meet with bitter trials. And just as when I looked on that I marveled long within, since never before sprang such a stalk from earth, so, lady, I admire and marvel now at you, and greatly do I fear to touch your knees. Yet grievous woe is on me. Yesterday, after twenty days, I escaped from the wine-dark sea, and all that time the waves and boisterous winds were driving me far from the island of Ogygia. Even now God cast me here, that probably here also I may meet with trouble; for I do not think trouble will cease, but

παύσεσθ', ἀλλ' ἔτι πολλὰ θεοὶ τελέουσι πάροιθεν.
ἀλλά, ἄνασσ', ἐλέαιρε· σὲ γὰρ κακὰ πολλὰ μογήσας 175
ἐς πρώτην ἱκόμην, τῶν δ' ἄλλων οὔ τινα οἶδα
ἀνθρώπων, οἳ τήνδε πόλιν καὶ γαῖαν ἔχουσιν.
ἄστυ δέ μοι δεῖξον, δὸς δὲ ῥάκος ἀμφιβαλέσθαι,
εἴ τί που εἴλυμα σπείρων ἔχες ἐνθάδ' ἰοῦσα.
σοὶ δὲ θεοὶ τόσα δοῖεν ὅσα φρεσὶ σῇσι μενοινᾷς, 180
ἄνδρα τε καὶ οἶκον καὶ ὁμοφροσύνην ὀπάσειαν
ἐσθλήν· οὐ μὲν γὰρ τοῦ γε κρεῖσσον καὶ ἄρειον,
ἢ ὅθ' ὁμοφρονέοντε νοήμασιν οἶκον ἔχητον
ἀνὴρ ἠδὲ γυνή· πόλλ' ἄλγεα δυσμενέεσσι,
χάρματα δ' εὐμενέτῃσι· μάλιστα δέ τ' ἔκλυον αὐτοί.' 185
Τὸν δ' αὖ Ναυσικάα λευκώλενος ἀντίον ηὔδα·
'ξεῖν', ἐπεὶ οὔτε κακῷ οὔτ' ἄφρονι φωτὶ ἔοικας,
Ζεὺς δ' αὐτὸς νέμει ὄλβον Ὀλύμπιος ἀνθρώποισιν,
ἐσθλοῖς ἠδὲ κακοῖσιν, ὅπως ἐθέλῃσιν, ἑκάστῳ·
καί που σοὶ τάδ' ἔδωκε, σὲ δὲ χρὴ τετλάμεν ἔμπης. 190
νῦν δ', ἐπεὶ ἡμετέρην τε πόλιν καὶ γαῖαν ἱκάνεις,
οὔτ' οὖν ἐσθῆτος δευήσεαι οὔτε τευ ἄλλου,
ὧν ἐπέοιχ' ἱκέτην ταλαπείριον ἀντιάσαντα.
ἄστυ δέ τοι δείξω, ἐρέω δέ τοι οὔνομα λαῶν.
Φαίηκες μὲν τήνδε πόλιν καὶ γαῖαν ἔχουσιν, 195
εἰμὶ δ' ἐγὼ θυγάτηρ μεγαλήτορος Ἀλκινόοιο,
τοῦ δ' ἐκ Φαιήκων ἔχεται κάρτος τε βίη τε.'
Ἦ ῥα, καὶ ἀμφιπόλοισιν ἐϋπλοκάμοισι κέλευσε·
'στῆτέ μοι, ἀμφίπολοι· πόσε φεύγετε φῶτα ἰδοῦσαι;
ἦ μή πού τινα δυσμενέων φάσθ' ἔμμεναι ἀνδρῶν; 200
οὐκ ἔσθ' οὗτος ἀνὴρ διερὸς βροτός, οὐδὲ γένηται,
ὅς κεν Φαιήκων ἀνδρῶν ἐς γαῖαν ἵκηται
δηιοτῆτα φέρων· μάλα γὰρ φίλοι ἀθανάτοισιν.

much the gods will first accomplish. Then, princess, have compassion, for it is you to whom through many bitter struggles first I come; I know none else of all who own this city and this land. Show me the town, and give me a rag to throw around me, if you had, perhaps, on coming here, some wrapper for your linen. And may the gods grant you whatever in your thoughts you long for: husband and home and true accord may they bestow; for a better and higher gift than this there cannot be, when with accordant aims man and wife have a home. Great grief it is to foes and joy to friends; but they themselves best know its voice."

Then answered him white-armed Nausikaä: "Stranger, because you do not seem a base or senseless person, — and Zeus himself, the Olympian, distributes fortune to mankind and gives to good and bad even as he wills to each; and he no doubt gave this to you, and you must bear it, therefore, — now you have reached our city and our land, you shall not lack for clothing, nor for aught else which it is fit a hard-pressed suppliant should find. I will point out the town and will tell its people's name. The Phaiakians own this city and this land, and I am the daughter of brave Alkinoös, on whom the Phaiakians' power and might depend."

She spoke, and called her fair-haired waiting-women: " My women, stay! Where are you running because you saw a man? Surely you do not think that he is of some hostile nation. The man is not alive, and never will be born, who can come to the Phaiakian land and offer harm: for we are very dear to the immortals; and then we live

οἰκέομεν δ' ἀπάνευθε πολυκλύστῳ ἐνὶ πόντῳ,
ἔσχατοι, οὐδέ τις ἄμμι βροτῶν ἐπιμίσγεται ἄλλος.          205
ἀλλ' ὅδε τις δύστηνος ἀλώμενος ἐνθάδ' ἱκάνει,
τὸν νῦν χρὴ κομέειν· πρὸς γὰρ Διός εἰσιν ἅπαντες
ξεῖνοί τε πτωχοί τε, δόσις δ' ὀλίγη τε φίλη τε.
ἀλλὰ δότ', ἀμφίπολοι, ξείνῳ βρῶσίν τε πόσιν τε,
λούσατέ τ' ἐν ποταμῷ, ὅθ' ἐπὶ σκέπας ἔστ' ἀνέμοιο." 210
    Ὣς ἔφαθ', αἱ δ' ἔσταν τε καὶ ἀλλήλῃσι κέλευσαν,
κὰδ δ' ἄρ' Ὀδυσσέα εἷσαν ἐπὶ σκέπας, ὡς ἐκέλευσε
Ναυσικάα, θυγάτηρ μεγαλήτορος Ἀλκινόοιο·
πὰρ δ' ἄρα οἱ φᾶρός τε χιτῶνά τε εἵματ' ἔθηκαν,
δῶκαν δὲ χρυσέῃ ἐν ληκύθῳ ὑγρὸν ἔλαιον,          215
ἤνωγον δ' ἄρα μιν λοῦσθαι ποταμοῖο ῥοῇσι.
δή ῥα τότ' ἀμφιπόλοισι μετηύδα δῖος Ὀδυσσεύς·
    'Ἀμφίπολοι, στῆθ' οὕτω ἀπόπροθεν, ὄφρ' ἐγὼ αὐτὸς
ἅλμην ὤμοιιν ἀπολούσομαι, ἀμφὶ δ' ἐλαίῳ
χρίσομαι· ἦ γὰρ δηρὸν ἀπὸ χροός ἐστιν ἀλοιφή.          220
ἄντην δ' οὐκ ἂν ἐγώ γε λοέσσομαι· αἰδέομαι γὰρ
γυμνοῦσθαι κούρῃσιν ἐυπλοκάμοισι μετελθών.'
    Ὣς ἔφαθ', αἱ δ' ἀπάνευθεν ἴσαν, εἶπον δ' ἄρα κούρῃ.
αὐτὰρ ὁ ἐκ ποταμοῦ χρόα νίζετο δῖος Ὀδυσσεὺς
ἅλμην, ἥ οἱ νῶτα καὶ εὐρέας ἄμπεχεν ὤμους·          225
ἐκ κεφαλῆς δ' ἔσμηχεν ἁλὸς χνόον ἀτρυγέτοιο.
αὐτὰρ ἐπειδὴ πάντα λοέσσατο καὶ λίπ' ἄλειψεν,
ἀμφὶ δὲ εἵματα ἕσσαθ' ἅ οἱ πόρε παρθένος ἀδμής,
τὸν μὲν Ἀθηναίη θῆκεν, Διὸς ἐκγεγαυῖα,
μείζονά τ' εἰσιδέειν καὶ πάσσονα, κὰδ δὲ κάρητος          230
οὔλας ἧκε κόμας, ὑακινθίνῳ ἄνθει ὁμοίας.
ὡς δ' ὅτε τις χρυσὸν περιχεύεται ἀργύρῳ ἀνὴρ
ἴδρις, ὃν Ἥφαιστος δέδαεν καὶ Παλλὰς Ἀθήνη

out of the way, off on the surging sea, remote, no other tribe of men has dealings with us. But this poor man came hither because he missed his course, and we should give him aid; for under the charge of Zeus all strangers and beggars stand, and a small gift is welcome. Then give, my women, to the stranger food and drink, and let him bathe in the river where there is shelter from the wind."

She spoke; the others stopped and called to one another, and down they brought Odysseus to the place of shelter, even as Nausikaä, daughter of brave Alkinoös, had ordered. They placed a robe and tunic there for clothing, they gave him in the golden flask the liquid oil, and bade him bathe himself in the stream's currents. Then to the waiting-women said royal Odysseus:

"Women, stand here aside, while by myself I wash the salt from off my back and with the oil anoint me; for it is long since ointment touched my skin. But before you I will not bathe; for I am ashamed to bare myself among you fair-haired maids."

So he spoke; the women went away, and told it to the maid. And now with water from the stream royal Odysseus washed his skin clean of the salt which clung about his back and his broad shoulders, and wiped from his head the foam brought by the barren sea; and when he had thoroughly washed and oiled himself and had put on the clothing which the chaste maiden gave, Athene, child of Zeus, made him of taller and stouter seeming, and she made the curling locks to fall about his head as on the hyacinth flower. As when a man lays gold on silver, — some skilful man to whom Hephaistos and Pallas Athene

15.

τέχνην παντοίην, χαρίεντα δὲ ἔργα τελείει,
ὡς ἄρα τῷ κατέχευε χάριν κεφαλῇ τε καὶ ὤμοις.    235
ἕζετ' ἔπειτ' ἀπάνευθε κιὼν ἐπὶ θῖνα θαλάσσης,
κάλλεϊ καὶ χάρισι στίλβων· θηεῖτο δὲ κούρη.
δή ῥα τότ' ἀμφιπόλοισιν ἐυπλοκάμοισι μετηύδα·
 ' Κλῦτέ μευ, ἀμφίπολοι λευκώλενοι, ὄφρα τι εἴπω.
οὐ πάντων ἀέκητι θεῶν, οἳ Ὄλυμπον ἔχουσι,    240
Φαιήκεσσ' ὅδ' ἀνὴρ ἐπιμίσγεται ἀντιθέοισι·
πρόσθεν μὲν γὰρ δή μοι ἀεικέλιος δέατ' εἶναι,
νῦν δὲ θεοῖσιν ἔοικε, τοὶ οὐρανὸν εὐρὺν ἔχουσιν.
αἲ γὰρ ἐμοὶ τοιόσδε πόσις κεκλημένος εἴη
ἐνθάδε ναιετάων, καί οἱ ἅδοι αὐτόθι μίμνειν.    245
ἀλλὰ δότ', ἀμφίπολοι, ξείνῳ βρῶσίν τε πόσιν τε.'
 Ὣς ἔφαθ', αἱ δ' ἄρα τῆς μάλα μὲν κλύον ἠδ' ἐπίθοντο,
πὰρ δ' ἄρ' Ὀδυσσῆι ἔθεσαν βρῶσίν τε πόσιν τε.
ἦ τοι ὁ πῖνε καὶ ἦσθε πολύτλας δῖος Ὀδυσσεὺς
ἁρπαλέως· δηρὸν γὰρ ἐδητύος ἦεν ἄπαστος.    250
 Αὐτὰρ Ναυσικάα λευκώλενος ἄλλ' ἐνόησεν·
εἵματ' ἄρα πτύξασα τίθει καλῆς ἐπ' ἀπήνης,
ζεῦξεν δ' ἡμιόνους κρατερώνυχας, ἂν δ' ἔβη αὐτή.
ὤτρυνεν δ' Ὀδυσῆα, ἔπος τ' ἔφατ' ἔκ τ' ὀνόμαζεν·
 ' Ὄρσεο δὴ νῦν, ξεῖνε, πόλινδ' ἴμεν, ὄφρα σε πέμψω
πατρὸς ἐμοῦ πρὸς δῶμα δαΐφρονος, ἔνθα σέ φημι    255
πάντων Φαιήκων εἰδησέμεν ὅσσοι ἄριστοι.
ἀλλὰ μάλ' ὧδ' ἔρδειν· δοκέεις δέ μοι οὐκ ἀπινύσσειν·
ὄφρ' ἂν μέν κ' ἀγροὺς ἴομεν καὶ ἔργ' ἀνθρώπων,
τόφρα σὺν ἀμφιπόλοισι μεθ' ἡμιόνους καὶ ἄμαξαν    260
καρπαλίμως ἔρχεσθαι· ἐγὼ δ' ὁδὸν ἡγεμονεύσω.
αὐτὰρ ἐπὴν πόλιος ἐπιβείομεν ἣν πέρι πύργος
ὑψηλός, καλὸς δὲ λιμὴν ἑκάτερθε πόληος,

have taught all kinds of art, and he fashions graceful work; so did she lay a grace upon his head and shoulders. He walked apart along the beach, and there sat down, beaming with grace and beauty. The maid observed; then to her fair-haired waiting-women said:

"Listen, my white-armed women, and let me tell you something. Not without purpose on the part of all the gods that hold Olympos is this man's meeting with the godlike Phaiakians. A while ago, he really seemed to me ill-looking, but now he is like the gods that hold the open sky. Ah, might a man like him be called my husband, having his home here, and content to stay! But give, my women, to the stranger food and drink."

She spoke, and very willingly they heeded and obeyed, and set beside Odysseus food and drink. Then royal long-tried Odysseus eagerly drank and ate, for long from food had he been fasting.

And now white-armed Nausikaä to other matters turned her thoughts. She folded the clothes and laid them in the beautiful wagon, she yoked the stout-hoofed mules, got into the cart herself, and calling to Odysseus thus she spoke and said:

"Arise now, stranger, and hasten to the town, that I may bring you to my wise father's house, where you shall see, I promise you, the best of all Phaiakia. Only do this, — you seem to me not to lack understanding: while we are passing through the fields and through the farms, here with my women, behind the mules and cart, walk rapidly along, and I will lead the way. But as we near the town, — round which is a lofty rampart, a beautiful har-

λεπτὴ δ' εἰσίθμη· νῆες δ' ὁδὸν ἀμφιέλισσαι
εἰρύαται· πᾶσιν γὰρ ἐπίστιόν ἐστιν ἑκάστῳ·　　265
ἔνθα δέ τέ σφ' ἀγορὴ, καλὸν Ποσιδήιον ἀμφὶς,
ῥυτοῖσιν λάεσσι κατωρυχέεσσ' ἀραρυῖα.
ἔνθα δὲ νηῶν ὅπλα μελαινάων ἀλέγουσι,
πείσματα καὶ σπεῖρα, καὶ ἀποξύνουσιν ἐρετμά.
οὐ γὰρ Φαιήκεσσι μέλει βιὸς οὐδὲ φαρέτρη　　270
ἀλλ' ἱστοὶ καὶ ἐρετμὰ νεῶν καὶ νῆες ἐῖσαι,
ᾗσιν ἀγαλλόμενοι πολιὴν περόωσι θάλασσαν,
τῶν ἀλεείνω φῆμιν ἀδευκέα, μή τις ὀπίσσω
μωμεύῃ· μάλα δ' εἰσὶν ὑπερφίαλοι κατὰ δῆμον·
καί νύ τις ὧδ' εἴπῃσι κακώτερος ἀντιβολήσας·　　275
' τίς δ' ὅδε Ναυσικάᾳ ἕπεται καλός τε μέγας τε
ξεῖνος ; ποῦ δέ μιν εὗρε ; πόσις νύ οἱ ἔσσεται αὐτῇ.
ἦ τινά που πλαγχθέντα κομίσσατο ἧς ἀπὸ νηὸς
ἀνδρῶν τηλεδαπῶν, ἐπεὶ οὔ τινες ἐγγύθεν εἰσίν·
ἤ τίς οἱ εὐξαμένῃ πολυάρητος θεὸς ἦλθεν　　280
οὐρανόθεν καταβὰς, ἕξει δέ μιν ἤματα πάντα.
βέλτερον, εἰ καὐτή περ ἐποιχομένη πόσιν εὗρεν
ἄλλοθεν· ἦ γὰρ τούσδε γ' ἀτιμάζει κατὰ δῆμον
Φαίηκας, τοί μιν μνῶνται πολέες τε καὶ ἐσθλοί.'
ὣς ἐρέουσιν, ἐμοὶ δέ κ' ὀνείδεα ταῦτα γένοιτο.　　285
καὶ δ' ἄλλῃ νεμεσῶ, ἥ τις τοιαῦτά γε ῥέζοι,
ἥ τ' ἀέκητι φίλων πατρὸς καὶ μητρὸς ἐόντων
ἀνδράσι μίσγηται πρίν γ' ἀμφάδιον γάμον ἐλθεῖν.
ξεῖνε, σὺ δ' ὧδ' ἐμέθεν ξυνίει ἔπος, ὄφρα τάχιστα
πομπῆς καὶ νόστοιο τύχῃς παρὰ πατρὸς ἐμοῖο.　　290
δήεις ἀγλαὸν ἄλσος Ἀθήνης ἄγχι κελεύθου
αἰγείρων· ἐν δὲ κρήνη νάει, ἀμφὶ δὲ λειμών.
ἔνθα δὲ πατρὸς ἐμοῦ τέμενος τεθαλυῖά τ' ἀλωὴ,

bor on each side the town and a narrow road between, —
there curved ships line the way; for every man has his
own mooring-place. Beyond is the assembly near the
beautiful grounds of Poseidon, constructed of stone blocks
dragged there and deeply bedded. Further along, they
make the black ships' tackling, cables and canvas, and
shape out the oars; for the Phaiakians have no care for
bow and quiver, only for masts and oars of ships and the
trim ships themselves, with which it is their joy to cross
the foaming sea. Now the rude talk of these I would
avoid, that no one afterwards may blame me. For very
forward persons are about the place, and some coarse
man might say, if he should meet us: 'What tall and
handsome stranger is following Nausikaä? Where did
she find him? A husband he will be for her, her very
own. Some castaway, perhaps, she rescued from his ves-
sel, some foreigner; for we have no neighbors here. Or
at her prayer some long-entreated god has come from
heaven above, and he will keep her his forever. Better
to go for herself and find a husband elsewhere, for those
about the country here, Phaiakians, she despises, though
many fine fellows are her suitors.' So they will talk, and
for me it would prove a scandal. I, too, might censure
another girl who did such things, who, heedless of friends,
while father and mother were alive, should go with men
before her public wedding. And stranger, do you attend
in this to what I say, that you may soon obtain assistance
and safe conduct from my father. Near our road you will
see a stately grove of poplar-trees, belonging to Athene;
in it a fountain springs, and round it is a meadow. There

τόσσον ἀπὸ πτόλιος ὅσσον τε γέγωνε βοήσας·
ἔνθα καθεζόμενος μεῖναι χρόνον, εἰς ὅ κεν ἡμεῖς      295
ἄστυδε ἔλθωμεν καὶ ἱκώμεθα δώματα πατρός.
αὐτὰρ ἐπὴν ἡμέας ἔλπῃ ποτὶ δώματ᾽ ἀφῖχθαι,
καὶ τότε Φαιήκων ἴμεν ἐς πόλιν ἠδ᾽ ἐρέεσθαι
δώματα πατρὸς ἐμοῦ μεγαλήτορος Ἀλκινόοιο·
ῥεῖα δ᾽ ἀρίγνωτ᾽ ἐστὶ καὶ ἂν πάις ἡγήσαιτο      300
νήπιος· οὐ μὲν γάρ τι ἐοικότα τοῖσι τέτυκται
δώματα Φαιήκων, οἷος δόμος Ἀλκινόοιο
ἥρωος. ἀλλ᾽ ὁπότ᾽ ἄν σε δόμοι κεκύθωσι καὶ αὐλὴ,
ὦκα μάλα μεγάροιο διελθέμεν, ὄφρ᾽ ἂν ἵκηαι
μητέρ᾽ ἐμήν· ἡ δ᾽ ἧσται ἐπ᾽ ἐσχάρῃ ἐν πυρὸς αὐγῇ,      305
ἠλάκατα στρωφῶσ᾽ ἁλιπόρφυρα, θαῦμα ἰδέσθαι,
κίονι κεκλιμένη· δμωαὶ δέ οἱ εἴατ᾽ ὄπισθεν.
ἔνθα δὲ πατρὸς ἐμοῖο θρόνος ποτικέκλιται αὐτῇ,
τῷ ὅ γε οἰνοποτάζει ἐφήμενος ἀθάνατος ὥς.
τὸν παραμειψάμενος μητρὸς ποτὶ γούνασι χεῖρας      310
βάλλειν ἡμετέρης, ἵνα νόστιμον ἦμαρ ἴδηαι
χαίρων καρπαλίμως, εἰ καὶ μάλα τηλόθεν ἐσσί.
[εἴ κέν τοι κείνη γε φίλα φρονέῃσ᾽ ἐνὶ θυμῷ,
ἐλπωρή τοι ἔπειτα φίλους τ᾽ ἰδέειν καὶ ἱκέσθαι
οἶκον ἐυκτίμενον καὶ σὴν ἐς πατρίδα γαῖαν.]᾽      315
῾Ὡς ἄρα φωνήσασ᾽ ἵμασεν μάστιγι φαεινῇ
ἡμιόνους· αἱ δ᾽ ὦκα λίπον ποταμοῖο ῥέεθρα.
αἱ δ᾽ εὖ μὲν τρώχων, εὖ δὲ πλίσσοντο πόδεσσιν.
ἡ δὲ μάλ᾽ ἡνιόχευεν, ὅπως ἅμ᾽ ἐποίατο πεζοὶ
ἀμφίπολοί τ᾽ Ὀδυσεύς τε· νόῳ δ᾽ ἐπέβαλλεν ἱμάσθλην.
δύσετό τ᾽ ἠέλιος, καὶ τοὶ κλυτὸν ἄλσος ἵκοντο      321
ἱρὸν Ἀθηναίης, ἵν᾽ ἄρ᾽ ἕζετο δῖος Ὀδυσσεύς·
αὐτίκ᾽ ἔπειτ᾽ ἠρᾶτο Διὸς κούρῃ μεγάλοιο.

are my father's lands, his fruitful vineyard, as far from the town as one can call. There sit and wait a while, until we come to the town and reach my father's palace. But when you think that we have reached the palace, enter the city of the Phaiakians, and ask for the palace of my father, brave Alkinoös. Easily is it known; a child, however young, could show the way; for in nowise do the Phaiakians build their houses like the dwelling of Alkinoös their prince. But when his buildings and his courtyard shield you, quickly pass through the hall until you find my mother. She sits upon the hearth within the firelight, spinning sea-purple yarn, a marvel to behold, and resting against a pillar. Her handmaids sit behind her. There too my father's seat rests on the selfsame pillar, and here he sits and sips his wine like an immortal. Passing him by, to our mother's knees stretch out your hands, if you would see the day of your return with gladness and with speed, although you come from far. If she have kindness in her heart for you, then there is hope that you may see your friends and reach your stately house and native land."

Saying this, with her bright whip she struck the mules, and fast they left the river's streams; and well they trotted, well they plied their feet, and skilfully she reined them that those on foot might follow,— the waiting-women and Odysseus, — and with discretion she laid on the lash. The sun was setting as they reached the famous grove, Athene's sacred ground, where royal Odysseus sat him down. And thereupon he prayed to the daughter of mighty Zeus:

' Κλῦθί μευ, αἰγιόχοιο Διὸς τέκος, ἀτρυτώνη·
νῦν δή πέρ μευ ἄκουσον, ἐπεὶ πάρος οὔ ποτ' ἄκουσας 825
ῥαιομένου, ὅτε μ' ἔρραιε κλυτὸς ἐννοσίγαιος·
δός μ' ἐς Φαίηκας φίλον ἐλθεῖν ἠδ' ἐλεεινόν.'
῝Ως ἔφατ' εὐχόμενος, τοῦ δ' ἔκλυε Παλλὰς Ἀθήνη·
αὐτῷ δ' οὔ πω φαίνετ' ἐναντίη· αἴδετο γάρ ῥα
πατροκασίγνητον· ὁ δ' ἐπιζαφελῶς μενέαινεν            880
ἀντιθέῳ Ὀδυσῆι πάρος ἣν γαῖαν ἱκέσθαι.

" Hearken, thou child of ægis-bearing Zeus, unwearied one! Oh hear me now, although thou didst not hear me once before, when I was wrecked, what time the great Land-shaker wrecked me. Grant that I come among the Phaiakians welcomed and pitied by them."

So spoke he in his prayer, and Pallas Athene heard, but did not yet appear to him in·open presence; for she regarded still her father's brother, who furiously raged against godlike Odysseus until he reached his land.

# ΟΔΥΣΣΕΙΑΣ Η.

### Ὀδυσσέως εἴσοδος πρὸς Ἀλκίνουν.

Ὣς ὁ μὲν ἔνθ᾽ ἠρᾶτο πολύτλας δῖος Ὀδυσσεύς,
κούρην δὲ προτὶ ἄστυ φέρεν μένος ἡμιόνοιιν.
ἡ δ᾽ ὅτε δὴ οὗ πατρὸς ἀγακλυτὰ δώμαθ᾽ ἵκανε,
στῆσεν ἄρ᾽ ἐν προθύροισι, κασίγνητοι δέ μιν ἀμφὶς
ἵσταντ᾽ ἀθανάτοις ἐναλίγκιοι, οἵ ῥ᾽ ὑπ᾽ ἀπήνης      5
ἡμιόνους ἔλυον ἐσθῆτά τε ἔσφερον εἴσω.
αὐτὴ δ᾽ ἐς θάλαμον ἑὸν ἤιε· δαῖε δέ οἱ πῦρ
γρηὺς Ἀπειραίη, θαλαμηπόλος Εὐρυμέδουσα,
τὴν ποτ᾽ Ἀπείρηθεν νέες ἤγαγον ἀμφιέλισσαι·
Ἀλκινόῳ δ᾽ αὐτὴν γέρας ἔξελον, οὕνεκα πᾶσι      10
Φαιήκεσσιν ἄνασσε, θεοῦ δ᾽ ὣς δῆμος ἄκουεν·
ἥ τρέφε Ναυσικάαν λευκώλενον ἐν μεγάροισιν.
ἥ οἱ πῦρ ἀνέκαιε καὶ εἴσω δόρπον ἐκόσμει.

Καὶ τότ᾽ Ὀδυσσεὺς ὦρτο πόλινδ᾽ ἴμεν· αὐτὰρ Ἀθήνη
πολλὴν ἠέρα χεῦε φίλα φρονέουσ᾽ Ὀδυσῆι,      15
μή τις Φαιήκων μεγαθύμων ἀντιβολήσας
κερτομέοι τ᾽ ἐπέεσσι καὶ ἐξερέοιθ᾽ ὅτις εἴη.
ἀλλ᾽ ὅτε δὴ ἄρ᾽ ἔμελλε πόλιν δύσεσθαι ἐραννὴν,
ἔνθα οἱ ἀντεβόλησε θεὰ γλαυκῶπις Ἀθήνη
παρθενικῇ ἐικυῖα νεήνιδι, κάλπιν ἐχούσῃ.      20
στῆ δὲ πρόσθ᾽ αὐτοῦ· ὁ δ᾽ ἀνείρετο δῖος Ὀδυσσεύς·

῏Ω τέκος, οὐκ ἄν μοι δόμον ἀνέρος ἡγήσαιο
Ἀλκινόου, ὃς τοῖσδε μετ᾽ ἀνθρώποισιν ἀνάσσει;
καὶ γὰρ ἐγὼ ξεῖνος ταλαπείριος ἐνθάδ᾽ ἱκάνω

## VII

THUS here royal long-tried Odysseus made his prayer; but to the town the strong mules bore the maid. And when she reached her father's famous palace, she stopped before the door-way, and round her stood her brothers, men like immortals, who from the cart unyoked the mules, and carried the clothing in. The maid went to her chamber, where a fire was kindled for her by an old Apeirean woman, the chamber-servant Eurymedousa, whom long ago curved ships brought from Apeira; her they had chosen from the rest to be the gift of honor for Alkinoös, because he was the lord of all Phaiakia, and the people listened to his voice as if he were a god. She was the nurse of white-armed Nausikaä at the palace, and it was she who kindled her the fire and in her room prepared her supper.

And now Odysseus rose to go to the city; but Athene kindly drew thick clouds around Odysseus, for fear some bold Phaiakian meeting him might trouble him with talk and ask him who he was. And just as he was entering the pleasant town, the goddess, keen-eyed Athene, crossed his way, disguised as a young girl who bore a water-jar. She paused as she drew near, and royal Odysseus asked:

"My child, could you not guide me to the house of one Alkinoös, who is ruler of this people? For I am a toil-worn stranger come from far, out of a distant land.

τηλόθεν ἐξ ἀπίης γαίης· τῷ οὔ τινα οἶδα       25
ἀνθρώπων, οἳ τήνδε πόλιν καὶ γαῖαν ἔχουσι.'

    Τὸν δ' αὖτε προσέειπε θεὰ γλαυκῶπις Ἀθήνη·
' τοιγὰρ ἐγώ τοι, ξεῖνε πάτερ, δόμον ὅν με κελεύεις
δείξω, ἐπεί μοι πατρὸς ἀμύμονος ἐγγύθι ναίει.
ἀλλ' ἴθι σιγῇ τοῖον, ἐγὼ δ' ὁδὸν ἡγεμονεύσω·       30
μηδέ τιν' ἀνθρώπων προτιόσσεο μηδ' ἐρέεινε.
οὐ γὰρ ξείνους οἴδε μάλ' ἀνθρώπους ἀνέχονται,
οὐδ' ἀγαπαζόμενοι φιλέουσ' ὅς κ' ἄλλοθεν ἔλθῃ.
νηυσὶ θοῇσιν τοί γε πεποιθότες ὠκείῃσι
λαῖτμα μέγ' ἐκπερόωσιν, ἐπεί σφισι δῶκ' ἐνοσίχθων·       35
τῶν νέες ὠκεῖαι ὡς εἰ πτερὸν ἠὲ νόημα.'

    Ὣς ἄρα φωνήσασ' ἡγήσατο Παλλὰς Ἀθήνη
καρπαλίμως· ὁ δ' ἔπειτα μετ' ἴχνια βαῖνε θεοῖο.
τὸν δ' ἄρα Φαίηκες ναυσικλυτοὶ οὐκ ἐνόησαν
ἐρχόμενον κατὰ ἄστυ διὰ σφέας· οὐ γὰρ Ἀθήνη       40
εἴα ἐυπλόκαμος, δεινὴ θεός, ἥ ῥά οἱ ἀχλὺν
θεσπεσίην κατέχευε φίλα φρονέουσ' ἐνὶ θυμῷ.
θαύμαζεν δ' Ὀδυσεὺς λιμένας καὶ νῆας ἐίσας
αὐτῶν θ' ἡρώων ἀγορὰς καὶ τείχεα μακρὰ
ὑψηλὰ· σκολόπεσσιν ἀρηρότα, θαῦμα ἰδέσθαι.       45
ἀλλ' ὅτε δὴ βασιλῆος ἀγακλυτὰ δώμαθ' ἵκοντο,
τοῖσι δὲ μύθων ἦρχε θεὰ γλαυκῶπις Ἀθήνη·

' Οὗτος δή τοι, ξεῖνε πάτερ, δόμος, ὅν με κελεύεις
πεφραδέμεν· δήεις δὲ διοτρεφέας βασιλῆας,
δαίτην δαινυμένους· σὺ δ' ἔσω κίε μηδέ τι θυμῷ       50
τάρβει· θαρσαλέος γὰρ ἀνὴρ ἐν πᾶσιν ἀμείνων
ἔργοισιν τελέθει, εἰ καί ποθεν ἄλλοθεν ἔλθοι.
δέσποιναν μὲν πρῶτα κιχήσεαι ἐν μεγάροισιν·
Ἀρήτη δ' ὄνομ' ἐστὶν ἐπώνυμον, ἐκ δὲ τοκήων

Therefore I know not one among the men who own this city and these lands."

Then said to him the goddess, keen-eyed Athene: "Yes, good old stranger, I will show the house for which you ask, for it stands near my noble father's. But follow on in silence and I will lead the way. Cast not a glance at any man and ask no questions; for our people will not well endure a stranger, and do not courteously receive a man who comes from elsewhere. In their swift ships they trust and they traverse the great deep, for the Earth-shaker has given them power. Swift are their ships as wing or thought."

Saying this, Pallas Athene led the way in haste, and he walked after in the footsteps of the goddess. So the Phaiakians, famed for shipping, did not observe him walking down their town among them, because Athene, the fair-haired powerful goddess, did not permit it, but she drew a marvelous mist in her heart's kindness round him. And now Odysseus admired the harbors, the trim ships, the meeting-places of the lords themselves, and the long walls that were so high, fitted with palisades, a marvel to behold. Then as they neared the famous palace of the king, the goddess, keen-eyed Athene, thus began:

"Here, good old stranger, is the house you bade me show. You will see heaven-descended kings sitting at table there. But enter in, and in your heart have no misgivings; for the courageous man in all affairs better attains his end, come he from where he may. First you shall find the Queen within the hall. Arêtê is her name;

τῶν αὐτῶν οἵ περ τέκον Ἀλκίνοον βασιλῆα.     55
Ναυσίθοον μὲν πρῶτα Ποσειδάων ἐνοσίχθων
γείνατο καὶ Περίβοια, γυναικῶν εἶδος ἀρίστη,
ὁπλοτάτη θυγάτηρ μεγαλήτορος Εὐρυμέδοντος,
ὅς ποθ' ὑπερθύμοισι Γιγάντεσσιν βασίλευεν.
ἀλλ' ὁ μὲν ὤλεσε λαὸν ἀτάσθαλον, ὤλετο δ' αὐτὸς,     60
τῇ δὲ Ποσειδάων ἐμίγη, καὶ ἐγείνατο παῖδα
Ναυσίθοον μεγάθυμον, ὃς ἐν Φαίηξιν ἄνασσε·
Ναυσίθοος δ' ἔτεκεν Ῥηξήνορά τ' Ἀλκίνοόν τε.
τὸν μὲν ἄκουρον ἐόντα βάλ' ἀργυρότοξος Ἀπόλλων
νυμφίον ἐν μεγάρῳ, μίαν οἴην παῖδα λιπόντα     65
Ἀρήτην· τὴν δ' Ἀλκίνοος ποιήσατ' ἄκοιτιν,
καί μιν ἔτισ' ὡς οὔ τις ἐπὶ χθονὶ τίεται ἄλλη,
ὅσσαι νῦν γε γυναῖκες ὑπ' ἀνδράσιν οἶκον ἔχουσιν.
ὣς κείνη περὶ κῆρι τετίμηταί τε καὶ ἔστιν
ἔκ τε φίλων παίδων ἔκ τ' αὐτοῦ Ἀλκινόοιο     70
καὶ λαῶν, οἵ μιν ῥα θεὸν ὣς εἰσορόωντες
δειδέχαται μύθοισιν, ὅτε στείχῃσ' ἀνὰ ἄστυ.
οὐ μὲν γάρ τι νόου γε καὶ αὐτὴ δεύεται ἐσθλοῦ·
οἷσίν τ' εὖ φρονέῃσι καὶ ἀνδράσι νείκεα λύει.
εἴ κέν τοι κείνη γε φίλα φρονέῃσ' ἐνὶ θυμῷ,     75
ἐλπωρή τοι ἔπειτα φίλους τ' ἰδέειν καὶ ἱκέσθαι
οἶκον ἐς ὑψόροφον καὶ σὴν ἐς πατρίδα γαῖαν.'
    Ὣς ἄρα φωνήσασ' ἀπέβη γλαυκῶπις Ἀθήνη
πόντον ἐπ' ἀτρύγετον, λίπε δὲ Σχερίην ἐρατεινὴν,
ἵκετο δ' ἐς Μαραθῶνα καὶ εὐρυάγυιαν Ἀθήνην,     80
δῦνε δ' Ἐρεχθῆος πυκινὸν δόμον. αὐτὰρ Ὀδυσσεὺς
Ἀλκινόου πρὸς δώματ' ἴε κλυτά· πολλὰ δέ οἱ κῆρ
ὥρμαιν' ἱσταμένῳ, πρὶν χάλκεον οὐδὸν ἱκέσθαι.
ὥς τε γὰρ ἠελίου αἴγλη πέλεν ἠὲ σελήνης

sprung from the self-same ancestry as King Alkinoös. In
early days Nausithoös was born of earth-shaking Poseidon
and of Periboia, the chief of womankind in beauty and
the youngest daughter of that bold Eurymedon who once
was king of the presumptuous giants; but he brought
ruin on his impious tribe and on himself. With Periboia
Poseidon lay and by her had a son, sturdy Nausithoös, who
was king of the Phaiakians. Nausithoös begot Rhexenor
and Alkinoös; but before Rhexenor had a son, Apollo of
the silver bow smote him within his hall, soon after he was
wed, and he left behind an only child, Arêtê. Alkinoös
took Arêtê for his wife, and he has honored her as no one
else on earth is honored among the women who to-day
keep houses for their husbands. Thus has she had a
heartfelt honor, and she has it still, from her own children,
from Alkinoös himself, and from the people also, who look
upon her as a god and greet her with welcomes when she
walks about the town. For of sound judgment, woman
as she is, she has no lack; and those whom she regards,
though men, find troubles clear away. If she regards you
kindly in her heart, then there is hope that you may see
your friends and reach your high-roofed house and native
land."

Saying this, keen-eyed Athene passed away, over the
barren sea. She turned from pleasant Scheria, and came
to Marathon and wide-wayed Athens and entered there
the strong house of Erechtheus. Meanwhile Odysseus
neared the famous palace of Alkinoös, and his heart was
deeply stirred so that he paused before he crossed the
brazen threshold; for a sheen as of the sun or moon

δῶμα κάθ' ὑψερεφὲς μεγαλήτορος Ἀλκινόοιο.　　　85
χάλκεοι μὲν γὰρ τοῖχοι ἐληλέδατ' ἔνθα καὶ ἔνθα,
ἐς μυχὸν ἐξ οὐδοῦ, περὶ δὲ θριγκὸς κυάνοιο·
χρύσειαι δὲ θύραι πυκινὸν δόμον ἐντὸς ἔεργον.
σταθμοὶ δ' ἀργύρεοι ἐν χαλκέῳ ἔστασαν οὐδῷ,
ἀργύρεον δ' ἐφ' ὑπερθύριον, χρυσέη δὲ κορώνη.　　　90
χρύσειοι δ' ἑκάτερθε καὶ ἀργύρεοι κύνες ἦσαν,
οὓς Ἥφαιστος ἔτευξεν ἰδυίῃσι πραπίδεσσι
δῶμα φυλασσέμεναι μεγαλήτορος Ἀλκινόοιο,
ἀθανάτους ὄντας καὶ ἀγήρως ἤματα πάντα.
ἐν δὲ θρόνοι περὶ τοῖχον ἐρηρέδατ' ἔνθα καὶ ἔνθα,　　　95
ἐς μυχὸν ἐξ οὐδοῖο διαμπερὲς, ἔνθ' ἐνὶ πέπλοι
λεπτοὶ ἐΰννητοι βεβλήατο, ἔργα γυναικῶν.
ἔνθα δὲ Φαιήκων ἡγήτορες ἑδριόωντο
πίνοντες καὶ ἔδοντες· ἐπηετανὸν γὰρ ἔχεσκον.
χρύσειοι δ' ἄρα κοῦροι ἐϋδμήτων ἐπὶ βωμῶν　　　100
ἔστασαν αἰθομένας δαΐδας μετὰ χερσὶν ἔχοντες,
φαίνοντες νύκτας κατὰ δώματα δαιτυμόνεσσι.
πεντήκοντα δέ οἱ δμῳαὶ κατὰ δῶμα γυναῖκες
αἱ μὲν ἀλετρεύουσι μύλης ἔπι μήλοπα καρπὸν,
αἱ δ' ἱστοὺς ὑφόωσι καὶ ἠλάκατα στρωφῶσιν　　　105
ἥμεναι, οἷά τε φύλλα μακεδνῆς αἰγείροιο·
καιρουσσέων δ' ὀθονέων ἀπολείβεται ὑγρὸν ἔλαιον.
ὅσσον Φαίηκες περὶ πάντων ἴδριες ἀνδρῶν
νῆα θοὴν ἐνὶ πόντῳ ἐλαυνέμεν, ὣς δὲ γυναῖκες
ἱστῶν τεχνῆσσαι· περὶ γάρ σφισι δῶκεν Ἀθήνη　　　110
ἔργα τ' ἐπίστασθαι περικαλλέα καὶ φρένας ἐσθλάς.
ἔκτοσθεν δ' αὐλῆς μέγας ὄρχατος ἄγχι θυράων
τετράγυος· περὶ δ' ἕρκος ἐλήλαται ἀμφοτέρωθεν.
ἔνθα δὲ δένδρεα μακρὰ πεφύκασι τηλεθόωντα,

played through the high-roofed house of great Alkinoös.
On either hand ran walls of bronze from threshold to re-
cess, and round about the ceiling was a cornice of dark
metal. Doors made of gold closed in the solid building.
The door-posts were of silver and stood on a bronze thresh-
old, silver the lintel overhead, and gold the handle. On
the two sides, were gold and silver dogs; these had He-
phaistos wrought with subtle craft to guard the house of
great Alkinoös, creatures immortal, young forever. With-
in were seats planted against the wall on this side and on
that, from threshold to recess, in long array; and upon
these were strewn light fine-spun robes, the work of wo-
men. Here the Phaiakian leaders used to sit, drinking
and eating, holding constant cheer. And golden youths
on massive pedestals stood and held flaming torches in
their hands to give light in the night-time to the feasters
in the halls.

In the King's household are fifty serving maids, some
grinding at the mill the glistering corn, some plying looms
or spinning the twisted yarn, who as they sit are like the
leaves of a tall poplar; and from the close-spun linen
drops the liquid oil. For as Phaiakian men are skilled
beyond all others in speeding a swift ship along the sea,
so are their women practised at the loom, for on them in
large measure Athene has bestowed skill in fair works
and noble minds.

Without the court and close beside its gate is a large
garden, four acres in extent; around it runs a hedge on
either side. Here grow tall thrifty trees — pears, pome-

16

ὄγχναι καὶ ῥοιαὶ καὶ μηλέαι ἀγλαόκαρποι     115
συκέαι τε γλυκεραὶ καὶ ἐλαῖαι τηλεθόωσαι.
τάων οὔ ποτε καρπὸς ἀπόλλυται οὐδ᾽ ἀπολείπει
χείματος οὐδὲ θέρευς, ἐπετήσιος· ἀλλὰ μάλ᾽ αἰεὶ
ζεφυρίη πνείουσα τὰ μὲν φύει, ἄλλα δὲ πέσσει.
ὄγχνη ἐπ᾽ ὄγχνῃ γηράσκει, μῆλον δ᾽ ἐπὶ μήλῳ,     120
αὐτὰρ ἐπὶ σταφυλῇ σταφυλὴ, σῦκον δ᾽ ἐπὶ σύκῳ.
ἔνθα δέ οἱ πολύκαρπος ἀλωὴ ἐρρίζωται,
τῆς ἕτερον μὲν θειλόπεδον λευρῷ ἐνὶ χώρῳ
τέρσεται ἠελίῳ, ἑτέρας δ᾽ ἄρα τε τρυγόωσιν,
ἄλλας δὲ τραπέουσι· πάροιθε δέ τ᾽ ὄμφακές εἰσιν     125
ἄνθος ἀφιεῖσαι, ἕτεραι δ᾽ ὑποπερκάζουσιν.
ἔνθα δὲ κοσμηταὶ πρασιαὶ παρὰ νείατον ὄρχον
παντοῖαι πεφύασιν, ἐπηετανὸν γανόωσαι·
ἐν δὲ δύω κρῆναι ἡ μέν τ᾽ ἀνὰ κῆπον ἅπαντα
σκίδναται, ἡ δ᾽ ἑτέρωθεν ὑπ᾽ αὐλῆς οὐδὸν ἵησι     130
πρὸς δόμον ὑψηλὸν, ὅθεν ὑδρεύοντο πολῖται.
τοῖ᾽ ἄρ᾽ ἐν Ἀλκινόοιο θεῶν ἔσαν ἀγλαὰ δῶρα.
  Ἔνθα στὰς θηεῖτο πολύτλας δῖος Ὀδυσσεύς.
αὐτὰρ ἐπειδὴ πάντα ἑῷ θηήσατο θυμῷ,
καρπαλίμως ὑπὲρ οὐδὸν ἐβήσετο δώματος εἴσω.     135
εὗρε δὲ Φαιήκων ἡγήτορας ἠδὲ μέδοντας
σπένδοντας δεπάεσσιν ἐυσκόπῳ ἀργειφόντῃ,
ᾧ πυμάτῳ σπένδεσκον, ὅτε μνησαίατο κοίτου.
αὐτὰρ ὁ βῆ διὰ δῶμα πολύτλας δῖος Ὀδυσσεὺς·
πολλὴν ἠέρ᾽ ἔχων, ἥν οἱ περίχευεν Ἀθήνη,     140
ὄφρ᾽ ἵκετ᾽ Ἀρήτην τε καὶ Ἀλκίνοον βασιλῆα.
ἀμφὶ δ᾽ ἄρ᾽ Ἀρήτης βάλε γούνασι χεῖρας Ὀδυσσεὺς,
καὶ τότε δή ῥ᾽ αὐτοῖο πάλιν χύτο θέσφατος ἀήρ.
οἱ δ᾽ ἄνεῳ ἐγένοντο δόμον κάτα φῶτα ἰδόντες,

granates, apples with shining fruit, sweet figs and thrifty olives. On them fruit never fails; it is not gone in winter or in summer, but lasts throughout the year; for constantly the west wind's breath brings some to bud and mellows others. Pear ripens upon pear, apple on apple, cluster on cluster, fig on fig. Here too the teeming vineyard has been planted, one part of which, the drying place, lying on level ground, is heating in the sun; in another part men gather grapes; and elsewhere still they tread them. In front, the grapes are green and shed their flower, but a second row are now just turning dark. And here trim garden-beds, along the outer line, spring up in every kind and all the year are gay. Near by, two fountains rise, one scattering its streams throughout the garden, one bounding by another course beneath the courtyard gate toward the high house; from this the townsfolk draw their water. Such at the palace of Alkinoös were the gods' splendid bounties.

Here royal long-tried Odysseus stood and gazed. Then after he had gazed on all to his heart's fill, he quickly crossed the threshold and came within the house. He found the Phaiakian captains and councillors pouring libations from their cups to the keen-sighted Speedy-comer; for to him they always offer a last cup when they prepare for bed. Across the hall went royal long-tried Odysseus, still clothed in the thick cloud which Athene drew around him, until he came to Arêtê and to King Alkinoös. About Arêtê's knees Odysseus threw his arms, and then the marvelous cloud drew back from off him. Seeing a man, all became hushed throughout the house,

θαύμαζον δ᾽ ὁρόωντες· ὁ δὲ λιτάνευεν Ὀδυσσεύς·    145
  ‘ Ἀρήτη, θύγατερ Ῥηξήνορος ἀντιθέοιο,
σόν τε πόσιν σά τε γούναθ᾽ ἱκάνω πολλὰ μογήσας,
τούσδε τε δαιτυμόνας, τοῖσιν θεοὶ ὄλβια δοῖεν
ζωέμεναι, καὶ παισὶν ἐπιτρέψειεν ἕκαστος
κτήματ᾽ ἐνὶ μεγάροισι γέρας θ᾽ ὅ τι δῆμος ἔδωκεν.    150
αὐτὰρ ἐμοὶ πομπὴν ὀτρύνετε πατρίδ᾽ ἱκέσθαι
θᾶσσον, ἐπεὶ δὴ δηθὰ φίλων ἄπο πήματα πάσχω.’
  Ὣς εἰπὼν κατ᾽ ἄρ᾽ ἕζετ᾽ ἐπ᾽ ἐσχάρῃ ἐν κονίῃσι
πὰρ πυρί· οἱ δ᾽ ἄρα πάντες ἀκὴν ἐγένοντο σιωπῇ.
ὀψὲ δὲ δὴ μετέειπε γέρων ἥρως Ἐχένηος,    155
ὃς δὴ Φαιήκων ἀνδρῶν προγενέστερος ἦεν
καὶ μύθοισι κέκαστο, παλαιά τε πολλά τε εἰδώς·
ὅ σφιν ἐυφρονέων ἀγορήσατο καὶ μετέειπεν·
  ‘ Ἀλκίνο᾽, οὐ μέν τοι τόδε κάλλιον οὐδὲ ἔοικε,
ξεῖνον μὲν χαμαὶ ἧσθαι ἐπ᾽ ἐσχάρῃ ἐν κονίῃσιν·    160
οἵδε δὲ σὸν μῦθον ποτιδέγμενοι ἰσχανόωνται.
ἀλλ᾽ ἄγε δὴ ξεῖνον μὲν ἐπὶ θρόνου ἀργυροήλου
εἷσον ἀναστήσας, σὺ δὲ κηρύκεσσι κέλευσον
οἶνον ἐπικρῆσαι, ἵνα καὶ Διὶ τερπικεραύνῳ
σπείσομεν, ὅς θ᾽ ἱκέτῃσιν ἅμ᾽ αἰδοίοισιν ὀπηδεῖ.    165
δόρπον δὲ ξείνῳ ταμίη δότω ἔνδον ἐόντων.’
  Αὐτὰρ ἐπεὶ τό γ᾽ ἄκουσ᾽ ἱερὸν μένος Ἀλκινόοιο,
χειρὸς ἑλὼν Ὀδυσῆα δαΐφρονα ποικιλομήτην
ὦρσεν ἀπ᾽ ἐσχαρόφιν καὶ ἐπὶ θρόνου εἷσε φαεινοῦ,
υἱὸν ἀναστήσας ἀγαπήνορα Λαοδάμαντα,    170
ὅς οἱ πλησίον ἷζε, μάλιστα δέ μιν φιλέεσκε.
χέρνιβα δ᾽ ἀμφίπολος προχόῳ ἐπέχευε φέρουσα
καλῇ χρυσείῃ, ὑπὲρ ἀργυρέοιο λέβητος,
νίψασθαι· παρὰ δὲ ξεστὴν ἐτάνυσσε τράπεζαν.

and seeing marveled; and thus Odysseus made his suppli-
cation: "Arêtê, daughter of divine Rhexenor, to your hus-
band do I come, and to your knees, through many a strug-
gle, and to these feasters too. May the gods grant them
the blessing of long life, and may each leave his children
his wealth at home and every honor men have given.
But quickly grant me aid to reach my native land; for
long cut off from friends I have been meeting hardship."

When he had spoken thus, he sat down on the hearth
among the ashes by the fire, while all were hushed to
silence. At last the old lord Echenêos spoke, the oldest
man of the Phaiakian race, preëminent in speech and full
of knowledge of the past. He with good will addressed
them thus, and said:

"Alkinoös, this is not quite honorable to you; it is un-
seemly that a stranger should be sitting on the hearth
among the ashes. Awaiting words of yours, these men
hold back. Come then, raise up the stranger, seat him on
the silver-studded chair, and bid the pages mix more wine,
that we may also pour to Zeus, the Thunderer, who waits
on sacred suppliants. And let the housekeeper provide a
supper for the stranger from what she has in store."

Now when revered Alkinoös heard his word, he took by
the hand Odysseus — that keen man, of varied wisdom —
raised him from the hearth and placed him on a shining
chair, making his son arise, manly Laodamas, who sat
beside his father, for his father loved him best. And
water for the hands a servant brought them in a beautiful
pitcher made of gold, and poured it out over a silver basin
for their washing, and by them spread a polished table.

σῖτον δ' αἰδοίη ταμίη παρέθηκε φέρουσα,                     175
εἴδατα πόλλ' ἐπιθεῖσα, χαριζομένη παρεόντων.
αὐτὰρ ὁ πῖνε καὶ ἦσθε πολύτλας δῖος Ὀδυσσεύς·
καὶ τότε κήρυκα προσέφη μένος Ἀλκινόοιο·

'Ποντόνοε, κρητῆρα κερασσάμενος μέθυ νεῖμον
πᾶσιν ἀνὰ μέγαρον, ἵνα καὶ Διὶ τερπικεραύνῳ          180
σπείσομεν, ὅσθ' ἱκέτῃσιν ἅμ' αἰδοίοισιν ὀπηδεῖ.'

Ὣς φάτο, Ποντόνοος δὲ μελίφρονα οἶνον ἐκίρνα,
νώμησεν δ' ἄρα πᾶσιν ἐπαρξάμενος δεπάεσσιν.
αὐτὰρ ἐπεὶ σπεῖσάν τ' ἔπιόν θ' ὅσον ἤθελε θυμὸς,
τοῖσιν δ' Ἀλκίνοος ἀγορήσατο καὶ μετέειπε.            185

'Κέκλυτε, Φαιήκων ἡγήτορες ἠδὲ μέδοντες,
ὄφρ' εἴπω τά με θυμὸς ἐνὶ στήθεσσι κελεύει.
νῦν μὲν δαισάμενοι κατακείετε οἴκαδ' ἰόντες·
ἠῶθεν δὲ γέροντας ἐπὶ πλέονας καλέσαντες
ξεῖνον ἐνὶ μεγάροις ξεινίσσομεν ἠδὲ θεοῖσι             190
ῥέξομεν ἱερὰ καλά, ἔπειτα δὲ καὶ περὶ πομπῆς
μνησόμεθ', ὥς χ' ὁ ξεῖνος ἄνευθε πόνου καὶ ἀνίης
πομπῇ ὑφ' ἡμετέρῃ ἣν πατρίδα γαῖαν ἵκηται
χαίρων καρπαλίμως, εἰ καὶ μάλα τηλόθεν ἐστὶ,
μηδέ τι μεσσηγύς γε κακὸν καὶ πῆμα πάθῃσι             195
πρίν γε τὸν ἧς γαίης ἐπιβήμεναι· ἔνθα δ' ἔπειτα
πείσεται ἄσσα οἱ αἶσα κατὰ κλῶθές τε βαρεῖαι
γεινομένῳ νήσαντο λίνῳ, ὅτε μιν τέκε μήτηρ.
εἰ δέ τις ἀθανάτων γε κατ' οὐρανοῦ εἰλήλουθεν,
ἄλλο τι δὴ τόδ' ἔπειτα θεοὶ περιμηχανόωνται.          200
αἰεὶ γὰρ τὸ πάρος γε θεοὶ φαίνονται ἐναργεῖς
ἡμῖν, εὖτ' ἔρδωμεν ἀγακλειτὰς ἑκατόμβας,
δαίνυνταί τε παρ' ἄμμι καθήμενοι ἔνθα περ ἡμεῖς.
εἰ δ' ἄρα τις καὶ μοῦνος ἰὼν ξύμβληται ὁδίτης,

And the grave housekeeper brought bread and placed before them, setting out food of many a kind, freely giving of her store. So royal long-tried Odysseus drank and ate. And now to the page revered Alkinoös said:

"Pontonoös, mix a bowl and pass the wine to all within the hall, that we may also pour to Zeus, the Thunderer, who waits on sacred suppliants."

He spoke; Pontonoös stirred the cheering wine and served it out to all, with a first pious portion for the cup. So after they had poured and drunk as their hearts wished, then thus Alkinoös addressed them, saying:

"Hearken, Phaiakian captains and councillors, and let me tell you what the heart within me bids. Now that the feast is over, go to your homes and rest; and in the morning we will call more elders hither, and entertain the stranger in our hall, and make fit offering to the gods. Then afterwards will we take thought about his escort, so that the stranger free from toil and trouble may by our escort reach his native land in gladness and with speed, although he comes from far. So shall he, meanwhile, meet no ill or harm till he set foot in his own land; there, in the days to come, he shall receive whatever fate and the stern spinners wove in his birth-thread when his mother bore him. But if he be some deathless one come down from heaven, then do the gods herein deal with us strangely; for heretofore the gods have always shown themselves in person, and when we offer splendid hecatombs they sit beside us at the feast, even like ourselves. And if a man, walking alone, meet them upon his way,

οὔ τι κατακρύπτουσιν, ἐπεί σφισιν ἐγγύθεν εἰμὲν,     205
ὥς περ Κύκλωπές τε καὶ ἄγρια φῦλα Γιγάντων.'

Τὸν δ' ἀπαμειβόμενος προσέφη πολύμητις Ὀδυσσεύς·
'Ἀλκίνο', ἄλλο τί τοι μελέτω φρεσίν· οὐ γὰρ ἐγώ γε
ἀθανάτοισιν ἔοικα, τοὶ οὐρανὸν εὐρὺν ἔχουσιν,
οὐ δέμας οὐδὲ φυὴν, ἀλλὰ θνητοῖσι βροτοῖσιν·     210
οὕς τινας ὑμεῖς ἴστε μάλιστ' ὀχέοντας ὀιζὺν
ἀνθρώπων, τοῖσίν κεν ἐν ἄλγεσιν ἰσωσαίμην.
καὶ δ' ἔτι κεν καὶ μᾶλλον ἐγὼ κακὰ μυθησαίμην,
ὅσσα γε δὴ ξύμπαντα θεῶν ἰότητι μόγησα.
ἀλλ' ἐμὲ μὲν δορπῆσαι ἐάσατε κηδόμενόν περ·     215
οὐ γάρ τι στυγερῇ ἐπὶ γαστέρι κύντερον ἄλλο
ἔπλετο, ἥ τ' ἐκέλευσεν ἕο μνήσασθαι ἀνάγκῃ
καὶ μάλα τειρόμενον καὶ ἐνὶ φρεσὶ πένθος ἔχοντα,
ὡς καὶ ἐγὼ πένθος μὲν ἔχω φρεσὶν, ἡ δὲ μάλ' αἰεὶ
ἐσθέμεναι κέλεται καὶ πινέμεν, ἐκ δέ με πάντων     220
ληθάνει ὅσσ' ἔπαθον, καὶ ἐνιπλήσασθαι ἀνώγει.
ὑμεῖς δ' ὀτρύνεσθαι ἅμ' ἠοῖ φαινομένηφιν,
ὥς κ' ἐμὲ τὸν δύστηνον ἐμῆς ἐπιβήσετε πάτρης,
καί περ πολλὰ παθόντα· ἰδόντα με καὶ λίποι αἰὼν
κτῆσιν ἐμὴν, δμῶάς τε καὶ ὑψερεφὲς μέγα δῶμα.'     225

Ὣς ἔφαθ', οἱ δ' ἄρα πάντες ἐπήνεον ἠδ' ἐκέλευον
πεμπέμεναι τὸν ξεῖνον, ἐπεὶ κατὰ μοῖραν ἔειπεν.
αὐτὰρ ἐπεὶ σπεῖσάν τ' ἔπιόν θ' ὅσον ἤθελε θυμὸς,
οἱ μὲν κακκείοντες ἔβαν οἰκόνδε ἕκαστος,
αὐτὰρ ὁ ἐν μεγάρῳ ὑπελείπετο δῖος Ὀδυσσεὺς,     230
πὰρ δέ οἱ Ἀρήτη τε καὶ Ἀλκίνοος θεοειδὴς
ἥσθην· ἀμφίπολοι δ' ἀπεκόσμεον ἔντεα δαιτός.
τοῖσιν δ' Ἀρήτη λευκώλενος ἥρχετο μύθων·
ἔγνω γὰρ φᾶρός τε χιτῶνά τε εἵματ' ἰδοῦσα

they do not hide, for we are of their kin, as are the Cyclops and the wild tribes of Giants."

Then wise Odysseus answered him and said: "Alkinoös, other thoughts of me be yours! I am not like the deathless ones who hold the open sky, either in form or bearing, but, on the contrary, I am like men that die; and whomsoever you have known bearing most grief amongst mankind, his sorrows I could equal. Yes, even more distresses still I might relate, which first and last I bore at the gods' bidding. But let me now, though sick at heart, taste food; for nothing is more brutal than an angry belly. It bids a man attend perforce, sadly though he be worn, though grief be on his mind. Even so, I too have grief upon my mind, and yet this evermore calls me to eat and drink; all I have borne it makes me quite forget, and bids me take my fill. But do you hasten at the dawn of day to land unhappy me in my own country, for I have suffered long; and let life pass, so I may once behold my own domain, my slaves, and my great high-roofed house."

Such were his words; they all agreed, and bade send on the stranger, for rightly had he spoken. Then after they had poured and drunk as their hearts wished, they sought their rest, and each departed homeward. So in the hall was royal Odysseus left behind; Arêtê, too, and godlike Alkinoös sat beside him, while servants cleared away the dishes of the meal. Then thus began white-armed Arêtê; for when she saw Odysseus she knew his robe and tunic to be the beautiful clothing which she her-

καλὰ, τά ῥ' αὐτὴ τεῦξε σὺν ἀμφιπόλοισι γυναιξί·      235
καί μιν φωνήσασ' ἔπεα πτερόεντα προσηύδα·

'Ξεῖνε, τὸ μέν σε πρῶτον ἐγὼν εἰρήσομαι αὐτή·
τίς πόθεν εἰς ἀνδρῶν; τίς τοι τάδε εἵματ' ἔδωκεν;
οὐ δὴ φῂς ἐπὶ πόντον ἀλώμενος ἐνθάδ' ἱκέσθαι;'

Τὴν δ' ἀπαμειβόμενος προσέφη πολύμητις Ὀδυσσεύς·
'ἀργαλέον, βασίλεια, διηνεκέως ἀγορεῦσαι      241
κήδε', ἐπεί μοι πολλὰ δόσαν θεοὶ οὐρανίωνες·
τοῦτο δέ τοι ἐρέω ὅ μ' ἀνείρεαι ἠδὲ μεταλλᾷς.
Ὠγυγίη τις νῆσος ἀπόπροθεν εἰν ἁλὶ κεῖται,
ἔνθα μὲν Ἄτλαντος θυγάτηρ, δολόεσσα Καλυψὼ      245
ναίει ἐϋπλόκαμος, δεινὴ θεός· οὐδέ τις αὐτῇ
μίσγεται οὔτε θεῶν οὔτε θνητῶν ἀνθρώπων.
ἀλλ' ἐμὲ τὸν δύστηνον ἐφέστιον ἤγαγε δαίμων
οἶον, ἐπεί μοι νῆα θοὴν ἀργῆτι κεραυνῷ
Ζεὺς ἔλσας ἐκέασσε μέσῳ ἐνὶ οἴνοπι πόντῳ.      250
[ἔνθ' ἄλλοι μὲν πάντες ἀπέφθιθεν ἐσθλοὶ ἑταῖροι,
αὐτὰρ ἐγὼ τρόπιν ἀγκὰς ἑλὼν νεὸς ἀμφιελίσσης
ἐννῆμαρ φερόμην· δεκάτῃ δέ με νυκτὶ μελαίνῃ
νῆσον ἐς Ὠγυγίην πέλασαν θεοί, ἔνθα Καλυψὼ
ναίει ἐϋπλόκαμος, δεινὴ θεός, ἥ με λαβοῦσα      255
ἐνδυκέως ἐφίλει τε καὶ ἔτρεφεν ἠδὲ ἔφασκε
θήσειν ἀθάνατον καὶ ἀγήρων ἤματα πάντα·
ἀλλ' ἐμὸν οὔ ποτε θυμὸν ἐνὶ στήθεσσιν ἔπειθεν.]
ἔνθα μὲν ἑπτάετες μένον ἔμπεδον, εἵματα δ' αἰεὶ
δάκρυσι δεύεσκον, τά μοι ἄμβροτα δῶκε Καλυψώ·      260
ἀλλ' ὅτε δὴ ὀγδοόν μοι ἐπιπλόμενον ἔτος ἦλθε,
καὶ τότε δή μ' ἐκέλευσεν ἐποτρύνουσα νέεσθαι
Ζηνὸς ὑπ' ἀγγελίης, ἢ καὶ νόος ἐτράπετ' αὐτῆς.
πέμπε δ' ἐπὶ σχεδίης πολυδέσμου, πολλὰ δ' ἔδωκε,

self had made — she and her waiting-maids; and speaking to him in winged words, she said:

"Stranger, I will myself first ask you this. Who are you? Of what people? Who gave to you this clothing? Did you not say you came to us through being lost at sea?"

Then wise Odysseus answered her and said: "Hard it were, Queen, fully to tell my woes, because the gods of heaven have given me many; but that for which you ask and seek I will declare. Ogygia is an island lying far out at sea, where the daughter of Atlas dwells, crafty Kalypso, a fair-haired, powerful goddess. Her no one visits, either among the gods or mortal men; but hapless me some power led thither to her hearth, and all alone, for Zeus with a gleaming bolt smote my swift ship and wrecked it in the middle of the wine-dark sea. There all the rest of my good comrades perished, but I myself caught in my arms the keel of my curved ship and drifted for nine days. Upon the tenth, in the dark night, gods brought me to the island of Ogygia, where Kalypso dwells, the fair-haired, powerful goddess. She took me in and loved me well, cared for my needs, and often said that she would make me an immortal, young forever; but she never beguiled the heart within my breast. Here for seven years I lingered on, and often with my tears would I bedew the robes Kalypso gave, immortal though they were. But when the eighth revolving year was come, she bade me, ay she urged me, to depart, whether through message sent from Zeus or that her own mind changed. Upon a strong-built boat she sent me forth, giving abundant food,

σῖτον καὶ μέθυ ἡδὺ, καὶ ἄμβροτα εἵματα ἕσσεν,          265
οὖρον δὲ προέηκεν ἀπήμονά τε λιαρόν τε.
ἑπτὰ δὲ καὶ δέκα μὲν πλέον ἤματα ποντοπορεύων,
ὀκτωκαιδεκάτῃ δ᾽ ἐφάνη ὄρεα σκιόεντα
γαίης ὑμετέρης, γήθησε δέ μοι φίλον ἦτορ
δυσμόρῳ· ἦ γὰρ ἔμελλον ἔτι ξυνέσεσθαι ὀϊζυῖ          270
πολλῇ, τήν μοι ἐπῶρσε Ποσειδάων ἐνοσίχθων,
ὅς μοι ἐφορμήσας ἀνέμους κατέδησε κέλευθα,
ὤρινεν δὲ θάλασσαν ἀθέσφατον, οὐδέ τι κῦμα
εἴα ἐπὶ σχεδίης ἀδινὰ στενάχοντα φέρεσθαι.
τὴν μὲν ἔπειτα θύελλα διεσκέδασ᾽· αὐτὰρ ἐγώ γε          275
νηχόμενος τόδε λαῖτμα διέτμαγον, ὄφρα με γαίῃ
ὑμετέρῃ ἐπέλασσε φέρων ἄνεμός τε καὶ ὕδωρ.
ἔνθα κέ μ᾽ ἐκβαίνοντα βιήσατο κῦμ᾽ ἐπὶ χέρσου,
πέτρῃς πρὸς μεγάλῃσι βαλὸν καὶ ἀτερπέϊ χώρῳ·
ἀλλ᾽ ἀναχασσάμενος νῆχον πάλιν, εἷος ἐπῆλθον          280
ἐς ποταμὸν, τῇ δή μοι ἐείσατο χῶρος ἄριστος,
λεῖος πετράων, καὶ ἐπὶ σκέπας ἦν ἀνέμοιο.
ἐκ δ᾽ ἔπεσον θυμηγερέων, ἐπὶ δ᾽ ἀμβροσίη νὺξ
ἤλυθ᾽· ἐγὼ δ᾽ ἀπάνευθε διιπετέος ποταμοῖο
ἐκβὰς ἐν θάμνοισι κατέδραθον, ἀμφὶ δὲ φύλλα          285
ἠφυσάμην· ὕπνον δὲ θεὸς κατ᾽ ἀπείρονα χεῦεν.
ἔνθα μὲν ἐν φύλλοισι, φίλον τετιημένος ἦτορ,
εὗδον παννύχιος καὶ ἐπ᾽ ἠῶ καὶ μέσον ἦμαρ·
δύσετό τ᾽ ἠέλιος, καί με γλυκὺς ὕπνος ἀνῆκεν.
ἀμφιπόλους δ᾽ ἐπὶ θινὶ τεῆς ἐνόησα θυγατρὸς          290
παιζούσας, ἐν δ᾽ αὐτὴ ἔην εἰκυῖα θεῇσι.
τὴν ἱκέτευσ᾽· ἡ δ᾽ οὔ τι νοήματος ἤμβροτεν ἐσθλοῦ,
ὡς οὐκ ἂν ἔλποιο νεώτερον ἀντιάσαντα
ἐρξέμεν· αἰεὶ γάρ τε νεώτεροι ἀφραδέουσιν.

bread and sweet wine; she clad me in immortal robes and sent along my course a soft and gentle breeze. For seventeen days I sailed across the sea; on the eighteenth there came in sight the dim heights of your coast, and I was glad at heart — ill-fated I, who yet must meet the sore distress which earth-shaking Poseidon brought upon me. For he awoke the winds and barred my progress, stirred marvelously the waters, and the waves did not suffer me, spite of my many groans, to ride upon my boat. This soon the tempest shattered, and I by swimming forced my way through the flood, till at your coast the driving wind and water brought me in. Here, as I tried to land, the waves upon the shore might well have overcome me, casting me on great rocks and on forbidding ground; but I turned back and swam until I reached a stream where the ground seemed most fit, well cleared of stones and sheltered from the wind. Gathering my strength, I staggered out, and the immortal night came on. Off to a distance from the heaven-descended stream I walked and fell asleep among the bushes, heaping the leaves around; and here God poured upon me a slumber without end. For lying among the leaves, worn to the very soul, I slept all night till morning, then till noon; the sun was going down as the sweet slumber left me. And now upon the beach I saw your daughter's maids, playing a game, and she among them seemed a goddess. To her I made entreaty, and she was not lacking in sound judgment, such as you could not hope that a young person meeting you would show; for usually the young are giddy. She gave

ἥ μοι σῖτον ἔδωκεν ἅλις ἠδ' αἴθοπα οἶνον,                     295
καὶ λοῦσ' ἐν ποταμῷ, καί μοι τάδε εἵματ' ἔδωκε.
ταῦτά τοι ἀχνύμενός περ ἀληθείην κατέλεξα.'
    Τὸν δ' αὖτ' Ἀλκίνοος ἀπαμείβετο φώνησέν τε·
' ξεῖν', ἦ τοι μὲν τοῦτό γ' ἐναίσιμον οὐκ ἐνόησε
παῖς ἐμὴ, οὕνεκά σ' οὔ τι μετ' ἀμφιπόλοισι γυναιξὶν   800
ἦγεν ἐς ἡμέτερον· σὺ δ' ἄρα πρώτην ἱκέτευσας.'
    Τὸν δ' ἀπαμειβόμενος προσέφη πολύμητις Ὀδυσσεύς·
' ἥρως, μή μοι τοὔνεκ' ἀμύμονα νείκεε κούρην·
ἡ μὲν γάρ μ' ἐκέλευε σὺν ἀμφιπόλοισιν ἕπεσθαι·
ἀλλ' ἐγὼ οὐκ ἔθελον δείσας αἰσχυνόμενός τε,           805
μή πως καὶ σοὶ θυμὸς ἐπισκύσσαιτο ἰδόντι·
δύσζηλοι γάρ τ' εἰμὲν ἐπὶ χθονὶ φῦλ' ἀνθρώπων.'
    Τὸν δ' αὖτ' Ἀλκίνοος ἀπαμείβετο φώνησέν τε·
' ξεῖν', οὔ μοι τοιοῦτον ἐνὶ στήθεσσι φίλον κῆρ,
μαψιδίως κεχολῶσθαι· ἀμείνω δ' αἴσιμα πάντα.           810
αἲ γάρ, Ζεῦ τε πάτερ καὶ Ἀθηναίη καὶ Ἄπολλον,
τοῖος ἐὼν οἷός ἐσσι, τά τε φρονέων ἅ τ' ἐγώ περ,
παῖδά τ' ἐμὴν ἐχέμεν καὶ ἐμὸς γαμβρὸς καλέεσθαι
αὖθι μένων· οἶκον δέ κ' ἐγὼ καὶ κτήματα δοίην,
εἴ κ' ἐθέλων γε μένοις· ἀέκοντα δέ σ' οὔ τις ἐρύξει   815
Φαιήκων· μὴ τοῦτο φίλον Διὶ πατρὶ γένοιτο.
πομπὴν δ' ἐς τόδ' ἐγὼ τεκμαίρομαι, ὄφρ' εὖ εἰδῇς,
αὔριον ἔς· τῆμος δὲ σὺ μὲν δεδμημένος ὕπνῳ
λέξεαι, οἱ δ' ἐλόωσι γαλήνην, ὄφρ' ἂν ἵκηαι
πατρίδα σὴν καὶ δῶμα, καὶ εἴ πού τοι φίλον ἐστὶν,    820
εἴ περ καὶ μάλα πολλὸν ἑκαστέρω ἔστ' Εὐβοίης,
τήν περ τηλοτάτω φάσ' ἔμμεναι οἵ μιν ἴδοντο
λαῶν ἡμετέρων, ὅτε τε ξανθὸν Ῥαδάμανθυν
ἦγον ἐποψόμενον Τιτυὸν, Γαιήιον υἱόν.

me bread enough and sparkling wine, she bathed me in the river and gave to me these clothes. Thus in my sorrow I have told you all the truth."

Then answered him Alkinoös and said: "Stranger, herein my child showed no right judgment, that she did not bring you hither with her maids. Yet it was she to whom you first made your entreaty."

Then wise Odysseus answered him and said: "Sire, do not for this reproach the blameless girl. For she instructed me to follow with the maids; but I would not, for fear and very shame, lest possibly your heart might be offended at the sight. Suspicious creatures are we sons of men on earth."

Then answered him Alkinoös and said: "Stranger, the heart within my breast is not one lightly troubled. Better, good sense in all things. O father Zeus, Athene, and Apollo, that such a man as you, so like in mind to me, might take my child, be called my son-in-law, and here abide! For I would give you house and goods if you would like to stay. Against your wish, shall no Phaiakian hold you. That, father Zeus forbid! Nay, I will fix your setting forth, that you may rest secure; tomorrow shall it be. And you shall be lying all the time wrapt in a sleep, while they are speeding you along calm seas until you reach your land and home or anywhere you will, though it indeed were far beyond Euboea, which is said to be the very farthest shore by those among our people who once saw it when they carried light-haired Rhadamanthus to visit Tityos, the son of Gaia. Yes,

καὶ μὲν οἱ ἔνθ᾽ ἦλθον, καὶ ἄτερ καμάτοιο τέλεσσαν    825
ἤματι τῷ αὐτῷ καὶ ἀπήνυσαν οἴκαδ᾽ ὀπίσσω.
εἰδήσεις δὲ καὶ αὐτὸς ἐνὶ φρεσὶν ὅσσον ἄρισται
νῆες ἐμαὶ καὶ κοῦροι ἀναρρίπτειν ἅλα πηδῷ.᾽
῝Ως φάτο, γήθησεν δὲ πολύτλας δῖος Ὀδυσσεύς,
εὐχόμενος δ᾽ ἄρα εἶπεν ἔπος τ᾽ ἔφατ᾽ ἔκ τ᾽ ὀνόμαζε·    830
‘ Ζεῦ πάτερ, αἴθ᾽ ὅσα εἶπε τελευτήσειεν ἅπαντα
Ἀλκίνοος· τοῦ μέν κεν ἐπὶ ζείδωρον ἄρουραν
ἄσβεστον κλέος εἴη, ἐγὼ δέ κε πατρίδ᾽ ἱκοίμην.᾽
῝Ως οἱ μὲν τοιαῦτα πρὸς ἀλλήλους ἀγόρευον,
κέκλετο δ᾽ Ἀρήτη λευκώλενος ἀμφιπόλοισι    835
δέμνι᾽ ὑπ᾽ αἰθούσῃ θέμεναι καὶ ῥήγεα καλὰ
πορφύρε᾽ ἐμβαλέειν, στορέσαι τ᾽ ἐφύπερθε τάπητας,
χλαίνας τ᾽ ἐνθέμεναι οὔλας καθύπερθεν ἔσασθαι.
αἱ δ᾽ ἴσαν ἐκ μεγάροιο δάος μετὰ χερσὶν ἔχουσαι·
αὐτὰρ ἐπεὶ στόρεσαν πυκινὸν λέχος ἐγκονέουσαι,    340
ὤτρυνον Ὀδυσῆα παριστάμεναι ἐπέεσσιν·
‘ Ὄρσο κέων, ὦ ξεῖνε· πεποίηται δέ τοι εὐνή.᾽
ὡς φάν· τῷ δ᾽ ἀσπαστὸν ἐείσατο κοιμηθῆναι.
ὡς ὁ μὲν ἔνθα καθεῦδε πολύτλας δῖος Ὀδυσσεὺς
τρητοῖς ἐν λεχέεσσιν ὑπ᾽ αἰθούσῃ ἐριδούπῳ·    345
Ἀλκίνοος δ᾽ ἄρα λέκτο μυχῷ δόμου ὑψηλοῖο,
πὰρ δὲ γυνὴ δέσποινα λέχος πόρσυνε καὶ εὐνήν.

there they went, without fatigue performing all, and on the self-same day finished the journey home. But you shall judge, in your own mind, how excellent my ships and young men are in tossing up the water with the oar."

He spoke, and glad was royal long-tried Odysseus, who, making his prayer, uttered these words and said:

"O father Zeus, all that Alkinoös has said may he fulfil. Then on the fruitful earth should he have quench-less fame, and I should gain my country."

So ran their talk with one another. Meantime white-armed Arêtê bade her maids to set a couch beneath the portico, to lay upon it beautiful purple rugs, spread blankets over these, and then place woollen mantles on the outside for a covering. So the maids left the hall, with torches in their hands. And after they had spread the comfortable bed with busy speed, they summoned Odysseus, drawing near and saying: "Come, stranger, come to sleep. Your bed is ready." So did they speak, and to him rest seemed delightful. Thus royal long-tried Odysseus fell asleep upon the corded bed, beneath the echoing portico. But Alkinoös lay in the recess of his high hall, and there the Queen, his wife, made ready her bed beside him.

17

# ΟΔΥΣΣΕΙΑΣ Θ.

## Ὀδυσσέως σύστασις πρὸς Φαίακας.

Ἦμος δ' ἠριγένεια φάνη ῥοδοδάκτυλος Ἠώς,
ὤρνυτ' ἄρ ἐξ εὐνῆς ἱερὸν μένος Ἀλκινόοιο,
ἂν δ' ἄρα διογενὴς ὦρτο πτολίπορθος Ὀδυσσεύς.
τοῖσιν δ' ἡγεμόνευ' ἱερὸν μένος Ἀλκινόοιο
Φαιήκων ἀγορήνδ', ἥ σφιν παρὰ νηυσὶ τέτυκτο.
ἐλθόντες δὲ καθῖζον ἐπὶ ξεστοῖσι λίθοισι
πλησίον· ἡ δ' ἀνὰ ἄστυ μετῴχετο Παλλὰς Ἀθήνη,
εἰδομένη κήρυκι δαΐφρονος Ἀλκινόοιο,
νόστον Ὀδυσσῆι μεγαλήτορι μητιόωσα,
καί ῥα ἑκάστῳ φωτὶ παρισταμένη φάτο μῦθον·     10

' Δεῦτ' ἄγε, Φαιήκων ἡγήτορες ἠδὲ μέδοντες,
εἰς ἀγορὴν ἰέναι, ὄφρα ξείνοιο πύθησθε,
ὃς νέον Ἀλκινόοιο δαΐφρονος ἵκετο δῶμα
πόντον ἐπιπλαγχθείς, δέμας ἀθανάτοισιν ὁμοῖος.'

Ὣς εἰποῦσ' ὤτρυνε μένος καὶ θυμὸν ἑκάστου.     15
καρπαλίμως δ' ἔμπληντο βροτῶν ἀγοραί τε καὶ ἕδραι
ἀγρομένων· πολλοὶ δ' ἄρα θηήσαντο ἰδόντες
υἱὸν Λαέρταο δαΐφρονα.  τῷ δ' ἄρ' Ἀθήνη
θεσπεσίην κατέχευε χάριν κεφαλῇ τε καὶ ὤμοις,
καί μιν μακρότερον καὶ πάσσονα θῆκεν ἰδέσθαι,     20
ὥς κεν Φαιήκεσσι φίλος πάντεσσι γένοιτο
δεινός τ' αἰδοῖός τε, καὶ ἐκτελέσειεν ἀέθλους
πολλούς, τοὺς Φαίηκες ἐπειρήσαντ' Ὀδυσῆος.
αὐτὰρ ἐπεί ῥ' ἤγερθεν ὁμηγερέες τ' ἐγένοντο,

# VIII.

As soon as the early rosy-fingered Dawn appeared, revered Alkinoös rose from bed, and up rose also high-born Odysseus, spoiler of cities. And now revered Alkinoös led the way to the assembly-place of the Phaiakians, which lay beside the ships. When they were come, they took their seats on polished stones, set side by side; while Pallas Athene went throughout the town in the likeness of the page of wise Alkinoös, planning the journey home of brave Odysseus; and every man she met she thus accosted:

"Come hither, Phaiakian captains and councillors, come, haste to the assembly-place, to hear about the stranger who came but lately to the house of wise Alkinoös when cast away at sea. In form he is like the immortals."

With words like these she stirred in each a zeal and a desire, and speedily the assembly-place and all its seats were filled with those who came. Then many marveled when they saw the wise son of Laërtes; for Athene had cast a wondrous grace about his head and shoulders, and she had made him taller and stouter to behold, that so he might find favor in all Phaiakian eyes as one of power and worth, and that he also might win many games in which the Phaiakians tried Odysseus. So when they had

τοῖσιν δ' Ἀλκίνοος ἀγορήσατο καὶ μετέειπε·                 25
' Κέκλυτε, Φαιήκων ἡγήτορες ἠδὲ μέδοντες,
ὄφρ' εἴπω τά με θυμὸς ἐνὶ στήθεσσι κελεύει.
ξεῖνος ὅδ', οὐκ οἶδ' ὅς τις, ἀλώμενος ἵκετ' ἐμὸν δῶ,
ἠὲ πρὸς ἠοίων ἢ ἑσπερίων ἀνθρώπων·
πομπὴν δ' ὀτρύνει, καὶ λίσσεται ἔμπεδον εἶναι.          30
ἡμεῖς δ', ὡς τὸ πάρος περ, ἐποτρυνώμεθα πομπήν.
οὐδὲ γὰρ οὐδέ τις ἄλλος, ὅτις κ' ἐμὰ δώμαθ' ἵκηται,
ἐνθάδ' ὀδυρόμενος δηρὸν μένει εἵνεκα πομπῆς.
ἀλλ' ἄγε νῆα μέλαιναν ἐρύσσομεν εἰς ἅλα δῖαν
πρωτόπλοον, κούρω δὲ δύω καὶ πεντήκοντα                85
κρινάσθων κατὰ δῆμον, ὅσοι πάρος εἰσὶν ἄριστοι.
δησάμενοι δ' εὖ πάντες ἐπὶ κληῖσιν ἐρετμὰ
ἔκβητ'· αὐτὰρ ἔπειτα θοὴν ἀλεγύνετε δαῖτα
ἡμέτερόνδ' ἐλθόντες· ἐγὼ δ' εὖ πᾶσι παρέξω.
κούροισιν μὲν ταῦτ' ἐπιτέλλομαι· αὐτὰρ οἱ ἄλλοι        40
σκηπτοῦχοι βασιλῆες ἐμὰ πρὸς δώματα καλὰ
ἔρχεσθ', ὄφρα ξεῖνον ἐνὶ μεγάροισι φιλέωμεν·
μηδέ τις ἀρνείσθω· καλέσασθε δὲ θεῖον ἀοιδὸν,
Δημόδοκον· τῷ γάρ ῥα θεὸς περὶ δῶκεν ἀοιδὴν
τέρπειν, ὅππῃ θυμὸς ἐποτρύνῃσιν ἀείδειν.'               45
῾Ὣς ἄρα φωνήσας ἡγήσατο, τοὶ δ' ἅμ' ἕποντο
σκηπτοῦχοι· κῆρυξ δὲ μετῴχετο θεῖον ἀοιδόν.
κούρω δὲ κρινθέντε δύω καὶ πεντήκοντα
βήτην, ὡς ἐκέλευσ', ἐπὶ θῖν' ἁλὸς ἀτρυγέτοιο.
αὐτὰρ ἐπεί ῥ' ἐπὶ νῆα κατήλυθον ἠδὲ θάλασσαν,          50
νῆα μὲν οἵ γε μέλαιναν ἁλὸς βένθοσδε ἔρυσσαν,
ἐν δ' ἱστόν τ' ἐτίθεντο καὶ ἱστία νηὶ μελαίνῃ,
ἠρτύναντο δ' ἐρετμὰ τροποῖς ἐν δερματίνοισι,
πάντα κατὰ μοῖραν· ἀνά θ' ἱστία λευκὰ πέτασσαν.

been called and all were come, thus did Alkinoös address them, saying:

"Hearken, Phaiakian captains and councillors, and let me tell you what the heart within me bids. This stranger — who he is I do not know — came hither as a wanderer from peoples east or west. He begs us for an escort, and prays that it be sure. Then let us, even as heretofore, furnish an escort promptly; for never does the stranger who has reached my halls tarry here long distressed for lack of escort. Come, let us launch into the sacred sea a black ship, freshly fitted, and let the two and fifty youths be chosen from the land who have at former times been found the best. Then after lashing carefully the oars upon the pins, all disembark and straightway take a hasty meal, coming for this to me; I will make good provision for you all. These are my orders to the youths. But for the rest of you, you sceptre-bearing kings, come to my goodly palace, that there within my hall we entertain this stranger; let none refuse; and call the sacred bard, Demodokos, for surely God has granted him exceeding skill in song, to cheer us in whatever way his soul is moved to sing."

Saying this, he led the way, the sceptred princes followed, and a page went to find the sacred bard, while two and fifty picked young men departed, as he ordered, to the shore of the barren sea. So when they came down to the ship and to the sea, they launched the black ship into deep water, put mast and sail in the black ship, fitted the oars into the leathern slings, all in due order, and up aloft spread the white sail; out in the stream they anchored

ὑψοῦ δ' ἐν νοτίῳ τήν γ' ὥρμισαν· αὐτὰρ ἔπειτα	55
βάν ῥ' ἴμεν Ἀλκινόοιο δαΐφρονος ἐς μέγα δῶμα.
πλῆντο δ' ἄρ' αἴθουσαί τε καὶ ἔρκεα καὶ δόμοι ἀνδρῶν
[ἀγρομένων· πολλοὶ δ' ἄρ' ἔσαν νέοι ἠδὲ παλαιοί].
τοῖσιν δ' Ἀλκίνοος δυοκαίδεκα μῆλ' ἱέρευσεν,
ὀκτὼ δ' ἀργιόδοντας ὗας, δύο δ' εἰλίποδας βοῦς·	60
τοὺς δέρον ἀμφί θ' ἔπον, τετύκοντό τε δαῖτ' ἐρατεινήν.

Κῆρυξ δ' ἐγγύθεν ἦλθεν ἄγων ἐρίηρον ἀοιδόν,
τὸν πέρι μοῦσ' ἐφίλησε, δίδου δ' ἀγαθόν τε κακόν τε·
ὀφθαλμῶν μὲν ἄμερσε, δίδου δ' ἡδεῖαν ἀοιδήν,
τῷ δ' ἄρα Ποντόνοος θῆκε θρόνον ἀργυρόηλον	65
μέσσῳ δαιτυμόνων, πρὸς κίονα μακρὸν ἐρείσας,
κάδ δ' ἐκ πασσαλόφι κρέμασεν φόρμιγγα λίγειαν
αὐτοῦ ὑπὲρ κεφαλῆς καὶ ἐπέφραδε χερσὶν ἐλέσθαι
κῆρυξ· πὰρ δ' ἐτίθει κάνεον καλήν τε τράπεζαν,
πὰρ δὲ δέπας οἴνοιο, πιεῖν ὅτε θυμὸς ἀνώγοι.	70
οἱ δ' ἐπ' ὀνείαθ' ἑτοῖμα προκείμενα χεῖρας ἴαλλον.
αὐτὰρ ἐπεὶ πόσιος καὶ ἐδητύος ἐξ ἔρον ἔντο,
μοῦσ' ἄρ' ἀοιδὸν ἀνῆκεν ἀειδέμεναι κλέα ἀνδρῶν,
οἴμης τῆς τότ' ἄρα κλέος οὐρανὸν εὐρὺν ἵκανε,
νεῖκος Ὀδυσσῆος καὶ Πηλείδεω Ἀχιλῆος,	75
ὥς ποτε δηρίσαντο θεῶν ἐν δαιτὶ θαλείῃ
ἐκπάγλοις ἐπέεσσιν, ἄναξ δ' ἀνδρῶν Ἀγαμέμνων
χαῖρε νόῳ, ὅτ' ἄριστοι Ἀχαιῶν δηριόωντο.
ὣς γάρ οἱ χρείων μυθήσατο Φοῖβος Ἀπόλλων
Πυθοῖ ἐν ἠγαθέῃ, ὅθ' ὑπέρβη λάινον οὐδὸν	80
χρησόμενος· τότε γάρ ῥα κυλίνδετο πήματος ἀρχὴ
Τρωσί τε καὶ Δαναοῖσι Διὸς μεγάλου διὰ βουλάς.

Ταῦτ' ἄρ' ἀοιδὸς ἄειδε περικλυτός· αὐτὰρ Ὀδυσσεὺς
πορφύρεον μέγα φᾶρος ἑλὼν χερσὶ στιβαρῇσι

her, then took their way to the great house of wise Alki-
noös. Filled were the corridors, the courts, and rooms
with those already come; many were there, both young
and old. In their behalf Alkinoös sacrificed twelve sheep,
eight white-toothed swine, two swing-paced oxen; these
the men flayed and served, and made a bounteous feast.

Meanwhile the page drew near, leading the honored
bard. The muse had greatly loved him, and she gave him
good and ill: she took away his eyesight, and gave de-
lightful song. Pontonoös placed for him among the feast-
ers a silver-studded chair, backed by a lofty pillar, and
hung the tuneful lyre upon its peg above his head, and the
page showed him how to reach it with his hands. By him
he set a tray and a good table, and placed thereon a cup
of wine, to be drunk as need should bid. So on the food
spread out before them they laid hands. Now after they
had stayed desire for drink and food, then the muse moved
the bard to sing men's glorious deeds, a lay the fame of
which even then reached the broad heavens. He sang the
strife of Odysseus with Pelian Achilles, — how they once
quarreled at the gods' high feast with furious words, and
Agamemnon, king of men, rejoiced in spirit when the
bravest of the Achaians quarreled; for Phoibos Apollo
had by oracle declared it so should be, at sacred Pytho,
when Agamemnon crossed its stony threshold to ask for
a response. Then was the day that the first tide of woe
began to roll on Trojans and on Danaäns, according to
the will of mighty Zeus.

So sang the famous bard. Meanwhile Odysseus clutched
his great purple cloak in his stout hands and drew it

κὰκ κεφαλῆς εἴρυσσε, κάλυψε δὲ καλὰ πρόσωπα·    85
αἴδετο γὰρ Φαίηκας ὑπ' ὀφρύσι δάκρυα λείβων.
ἢ τοι ὅτε λήξειεν ἀείδων θεῖος ἀοιδός,
δάκρυ' ὀμορξάμενος κεφαλῆς ἄπο φᾶρος ἔλεσκε,
καὶ δέπας ἀμφικύπελλον ἑλὼν σπείσασκε θεοῖσιν·
αὐτὰρ ὅτ' ἂψ ἄρχοιτο καὶ ὀτρύνειαν ἀείδειν    90
Φαιήκων οἱ ἄριστοι, ἐπεὶ τέρποντ' ἐπέεσσιν,
ἂψ Ὀδυσεὺς κατὰ κρᾶτα καλυψάμενος γοάασκεν.
ἔνθ' ἄλλους μὲν πάντας ἐλάνθανε δάκρυα λείβων,
Ἀλκίνοος δέ μιν οἶος ἐπεφράσατ' ἠδ' ἐνόησεν
ἥμενος ἄγχ' αὐτοῦ, βαρὺ δὲ στενάχοντος ἄκουσεν.    95
αἶψα δὲ Φαιήκεσσι φιληρέτμοισι μετηύδα·

' Κέκλυτε, Φαιήκων ἡγήτορες ἠδὲ μέδοντες·
ἤδη μὲν δαιτὸς κεκορήμεθα θυμὸν ἐΐσης
φόρμιγγός θ', ἣ δαιτὶ συνήορός ἐστι θαλείῃ·
νῦν δ' ἐξέλθωμεν καὶ ἀέθλων πειρηθῶμεν    100
πάντων, ὥς χ' ὁ ξεῖνος ἐνίσπῃ οἷσι φίλοισιν,
οἴκαδε νοστήσας, ὅσσον περιγιγνόμεθ' ἄλλων
πύξ τε παλαιμοσύνῃ τε καὶ ἄλμασιν ἠδὲ πόδεσσιν.'

Ὣς ἄρα φωνήσας ἡγήσατο, τοὶ δ' ἅμ' ἕποντο.
κὰδ δ' ἐκ πασσαλόφι κρέμασεν φόρμιγγα λίγειαν,    105
Δημοδόκου δ' ἕλε χεῖρα καὶ ἔξαγεν ἐκ μεγάροιο
κῆρυξ· ἦρχε δὲ τῷ αὐτὴν ὁδὸν ἥν περ οἱ ἄλλοι
Φαιήκων οἱ ἄριστοι, ἀέθλια θαυμανέοντες.
βὰν δ' ἴμεν εἰς ἀγορὴν, ἅμα δ' ἕσπετο πουλὺς ὅμιλος,
μυρίοι· ἂν δ' ἵσταντο νέοι πολλοί τε καὶ ἐσθλοί.    110
ὦρτο μὲν Ἀκρόνεώς τε καὶ Ὠκύαλος καὶ Ἐλατρεὺς
Ναυτεύς τε Πρυμνεύς τε καὶ Ἀγχίαλος καὶ Ἐρετμεὺς
Ποντεύς τε Πρωρεύς τε, Θόων, Ἀναβησίνεώς τε
Ἀμφίαλός θ', υἱὸς Πολυνήου Τεκτονίδαο·

round his head, hiding his beautiful face; for he felt shame before the Phaiakians as from beneath his brow he dropped the tears. But when the sacred bard paused in the song, Odysseus dried his tears, took the cloak off his head, and seizing his double cup poured a libation to the gods. Then as the other would begin again, cheered on to sing by the Phaiakian chiefs; — for they enjoyed the tale, — again would Odysseus, covering his head, break into sobs. And thus he hid from all the rest the tears he shed; only Alkinoös marked him and took heed, for he sat near and heard his deep-drawn sighs; and to the Phaiakians, who delight in oars, he straightway said:

"Hearken, Phaiakian captains and councillors! Now have we satisfied desire for the impartial feast, and for the lyre, which is the fellow of the gladsome feast. Let us then come away and try all kinds of games, so that the stranger, when he reaches home, may tell his friends how greatly we surpass all other men in boxing, wrestling, leaping, speed of foot."

Saying this, he led the way, the others following after. The page hung on its peg the tuneful lyre, then took by the hand Demodokos and led him from the hall, guiding his steps along the selfsame road by which the rest of the Phaiakian chiefs went forth to view the games. Thus to the assembly-place they came, a great troop following after, thousands in number; and many a gallant youth stood waiting here. Forth stood Akroneôs, Okyalos and Elatreus, Nauteus and Prymneus, Anchialos and Eretmeus, Ponteus and Proreus, Thoôn, Anabasineôs and Amphialos the son of Polynêos, son of the carpenter.

ἂν δὲ καὶ Εὐρύαλος βροτολοιγῷ ἶσος Ἄρηϊ     115
Ναυβολίδης, ὃς ἄριστος ἔην εἶδός τε δέμας τε
πάντων Φαιήκων μετ' ἀμύμονα Λαοδάμαντα.
ἂν δ' ἔσταν τρεῖς παῖδες ἀμύμονος Ἀλκινόοιο,
Λαοδάμας θ' Ἅλιός τε καὶ ἀντίθεος Κλυτόνηος·
οἱ δ' ἦ τοι πρῶτον μὲν ἐπειρήσαντο πόδεσσι.     120
τοῖσι δ' ἀπὸ νύσσης τέτατο δρόμος· οἱ δ' ἅμα πάντες
καρπαλίμως ἐπέτοντο κονίοντες πεδίοιο.
τῶν δὲ θέειν ὄχ' ἄριστος ἔην Κλυτόνηος ἀμύμων·
ὅσσον τ' ἐν νειῷ οὖρον πέλει ἡμιόνοιιν,
τόσσον ὑπεκπροθέων λαοὺς ἵκεθ', οἱ δ' ἐλίποντο.     125
οἱ δὲ παλαιμοσύνης ἀλεγεινῆς πειρήσαντο·
τῇ δ' αὖτ' Εὐρύαλος ἀπεκαίνυτο πάντας ἀρίστους.
ἅλματι δ' Ἀμφίαλος πάντων προφερέστατος ἦεν·
δίσκῳ δ' αὖ πάντων πολὺ φέρτατος ἦεν Ἐλατρεύς,
πύξ δ' αὖ Λαοδάμας, ἀγαθὸς παῖς Ἀλκινόοιο.     130
αὐτὰρ ἐπειδὴ πάντες ἐτέρφθησαν φρέν' ἀέθλοις,
τοῖς ἄρα Λαοδάμας μετέφη παῖς Ἀλκινόοιο·
'Δεῦτε, φίλοι, τὸν ξεῖνον ἐρώμεθα εἴ τιν' ἄεθλον
οἶδέ τε καὶ δεδάηκε· φυήν γε μὲν οὐ κακός ἐστι,
μηρούς τε κνήμας τε καὶ ἄμφω χεῖρας ὕπερθεν     135
αὐχένα τε στιβαρὸν μέγα τε σθένος· οὐδέ τι ἥβης
δεύεται, ἀλλὰ κακοῖσι συνέρρηκται πολέεσσιν.
οὐ γὰρ ἐγώ γέ τί φημι κακώτερον ἄλλο θαλάσσης
ἄνδρα γε συγχεῦαι, εἰ καὶ μάλα καρτερὸς εἴη.'
Τὸν δ' αὖτ' Εὐρύαλος ἀπαμείβετο φώνησέν τε·     140
'Λαοδάμα, μάλα τοῦτο ἔπος κατὰ μοῖραν ἔειπες.
αὐτὸς νῦν προκάλεσσαι ἰὼν καὶ πέφραδε μῦθον.'
Αὐτὰρ ἐπεὶ τό γ' ἄκουσ' ἀγαθὸς παῖς Ἀλκινόοιο,
στῆ ῥ' ἐς μέσσον ἰὼν καὶ Ὀδυσσῆα προσέειπε·

Forth also stood a youth like murderous Ares, Euryalos, the son of Naubolos, the one most excellent in beauty and in stature of all Phaiakians after brave Laodamas. Forth stood three sons of brave Alkinoös, — Laodamas, Halios, and matchless Klytonêos. At first they tried each other in the foot-race. Straight from a mark their track was measured; and all flew swiftly off together, raising the dust along the plain. Best in the race was gallant Klytonêos; and by such space as at the plough the mule-course runs, so far he shot ahead and reached the crowd; the rest were left behind. Next in the hardy wrestling-match they had a trial, and here Euryalos surpassed all champions. At leaping Amphialos was foremost of them all, while at the discus the leader was Elatreus. In boxing it was Laodamas, the good son of Alkinoös. So when all hearts were gladdened by the games, up spoke Laodamas, son of Alkinoös:

"Come, friends, and let us ask the stranger if he has skill and practice in some game. In build, at all events, he is no common man, — in thighs and calves, in his two arms above, in sturdy neck and massive chest. Vigor of years he does not lack, only he has been broken down by many hardships; for nothing, I believe, is worse than sea-life for weakening a man, however strong he be."

Then answered him Euryalos, and said: "Laodamas, what you have said is fitly spoken. Go, challenge him yourself, and give the message."

Now when the good son of Alkinoös heard his words, he went and stood before them all and thus addressed

' Δεῦρ' ἄγε καὶ σύ, ξεῖνε πάτερ, πείρησαι ἀέθλων, 145
εἴ τινά που δεδάηκας· ἔοικε δέ σ' ἴδμεν ἀέθλους.
οὐ μὲν γὰρ μεῖζον κλέος ἀνέρος ὄφρα κ' ἔῃσιν,
ἤ ὅ τι ποσσίν τε ῥέξῃ καὶ χερσὶν ἐῇσιν.
ἀλλ' ἄγε πείρησαι, σκέδασον δ' ἀπὸ κήδεα θυμοῦ·
σοὶ δ' ὁδὸς οὐκέτι δηρὸν ἀπέσσεται, ἀλλά τοι ἤδη 150
νηῦς τε κατείρυσται καὶ ἐπαρτέες εἰσὶν ἑταῖροι.'

Τὸν δ' ἀπαμειβόμενος προσέφη πολύμητις Ὀδυσσεύς·
' Λαοδάμα, τί με ταῦτα κελεύετε κερτομέοντες ;
κήδεά μοι καὶ μᾶλλον ἐνὶ φρεσὶν ἤ περ ἄεθλοι,
ὃς πρὶν μὲν μάλα πόλλ' ἔπαθον καὶ πόλλ' ἐμόγησα, 155
νῦν δὲ μεθ' ὑμετέρῃ ἀγορῇ νόστοιο χατίζων
ἧμαι, λισσόμενος βασιλῆά τε πάντα τε δῆμον.'

Τὸν δ' αὖτ' Εὐρύαλος ἀπαμείβετο νείκεσέ τ' ἄντην·
' οὐ γάρ σ' οὐδέ, ξεῖνε, δαήμονι φωτὶ εἴσκω
ἄθλων, οἷά τε πολλὰ μετ' ἀνθρώποισι πέλονται, 160
ἀλλὰ τῷ ὅς θ' ἅμα νηὶ πολυκληῖδι θαμίζων,
ἀρχὸς ναυτάων οἵ τε πρηκτῆρες ἔασι,
φόρτου τε μνήμων καὶ ἐπίσκοπος ᾖσιν ὁδαίων
κερδέων θ' ἁρπαλέων· οὐδ' ἀθλητῆρι ἔοικας.'

Τὸν δ' ἄρ' ὑπόδρα ἰδὼν προσέφη πολύμητις Ὀδυσσεύς·
' ξεῖν', οὐ καλὸν ἔειπες· ἀτασθάλῳ ἀνδρὶ ἔοικας. 166
οὕτως οὐ πάντεσσι θεοὶ χαρίεντα διδοῦσιν
ἀνδράσιν, οὔτε φυὴν οὔτ' ἀρ φρένας οὔτ' ἀγορητύν.
ἄλλος μὲν γὰρ εἶδος ἀκιδνότερος πέλει ἀνὴρ,
ἀλλὰ θεὸς μορφὴν ἔπεσι στέφει, οἱ δέ τ' ἐς αὐτὸν 170
τερπόμενοι λεύσσουσιν, ὁ δ' ἀσφαλέως ἀγορεύει,
αἰδοῖ μειλιχίῃ, μετὰ δὲ πρέπει ἀγρομένοισιν,
ἐρχόμενον δ' ἀνὰ ἄστυ θεὸν ὣς εἰσορόωσιν.
ἄλλος δ' αὖ εἶδος μὲν ἀλίγκιος ἀθανάτοισιν,

Odysseus : " Come, good old stranger, do you also try the games, if you have practised any. Games you should know. There is no greater glory for a man in all his life than what he wins with his own feet and hands. Come then, and try! Drive trouble from your heart! Your journey hence shall not be long delayed. Even now the ship is launched, the sailors ready."

Then wise Odysseus answered him, and said : " Laodamas, why mock me with this challenge? Sorrow is on my mind far more than games; for in times past much have I borne and much have toiled, and now I sit in your assembly longing for my home, and supplicate your king and all this people."

Then answered back Euryalos, and mocked him to his face : " No indeed, stranger, you do not look like one expert in games, much as these count with men. You seem like one who spends his days upon a well-benched ship, captain of seamen who are traders, one whose mind is on his cargo, watching freights and greedy gains. You are not like an athlete."

But looking sternly on him wise Odysseus said : " Stranger, your words are rude. You seem a giddy person. So true it is that not to all do the gods grant their favors, — stature and wisdom and the power of speech. For one man is in look inferior, but on his words God sets a crown of beauty, and men behold him and rejoice; with sure effect he speaks and a sweet modesty; he shines where men are gathered, and as he walks about the town men gaze as on some god. And one again in look is like the immortals, but his is not the crowning

ἀλλ' οὐ οἱ χάρις ἀμφιπεριστέφεται ἐπέεσσιν,                     175
ὡς καὶ σοὶ εἶδος μὲν ἀριπρεπές, οὐδέ κεν ἄλλως
οὐδὲ θεὸς τεύξειε, νόον δ' ἀποφώλιός ἐσσι.
ὤρινάς μοι θυμὸν ἐνὶ στήθεσσι φίλοισιν
εἰπὼν οὐ κατὰ κόσμον· ἐγὼ δ' οὐ νῆις ἀέθλων,
ὡς σύ γε μυθεῖαι, ἀλλ' ἐν πρώτοισιν ὀίω            180
ἔμμεναι, ὄφρ' ἥβῃ τε πεποίθεα χερσί τ' ἐμῇσι.
νῦν δ' ἔχομαι κακότητι καὶ ἄλγεσι· πολλὰ γὰρ ἔτλην,
ἀνδρῶν τε πτολέμους ἀλεγεινά τε κύματα πείρων.
ἀλλὰ καὶ ὣς κακὰ πολλὰ παθὼν πειρήσομ' ἀέθλων·
θυμοδακὴς γὰρ μῦθος· ἐπώτρυνας δέ με εἰπών.'       185

'Ἦ ῥα καὶ αὐτῷ φάρει ἀναΐξας λάβε δίσκον
μείζονα καὶ πάχετον, στιβαρώτερον οὐκ ὀλίγον περ
ἢ οἴῳ Φαίηκες ἐδίσκεον ἀλλήλοισι.
τόν ῥα περιστρέψας ἧκε στιβαρῆς ἀπὸ χειρός,
βόμβησεν δὲ λίθος· κατὰ δ' ἔπτηξαν ποτὶ γαίῃ      190
Φαίηκες δολιχήρετμοι, ναυσίκλυτοι ἄνδρες,
λᾶος ὑπὸ ῥιπῆς· ὁ δ' ὑπέρπτατο σήματα πάντων
ῥίμφα θέων ἀπὸ χειρός· ἔθηκε δὲ τέρματ' Ἀθήνη
ἀνδρὶ δέμας εἰκυῖα, ἔπος τ' ἔφατ' ἔκ τ' ὀνόμαζε·

'Καί κ' ἀλαός τοι, ξεῖνε, διακρίνειε τὸ σῆμα       195
ἀμφαφόων· ἐπεὶ οὔ τι μεμιγμένον ἐστὶν ὁμίλῳ,
ἀλλὰ πολὺ πρῶτον· σὺ δὲ θάρσει τόνδε γ' ἄεθλον·
οὔ τις Φαιήκων τόδε γ' ἵξεται οὐδ' ὑπερήσει.'

'Ὣς φάτο, γήθησεν δὲ πολύτλας δῖος Ὀδυσσεύς,
χαίρων οὕνεχ' ἑταῖρον ἐνηέα λεῦσσ' ἐν ἀγῶνι.      200
καὶ τότε κουφότερον μετεφώνεε Φαιήκεσσι·

'Τοῦτον νῦν ἀφίκεσθε, νέοι· τάχα δ' ὕστερον ἄλλον
ἥσειν ἢ τοσσοῦτον ὀίομαι ἢ ἔτι μᾶσσον.
τῶν δ' ἄλλων ὅτινα κραδίη θυμός τε κελεύει,

grace of words. So you, in look, are excellent, — better God could not fashion, — but you are weak in judgment. You stirred the very soul within my breast by talking so unmannerly. No! I am not unskilled in games, as you declare; I was among the best, I think, while I could trust my youth and these my arms. Now I am overwhelmed with pain and trouble; for much have I endured, cleaving my way through wars of men and through the boisterous seas. Still even so, all woe-worn as I am, I will attempt the games, because your words were galling; you provoked me, talking thus."

He spoke, and with his cloak still on sprang up and seized a discus larger than the rest and thick, heavier by not a little than those which the Phaiakians were using for themselves. This with a twist he sent from his stout hand. The stone hummed as it went; down to the ground crouched the Phaiakian oarsmen, notable men at sea, at the stone's cast. Past all the marks it flew, fast speeding from his hand. Athene marked the distances, assuming human form, and thus she spoke and cried aloud:

"A blind man, stranger, could pick you out that mark by feeling merely, because it is not huddled with the mass, but lies ahead of all. Have a good heart, this bout at least; for no Phaiakian will reach that or overpass it."

She spoke, and glad was royal long-tried Odysseus, pleased that he saw a true friend in the ring. And now with lighter heart he called to the Phaiakians:

"Come up to that, young men! Soon I will send another as far, I think, or farther yet. And if there

δεῦρ' ἄγε πειρηθήτω, ἐπεί μ' ἐχολώσατε λίην,      **205**
ἢ πὺξ ἠὲ πάλῃ ἢ καὶ ποσίν, οὔ τι μεγαίρω,
πάντων Φαιήκων πλήν γ' αὐτοῦ Λαοδάμαντος.
ξεῖνος γάρ μοι ὅδ' ἐστί· τίς ἂν φιλέοντι μάχοιτο;
ἄφρων δὴ κεῖνός γε καὶ οὐτιδανὸς πέλει ἀνὴρ,
ὅς τις ξεινοδόκῳ ἔριδα προφέρηται ἀέθλων      **210**
δήμῳ ἐν ἀλλοδαπῷ· ἔο δ' αὐτοῦ πάντα κολούει.
τῶν δ' ἄλλων οὔ πέρ τιν' ἀναίνομαι οὐδ' ἀθερίζω,
ἀλλ' ἐθέλω ἴδμεν καὶ πειρηθήμεναι ἄντην.
πάντα γὰρ οὐ κακός εἰμι, μετ' ἀνδράσιν ὅσσοι ἄεθλοι.
εὖ μὲν τόξον οἶδα ἐΰξοον ἀμφαφάασθαι·      **215**
πρῶτός κ' ἄνδρα βάλοιμι ὀϊστεύσας ἐν ὁμίλῳ
ἀνδρῶν δυσμενέων, εἰ καὶ μάλα πολλοὶ ἑταῖροι
ἄγχι παρασταῖεν καὶ τοξαζοίατο φωτῶν.
οἶος δή με Φιλοκτήτης ἀπεκαίνυτο τόξῳ
δήμῳ ἔνι Τρώων, ὅτε τοξαζοίμεθ' Ἀχαιοί.      **220**
τῶν δ' ἄλλων ἐμέ φημι πολὺ προφερέστερον εἶναι,
ὅσσοι νῦν βροτοί εἰσιν ἐπὶ χθονὶ σῖτον ἔδοντες.
ἀνδράσι δὲ προτέροισιν ἐριζέμεν οὐκ ἐθελήσω,
οὔθ' Ἡρακλῆϊ οὔτ' Εὐρύτῳ Οἰχαλιῆϊ,
οἵ ῥα καὶ ἀθανάτοισιν ἐρίζεσκον περὶ τόξων.      **225**
τῷ ῥα καὶ αἶψ' ἔθανεν μέγας Εὔρυτος, οὐδ' ἐπὶ γῆρας
ἵκετ' ἐνὶ μεγάροισι· χολωσάμενος γὰρ Ἀπόλλων
ἔκτανεν, οὕνεκά μιν προκαλίζετο τοξάζεσθαι.
δουρὶ δ' ἀκοντίζω ὅσον οὐκ ἄλλος τις ὀϊστῷ.
οἴοισιν δείδοικα ποσὶν μή τίς με παρέλθῃ      **230**
Φαιήκων· λίην γὰρ ἀεικελίως ἐδαμάσθην
κύμασιν ἐν πολλοῖς, ἐπεὶ οὐ κομιδὴ κατὰ νῆα
ἦεν ἐπηετανός· τῷ μοι φίλα γυῖα λέλυνται.'
  Ὣς ἔφαθ', οἱ δ' ἄρα πάντες ἀκὴν ἐγένοντο σιωπῇ·

is one among you all whose heart and spirit bids, come, let him try me — for you vexed me very sore — in boxing, wrestling, or the foot-race even ; it matters not to me ; let any of you Phaiakians try me, save Laodamas alone. He is my host, and who would quarrel with his entertainer? Witless the man must be, and altogether worthless, who challenges his host to strife in games, when in a foreign land ; he hinders his own welfare. None of the rest I either dread or scorn, but I will gladly know you all and prove you face to face. Not at all weak am I, whatever games men practise. I understand full well handling the polished bow, and I should be the first to strike my man by sending an arrow in the throng of foes, however many comrades stood around and shot at their men too. None except Philoktetes excelled me with the bow at Troy, when we Achaians tried the bow. All others I declare I far surpass, all that are living now and eating bread on earth. The men of former days I will not seek to rival — Herakles, and Eurytos of Oichalia, — for these would rival with the bow immortals even. Wherefore great Eurytos died all too soon ; to him came no old age at home, because Apollo in his anger slew him ; for Eurytos had challenged him to try the bow. The spear I send farther than other man can shoot an arrow. Only I fear that in the foot-race some Phaiakian may outstrip me ; for rudely battered have I been on many waters, because on shipboard I had no provision for my needs for a long space of time ; therefore my joints are weakened."

So he spoke, and all were hushed to silence ; only Al-

18

'Αλκίνοος δέ μιν οἶος ἀμειβόμενος προσέειπε.                          235

'Ξεῖν', ἐπεὶ οὐκ ἀχάριστα μεθ' ἡμῖν ταῦτ' ἀγορεύεις,
ἀλλ' ἐθέλεις ἀρετὴν σὴν φαινέμεν, ἥ τοι ὀπηδεῖ,
χωόμενος ὅτι σ' οὗτος ἀνὴρ ἐν ἀγῶνι παραστὰς
νείκεσεν, ὡς ἂν σὴν ἀρετὴν βροτὸς οὔ τις ὄνοιτο
ὅς τις ἐπίσταιτο ᾗσι φρεσὶν ἄρτια βάζειν·              240
ἀλλ' ἄγε νῦν ἐμέθεν ξυνίει ἔπος, ὄφρα καὶ ἄλλῳ
εἴπῃς ἡρώων, ὅτε κεν σοῖς ἐν μεγάροισι
δαινύῃ παρὰ σῇ τ' ἀλόχῳ καὶ σοῖσι τέκεσσιν,
ἡμετέρης ἀρετῆς μεμνημένος, οἷα καὶ ἡμῖν
Ζεὺς ἐπὶ ἔργα τίθησι διαμπερὲς ἐξέτι πατρῶν.           245
οὐ γὰρ πυγμάχοι εἰμὲν ἀμύμονες οὐδὲ παλαισταί,
ἀλλὰ ποσὶ κραιπνῶς θέομεν καὶ νηυσὶν ἄριστοι,
αἰεὶ δ' ἡμῖν δαίς τε φίλη κίθαρίς τε χοροί τε
εἵματά τ' ἐξημοιβὰ λοετρά τε θερμὰ καὶ εὐναί.
ἀλλ' ἄγε, Φαιήκων βητάρμονες ὅσσοι ἄριστοι,           250
παίσατε, ὥς χ' ὁ ξεῖνος ἐνίσπῃ οἷσι φίλοισιν,
οἴκαδε νοστήσας, ὅσσον περιγιγνόμεθ' ἄλλων
ναυτιλίῃ καὶ ποσσὶ καὶ ὀρχηστυῖ καὶ ἀοιδῇ.
Δημοδόκῳ δέ τις αἶψα κιὼν φόρμιγγα λίγειαν
οἰσέτω, ἥ που κεῖται ἐν ἡμετέροισι δόμοισιν.'        255

"Ὡς ἔφατ' 'Αλκίνοος θεοείκελος, ὦρτο δὲ κῆρυξ
οἴσων φόρμιγγα γλαφυρὴν δόμου ἐκ βασιλῆος.
αἰσυμνῆται δὲ κριτοὶ ἐννέα πάντες ἀνέσταν
δήμιοι, οἳ κατ' ἀγῶνας ἐὺ πρήσσεσκον ἕκαστα,
λείηναν δὲ χορόν, καλὸν δ' εὔρυναν ἀγῶνα.             260
κῆρυξ δ' ἐγγύθεν ἦλθε φέρων φόρμιγγα λίγειαν
Δημοδόκῳ· ὁ δ' ἔπειτα κί' ἐς μέσον· ἀμφὶ δὲ κοῦροι
πρωθῆβαι ἵσταντο, δαήμονες ὀρχηθμοῖο,
πέπληγον δὲ χορὸν θεῖον ποσίν. αὐτὰρ 'Οδυσσεὺς

kinoös answering said : " Stranger, without discourtesy to
us is all you say ; you merely seek to show the prowess
that is yours, indignant that the man beside you in the
ring insulted you, as surely no man living would dispraise
your prowess who knew within his heart what it was fit to
say. But hearken now to these my words, that you too
may have tales to tell to other heroes when, feasting in
your hall with wife and children, you recollect our prowess
and the feats Zeus has vouchsafed us from our fathers'
days till now. We are not faultless boxers, — no, nor
wrestlers ; but in the foot-race we run swiftly, and in our
ships excel. Dear to us ever is the feast, the lyre, the
dance, changes of clothes, warm baths, and bed. Come
then, Phaiakian dancers, let the best among you make us
sport, that so the stranger may relate to all his friends on
going home how we surpass all men beside in sailing, run-
ning, in the dance and song. Go, one of you, forthwith,
and fetch Demodokos the tuneful lyre that lies within our
hall."

So spoke godlike Alkinoös, and a page sprang to fetch
from the king's house the hollow lyre. Then the appointed
umpires, nine in all, arose, whose public work it was to
order all things at the ring ; they smoothed the dancing-
ground and cleared a fair wide ring. Meanwhile the
page drew near and brought Demodokos his tuneful lyre,
who thereupon stepped to the centre, and round him stood
young men in the first bloom of years, skilful at dancing.
They struck the splendid dance-ground with their feet ;
Odysseus watched their twinkling feet, and was aston-
ished.

μαρμαρυγὰς θηεῖτο ποδῶν, θαύμαζε δὲ θυμῷ.　　265

Αὐτὰρ ὁ φορμίζων ἀνεβάλλετο καλὸν ἀείδειν
ἀμφ' Ἄρεος φιλότητος ἐυστεφάνου τ' Ἀφροδίτης,
ὡς τὰ πρῶτα μίγησαν ἐν Ἡφαίστοιο δόμοισι
λάθρῃ· πολλὰ δ' ἔδωκε, λέχος δ' ᾔσχυνε καὶ εὐνὴν
Ἡφαίστοιο ἄνακτος· ἄφαρ δέ οἱ ἄγγελος ἦλθεν　　270
Ἤλιος, ὅ σφ' ἐνόησε μιγαζομένους φιλότητι.
Ἤφαιστος δ' ὡς οὖν θυμαλγέα μῦθον ἄκουσε,
βῆ ῥ' ἴμεν ἐς χαλκεῶνα, κακὰ φρεσὶ βυσσοδομεύων,
ἐν δ' ἔθετ' ἀκμοθέτῳ μέγαν ἄκμονα, κόπτε δὲ δεσμοὺς
ἀρρήκτους ἀλύτους, ὄφρ' ἔμπεδον αὖθι μένοιεν.　　275
αὐτὰρ ἐπεὶ δὴ τεῦξε δόλον κεχολωμένος Ἄρει,
βῆ ῥ' ἴμεν ἐς θάλαμον, ὅθι οἱ φίλα δέμνι' ἔκειτο,
ἀμφὶ δ' ἄρ' ἑρμῖσιν χέε δέσματα κύκλῳ ἀπάντῃ·
πολλὰ δὲ καὶ καθύπερθε μελαθρόφιν ἐξεκέχυντο,
ἠύτ' ἀράχνια λεπτά, τά γ' οὔ κέ τις οὐδὲ ἴδοιτο,　　280
οὐδὲ θεῶν μακάρων· περὶ γὰρ δολόεντα τέτυκτο.
αὐτὰρ ἐπεὶ δὴ πάντα δόλον περὶ δέμνια χεῦεν
εἴσατ' ἴμεν ἐς Λῆμνον, ἐυκτίμενον πτολίεθρον,
ἥ οἱ γαιάων πολὺ φιλτάτη ἔσκεν ἁπασέων.
οὐδ' ἀλαοσκοπιὴν εἶχε χρυσήνιος Ἄρης,　　285
ὡς ἴδεν Ἤφαιστον κλυτοτέχνην νόσφι κιόντα·
βῆ δ' ἴμεναι πρὸς δῶμα περικλυτοῦ Ἡφαίστοιο,
ἰσχανόων φιλότητος ἐυστεφάνου Κυθερείης.
ἡ δὲ νέον παρὰ πατρὸς ἐρισθενέος Κρονίωνος
ἐρχομένη κατ' ἄρ' ἔζεθ'· ὁ δ' εἴσω δώματος ᾔει,　　290
ἔν τ' ἄρα οἱ φῦ χειρὶ ἔπος τ' ἔφατ' ἔκ τ' ὀνόμαζε·

'Δεῦρο, φίλη, λέκτρονδε τραπείομεν εὐνηθέντε·
οὐ γὰρ ἔθ' Ἤφαιστος μεταδήμιος, ἀλλά που ἤδη
οἴχεται ἐς Λῆμνον μετὰ Σίντιας ἀγριοφώνους.'

And now the bard, touching his lyre, began a beautiful song about the loves of Ares and crowned Aphroditê: how at the first they lay together in the palace of Hephaistos, privily; and many a gift he gave, and wronged the bed of Lord Hephaistos. Soon to Hephaistos came the tell-tale Sun, who had observed their meeting. And when Hephaistos heard the galling tale, he hastened to his smithy meditating evil in his heart, there set upon its block the mighty anvil and forged him fetters none might break or loose, — fetters to hold securely. So when he had wrought the crafty snare in anger against Ares, hastening to the chamber where his own dear bed was set, around its posts on every side he dropped his toils, and many too hung drooping from the rafter, like delicate spider-webs which nobody could see, not even the blessed gods, so shrewdly were they fashioned. Then after he had spread the snare all round the bed, he made a show of going off to Lemnos, to that stately hold which in his sight is far the dearest of all spots on earth. Now Ares of the golden rein had kept no careless watch, and so espied craftsman Hephaistos setting forth. He hastened to the house of famed Hephaistos, keen for the love of fair - crowned Kythereia. She now, just come from visiting her sire, the powerful son of Kronos, was sitting down. He came within the door, and grasping her by the hand he spoke and thus addressed her:

" Come, sweet, to bed, and let us take our pleasure; for Hephaistos is no longer here at home, but gone at last to Lemnos, to the harsh-tongued Sintians."

῝Ως φάτο, τῇ δ' ἀσπαστὸν ἐείσατο κοιμηθῆναι.　295
τὼ δ' ἐς δέμνια βάντε κατέδραθον· ἀμφὶ δὲ δεσμοὶ
τεχνήεντες ἔχυντο πολύφρονος Ἡφαίστοιο,
οὐδέ τι κινῆσαι μελέων ἦν οὐδ' ἀναεῖραι.
καὶ τότε δὴ γίγνωσκον, ὅτ' οὐκέτι φυκτὰ πέλοντο.
ἀγχίμολον δέ σφ' ἦλθε περικλυτὸς ἀμφιγυήεις,　300
αὖτις ὑποστρέψας, πρὶν Λήμνου γαῖαν ἱκέσθαι·
Ἥλιος γάρ οἱ σκοπιὴν ἔχεν εἶπέ τε μῦθον.
[βῆ δ' ἴμεναι πρὸς δῶμα, φίλον τετιημένος ἦτορ·]
ἔστη δ' ἐν προθύροισι, χόλος δέ μιν ἄγριος ᾕρει·
σμερδαλέον δ' ἐβόησε, γέγωνέ τε πᾶσι θεοῖσι·　305

‘Ζεῦ πάτερ ἠδ' ἄλλοι μάκαρες θεοὶ αἰὲν ἐόντες,
δεῦθ', ἵνα ἔργα γελαστὰ καὶ οὐκ ἐπιεικτὰ ἴδησθε,
ὡς ἐμὲ χωλὸν ἐόντα Διὸς θυγάτηρ Ἀφροδίτη
αἰὲν ἀτιμάζει, φιλέει δ' ἀίδηλον Ἄρηα·
οὕνεχ' ὁ μὲν καλός τε καὶ ἀρτίπος, αὐτὰρ ἐγώ γε　310
ἠπεδανὸς γενόμην· ἀτὰρ οὔ τί μοι αἴτιος ἄλλος,
ἀλλὰ τοκῆε δύω, τὼ μὴ γείνασθαι ὄφελλον.
ἀλλ' ὄψεσθ', ἵνα τώ γε καθεύδετον ἐν φιλότητι,
εἰς ἐμὰ δέμνια βάντες· ἐγὼ δ' ὁρόων ἀκάχημαι.
οὐ μέν σφεας ἔτ' ἔολπα μίνυνθά γε κειέμεν οὕτω,　315
καὶ μάλα περ φιλέοντε· τάχ' οὐκ ἐθελήσετον ἄμφω
εὕδειν· ἀλλά σφωε δόλος καὶ δεσμὸς ἐρύξει,
εἰς ὅ κέ μοι μάλα πάντα πατὴρ ἀποδώσει ἔεδνα,
ὅσσα οἱ ἐγγυάλιξα κυνώπιδος εἵνεκα κούρης,
οὕνεκά οἱ καλὴ θυγάτηρ, ἀτὰρ οὐκ ἐχέθυμος.’　320
῝Ως ἔφαθ', οἱ δ' ἀγέροντο θεοὶ ποτὶ χαλκοβατὲς δῶ·
ἦλθε Ποσειδάων γαιήοχος, ἦλθ' ἐριούνης
Ἑρμείας, ἦλθεν δὲ ἄναξ ἑκάεργος Ἀπόλλων.
θηλύτεραι δὲ θεαὶ μένον αἰδοῖ οἴκοι ἑκάστη.

He spoke, and pleasant it seemed to her to lie beside him. So the pair went and lay them down in bed, and all about them dropped the toils fashioned by shrewd Hephaistos; it was not in their power to move or raise a limb. This saw they only then when there was no escape. But on them came the famous strong-armed god, who had turned back before he reached the land of Lemnos; for in his stead the Sun kept watch and told him all. He hastened to the house, though with a heavy heart, stood at the gate, wild rage upon him, and raised a fearful cry, calling to all the gods:

"O Father Zeus and all you other blessed gods that live forever, come see a sight for laughter, deeds not to be endured! For I being lame, this Aphroditê, daughter of Zeus, ever dishonors me and gives her love to murderous Ares, since he is handsome and is sound of limb, while I was born a cripple. Yet nobody is to blame for that but my two parents, — would they had never given me birth! But you shall see where lie the loving pair who stole into my bed. I smart to see them! And yet I think they will not lie much longer thus, however great their love. Shortly they will not wish to sleep together; but still my snare and mesh shall hold them till her father pays me back the many wedding gifts I gave to get the shameless girl, — seeing his child was fair, though not true-hearted."

He spoke, and the gods gathered at the brazen threshold of his house. Poseidon came, who girds the land, the fortune-bringer Hermes came, and the far-working king Apollo. The goddesses for shame all stayed at

ἔσταν δ' ἐν προθύροισι θεοί, δωτῆρες ἑάων·                      825
ἄσβεστος δ' ἄρ' ἐνῶρτο γέλως μακάρεσσι θεοῖσι
τέχνας εἰσορόωσι πολύφρονος Ἡφαίστοιο.
ὧδε δέ τις εἴπεσκεν ἰδὼν ἐς πλησίον ἄλλον·

' Οὐκ ἀρετᾷ κακὰ ἔργα· κιχάνει τοι βραδὺς ὠκύν,
ὡς καὶ νῦν Ἥφαιστος ἐὼν βραδὺς εἷλεν Ἄρηα            830
ὠκύτατόν περ ἐόντα θεῶν οἳ Ὄλυμπον ἔχουσι
χωλὸς ἐών, τέχνῃσι· τὸ καὶ μοιχάγρι' ὀφέλλει.'

' Ὣς οἱ μὲν τοιαῦτα πρὸς ἀλλήλους ἀγόρευον·
Ἑρμῆν δὲ προσέειπεν ἄναξ, Διὸς υἱός, Ἀπόλλων·

' Ἑρμεία, Διὸς υἱὲ, διάκτορε, δῶτορ ἑάων,        835
ἦ ῥά κεν ἐν δεσμοῖς ἐθέλοις κρατεροῖσι πιεσθεὶς
εὕδειν ἐν λέκτροισι παρὰ χρυσέῃ Ἀφροδίτῃ ;'

Τὸν δ' ἠμείβετ' ἔπειτα διάκτορος ἀργειφόντης·
' αἲ γὰρ τοῦτο γένοιτο, ἄναξ ἑκατηβόλ' Ἄπολλον·
δεσμοὶ μὲν τρὶς τόσσοι ἀπείρονες ἀμφὶς ἔχοιεν,          340
ὑμεῖς δ' εἰσορόῳτε θεοὶ πᾶσαί τε θέαιναι,
αὐτὰρ ἐγὼν εὕδοιμι παρὰ χρυσέῃ Ἀφροδίτῃ.'

' Ὣς ἔφατ', ἐν δὲ γέλως ὦρτ' ἀθανάτοισι θεοῖσιν.
οὐδὲ Ποσειδάωνα γέλως ἔχε, λίσσετο δ' αἰεὶ
Ἥφαιστον κλυτοεργὸν ὅπως λύσειεν Ἄρηα·            345
καί μιν φωνήσας ἔπεα πτερόεντα προσηύδα·

' Λῦσον· ἐγὼ δέ τοι αὐτὸν ὑπίσχομαι, ὡς σὺ κελεύεις,
τίσειν αἴσιμα πάντα μετ' ἀθανάτοισι θεοῖσι.'

Τὸν δ' αὖτε προσέειπε περικλυτὸς ἀμφιγυήεις·
' μή με, Ποσείδαον γαιήοχε, ταῦτα κέλευε·          850
δειλαί τοι δειλῶν γε καὶ ἐγγύαι ἐγγυάασθαι.
πῶς ἂν ἐγώ σε δέοιμι μετ' ἀθανάτοισι θεοῖσιν,
εἴ κεν Ἄρης οἴχοιτο χρέος καὶ δεσμὸν ἀλύξας ;'

Τὸν δ' αὖτε προσέειπε Ποσειδάων ἐνοσίχθων·

home. So at the portal stood the gods, the givers of good things, and laughter irrepressible broke from the blessed gods as they beheld the arts of shrewd Hephaistos; and glancing at his neighbor one would say: "Wrong-doing brings no gain. Slow catches swift; as here Hephaistos, who is slow, caught Ares, who is swiftest of the gods that hold Olympos, — catching him by his craft, though lame himself. Now Ares owes the adulterer's fine."

So ran their talk with one another. And now to Hermes spoke the king, the son of Zeus, Apollo: "O Hermes, son of Zeus, guide, giver of good things, would you not like, though loaded down with heavy bonds, to lie in bed by golden Aphroditê?"

Then answered him the guide, the Speedy-comer: "Would it might be, far-shooting king Apollo, though thrice as many bonds, bonds numberless, should hem me in, and all you gods and goddesses should come and see, would I might lie by golden Aphroditê!"

He spoke, and laughter rose amongst the immortal gods. But Poseidon did not laugh; he earnestly entreated Hephaistos, the great craftsman, to give to Ares freedom. And speaking to him in winged words he said: "Free him, and I engage, as you demand, that he shall pay all that is just before the immortal gods."

Then said to him the famous strong-armed god: "Poseidon, girder of the land, ask not for this. From triflers, even pledges in the hand are trifles. How could I hold you bound before the immortal gods, if Ares should evade both debt and bond and flee?"

Then said to him the earth-shaking Poseidon: "He-

' Ἥφαιστ', εἴ περ γάρ κεν Ἄρης χρεῖος ὑπαλύξας     855
οἴχηται φεύγων, αὐτός τοι ἐγὼ τάδε τίσω.'
    Τὸν δ' ἠμείβετ' ἔπειτα περικλυτὸς ἀμφιγυήεις·
' οὐκ ἔστ' οὐδὲ ἔοικε τεὸν ἔπος ἀρνήσασθαι.'
    Ὣς εἰπὼν δεσμὸν ἀνίει μένος Ἡφαίστοιο.
τὼ δ' ἐπεὶ ἐκ δεσμοῖο λύθεν, κρατεροῦ περ ἐόντος,     860
αὐτίκ' ἀναΐξαντε ὁ μὲν Θρήκηνδε βεβήκει,
ἡ δ' ἄρα Κύπρον ἵκανε φιλομμειδὴς Ἀφροδίτη,
ἐς Πάφον· ἔνθα δέ οἱ τέμενος βωμός τε θυήεις.
ἔνθα δέ μιν χάριτες λοῦσαν καὶ χρῖσαν ἐλαίῳ
ἀμβρότῳ, οἷα θεοὺς ἐπενήνοθεν αἰὲν ἐόντας,     865
ἀμφὶ δὲ εἵματα ἕσσαν ἐπήρατα, θαῦμα ἰδέσθαι.
    Ταῦτ' ἄρ' ἀοιδὸς ἄειδε περικλυτός· αὐτὰρ Ὀδυσσεὺς
τέρπετ' ἐνὶ φρεσὶν ᾗσιν ἀκούων ἠδὲ καὶ ἄλλοι
Φαίηκες δολιχήρετμοι, ναυσίκλυτοι ἄνδρες.
    Ἀλκίνοος δ' Ἅλιον καὶ Λαοδάμαντα κέλευσε     870
μοῦναξ ὀρχήσασθαι, ἐπεί σφισιν οὔ τις ἔριζεν.
οἱ δ' ἐπεὶ οὖν σφαῖραν καλὴν μετὰ χερσὶν ἕλοντο,
πορφυρέην, τήν σφιν Πόλυβος ποίησε δαΐφρων,
τὴν ἕτερος ῥίπτασκε ποτὶ νέφεα σκιόεντα
ἰδνωθεὶς ὀπίσω· ὁ δ' ἀπὸ χθονὸς ὑψόσ' ἀερθεὶς     875
ῥηιδίως μεθέλεσκε, πάρος ποσὶν οὖδας ἱκέσθαι.
αὐτὰρ ἐπεὶ δὴ σφαίρῃ ἀν' ἰθὺν πειρήσαντο,
ὠρχείσθην δὴ ἔπειτα ποτὶ χθονὶ πουλυβοτείρῃ
ταρφέ' ἀμειβομένω· κοῦροι δ' ἐπελήκεον ἄλλοι
ἑστεῶτες κατ' ἀγῶνα, πολὺς δ' ὑπὸ κόμπος ὀρώρει.     880
δὴ τότ' ἄρ' Ἀλκίνοον προσεφώνεε δῖος Ὀδυσσεύς·
    ' Ἀλκίνοε κρεῖον, πάντων ἀριδείκετε λαῶν,
ἠμὲν ἀπείλησας βητάρμονας εἶναι ἀρίστους,
ἠδ' ἄρ' ἑτοῖμα τέτυκτο· σέβας μ' ἔχει εἰσορόωντα.'

phaistos, even if Ares does evade the debt and flee, still I myself will pay."

Then answered him the famous strong-armed god: "I cannot and I must not say you nay."

Saying this, mighty Hephaistos raised the net, and the pair once set free from out the net, so very strong, sprang up forthwith. He went to Thrace; but she, the laughter-loving Aphroditê, came to Cyprus, into the town of Paphos, where is her grove and fragrant shrine. There did the Graces bathe her and anoint her with imperishable oil, such as bedews the gods that live forever, and they arrayed her in a dainty robe, a marvel to behold.

So sang the famous bard. Odysseus joyed in heart to hear, as did the others also, the Phaiakian oarsmen, notable men at sea.

And now Alkinoös called on Halios and Laodamas to dance alone, for with them none could vie. So taking in their hands a goodly ball of purple hue, which skilful Polybos had made them, one, bending backward, flung it toward the shadowy clouds; the other, leaping upward from the earth, easily caught the ball before his feet had touched the ground again. Then after they had tried the ball straight in the air, they danced upon the bounteous earth with tossings to and fro. Other young men beat time for them, standing around the ring, and a loud sound of stamping rose. Then to Alkinoös said royal Odysseus:

"Mighty Alkinoös, renowned of all, you boasted that your dancers were the best, and here it is proved true. I am amazed to see."

Ὣς φάτο, γήθησεν δ' ἱερὸν μένος Ἀλκινόοιο,      385
αἶψα δὲ Φαιήκεσσι φιληρέτμοισι μετηύδα·
'Κέκλυτε, Φαιήκων ἡγήτορες ἠδὲ μέδοντες·
ὁ ξεῖνος μάλα μοι δοκέει πεπνυμένος εἶναι.
ἀλλ' ἄγε οἱ δῶμεν ξεινήιον, ὡς ἐπιεικές.
δώδεκα γὰρ κατὰ δῆμον ἀριπρεπέες βασιλῆες      390
ἀρχοὶ κραίνουσι, τρισκαιδέκατος δ' ἐγὼ αὐτός·
τῶν οἱ ἕκαστος φᾶρος ἐυπλυνὲς ἠδὲ χιτῶνα
καὶ χρυσοῖο τάλαντον ἐνείκατε τιμήεντος.
αἶψα δὲ πάντα φέρωμεν ἀολλέα, ὄφρ' ἐνὶ χερσὶ
ξεῖνος ἔχων ἐπὶ δόρπον ἴῃ χαίρων ἐνὶ θυμῷ.      395
Εὐρύαλος δέ ἑ αὐτὸν ἀρεσσάσθω ἐπέεσσι
καὶ δώρῳ, ἐπεὶ οὔ τι ἔπος κατὰ μοῖραν ἔειπεν.'
Ὣς ἔφαθ', οἱ δ' ἄρα πάντες ἐπῄνεον ἠδ' ἐκέλευον,
δῶρα δ' ἄρ' οἰσέμεναι πρόεσαν κήρυκα ἕκαστος.
τὸν δ' αὖτ' Εὐρύαλος ἀπαμείβετο φώνησέν τε·      400
'Ἀλκίνοε κρεῖον, πάντων ἀριδείκετε λαῶν,
τοιγὰρ ἐγὼ τὸν ξεῖνον ἀρέσσομαι, ὡς σὺ κελεύεις.
δώσω οἱ τόδ' ἄορ παγχάλκεον, ᾧ ἔπι κώπη
ἀργυρέη, κολεὸν δὲ νεοπρίστου ἐλέφαντος
ἀμφιδεδίνηται· πολέος δέ οἱ ἄξιον ἔσται.'      405
Ὣς εἰπὼν ἐν χερσὶ τίθει ξίφος ἀργυρόηλον,
καί μιν φωνήσας ἔπεα πτερόεντα προσηύδα·
'Χαῖρε, πάτερ ὦ ξεῖνε· ἔπος δ' εἴ πέρ τι βέβακται
δεινόν, ἄφαρ τὸ φέροιεν ἀναρπάξασαι ἄελλαι.
σοὶ δὲ θεοὶ ἄλοχόν τ' ἰδέειν καὶ πατρίδ' ἱκέσθαι      410
δοῖεν, ἐπεὶ δὴ δηθὰ φίλων ἄπο πήματα πάσχεις.'
Τὸν δ' ἀπαμειβόμενος προσέφη πολύμητις Ὀδυσσεύς·
'καὶ σὺ, φίλος, μάλα χαῖρε, θεοὶ δέ τοι ὄλβια δοῖεν,

So he spoke. Revered Alkinoös was glad, and to the Phaiakians, who delight in oars, he straightway said: "Hearken, Phaiakian captains and councillors! This stranger truly seems a man of understanding. Come then, and let us give such guest-gift as is meet; for twelve high kings bear sway throughout the land and are its rulers, and a thirteenth am I. Let every man among you bring a spotless robe and tunic and a talent of precious gold. And let us speedily fetch all together, so that the stranger, having these in hand, may come to supper glad at heart. Let too Euryalos give satisfaction to the man, by word and gift, for his speech was unbecoming."

So he spoke; the others all approved and gave their orders, and for the bringing of the gifts they sent their several pages. But Euryalos made answer to the king and said: "Mighty Alkinoös, renowned of all, I will indeed give satisfaction to the stranger, as you bid; for I will give this brazen blade. Its hilt is silver, and a sheath of fresh-cut ivory encircles it. Of great worth he will find it."

Saying this, he put into Odysseus' hands the silver-studded sword, and speaking to him in winged words he said: "Hail, good old stranger! If any word was uttered that was harsh, straight let the sweeping winds bear it away. But the gods grant that you may see your wife and reach your land; for, long cut off from friends, you have been meeting hardship."

Then wise Odysseus answered him and said: "You too, my friend, all hail. May the gods grant you fortune, and

μηδέ τί τοι ξίφεός γε ποθὴ μετόπισθε γένοιτο
τούτου, ὃ δή μοι δῶκας, ἀρεσσάμενος ἐπέεσσιν.'　　　　415
  Ἦ ῥα καὶ ἀμφ' ὤμοισι θέτο ξίφος ἀργυρόηλον.
δύσετό τ' ἠέλιος, καὶ τῷ κλυτὰ δῶρα παρῆεν·
καὶ τά γ' ἐς Ἀλκινόοιο φέρον κήρυκες ἀγαυοί·
δεξάμενοι δ' ἄρα παῖδες ἀμύμονος Ἀλκινόοιο
μητρὶ παρ' αἰδοίῃ ἔθεσαν περικαλλέα δῶρα.　　　　420
τοῖσιν δ' ἡγεμόνευ' ἱερὸν μένος Ἀλκινόοιο,
ἐλθόντες δὲ καθῖζον ἐν ὑψηλοῖσι θρόνοισι.
δή ῥα τότ' Ἀρήτην προσέφη μένος Ἀλκινόοιο·
  ' Δεῦρο, γύναι, φέρε χηλὸν ἀριπρεπέ', ἥ τις ἀρίστη·
ἐν δ' αὐτῇ θὲς φᾶρος ἐϋπλυνὲς ἠδὲ χιτῶνα.　　　　425
ἀμφὶ δέ οἱ πυρὶ χαλκὸν ἰήνατε, θέρμετε δ' ὕδωρ,
ὄφρα λοεσσάμενός τε ἰδών τ' εὖ κείμενα πάντα
δῶρα, τά οἱ Φαίηκες ἀμύμονες ἐνθάδ' ἔνεικαν,
δαιτί τε τέρπηται καὶ ἀοιδῆς ὕμνον ἀκούων.
καί οἱ ἐγὼ τόδ' ἄλεισον ἐμὸν περικαλλὲς ὀπάσσω,　　　　430
χρύσεον, ὄφρ' ἐμέθεν μεμνημένος ἤματα πάντα
σπένδῃ ἐνὶ μεγάρῳ Διί τ' ἄλλοισίν τε θεοῖσιν.'
  Ὣς ἔφατ', Ἀρήτη δὲ μετὰ δμῳῆσιν ἔειπεν
ἀμφὶ πυρὶ στῆσαι τρίποδα μέγαν ὅττι τάχιστα.
αἱ δὲ λοετροχόον τρίποδ' ἵστασαν ἐν πυρὶ κηλέῳ,　　　　435
ἐν δ' ἄρ' ὕδωρ ἔχεαν, ὑπὸ δὲ ξύλα δαῖον ἑλοῦσαι.
γάστρην μὲν τρίποδος πῦρ ἄμφεπε, θέρμετο δ' ὕδωρ.
τόφρα δ' ἄρ' Ἀρήτη ξείνῳ περικαλλέα χηλὸν
ἐξέφερεν θαλάμοιο, τίθει δ' ἐνὶ κάλλιμα δῶρα,
ἐσθῆτα χρυσόν τε, τά οἱ Φαίηκες ἔδωκαν·　　　　440
ἐν δ' αὐτῇ φᾶρος θῆκεν καλόν τε χιτῶνα,
καί μιν φωνήσασ' ἔπεα πτερόεντα προσηύδα·
  ' Αὐτὸς νῦν ἴδε πῶμα, θοῶς δ' ἐπὶ δεσμὸν ἴηλον,

may you not hereafter miss the sword which you now give, making amends besides in what you say."

He spoke, and round his shoulders slung the silver-studded sword. And now the sun went down, and the noble gifts were there; stately pages bore them to the palace of Alkinoös, where the sons of good Alkinoös, receiving them, laid the fair gifts before their honored mother. For the rest revered Alkinoös led the way, and entering the house they sat them down on the high seats. Then to Arêtê spoke revered Alkinoös:

"Bring hither, wife, a serviceable chest, the best you have, and lay therein a spotless robe and tunic. Then heat upon the fire a caldron for the stranger and warm some water, that, having bathed and seen all the gifts put safely away which the honored Phaiakians brought him hither, he may enjoy the feast and hear the singer's song. I too will give to him my goodly golden chalice, that as he pours libations at his hall to Zeus and to the other gods he may be mindful all his days of me."

He spoke, and Arêtê told the maids to set a great kettle on the fire as quickly as they could. They set the kettle that supplied the bath upon the blazing fire, they poured in water, put the wood beneath, and lighted. Around the belly of the kettle crept the flame, and so the water warmed. Then Arêtê brought the stranger a serviceable chest from out the chamber, she put therein the beautiful gifts, — the clothing and the gold which the Phaiakians gave him, — and she herself put in a robe and goodly tunic, and speaking to him in winged words she said:

"Look to the lid yourself and quickly tie its cord, lest

μή τίς τοι καθ' ὁδὸν δηλήσεται, ὁππότ' ἂν αὖτε
εὕδησθα γλυκὺν ὕπνον ἰὼν ἐν νηὶ μελαίνη.'          445

Αὐτὰρ ἐπεὶ τό γ' ἄκουσε πολύτλας δῖος Ὀδυσσεύς,
αὐτίκ' ἐπήρτυε πῶμα, θοῶς δ' ἐπὶ δεσμὸν ἴηλε
ποικίλον, ὅν ποτέ μιν δέδαε φρεσὶ πότνια Κίρκη,
αὐτόδιον δ' ἄρα μιν ταμίη λούσασθαι ἀνώγει
ἔς ῥ' ἀσάμινθον βάνθ'· ὁ δ' ἄρ' ἀσπασίως ἴδε θυμῷ   450
θερμὰ λοέτρ', ἐπεὶ οὔ τι κομιζόμενός γε θάμιζεν,
ἐπεὶ δὴ λίπε δῶμα Καλυψοῦς ἠυκόμοιο·
τόφρα δέ οἱ κομιδή γε θεῷ ὡς ἔμπεδος ἦεν.
τὸν δ' ἐπεὶ οὖν δμωαὶ λοῦσαν καὶ χρῖσαν ἐλαίῳ,
ἀμφὶ δέ μιν χλαῖναν καλὴν βάλον ἠδὲ χιτῶνα,       455
ἔκ ῥ' ἀσαμίνθου βὰς ἄνδρας μέτα οἰνοποτῆρας
ἤιε· Ναυσικάα δὲ θεῶν ἄπο κάλλος ἔχουσα
στῆ ῥα παρὰ σταθμὸν τέγεος πύκα ποιητοῖο,
θαύμαζεν δ' Ὀδυσῆα ἐν ὀφθαλμοῖσιν ὁρῶσα,
καί μιν φωνήσασ' ἔπεα πτερόεντα προσηύδα·          460

' Χαῖρε, ξεῖν', ἵνα καί ποτ' ἐὼν ἐν πατρίδι γαίη
μνήσῃ ἐμεῦ, ὅτι μοι πρώτῃ ζωάγρι' ὀφέλλεις.'

Τὴν δ' ἀπαμειβόμενος προσέφη πολύμητις Ὀδυσσεύς·
' Ναυσικάα, θύγατερ μεγαλήτορος Ἀλκινόοιο,
οὕτω νῦν Ζεὺς θείη, ἐρίγδουπος πόσις Ἥρης,       465
οἴκαδέ τ' ἐλθέμεναι καὶ νόστιμον ἦμαρ ἰδέσθαι·
τῷ κέν τοι καὶ κεῖθι θεῷ ὡς εὐχετοώμην
αἰεὶ ἤματα πάντα· σὺ γάρ μ' ἐβιώσαο, κούρη.'

Ἦ ῥα καὶ ἐς θρόνον ἷζε παρ' Ἀλκίνοον βασιλῆα.
οἱ δ' ἤδη μοίρας τ' ἔνεμον κερόωντό τε οἶνον.     470
κῆρυξ δ' ἐγγύθεν ἦλθεν ἄγων ἐρίηρον ἀοιδόν,
Δημόδοκον λαοῖσι τετιμένον· εἷσε δ' ἄρ' αὐτὸν

some one rob you on the way, when by and by, sailing **on** the black ship, you rest in pleasant sleep."

When royal long-tried Odysseus heard these words, straightway he fitted on the lid, and quickly tied the cunning knot which potent Circe once had taught him. Thereafter the housewife called him to come to the bath and bathe; and he was glad at heart to see the steaming water, for he had not been accustomed to meet such care as this since he had left fair-haired Kalypso's home; but there he had as constant care as if he were a god. Now when the maids had bathed him, and anointed him with oil, and put upon him a goodly cloak and tunic, forth from the bath he came and went to join the drinkers; and Nausikaä, with a beauty given of the gods, stood by a column of the strong-built roof, and marveled at Odysseus as she cast on him her eyes, and speaking to him in winged words she said:

"Farewell, stranger! When you are once again in your own land, remember me, and how before all others it is to me you owe the saving of your life."

Then wise Odysseus answered her and said: "Nausikaä, daughter of high-souled Alkinoös, Zeus grant it so — he the high thunderer, husband of Herê — that I reach home and see my day of coming. Then would I there too, as to any god, give thanks to you forever, all my days; for, maiden, it was you who gave me life."

He spoke, and took his seat by king Alkinoös. Men were already serving food and mixing wine. The page drew near, leading the honored bard, Demodokos, high prized of all, and placed him amongst the feasters,

μέσσῳ δαιτυμόνων, πρὸς κίονα μακρὸν ἐρείσας.
δὴ τότε κήρυκα προσέφη πολύμητις Ὀδυσσεύς·
νώτου ἀποπροταμών, ἐπὶ δὲ πλεῖον ἐλέλειπτο,     475
ἀργιόδοντος ὑός, θαλερὴ δ' ἦν ἀμφὶς ἀλοιφή·
'Κῆρυξ, τῇ δή, τοῦτο πόρε κρέας, ὄφρα φάγῃσι,
Δημοδόκῳ, καί μιν προσπτύξομαι, ἀχνύμενός περ.
πᾶσι γὰρ ἀνθρώποισιν ἐπιχθονίοισιν ἀοιδοὶ
τιμῆς ἔμμοροί εἰσι καὶ αἰδοῦς, οὕνεκ' ἄρα σφέας     480
οἴμας μοῦσ' ἐδίδαξε, φίλησε δὲ φῦλον ἀοιδῶν.'
Ὣς ἄρ' ἔφη, κῆρυξ δὲ φέρων ἐν χερσὶν ἔθηκεν
ἥρῳ Δημοδόκῳ· ὁ δ' ἐδέξατο, χαῖρε δὲ θυμῷ.
οἱ δ' ἐπ' ὀνείαθ' ἑτοῖμα προκείμενα χεῖρας ἴαλλον.
αὐτὰρ ἐπεὶ πόσιος καὶ ἐδητύος ἐξ ἔρον ἕντο,     485
δὴ τότε Δημόδοκον προσέφη πολύμητις Ὀδυσσεύς.
'Δημόδοκ', ἔξοχα δή σε βροτῶν αἰνίζομ' ἁπάντων·
ἢ σέ γε μοῦσ' ἐδίδαξε, Διὸς παῖς, ἢ σέ γ' Ἀπόλλων.
λίην γὰρ κατὰ κόσμον Ἀχαιῶν οἶτον ἀείδεις,
ὅσσ' ἔρξαν τ' ἔπαθόν τε καὶ ὅσσ' ἐμόγησαν Ἀχαιοὶ     490
ὥς τε που ἢ αὐτὸς παρεὼν ἢ ἄλλου ἀκούσας.
ἀλλ' ἄγε δὴ μετάβηθι καὶ ἵππου κόσμον ἄεισον
δουρατέου, τὸν Ἐπειὸς ἐποίησεν σὺν Ἀθήνῃ,
ὅν ποτ' ἐς ἀκρόπολιν δόλον ἤγαγε δῖος Ὀδυσσεύς,
ἀνδρῶν ἐμπλήσας οἵ ῥ' Ἴλιον ἐξαλάπαξαν.     495
αἴ κεν δή μοι ταῦτα κατὰ μοῖραν καταλέξῃς,
αὐτίκ' ἐγὼ πᾶσιν μυθήσομαι ἀνθρώποισιν
ὡς ἄρα τοι πρόφρων θεὸς ὤπασε θέσπιν ἀοιδήν.'
Ὣς φάθ', ὁ δ' ὁρμηθεὶς θεοῦ ἤρχετο, φαῖνε δ' ἀοιδήν,
ἔνθεν ἑλὼν ὡς οἱ μὲν ἐυσσέλμων ἐπὶ νηῶν     500
βάντες ἀπέπλειον, πῦρ ἐν κλισίῃσι βαλόντες,
Ἀργεῖοι, τοὶ δ' ἤδη ἀγακλυτὸν ἀμφ' Ὀδυσῆα

backed by a lofty pillar. Then to the page said wise Odysseus, cutting a slice of chine, whereof still more was left, from out a white-toothed boar, the rich fat on its sides: "Page, set before Demodokos this piece of meat, that he may eat and I may do him homage, sad though I be myself; for at the hands of all on earth bards meet respect and honor, because the muse has taught them song and loves the race of bards."

He spoke, and the page bore the food and put it in the hands of lord Demodokos. He took it and was glad at heart, and on the food spread out before them they laid hands. But after they had stayed desire for drink and food, then to Demodokos said wise Odysseus: "Demodokos, I praise you beyond all mortal men, whether your teacher was the muse, the child of Zeus, or was Apollo. With perfect truth you sing the lot of the Achaians, all that they did and bore, the whole Achaian struggle, as if yourself were there, or you had heard the tale from one who was. Pass on then now, and sing the building of the wooden horse, made by Epeios with Athene's aid, which royal Odysseus once conveyed into the citadel, — a thing of craft, filled full of men, who by its means sacked Ilios. And if you now can tell this tale in its due order, I shall forthwith declare to all mankind how bounteously God gave to you a wondrous power of song."

So he spoke. Thereat the other, stirred by the god, began and showed his skill in song: beginning where some Argives boarding the well-benched ships were setting sail and spreading fire throughout their camp; while others still, under renowned Odysseus, lay in the Trojan

εἵατ᾽ ἐνὶ Τρώων ἀγορῇ κεκαλυμμένοι ἵππῳ·
αὐτοὶ γάρ μιν Τρῶες ἐς ἀκρόπολιν ἐρύσαντο.
ὣς ὁ μὲν ἑστήκει, τοὶ δ᾽ ἄκριτα πόλλ᾽ ἀγόρευον         505
ἥμενοι ἀμφ᾽ αὐτόν· τρίχα δέ σφισιν ἥνδανε βουλὴ,
ἠὲ διαπλῆξαι κοῖλον δόρυ νηλέι χαλκῷ,
ἢ κατὰ πετράων βαλέειν ἐρύσαντας ἐπ᾽ ἄκρης,
ἢ ἐάαν μέγ᾽ ἄγαλμα θεῶν θελκτήριον εἶναι,
τῇ περ δὴ καὶ ἔπειτα τελευτήσεσθαι ἔμελλεν·         510
αἶσα γὰρ ἦν ἀπολέσθαι, ἐπὴν πόλις ἀμφικαλύψῃ
δουράτεον μέγαν ἵππον, ὅθ᾽ εἵατο πάντες ἄριστοι
Ἀργείων Τρώεσσι φόνον καὶ κῆρα φέροντες.
ἤειδεν δ᾽ ὡς ἄστυ διέπραθον υἷες Ἀχαιῶν
ἱππόθεν ἐκχύμενοι, κοῖλον λόχον ἐκπρολιπόντες.         515
ἄλλον δ᾽ ἄλλῃ ἄειδε πόλιν κεραϊζέμεν αἰπὴν,
αὐτὰρ Ὀδυσσῆα προτὶ δώματα Δηιφόβοιο
βήμεναι, ἠύτ᾽ Ἄρηα, σὺν ἀντιθέῳ Μενελάῳ.
κεῖθι δὴ αἰνότατον πόλεμον φάτο τολμήσαντα
νικῆσαι καὶ ἔπειτα διὰ μεγάθυμον Ἀθήνην.         520
  Ταῦτ᾽ ἄρ᾽ ἀοιδὸς ἄειδε περικλυτός· αὐτὰρ Ὀδυσσεὺς
τήκετο, δάκρυ δ᾽ ἔδευεν ὑπὸ βλεφάροισι παρειάς.
ὡς δὲ γυνὴ κλαίῃσι φίλον πόσιν ἀμφιπεσοῦσα,
ὅς τε ἑῆς πρόσθεν πόλιος λαῶν τε πέσῃσιν,
ἄστεϊ καὶ τεκέεσσιν ἀμύνων νηλεὲς ἦμαρ·         525
ἡ μὲν τὸν θνήσκοντα καὶ ἀσπαίροντα ἰδοῦσα
ἀμφ᾽ αὐτῷ χυμένη λίγα κωκύει· οἱ δέ τ᾽ ὄπισθε
κόπτοντες δούρεσσι μετάφρενον ἠδὲ καὶ ὤμους
εἴρερον εἰσανάγουσι, πόνον τ᾽ ἐχέμεν καὶ ὀιζύν·
τῆς δ᾽ ἐλεεινοτάτῳ ἄχεϊ φθινύθουσι παρειαί·         530
ὡς Ὀδυσεὺς ἐλεεινὸν ὑπ᾽ ὀφρύσι δάκρυον εἶβεν.
ἔνθ᾽ ἄλλους μὲν πάντας ἐλάνθανε δάκρυα λείβων,

market-place, all hidden in the horse; for the Trojans themselves had dragged this to their citadel. So there it stood, and long and uncertainly the people argued, seated around it. Three plans were finding favor: either to split the hollow trunk with ruthless axe; or else to drag it to the heights and hurl it down the rocks; or still to spare the monstrous image, as a propitiàtion for the gods. And thus at last it was to end. It was their fate to perish so soon as their city should inclose the enormous wooden horse, wherein lay all the bravest of the Argives, bearing to the Trojans death and doom. He sang how they o'er-threw the town, — these sons of the Achaians, issuing from the horse, leaving their hollow ambush. Each for himself, he sang, pillaged the stately city; but Odysseus went like Ares to the palace of Deïphobos with god-like Menelaos; and there, he said, braving the fiercest fight, Odysseus conquered at the last through aid of fierce Athene.

So sang the famous bard. Odysseus melted into tears, which wet his cheeks below his eyelids. And as a woman wails and clings to her dear husband, who falls for town and people, seeking to shield his home and children from the ruthless day; she watches him dying, gasping, and flings herself on him with a piercing cry, while men be-hind, smiting her with their spears on back and shoulder, force her along to bondage to meet with toil and trouble; with pain most pitiful her cheeks are thin; so pitiful was the tear Odysseus dropped beneath his brows. Yet did he hide from all the rest the tears he shed; only Alkinoös

'Αλκίνοος δέ μιν οἶος ἐπερφάσατ' ἠδ' ἐνόησεν,
ἥμενος ἄγχ' αὐτοῦ, βαρὺ δὲ στενάχοντος ἄκουσεν.
αἶψα δὲ Φαιήκεσσι φιληρέτμοισι μετηύδα·  535

'Κέκλυτε, Φαιήκων ἡγήτορες ἠδὲ μέδοντες,
Δημόδοκος δ' ἤδη σχεθέτω φόρμιγγα λίγειαν·
οὐ γάρ πως πάντεσσι χαριζόμενος τάδ' ἀείδει.
ἐξ οὗ δορπέομέν τε καὶ ὦρορε θεῖος ἀοιδός,
ἐκ τοῦ δ' οὔ πω παύσατ' ὀιζυροῖο γόοιο  540
ὁ ξεῖνος· μάλα πού μιν ἄχος φρένας ἀμφιβέβηκεν.
ἀλλ' ἄγ' ὁ μὲν σχεθέτω, ἵν' ὁμῶς τερπώμεθα πάντες
ξεινοδόκοι καὶ ξεῖνος, ἐπεὶ πολὺ κάλλιον οὕτως·
εἵνεκα γὰρ ξείνοιο τάδ' αἰδοίοιο τέτυκται,
πομπὴ καὶ φίλα δῶρα, τά οἱ δίδομεν φιλέοντες.  545
ἀντὶ κασιγνήτου ξεῖνός θ' ἱκέτης τε τέτυκται
ἀνέρι, ὅς τ' ὀλίγον περ ἐπιψαύῃ πραπίδεσσι.

Τῷ νῦν μηδὲ σὺ κεῦθε νοήμασι κερδαλέοισιν
ὅττι κέ σ' εἴρωμαι· φάσθαι δέ σε κάλλιόν ἐστιν.
εἴπ' ὄνομ' ὅττι σε κεῖθι κάλεον μήτηρ τε πατήρ τε,  550
ἄλλοι θ' οἳ κατὰ ἄστυ καὶ οἳ περιναιετάουσιν.
οὐ μὲν γάρ τις πάμπαν ἀνώνυμός ἐστ' ἀνθρώπων,
οὐ κακὸς οὐδὲ μὲν ἐσθλός, ἐπὴν τὰ πρῶτα γένηται,
ἀλλ' ἐπὶ πᾶσι τίθενται, ἐπεί κε τέκωσι, τοκῆες.
εἰπὲ δέ μοι γαῖάν τε τεὴν δῆμόν τε πόλιν τε,  555
ὄφρα σε τῇ πέμπωσι τιτυσκόμεναι φρεσὶ νῆες.
οὐ γὰρ Φαιήκεσσι κυβερνητῆρες ἔασιν,
οὐδέ τι πηδάλι' ἐστί, τά τ' ἄλλαι νῆες ἔχουσιν·
ἀλλ' αὐταὶ ἴσασι νοήματα καὶ φρένας ἀνδρῶν,
καὶ πάντων ἴσασι πόλιας καὶ πίονας ἀγρούς  560
ἀνθρώπων, καὶ λαῖτμα τάχισθ' ἁλὸς ἐκπερόωσιν
ἠέρι καὶ νεφέλῃ κεκαλυμμέναι· οὐδέ ποτέ σφιν

marked him and took heed, for he sat near and heard his deep-drawn sighs; and to the Phaiakians, who delight in oars, he straightway said :

"Hearken, Phaiakian captains and councillors, and let Demodokos hush now the tuneful lyre, because not to the pleasure of us all he sings of this; for since we supped and since the sacred bard begàn, this stranger has not ceased from bitter sighing. Surely some grief hovers about his heart. Let then the bard cease singing, that all alike be merry, stranger and entertainers, for that is better far; since for the worthy stranger's sake have all things been prepared, the outfit and the friendly gifts, which we grant heartily. Even as a brother is the stranger and the suppliant treated by any man who feels the slightest touch of wisdom.

"Do not, then, longer cautiously conceal what I will ask; plain speech is better. Tell me the name by which at home your father and mother called you, — they and the other folk, your townsmen and your neighbors; for none of all mankind can lack a name, be he of low degree or high, when once he has been born. Nay, in the very hour of birth parents give names to all. And tell me of your land, your home, and city, that thither our ships may bear you with a discerning aim; for on Phaiakian ships there are no pilots, nor are there rudders such as other vessels carry, but the ships understand themselves the will and mind of man. They know the cities and rich lands of every people, and swiftly they cross the sea-gulf, shrouded in mist and cloud. Once upon them, there is no fear of

οὔτε τι πημανθῆναι ἔπι δέος οὔτ' ἀπολέσθαι.
ἀλλὰ τόδ' ὥς ποτε πατρὸς ἐγὼν εἰπόντος ἄκουσα
Ναυσιθόου, ὃς ἔφασκε Ποσειδάων' ἀγάσασθαι       565
ἡμῖν, οὕνεκα πομποὶ ἀπήμονές εἰμεν ἁπάντων.
φῆ ποτὲ Φαιήκων ἀνδρῶν εὐεργέα νῆα
ἐκ πομπῆς ἀνιοῦσαν ἐν ἠεροειδέι πόντῳ
ῥαισέμεναι, μέγα δ' ἡμῖν ὄρος πόλει ἀμφικαλύψειν.
ὣς ἀγόρευ' ὁ γέρων· τὰ δέ κεν θεὸς ἢ τελέσειεν,       570
ἤ κ' ἀτέλεστ' εἴη, ὥς οἱ φίλον ἔπλετο θυμῷ.
ἀλλ' ἄγε μοι τόδε εἰπὲ καὶ ἀτρεκέως κατάλεξον,
ὅππῃ ἀπεπλάγχθης τε καὶ ἅς τινας ἵκεο χώρας
ἀνθρώπων, αὐτούς τε πόλιάς τ' εὖ ναιετοώσας,
ἠμὲν ὅσοι χαλεποί τε καὶ ἄγριοι οὐδὲ δίκαιοι,       575
οἵ τε φιλόξεινοι, καί σφιν νόος ἐστὶ θεουδής.
εἰπὲ δ' ὅ τι κλαίεις καὶ ὀδύρεαι ἔνδοθι θυμῷ
Ἀργείων Δαναῶν ἠδ' Ἰλίου οἶτον ἀκούων.
τὸν δὲ θεοὶ μὲν τεῦξαν, ἐπεκλώσαντο δ' ὄλεθρον
ἀνθρώποις, ἵνα ᾖσι καὶ ἐσσομένοισιν ἀοιδή.       580
ἦ τίς τοι καὶ πηὸς ἀπέφθιτο Ἰλιόθι πρὸ
ἐσθλὸς ἐών, γαμβρὸς ἢ πενθερός, οἵ τε μάλιστα
κήδιστοι τελέθουσι μεθ' αἷμά τε καὶ γένος αὐτῶν;
ἦ τίς που καὶ ἑταῖρος ἀνὴρ κεχαρισμένα εἰδώς,
ἐσθλός; ἐπεὶ οὐ μέν τι κασιγνήτοιο χερείων       585
γίγνεται ὅς κεν ἑταῖρος ἐὼν πεπνυμένα εἰδῇ.'

wreck or ruin. Still, this is what I heard Nausithoös, my
father, once relate: he said Poseidon was displeased be-
cause we were safe guides for all mankind; and he averred
the god would one day wreck a stanch ship of the Phaia-
kian people, returning from her convoy on the misty sea,
and with a mighty hill would cover up our city. That
was the old man's tale, and this God may fulfil, or else
it may go unfulfilled, as pleases him. But come, declare
me this, and plainly tell both how you lost your way and
to whose coasts you came. About the men and stately
towns, too, let me hear, — what ones were fierce and sav-
age, with no regard for right, what ones were kind to
strangers and reverent toward the gods. And tell me
why you weep and grieve within your breast on hearing
the lot of Argive Danaäns and of Ilios. This the gods
wrought; they spun the thread of death for some, that
others in the time to come might have a song. Had you
indeed some relative who fell at Ilios? One who was
dear? a daughter's husband or wife's father? — they who
stand closest to us after our flesh and blood. Or was it
perhaps some friend who pleased you well, a gallant com-
rade? For a friend with an understanding heart is worth
no less than a brother."

# ΟΔΥΣΣΕΙΑΣ Ι.

## Ἀλκίνου ἀπόλογοι. Κυκλώπεια.

Τὸν δ' ἀπαμειβόμενος προσέφη πολύμητις Ὀδυσσεύς·
  ‘ Ἀλκίνοε κρεῖον, πάντων ἀριδείκετε λαῶν,
ἦ τοι μὲν τόδε καλὸν ἀκουέμεν ἐστὶν ἀοιδοῦ
τοιοῦδ' οἷος ὅδ' ἐστί, θεοῖς ἐναλίγκιος αὐδήν.
οὐ γὰρ ἐγώ γέ τί φημι τέλος χαριέστερον εἶναι        5
ἢ ὅτ' εὐφροσύνη μὲν ἔχῃ κατὰ δῆμον ἅπαντα,
δαιτυμόνες δ' ἀνὰ δώματ' ἀκουάζωνται ἀοιδοῦ
ἥμενοι ἑξείης, παρὰ δὲ πλήθωσι τράπεζαι
σίτου καὶ κρειῶν, μέθυ δ' ἐκ κρητῆρος ἀφύσσων
οἰνοχόος φορέῃσι καὶ ἐγχείῃ δεπάεσσι·        10
τοῦτό τί μοι κάλλιστον ἐνὶ φρεσὶν εἴδεται εἶναι.
σοὶ δ' ἐμὰ κήδεα θυμὸς ἐπετράπετο στονόεντα
εἴρεσθ', ὄφρ' ἔτι μᾶλλον ὀδυρόμενος στεναχίζω·
τί πρῶτόν τοι ἔπειτα, τί δ' ὑστάτιον καταλέξω ;
κήδε' ἐπεί μοι πολλὰ δόσαν θεοὶ οὐρανίωνες.        15
νῦν δ' ὄνομα πρῶτον μυθήσομαι, ὄφρα καὶ ὑμεῖς
εἴδετ', ἐγὼ δ' ἂν ἔπειτα φυγὼν ὕπο νηλεὲς ἦμαρ
ὑμῖν ξεῖνος ἔω καὶ ἀπόπροθι δώματα ναίων.
εἴμ' Ὀδυσεὺς Λαερτιάδης, ὃς πᾶσι δόλοισιν
ἀνθρώποισι μέλω, καί μευ κλέος οὐρανὸν ἵκει.        20
ναιετάω δ' Ἰθάκην εὐδείελον· ἐν δ' ὄρος αὐτῇ,
Νήριτον εἰνοσίφυλλον ἀριπρεπές· ἀμφὶ δὲ νῆσοι
πολλαὶ ναιετάουσι μάλα σχεδὸν ἀλλήλῃσι,
Δουλίχιόν τε Σάμη τε καὶ ὑλήεσσα Ζάκυνθος.

# IX.

THEN wise Odysseus answered him and said : " Mighty Alkinoös, renowned of all, surely it is a pleasant thing to hear a bard like this, one who is even like the gods in voice. For a more delightful end of toil I think there cannot be than when good cheer possesses a whole people, and feasting through the houses they listen to a bard, seated in proper order, while beside them stand the tables loaded with bread and meat, and dipping wine from out the mixer the pourer bears it round and fills the cups; that is a sight most pleasing to the mind. But now your heart has turned aside to learn my grievous woes, that thus I still may meet with further grief and sorrow. What shall I tell you first, then, and what last ? For many are the woes the gods of heaven gave me. First, I will tell my name, that you, like all, may know it, and I henceforth, if I escape the ruthless day, may be your guest-friend, though my home is far away. I am Odysseus, son of Laërtes, who for all craft am noted amongst men, and my renown reaches to heaven. I live in Ithaka, a land far seen ; for on it is the lofty height of Neriton, covered with waving woods. Around lie many islands, very close to one another, — Doulichion, Samê, and woody Zakynthos. Ithaka itself lies low, farthest along the sea

αὐτὴ δὲ χθαμαλὴ πανυπερτάτη εἰν ἁλὶ κεῖται    25
πρὸς ζόφον, αἱ δέ τ' ἄνευθε πρὸς ἠῶ τ' ἠέλιόν τε,
τρηχεῖ', ἀλλ' ἀγαθὴ κουροτρόφος· οὔ τοι ἐγώ γε
ἧς γαίης δύναμαι γλυκερώτερον ἄλλο ἰδέσθαι.
ἦ μέν μ' αὐτόθ' ἔρυκε Καλυψώ, δῖα θεάων,
[ἐν σπέσσι γλαφυροῖσι, λιλαιομένη πόσιν εἶναι·]    30
ὣς δ' αὔτως Κίρκη κατερήτυεν ἐν μεγάροισιν
Αἰαίη δολόεσσα, λιλαιομένη πόσιν εἶναι.
ἀλλ' ἐμὸν οὔ ποτε θυμὸν ἐνὶ στήθεσσιν ἔπειθον.
ὣς οὐδὲν γλύκιον ἧς πατρίδος οὐδὲ τοκήων
γίγνεται, εἴ περ καί τις ἀπόπροθι πίονα οἶκον    35
γαίῃ ἐν ἀλλοδαπῇ ναίει ἀπάνευθε τοκήων.
εἰ δ' ἄγε τοι καὶ νόστον ἐμὸν πολυκηδέ' ἐνίσπω,
ὅν μοι Ζεὺς ἐφέηκεν ἀπὸ Τροίηθεν ἰόντι.

Ἰλιόθεν με φέρων ἄνεμος Κικόνεσσι πέλασσεν,
Ἰσμάρῳ· ἔνθα δ' ἐγὼ πόλιν ἔπραθον, ὤλεσα δ' αὐτούς·
ἐκ πόλιος δ' ἀλόχους καὶ κτήματα πολλὰ λαβόντες    41
δασσάμεθ', ὡς μή τίς μοι ἀτεμβόμενος κίοι ἴσης.
ἔνθ' ἦ τοι μὲν ἐγὼ διερῷ ποδὶ φευγέμεν ἡμέας
ἠνώγεα, τοὶ δὲ μέγα νήπιοι οὐκ ἐπίθοντο.
ἔνθα δὲ πολλὸν μὲν μέθυ πίνετο, πολλὰ δὲ μῆλα    45
ἔσφαζον παρὰ θῖνα καὶ εἰλίποδας ἕλικας βοῦς.
τόφρα δ' ἄρ' οἰχόμενοι Κίκονες Κικόνεσσι γεγώνευν,
οἵ σφιν γείτονες ἦσαν ἅμα πλέονες καὶ ἀρείους
ἤπειρον ναίοντες, ἐπιστάμενοι μὲν ἀφ' ἵππων
ἀνδράσι μάρνασθαι καὶ ὅθι χρὴ πεζὸν ἐόντα.    50
ἦλθον ἔπειθ' ὅσα φύλλα καὶ ἄνθεα γίγνεται ὥρῃ,
ἠέριοι· τότε δή ῥα κακὴ Διὸς αἶσα παρέστη
ἡμῖν αἰνομόροισιν, ἵν' ἄλγεα πολλὰ πάθοιμεν.
στησάμενοι δ' ἐμάχοντο μάχην παρὰ νηυσὶ θοῇσι,

toward the dark west, — the others stretching eastward, toward the dawn, — a rugged land, and yet a kindly nurse. A spot more pleasant I can never see than my own land. Kalypso, a heavenly goddess, sought to keep me by her side within her hollow grotto, desiring me to be her husband; so Circê also would detain me in her palace, — she of Aiaia, full of craft, — desiring me to be her husband; but they never beguiled the heart within my breast. Nothing more sweet than home and parents can a man find, however rich a house he have far in a foreign land, cut off from parents. But let me tell you of the grievous journey home which Zeus ordained upon my setting forth from Troy.

" From Ilios the wind took me and bore me to the Kikonians, to Ismaros. There I destroyed the town and slew its men; but from the town we took the women and great stores of treasure, and parted all, that none might go lacking his proper share. This done, I warned our men to fly with eager haste; but they, in utter folly, did not heed. Much wine was drunk there still, and they slaughtered on the shore a multitude of sheep and swing-paced, crook-horned oxen. Meanwhile, escaped Kikonians began to call for aid on those Kikonians who were their neighbors and more numerous and brave than they, — a people dwelling inland, skilled in fighting from the chariot or on foot, as need might be. These gathered soon, thick as the leaves and flowers break forth in spring. They came at early dawn, and an evil fate from Zeus beset our luckless men, making us meet with many sorrows; for setting the battle in array by the swift ships, they fought and hurled their

βάλλον δ' ἀλλήλους χαλκήρεσιν ἐγχείῃσιν.                   55
ὄφρα μὲν ἠὼς ἦν καὶ ἀέξετο ἱερὸν ἦμαρ,
τόφρα δ' ἀλεξόμενοι μένομεν πλέονάς περ ἐόντας·
ἦμος δ' ἠέλιος μετενίσσετο βουλυτόνδε,
καὶ τότε δὴ Κίκονες κλῖναν δαμάσαντες Ἀχαιούς.
ἐξ δ' ἀφ' ἑκάστης νηὸς ἐυκνήμιδες ἑταῖροι                 60
ὤλονθ'· οἱ δ' ἄλλοι φύγομεν θάνατόν τε μόρον τε.

   Ἔνθεν δὲ προτέρω πλέομεν ἀκαχήμενοι ἦτορ,
ἄσμενοι ἐκ θανάτοιο, φίλους ὀλέσαντες ἑταίρους.
οὐδ' ἄρα μοι προτέρω νῆες κίον ἀμφιέλισσαι,
πρίν τινα τῶν δειλῶν ἑτάρων τρὶς ἕκαστον ἀῦσαι,          65
οἳ θάνον ἐν πεδίῳ Κικόνων ὑπὸ δῃωθέντες.
νηυσὶ δ' ἐπῶρσ' ἄνεμον Βορέην νεφεληγερέτα Ζεὺς
λαίλαπι θεσπεσίῃ, σὺν δὲ νεφέεσσι κάλυψε
γαῖαν ὁμοῦ καὶ πόντον· ὀρώρει δ' οὐρανόθεν νύξ.
αἱ μὲν ἔπειτ' ἐφέροντ' ἐπικάρσιαι, ἱστία δέ σφιν         70
τριχθά τε καὶ τετραχθὰ διέσχισεν ἲς ἀνέμοιο.
καὶ τὰ μὲν ἐς νῆας κάθεμεν, δείσαντες ὄλεθρον,
αὐτὰς δ' ἐσσυμένως προερέσσαμεν ἤπειρόνδε.
ἔνθα δύω νύκτας δύο τ' ἤματα συνεχὲς αἰεὶ
κείμεθ', ὁμοῦ καμάτῳ τε καὶ ἄλγεσι θυμὸν ἔδοντες.        75
ἀλλ' ὅτε δὴ τρίτον ἦμαρ ἐυπλόκαμος τέλεσ' ἠώς,
ἱστοὺς στησάμενοι ἀνά θ' ἱστία λεύκ' ἐρύσαντες
ἥμεθα· τὰς δ' ἄνεμός τε κυβερνῆταί τ' ἴθυνον.
καί νύ κεν ἀσκηθὴς ἱκόμην ἐς πατρίδα γαῖαν,
ἀλλά με κῦμα ῥόος τε περιγνάμπτοντα Μάλειαν             80
καὶ Βορέης ἀπέωσε, παρέπλαγξεν δὲ Κυθήρων.

   Ἔνθεν δ' ἐννῆμαρ φερόμην ὀλοοῖς ἀνέμοισι
πόντον ἐπ' ἰχθυόεντα· ἀτὰρ δεκάτῃ ἐπέβημεν
γαίης Λωτοφάγων, οἵ τ' ἄνθινον εἶδαρ ἔδουσιν.

brazen spears at one another. While it was morning and
the blessed light increased, we steadily kept them off and
held our ground, though they were more than we; but as
the sun declined, toward stalling-time, then the Kikonians
turned our men and routed the Achaians. Six of the
crew of every ship fell in their harness there; the rest
fled death and doom.

"Thence we sailed on with aching hearts, glad to be clear
of death, though missing our good comrades; yet the curved
ships did not pass on till we had called three times to
each poor comrade who died upon the plain, cut off by the
Kikonians. But now against our ships cloud-gathering
Zeus sent the north wind in a fierce tempest, and with
his clouds covered both land and sea; night broke from
heaven. The ships drove headlong onward, and their sails
were torn to tatters by the fury of the wind. The sails
we lowered to the deck, in terror of our lives, and rowed
the ships themselves hurriedly toward the land. There
for two nights and days continuously we lay, gnawing our
hearts because of toil and trouble. But when the fair-
haired Dawn brought the third day, we set our masts and
hoisted the white sails and sat us down, while wind and
helmsmen kept the vessels to their course. And now I
should have come unharmed to my own native land, but
that the swell and current in doubling Maleia, and the
north wind turned me aside and drove me past Kythêra.

"Thence for nine days I drifted on, forced by the
deadly winds along the swarming sea; but on the tenth
we touched a land of Lotus-eaters, men who make their

ἔνθα δ' ἐπ' ἠπείρου βῆμεν καὶ ἀφυσσάμεθ' ὕδωρ,      85
αἶψα δὲ δεῖπνον ἕλοντο θοῆς παρὰ νηυσὶν ἑταῖροι.
αὐτὰρ ἐπεὶ σίτοιό τε πασσάμεθ' ἠδὲ ποτῆτος,
δὴ τότ' ἐγὼν ἑτάρους προΐειν πεύθεσθαι ἰόντας
οἵ τινες ἀνέρες εἶεν ἐπὶ χθονὶ σῖτον ἔδοντες,
ἄνδρε δύω κρίνας, τρίτατον κήρυχ' ἅμ' ὀπάσσας.      90
οἱ δ' αἶψ' οἰχόμενοι μίγεν ἀνδράσι Λωτοφάγοισιν·
οὐδ' ἄρα Λωτοφάγοι μήδονθ' ἑτάροισιν ὄλεθρον
ἡμετέροις, ἀλλά σφι δόσαν λωτοῖο πάσασθαι.
τῶν δ' ὅς τις λωτοῖο φάγοι μελιηδέα καρπὸν,
οὐκέτ' ἀπαγγεῖλαι πάλιν ἤθελεν οὐδὲ νέεσθαι,      95
ἀλλ' αὐτοῦ βούλοντο μετ' ἀνδράσι Λωτοφάγοισι
λωτὸν ἐρεπτόμενοι μενέμεν νόστου τε λαθέσθαι.
τοὺς μὲν ἐγὼν ἐπὶ νῆας ἄγον κλαίοντας ἀνάγκῃ,
νηυσὶ δ' ἐνὶ γλαφυρῇσιν ὑπὸ ζυγὰ δῆσα ἐρύσσας.
αὐτὰρ τοὺς ἄλλους κελόμην ἐρίηρας ἑταίρους      100
σπερχομένους νηῶν ἐπιβαινέμεν ὠκειάων,
μή πώς τις λωτοῖο φαγὼν νόστοιο λάθηται.
οἱ δ' αἶψ' εἴσβαινον καὶ ἐπὶ κληῖσι καθῖζον,
ἑξῆς δ' ἑζόμενοι πολιὴν ἅλα τύπτον ἐρετμοῖς.

Ἔνθεν δὲ προτέρω πλέομεν ἀκαχήμενοι ἦτορ.      105
Κυκλώπων δ' ἐς γαῖαν ὑπερφιάλων ἀθεμίστων,
ἱκόμεθ', οἵ ῥα θεοῖσι πεποιθότες ἀθανάτοισιν
οὔτε φυτεύουσιν χερσὶν φυτὸν οὔτ' ἀρόωσιν,
ἀλλὰ τά γ' ἄσπαρτα καὶ ἀνήροτα πάντα φύονται,
πυροὶ καὶ κριθαὶ ἠδ' ἄμπελοι, αἵ τε φέρουσιν      110
οἶνον ἐρισταφυλον, καί σφιν Διὸς ὄμβρος ἀέξει.
τοῖσιν δ' οὔτ' ἀγοραὶ βουληφόροι οὔτε θέμιστες,
ἀλλ' οἵ γ' ὑψηλῶν ὀρέων ναίουσι κάρηνα

food of flowers. So here we came to land, and drew us water, and soon by the swift ships my men prepared a meal. Then after we had tasted food and drink I sent some of my comrades forth to go and learn what men who lived by bread dwelt in the land, — selecting two, and joining with them a herald as a third. These straight-way went and mingled with the Lotus-eaters, yet did the Lotus-eaters have no thought of harm against our men; indeed, they gave them lotus to taste, but whosoever of them ate the lotus' honeyed fruit wished to bring tidings back no more, and never to leave the place; there with the Lotus-eaters they desired to stay, to feed on lotus and forget the homeward way. These men I brought back weeping to the ships by very force, and dragging them under the benches of our hollow ships I tied them there, and bade my other trusty men to hasten and em-bark on the swift ships, that none of them might eat the lotus and forget his going home. Quickly they came aboard, took places at the pins, and, sitting in order, smote the foaming water with their oars.

" Thence we sailed on with aching hearts, and came to the land of the Cyclops, a rude and lawless folk, who, trusting to the immortal gods, plant with their hands no plant, nor ever plough, but all things spring un-sown and without use of plough, — wheat, barley, and grape-vines which bear wine in their heavy clusters, and the rain of Zeus makes the grape grow. Among this people there are no assemblies held for consulta-tion; they have no stable laws. They live on the high

20

ἐν σπέσσι γλαφυροῖσι, θεμιστεύει δὲ ἕκαστος
παίδων ἠδ' ἀλόχων, οὐδ' ἀλλήλων ἀλέγουσι.　　115

Νῆσος ἔπειτα λάχεια παρὲκ λιμένος τετάνυσται
γαίης Κυκλώπων οὔτε σχεδὸν οὔτ' ἀποτηλοῦ,
ὑλήεσσ'· ἐν δ' αἶγες ἀπειρέσιαι γεγάασιν
ἄγριαι· οὐ μὲν γὰρ πάτος ἀνθρώπων ἀπερύκει,
οὐδέ μιν εἰσοιχνεῦσι κυνηγέται, οἵ τε καθ' ὕλην　　120
ἄλγεα πάσχουσιν κορυφὰς ὀρέων ἐφέποντες.
οὔτ' ἄρα ποίμνῃσιν καταΐσχεται οὔτ' ἀρότοισιν,
ἀλλ' ἥ γ' ἄσπαρτος καὶ ἀνήροτος ἤματα πάντα
ἀνδρῶν χηρεύει, βόσκει δέ τε μηκάδας αἶγας.
οὐ γὰρ Κυκλώπεσσι νέες πάρα μιλτοπάρῃοι,　　125
οὐδ' ἄνδρες νηῶν ἔνι τέκτονες, οἵ κε κάμοιεν
νῆας ἐυσσέλμους, αἵ κεν τελέοιεν ἕκαστα
ἄστε' ἐπ' ἀνθρώπων ἱκνεύμεναι, οἷά τε πολλὰ
ἄνδρες ἐπ' ἀλλήλους νηυσὶν περόωσι θάλασσαν·
οἵ κέ σφιν καὶ νῆσον ἐυκτιμένην ἐκάμοντο.　　130
οὐ μὲν γάρ τι κακή γε, φέροι δέ κεν ὥρια πάντα·
ἐν μὲν γὰρ λειμῶνες ἁλὸς πολιοῖο παρ' ὄχθας
ὑδρηλοὶ μαλακοί· μάλα κ' ἄφθιτοι ἄμπελοι εἶεν.
ἐν δ' ἄροσις λείη· μάλα κεν βαθὺ λήιον αἰεὶ
εἰς ὥρας ἀμῷεν, ἐπεὶ μάλα πῖαρ ὑπ' οὖδας.　　135
ἐν δὲ λιμὴν εὔορμος, ἵν' οὐ χρεὼ πείσματός ἐστιν,
οὔτ' εὐνὰς βαλέειν οὔτε πρυμνήσι' ἀνάψαι,
ἀλλ' ἐπικέλσαντας μεῖναι χρόνον εἰς ὅ κε ναυτέων
θυμὸς ἐποτρύνῃ καὶ ἐπιπνεύσωσιν ἀῆται.
αὐτὰρ ἐπὶ κρατὸς λιμένος ῥέει ἀγλαὸν ὕδωρ,　　140
κρήνη ὑπὸ σπείους· περὶ δ' αἴγειροι πεφύασιν.
ἔνθα κατεπλέομεν, καί τις θεὸς ἡγεμόνευε
νύκτα δι' ὀρφναίην, οὐδὲ προὐφαίνετ' ἰδέσθαι·

mountain peaks, in hollow caves; each gives the law to his own wife and children, and for each other they have little care.

"Now a rough island stretches along outside the harbor, not close to the Cyclops' coast nor yet far out, covered with trees. On it innumerable wild goats breed, for no tread of man disturbs them; none comes here to follow hounds, to toil through woods and climb the crests of hills. The island is not held for flocks or tillage, but all unsown, untilled, it evermore is bare of men and feeds the bleating goats; for among the Cyclops are no red-checked ships, nor have they men for shipwrights, who might build the well-benched ships to do them service by speeding to foreign cities — as oftentimes men cross the sea in ships to one another. Such men besides would have worked for them and made the island prosperous, for it is not at all a worthless spot, but would bear all things duly. For here are meadows by the shores of the gray sea, moist, with soft soil; here vines could never die; here is smooth ploughing-land; a very heavy crop, and always in due season, might be reaped, for the under soil is very rich. Here also is a quiet harbor, where is no need of mooring, — throwing out anchor-stones or fastening cables, — but merely to run in and wait awhile till sailor hearts are ready and the winds are blowing. Just at the harbor's head a spring of sparkling water flows from beneath a cave; around it poplars grow. Here we sailed in, some god our guide, through murky night; there was no light to see, for round the ships the fog was thick. No moon

ἀὴρ γὰρ περὶ νηυσὶ βαθεῖ᾽ ἦν, οὐδὲ σελήνη
οὐρανόθεν προὔφαινε, κατείχετο δὲ νεφέεσσιν.          145
ἔνθ᾽ οὔ τις τὴν νῆσον ἐσέδρακεν ὀφθαλμοῖσιν·
οὔτ᾽ οὖν κύματα μακρὰ κυλινδόμενα προτὶ χέρσον
εἰσίδομεν, πρὶν νῆας ἐυσσέλμους ἐπικέλσαι.
κελσάσῃσι δὲ νηυσὶ καθείλομεν ἱστία πάντα,
ἐκ δὲ καὶ αὐτοὶ βῆμεν ἐπὶ ῥηγμῖνι θαλάσσης.          150
ἔνθα δ᾽ ἀποβρίξαντες ἐμείναμεν Ἠῶ δῖαν.

Ἦμος δ᾽ ἠριγένεια φάνη ῥοδοδάκτυλος Ἠώς,
νῆσον θαυμάζοντες ἐδινεόμεσθα κατ᾽ αὐτήν.
ὦρσαν δὲ νύμφαι, κοῦραι Διὸς αἰγιόχοιο,
αἶγας ὀρεσκῴους, ἵνα δειπνήσειαν ἑταῖροι.          155
αὐτίκα καμπύλα τόξα καὶ αἰγανέας δολιχαύλους
εἱλόμεθ᾽ ἐκ νηῶν, διὰ δὲ τρίχα κοσμηθέντες
βάλλομεν· αἶψα δ᾽ ἔδωκε θεὸς μενοεικέα θήρην.
νῆες μέν μοι ἕποντο δυώδεκα, ἐς δὲ ἑκάστην
ἐννέα λάγχανον αἶγες· ἐμοὶ δὲ δέκ᾽ ἔξελον οἴῳ.          160
ὣς τότε μὲν πρόπαν ἦμαρ ἐς ἠέλιον καταδύντα
ἥμεθα δαινύμενοι κρέα τ᾽ ἄσπετα καὶ μέθυ ἡδύ.
οὐ γάρ πω νηῶν ἐξέφθιτο οἶνος ἐρυθρός,
ἀλλ᾽ ἐνέην· πολλὸν γὰρ ἐν ἀμφιφορεῦσιν ἕκαστοι
ἠφύσαμεν Κικόνων ἱερὸν πτολίεθρον ἑλόντες.          165
Κυκλώπων δ᾽ ἐς γαῖαν ἐλεύσσομεν ἐγγὺς ἐόντων,
καπνόν τ᾽ αὐτῶν τε φθογγὴν ὀίων τε καὶ αἰγῶν.
ἦμος δ᾽ ἠέλιος κατέδυ καὶ ἐπὶ κνέφας ἦλθε,
δὴ τότε κοιμήθημεν ἐπὶ ῥηγμῖνι θαλάσσης.
ἦμος δ᾽ ἠριγένεια φάνη ῥοδοδάκτυλος Ἠώς,          170
καὶ τότ᾽ ἐγὼν ἀγορὴν θέμενος μετὰ πᾶσιν ἔειπον·

'Ἄλλοι μὲν νῦν μίμνετ᾽, ἐμοὶ ἐρίηρες ἑταῖροι·
αὐτὰρ ἐγὼ σὺν νηΐ τ᾽ ἐμῇ καὶ ἐμοῖς ἑτάροισιν

looked out from heaven; it was shut in with clouds. Thus none made out the island, and the long waves rolling upon the shore we did not see until we beached our well-benched ships. After the ships were beached, we lowered all our sails and forth we went ourselves upon the sea-shore, where falling fast asleep, we awaited the sacred Dawn.

"But when the early rosy-fingered Dawn appeared, in wonder at the island we made a circuit round it, and nymphs, daughters of ægis - bearing Zeus, started the mountain goats, that so my men might find a meal. Forthwith we took our bending bows and our long-hilted spears from out the ships, and parted in three bands began to shoot, and soon God gave us ample game. Twelve ships were in my train; to each nine goats now fell, while ten they set apart for me alone. Thus, then, throughout the day till setting sun, we sat and feasted on abundant meat and the sweet wine. For the ruddy wine of our ships was not yet spent; some still was left, for each of the crews took a large store in jars the day when we laid waste the sacred hold of the Kikonians. We looked across to the land of the neighboring Cyclops, and marked the smoke, the sounds of men, the bleat of sheep and goats; and when the sun went down and darkness came, we laid us down upon the sea-beach. Then as the early rosy-fingered Dawn appeared, holding a council, I said to all my men :

"'The rest of you, my trusty crews, stay for the present here; but I myself, with my own ship and my own crew,

ἐλθὼν τῶνδ' ἀνδρῶν πειρήσομαι, οἵ τινές εἰσιν,
ἢ ῥ' οἵ γ' ὑβρισταί τε καὶ ἄγριοι οὐδὲ δίκαιοι,                    175
ἦε φιλόξεινοι, καί σφιν νόος ἐστὶ θεουδής.'
  Ὣς εἰπὼν ἀνὰ νηὸς ἔβην, ἐκέλευσα δ' ἑταίρους
αὐτούς τ' ἀμβαίνειν ἀνά τε πρυμνήσια λῦσαι.
οἱ δ' αἶψ' εἴσβαινον καὶ ἐπὶ κληῖσι καθῖζον,
ἑξῆς δ' ἑζόμενοι πολιὴν ἅλα τύπτον ἐρετμοῖς.                    180
ἀλλ' ὅτε δὴ τὸν χῶρον ἀφικόμεθ' ἐγγὺς ἐόντα,
ἔνθα δ' ἐπ' ἐσχατιῇ σπέος εἴδομεν, ἄγχι θαλάσσης,
ὑψηλὸν, δάφνῃσι κατηρεφές· ἔνθα δὲ πολλὰ
μῆλ', ὄιές τε καὶ αἶγες ἰαύεσκον· περὶ δ' αὐλὴ
ὑψηλὴ δέδμητο κατωρυχέεσσι λίθοισι                            185
μακρῇσίν τε πίτυσσιν ἰδὲ δρυσὶν ὑψικόμοισιν.
ἔνθα δ' ἀνὴρ ἐνίαυε πελώριος, ὅς ῥά τε μῆλα
οἶος ποιμαίνεσκεν ἀπόπροθεν· οὐδὲ μετ' ἄλλους
πωλεῖτ', ἀλλ' ἀπάνευθεν ἐὼν ἀθεμίστια ᾔδη.
καὶ γὰρ θαῦμ' ἐτέτυκτο πελώριον, οὐδὲ ἐῴκει                    190
ἀνδρί γε σιτοφάγῳ, ἀλλὰ ῥίῳ ὑλήεντι
ὑψηλῶν ὀρέων, ὅ τε φαίνεται οἶον ἀπ' ἄλλων.
  Δὴ τότε τοὺς ἄλλους κελόμην ἐρίηρας ἑταίρους
αὐτοῦ πὰρ νηί τε μένειν καὶ νῆα ἔρυσθαι·
αὐτὰρ ἐγὼ κρίνας ἑτάρων δυοκαίδεκ' ἀρίστους                    195
βῆν· ἀτὰρ αἴγεον ἀσκὸν ἔχον μέλανος οἴνοιο,
ἡδέος, ὅν μοι ἔδωκε Μάρων, Εὐάνθεος υἱός,
ἱρεὺς Ἀπόλλωνος, ὃς Ἴσμαρον ἀμφιβεβήκει,
οὕνεκά μιν σὺν παιδὶ περισχόμεθ' ἠδὲ γυναικὶ
ἁζόμενοι· ᾤκει γὰρ ἐν ἄλσεϊ δενδρήεντι                         200
φοίβου Ἀπόλλωνος. ὁ δέ μοι πόρεν ἀγλαὰ δῶρα·
χρυσοῦ μέν μοι δῶκ' εὐεργέος ἑπτὰ τάλαντα,
δῶκε δέ μοι κρητῆρα πανάργυρον, αὐτὰρ ἔπειτα

go to make trial of these men, to learn who they may be
— if they are lawless, savage, with no regard for right, or
kind to strangers, and reverent toward the gods.'

" When I had spoken thus, I went on board my ship,
and called my crew to come on board themselves and
loose the cables. Quickly they came, took places at the
pins, and, sitting in order, smote the foaming water with
their oars. But as we reached the neighboring shore,
there at the outer point, close to the sea, we saw a cave,
high, overhung with laurel. Here many flocks of sheep
and goats were nightly housed. Around was built a yard
with a high wall of deep-embedded stone, tall pines, and
crested oaks. Here a man-monster slept, who shepherded
his flock alone and far apart; with others he did not min-
gle, but holding himself aloof followed his lawless ways.
Thus had he grown to be a marvelous monster; not like a
man who lives by bread, but rather like a woody peak of
the high hills, seen single, clear of others.

" Now to my other trusty men I gave command to stay
there by the ship and guard the ship; but I myself chose
the twelve best among my men and sallied forth. I took
along a goat-skin bottle of the dark sweet wine which
had been given to me by Maron, son of Euanthes, priest
of Apollo who watches over Ismaros. He gave me this
because we kept him safe — him and his son and wife —
through holy fear; for he dwelt within the shady grove of
Phoibos Apollo. He brought me splendid gifts: of fine-
wrought gold he gave me seven talents; he gave besides
a mixing-bowl of solid silver, and afterwards filled me

οἶνον ἐν ἀμφιφορεῦσι δυώδεκα πᾶσιν ἀφύσσας
ἡδὺν ἀκηράσιον, θεῖον ποτόν· οὐδέ τις αὐτὸν 205
ἠείδη δμώων οὐδ' ἀμφιπόλων ἐνὶ οἴκῳ,
ἀλλ' αὐτὸς ἄλοχός τε φίλη ταμίη τε μί' οἴη.
τὸν δ' ὅτε πίνοιεν μελιηδέα οἶνον ἐρυθρὸν,
ἐν δέπας ἐμπλήσας ὕδατος ἀνὰ εἴκοσι μέτρα
χεῦ', ὀδμὴ δ' ἡδεῖα ἀπὸ κρητῆρος ὀδώδει, 210
θεσπεσίη· τότ' ἂν οὔ τοι ἀποσχέσθαι φίλον ἦεν.
τοῦ φέρον ἐμπλήσας ἀσκὸν μέγαν, ἐν δὲ καὶ ἦα
κωρύκῳ· αὐτίκα γάρ μοι ὀίσατο θυμὸς ἀγήνωρ
ἄνδρ' ἐπελεύσεσθαι μεγάλην ἐπιειμένον ἀλκὴν,
ἄγριον, οὔτε δίκας εὖ εἰδότα οὔτε θέμιστας. 215
    Καρπαλίμως δ' εἰς ἄντρον ἀφικόμεθ', οὐδέ μιν ἔνδον
εὕρομεν, ἀλλ' ἐνόμευε νομὸν κάτα πίονα μῆλα.
ἐλθόντες δ' εἰς ἄντρον ἐθηεύμεσθα ἔκαστα·
ταρσοὶ μὲν τυρῶν βρῖθον, στείνοντο δὲ σηκοὶ
ἀρνῶν ἠδ' ἐρίφων· διακεκριμέναι δὲ ἕκασται 220
ἔρχατο, χωρὶς μὲν πρόγονοι, χωρὶς δὲ μέτασσαι,
χωρὶς δ' αὖθ' ἔρσαι· ναῖον δ' ὀρῷ ἄγγεα πάντα,
γαυλοί τε σκαφίδες τε, τετυγμένα, τοῖς ἐνάμελγεν.
ἔνθ' ἐμὲ μὲν πρώτισθ' ἔταροι λίσσοντ' ἐπέεσσι
τυρῶν αἰνυμένους ἰέναι πάλιν, αὐτὰρ ἔπειτα 225
καρπαλίμως ἐπὶ νῆα θοὴν ἐρίφους τε καὶ ἄρνας
σηκῶν ἐξελάσαντας ἐπιπλεῖν ἁλμυρὸν ὕδωρ·
ἀλλ' ἐγὼ οὐ πιθόμην, ἦ τ' ἂν πολὺ κέρδιον ἦεν,
ὄφρ' αὐτόν τε ἴδοιμι, καὶ εἴ μοι ξείνια δοίη.
οὐδ' ἄρ' ἔμελλ' ἑτάροισι φανεὶς ἐρατεινὸς ἔσεσθαι. 230
    Ἔνθα δὲ πῦρ κήαντες ἐθύσαμεν ἠδὲ καὶ αὐτοὶ
τυρῶν αἰνύμενοι φάγομεν, μένομέν τέ μιν ἔνδον
ἥμενοι, εἷος ἐπῆλθε νέμων· φέρε δ' ὄβριμον ἄχθος

twelve jars of wine, — sweet and unmixed, a drink for
gods. None knew that wine among the slaves and hand-
maids of his house, — none but himself, his own dear
wife, and one sole house-dame. Whenever they drank the
honeyed ruddy wine, he filled a cup, and poured it into
twenty parts of water, and still from the bowl came a
sweet odor of a surprising strength; then to refrain had
been no easy task. I filled a large skin full of this and
took it with me, and also took provision in a sack; for my
stout heart suspected I soon should meet a man arrayed
in mighty power, a savage, ignorant of rights and laws.

"Quickly we reached the cave, but did not find him
there; for in the pasture he was tending his fat flock.
Entering the cave, we looked around on all. Here crates
were standing, loaded down with cheese, and here pens
thronged with lambs and kids. In separate pens each sort
was folded: by themselves the older, by themselves those
later born, and by themselves the younglings. Swimming
with whey were all the vessels — pails and bowls, wrought
out with care — in which he milked. Here, at the very
first, my men entreated me to take some cheeses and de-
part; and then that we should afterwards hurriedly drive
to our swift ship the kids and lambs out of the pens, and
sail away over the briny water. But I did not consent, —
far better had I done so, — hoping that I might see him
and he might offer gifts. But he was to prove, when seen,
no pleasure to my men.

"Kindling a fire here, we made burnt offering, and we
ourselves took of the cheese and ate; and so we sat and
waited in the cave until he came from pasture. He

ὕλης ἀζαλέης, ἵνα οἱ ποτιδόρπιον εἴη.
ἔντοσθεν δ' ἄντροιο βαλὼν ὀρυμαγδὸν ἔθηκεν· 235
ἡμεῖς δὲ δείσαντες ἀπεσσύμεθ' ἐς μυχὸν ἄντρου.
αὐτὰρ ὅ γ' εἰς εὐρὺ σπέος ἤλασε πίονα μῆλα,
πάντα μάλ' ὅσσ' ἤμελγε, τὰ δ' ἄρσενα λεῖπε θύρηφιν,
ἀρνειούς τε τράγους τε, βαθείης ἔντοθεν αὐλῆς.
αὐτὰρ ἔπειτ' ἐπέθηκε θυρεὸν μέγαν ὑψόσ' ἀείρας, 240
ὄβριμον· οὐκ ἂν τόν γε δύω καὶ εἴκοσ' ἄμαξαι
ἐσθλαὶ τεσσαράκυκλοι ἀπ' οὔδεος ὀχλίσσειαν·
τόσσην ἠλίβατον πέτρην ἐπέθηκε θύρῃσιν.
ἑζόμενος δ' ἤμελγεν ὄις καὶ μηκάδας αἶγας,
πάντα κατὰ μοῖραν, καὶ ὑπ' ἔμβρυον ἧκεν ἑκάστῃ. 245
αὐτίκα δ' ἥμισυ μὲν θρέψας λευκοῖο γάλακτος
πλεκτοῖς ἐν ταλάροισιν ἀμησάμενος κατέθηκεν,
ἥμισυ δ' αὖτ' ἔστησεν ἐν ἄγγεσιν, ὄφρα οἱ εἴη
πίνειν αἰνυμένῳ καί οἱ ποτιδόρπιον εἴη.
αὐτὰρ ἐπεὶ δὴ σπεῦσε πονησάμενος τὰ ἃ ἔργα, 250
καὶ τότε πῦρ ἀνέκαιε καὶ εἴσιδεν, εἴρετο δ' ἡμέας·
   ' Ὦ ξεῖνοι, τίνες ἐστέ ; πόθεν πλεῖθ' ὑγρὰ κέλευθα ;
ἦ τι κατὰ πρῆξιν ἢ μαψιδίως ἀλάλησθε
οἷά τε ληιστῆρες ὑπεὶρ ἅλα, τοί τ' ἀλόωνται
ψυχὰς παρθέμενοι, κακὸν ἀλλοδαποῖσι φέροντες ;' 255
   Ὣς ἔφαθ', ἡμῖν δ' αὖτε κατεκλάσθη φίλον ἦτορ
δεισάντων φθόγγον τε βαρὺν αὐτόν τε πέλωρον.
ἀλλὰ καὶ ὣς μιν ἔπεσσιν ἀμειβόμενος προσέειπον·
   ' Ἡμεῖς τοι Τροίηθεν ἀποπλαγχθέντες Ἀχαιοὶ
παντοίοις ἀνέμοισιν ὑπὲρ μέγα λαῖτμα θαλάσσης, 260
οἴκαδε ἱέμενοι, ἄλλην ὁδόν, ἄλλα κέλευθα
ἤλθομεν· οὕτω που Ζεὺς ἤθελε μητίσασθαι.
λαοὶ δ' Ἀτρείδεω Ἀγαμέμνονος εὐχόμεθ' εἶναι,

brought a ponderous burden of dry wood to serve at supper time, and tossing it down inside the cave raised a great din. In terror we retreated to a corner of the cave. But into the spacious cave he drove his sturdy flock, — all that he milked; the males he left out-doors, both rams and goats, in the high yard. And now he set in place the huge door-stone, lifting it high in air, a ponderous thing; no two and twenty carts, stanch and four-wheeled, could start it from the ground; such was the rugged rock he set against the door. Then sitting down, he milked the ewes and bleating goats, all in due order, and underneath put each one's young. Straightway he curdled half of the white milk, and gathering it in wicker baskets, set it by; half he left standing in the pails, to be at hand to take and drink, and for his supper also. So after he had busily performed his tasks, he kindled a fire, spied us, and asked:

"'Ha, strangers, who are you? Where do you come from, sailing on the watery ways? Are you upon some errand? Or do you rove at random as the pirates roam the seas, risking their lives and bringing ill to strangers?'

"As he thus spoke our very souls were crushed within us, dismayed by the heavy voice and by the monster's self; but even so, I answered thus and said to him:

"'We are from Troy, Achaians, driven from our course across the great gulf of the sea by many a wind; homeward we fared, but through strange ways and wanderings hitherward came; so Zeus was pleased to purpose. Subjects of Agamemnon, son of Atreus, we boast ourselves

τοῦ δὴ νῦν γε μέγιστον ὑπουράνιον κλέος ἐστί·
τόσσην γὰρ διέπερσε πόλιν καὶ ἀπώλεσε λαοὺς          265
πολλούς· ἡμεῖς δ' αὖτε κιχανόμενοι τὰ σὰ γοῦνα
ἱκόμεθ', εἴ τι πόροις ξεινήιον ἠὲ καὶ ἄλλως
δοίης δωτίνην, ἥ τε ξείνων θέμις ἐστίν.
ἀλλ' αἰδεῖο, φέριστε, θεούς· ἱκέται δέ τοί εἰμεν.
Ζεὺς δ' ἐπιτιμήτωρ ἱκετάων τε ξείνων τε,            270
ξείνιος, ὃς ξείνοισιν ἅμ' αἰδοίοισιν ὀπηδεῖ.'
  'Ὣς ἐφάμην, ὁ δέ μ' αὐτίκ' ἀμείβετο νηλέι θυμῷ·
'νήπιός εἰς, ὦ ξεῖν', ἢ τηλόθεν εἰλήλουθας,
ὅς με θεοὺς κέλεαι ἢ δειδίμεν ἢ ἀλέασθαι·
οὐ γὰρ Κύκλωπες Διὸς αἰγιόχου ἀλέγουσιν             275
οὐδὲ θεῶν μακάρων, ἐπεὶ ἦ πολὺ φέρτεροί εἰμεν.
οὐδ' ἂν ἐγὼ Διὸς ἔχθος ἀλευάμενος πεφιδοίμην
οὔτε σεῦ οὔθ' ἑτάρων, εἰ μὴ θυμός με κελεύοι.
ἀλλά μοι εἴφ' ὅπῃ ἔσχες ἰὼν εὐεργέα νῆα,
ἦ που ἐπ' ἐσχατιῆς ἦ καὶ σχεδόν, ὄφρα δαείω.'        280
  'Ὣς φάτο πειράζων, ἐμὲ δ' οὐ λάθεν εἰδότα πολλά,
ἀλλά μιν ἄψορρον προσέφην δολίοις ἐπέεσσι·
  'Νέα μέν μοι κατέαξε Ποσειδάων ἐνοσίχθων,
πρὸς πέτρῃσι βαλὼν ὑμῆς ἐπὶ πείρασι γαίης,
ἄκρῃ προσπελάσας· ἄνεμος δ' ἐκ πόντου ἔνεικεν·      285
αὐτὰρ ἐγὼ σὺν τοῖσδε ὑπέκφυγον αἰπὺν ὄλεθρον.'
  'Ὣς ἐφάμην, ὁ δέ μ' οὐδὲν ἀμείβετο νηλέι θυμῷ,
ἀλλ' ὅ γ' ἀναΐξας ἑτάροις ἐπὶ χεῖρας ἴαλλε,
σὺν δὲ δύω μάρψας ὥς τε σκύλακας ποτὶ γαίῃ
κόπτ'· ἐκ δ' ἐγκέφαλος χαμάδις ῥέε, δεῦε δὲ γαῖαν.   290
τοὺς δὲ διὰ μελεϊστὶ ταμὼν ὡπλίσσατο δόρπον·
ἦσθιε δ' ὥς τε λέων ὀρεσίτροφος, οὐδ' ἀπέλειπεν,
ἔγκατά τε σάρκας τε καὶ ὀστέα μυελόεντα.

to be, whose fame is now the greatest under heaven; so great was the city he sacked, so many the people he slew. But chancing here, we come before your knees to ask if you will offer hospitality, or in some other way will give the gift which is the stranger's due. O mighty one, respect the gods. We are your suppliants, and Zeus is the avenger of the suppliant and the stranger; he is the stranger's friend and waits on sacred strangers.'

" So I spoke, and from a ruthless heart he straightway answered: 'Stranger, you are a fool, or come from far away, to bid me dread the gods or shrink before them. The Cyclops pay no heed to ægis-bearing Zeus, nor to the blessed gods, because we are much stronger than themselves. To shun the wrath of Zeus, I would not spare you or your comrades, did my heart not bid. But tell me where you left your good ship at your coming. At the far shore, or near? Let me but know.'

" He thought to tempt me, but he could not cheat a knowing man like me; and I again replied with words of guile: 'The Earth-shaker, Poseidon, wrecked my ship and cast her on the rocks at the land's end, drifting her on a headland; the wind blew from the sea; and I with these men here escaped from utter ruin.'

" So I spoke, and from a ruthless heart he answered nothing, but starting up laid hands on my companions. He seized on two and dashed them to the ground as if they had been dogs. Their brains ran out upon the floor, and wet the earth. Tearing them limb from limb, he made his evening meal, and ate as does a mountain lion, leaving nothing, — entrails, or flesh, or marrow bones. We in our

ἡμεῖς δὲ κλαίοντες ἀνεσχέθομεν Διὶ χεῖρας,
σχέτλια ἔργ᾽ ὁρόωντες· ἀμηχανίη δ᾽ ἔχε θυμόν.          295
αὐτὰρ ἐπεὶ Κύκλωψ μεγάλην ἐμπλήσατο νηδὺν
ἀνδρόμεα κρέ᾽ ἔδων καὶ ἐπ᾽ ἄκρητον γάλα πίνων,
κεῖτ᾽ ἔντοσθ᾽ ἄντροιο τανυσσάμενος διὰ μήλων.
τὸν μὲν ἐγὼ βούλευσα κατὰ μεγαλήτορα θυμὸν
ἆσσον ἰών, ξίφος ὀξὺ ἐρυσσάμενος παρὰ μηροῦ,          300
οὐτάμεναι πρὸς στῆθος, ὅθι φρένες ἧπαρ ἔχουσι,
χείρ᾽ ἐπιμασσάμενος· ἕτερος δέ με θυμὸς ἔρυκεν.
αὐτοῦ γάρ κε καὶ ἄμμες ἀπωλόμεθ᾽ αἰπὺν ὄλεθρον·
οὐ γάρ κεν δυνάμεσθα θυράων ὑψηλάων
χερσὶν ἀπώσασθαι λίθον ὄβριμον, ὃν προσέθηκεν.        305
ὣς τότε μὲν στενάχοντες ἐμείναμεν Ἠῶ δῖαν.

Ἦμος δ᾽ ἠριγένεια φάνη ῥοδοδάκτυλος Ἠώς,
καὶ τότε πῦρ ἀνέκαιε καὶ ἤμελγε κλυτὰ μῆλα,
πάντα κατὰ μοῖραν, καὶ ὑπ᾽ ἔμβρυον ἧκεν ἑκάστῃ.
αὐτὰρ ἐπεὶ δὴ σπεῦσε πονησάμενος τὰ ἃ ἔργα,          310
σὺν δ᾽ ὅ γε δὴ αὖτε δύω μάρψας ὡπλίσσατο δεῖπνον.
δειπνήσας δ᾽ ἄντρου ἐξήλασε πίονα μῆλα,
ῥηιδίως ἀφελὼν θυρεὸν μέγαν· αὐτὰρ ἔπειτα
ἂψ ἐπέθηχ᾽, ὡς εἴ τε φαρέτρῃ πῶμ᾽ ἐπιθείη.
πολλῇ δὲ ῥοίζῳ πρὸς ὄρος τρέπε πίονα μῆλα            315
Κύκλωψ· αὐτὰρ ἐγὼ λιπόμην κακὰ βυσσοδομεύων,
εἴ πως τισαίμην, δοίη δέ μοι εὖχος Ἀθήνη.
ἥδε δέ μοι κατὰ θυμὸν ἀρίστη φαίνετο βουλή.
Κύκλωπος γὰρ ἔκειτο μέγα ῥόπαλον παρὰ σηκῷ,
χλωρὸν ἐλάινεον· τὸ μὲν ἔκταμεν, ὄφρα φοροίη        320
αὐανθέν. τὸ μὲν ἄμμες ἐίσκομεν εἰσορόωντες
ὅσσον θ᾽ ἱστὸν νηὸς ἐεικοσόροιο μελαίνης,
φορτίδος εὐρείης, ἥ τ᾽ ἐκπεράᾳ μέγα λαῖτμα·

tears held up our hands to Zeus, at sight of his reckless deeds; for helplessness held our hearts. But when the Cyclops had filled his monstrous maw by eating human flesh and pouring in pure milk, he lay down in the cave full length among his flock. And I then formed the plan within my daring heart of closing on him, drawing my sharp sword from my thigh, and stabbing him in the breast where the midriff holds the liver, feeling the place out with my hand. Yet second thoughts restrained me, for there we too had met with utter ruin; because from the lofty door we could not with our hands have pushed away the enormous stone which he had set against it. Thus, then, with sighs, we awaited the sacred Dawn.

"But when the early rosy-fingered Dawn appeared, he kindled a fire and milked his goodly flock, all in due order, and underneath put each one's young. Then after he had busily performed his tasks, seizing once more two men, he made his morning meal. And when the meal was ended, he drove from the cave his sturdy flock, and easily moved the huge door-stone, but put it back as one might put the lid upon a quiver. Then to the hills, with many a a call, the Cyclops turned his sturdy flock, while I was left behind brooding on evil, and thinking how I might obtain revenge and have Athene grant me glory. This to my mind appeared the wisest way. There lay beside the pen a great club of the Cyclops, an olive stick still green, which he had cut to be his staff when dried. As we examined it, we guessed its size, and thought it like the mast of a black ship that carries twenty oars — some broad-built merchantman which sails the great gulf of the

τόσσον ἔην μῆκος, τόσσον πάχος εἰσοράασθαι.
τοῦ μὲν ὅσον τ᾽ ὄργυιαν ἐγὼν ἀπέκοψα παραστὰς,    825
καὶ παρέθηχ᾽ ἑτάροισιν, ἀποξῦναι δ᾽ ἐκέλευσα·
οἱ δ᾽ ὁμαλὸν ποίησαν· ἐγὼ δ᾽ ἐθόωσα παραστὰς
ἄκρον, ἄφαρ δὲ λαβὼν ἐπυράκτεον ἐν πυρὶ κηλέῳ.
καὶ τὸ μὲν εὖ κατέθηκα κατακρύψας ὑπὸ κόπρῳ,
ἥ ῥα κατὰ σπείους κέχυτο μεγάλ᾽ ἤλιθα πολλή·    830
αὐτὰρ τοὺς ἄλλους κλήρῳ πεπαλάσθαι ἄνωγον,
ὅς τις τολμήσειεν ἐμοὶ σὺν μοχλὸν ἀείρας
τρῖψαι ἐν ὀφθαλμῷ, ὅτε τὸν γλυκὺς ὕπνος ἱκάνοι.
οἱ δ᾽ ἔλαχον τοὺς ἄν κε καὶ ἤθελον αὐτὸς ἑλέσθαι,
τέσσαρες, αὐτὰρ ἐγὼ πέμπτος μετὰ τοῖσιν ἐλέγμην.    835
ἑσπέριος δ᾽ ἦλθεν καλλίτριχα μῆλα νομεύων·
αὐτίκα δ᾽ εἰς εὐρὺ σπέος ἤλασε πίονα μῆλα,
πάντα μάλ᾽, οὐδέ τι λεῖπε βαθείης ἔντοθεν αὐλῆς,
ἤ τι ὀισάμενος, ἢ καὶ θεὸς ὣς ἐκέλευσεν.
αὐτὰρ ἔπειτ᾽ ἐπέθηκε θυρεὸν μέγαν ὑψόσ᾽ ἀείρας,    840
ἑζόμενος δ᾽ ἤμελγεν ὄις καὶ μηκάδας αἶγας,
πάντα κατὰ μοῖραν, καὶ ὑπ᾽ ἔμβρυον ἧκεν ἑκάστῃ.
αὐτὰρ ἐπεὶ δὴ σπεῦσε πονησάμενος τὰ ἃ ἔργα,
σὺν δ᾽ ὅ γε δὴ αὖτε δύω μάρψας ὡπλίσσατο δόρπον.
καὶ τότ᾽ ἐγὼ Κύκλωπα προσηύδων ἄγχι παραστὰς,    845
κισσύβιον μετὰ χερσὶν ἔχων μέλανος οἴνοιο.
‘ Κύκλωψ, τῆ, πίε οἶνον, ἐπεὶ φάγες ἀνδρόμεα κρέα,
ὄφρ᾽ εἰδῇς οἷόν τι ποτὸν τόδε νηῦς ἐκεκεύθει
ἡμετέρη· σοὶ δ᾽ αὖ λοιβὴν φέρον, εἴ μ᾽ ἐλεήσας
οἴκαδε πέμψειας· σὺ δὲ μαίνεαι οὐκέτ᾽ ἀνεκτῶς.    350
σχέτλιε, πῶς κέν τίς σε καὶ ὕστερον ἄλλος ἵκοιτο
ἀνθρώπων πολέων; ἐπεὶ οὐ κατὰ μοῖραν ἔρεξας.’

sea; so huge to look upon it was in length and bulk. Of this I went and cut a fathom's length, laid it before my men, and bade them shape it down; they made it smooth; I then stood by to point the tip, and, laying hold, I charred it quickly in the blazing fire. The piece I now put carefully away, hiding it in the dung which lay about the cave in great abundance; and then I bade my comrades fix by lot who the bold men should be to help me raise the stake and grind it in his eye, so soon as pleasant sleep should fall upon him. Those drew the lot whom I myself would fain have chosen; four were they, for a fifth I counted in myself. He came toward evening, shepherding the fleecy flock, and forthwith drove his sturdy flock into the spacious cave, all with much care; he did not leave a sheep in the high yard outside, either through some suspicion, or perhaps God bade him so to do. Again he set in place the huge door-stone, lifting it high in air, and, sitting down, he milked the sheep and bleating goats, all in due order, and underneath put each one's young. Then after he had busily performed his tasks, he seized once more two men and made his evening meal. And now it was that drawing near the Cyclops thus I spoke, holding within my hands an ivy bowl filled with dark wine:

"'Here, Cyclops, drink some wine after your meal of human flesh, and see what sort of liquor our ship held. I brought it hither as an offering, in hope that you would pity me and send me home. But you are mad past bearing. Reckless! How should a stranger come to you again from any people, when you have done so impious a deed?'

Ὣς ἐφάμην, ὁ δὲ δέκτο καὶ ἔκπιεν· ἥσατο δ' αἰνῶς
ἡδὺ ποτὸν πίνων, καί μ' ᾔτεε δεύτερον αὖτις·

‘ Δός μοι ἔτι πρόφρων, καί μοι τεὸν οὔνομα εἰπὲ   355
αὐτίκα νῦν, ἵνα τοι δῶ ξείνιον, ᾧ κε σὺ χαίρῃς.
καὶ γὰρ Κυκλώπεσσι φέρει ζείδωρος ἄρουρα
οἶνον ἐρισταφύλον, καί σφιν Διὸς ὄμβρος ἀέξει·
ἀλλὰ τόδ' ἀμβροσίης καὶ νέκταρός ἐστιν ἀπορρώξ.’

Ὣς φάτ'· ἀτάρ οἱ αὖτις ἐγὼ πόρον αἴθοπα οἶνον·   360
τρὶς μὲν ἔδωκα φέρων, τρὶς δ' ἔκπιεν ἀφραδίῃσιν.
αὐτὰρ ἐπεὶ Κύκλωπα περὶ φρένας ἤλυθεν οἶνος,
καὶ τότε δή μιν ἔπεσσι προσηύδων μειλιχίοισι·

‘ Κύκλωψ, εἰρωτᾷς μ' ὄνομα κλυτόν; αὐτὰρ ἐγώ τοι
ἐξερέω· σὺ δέ μοι δὸς ξείνιον, ὥς περ ὑπέστης.   365
Οὖτις ἐμοί γ' ὄνομα· Οὖτιν δέ με κικλήσκουσι
μήτηρ ἠδὲ πατὴρ ἠδ' ἄλλοι πάντες ἑταῖροι.’

Ὣς ἐφάμην, ὁ δέ μ' αὐτίκ' ἀμείβετο νηλέι θυμῷ·
‘ Οὖτιν ἐγὼ πύματον ἔδομαι μετὰ οἷς ἑτάροισι,
τοὺς δ' ἄλλους πρόσθεν· τὸ δέ τοι ξεινήιον ἔσται.’   370

Ἦ καὶ ἀνακλινθεὶς πέσεν ὕπτιος, αὐτὰρ ἔπειτα
κεῖτ' ἀποδοχμώσας παχὺν αὐχένα, κὰδ δέ μιν ὕπνος
ᾕρει πανδαμάτωρ· φάρυγος δ' ἐξέσσυτο οἶνος
ψωμοί τ' ἀνδρόμεοι· ὁ δ' ἐρεύγετο οἰνοβαρείων.
καὶ τότ' ἐγὼ τὸν μοχλὸν ὑπὸ σποδοῦ ἤλασα πολλῆς,   375
εἵως θερμαίνοιτο· ἔπεσσί τε πάντας ἑταίρους
θάρσυνον, μή τίς μοι ὑποδδείσας ἀναδύη.
ἀλλ' ὅτε δὴ τάχ' ὁ μοχλὸς ἐλάινος ἐν πυρὶ μέλλεν
ἅψεσθαι, χλωρός περ ἐών, διεφαίνετο δ' αἰνῶς,
καὶ τότ' ἐγὼν ἆσσον φέρον ἐκ πυρός, ἀμφὶ δ' ἑταῖροι   380
ἵσταντ'. αὐτὰρ θάρσος ἐνέπνευσεν μέγα δαίμων,
οἱ μὲν μοχλὸν ἑλόντες ἐλάινον, ὀξὺν ἐπ' ἄκρῳ,

"So I spoke; he took the cup and drank it off, and mightily pleased he was with the taste of the sweet liquor, and thus he asked me for it yet again:.

"'Give me some more, kind sir, and tell your name at once, that I may give a stranger's gift with which you shall be pleased. Ah yes, the Cyclops' fruitful fields bear wine in the heavy clusters, and the rain of Zeus makes the grape grow; but this is a bit of ambrosia and nectar.'

"So he spoke, and I again offered the sparkling wine. Thrice did I bring and give, and thrice he drank it in his folly. Then as the wine crept round the Cyclops' senses, in winning words I said to him:

"'Cyclops, you asked my noble name, and I will tell it; but do you give the stranger's gift, just as you promised. My name is Noman. Noman I am called by mother, father, and by all my comrades.'

"So I spoke, and from a ruthless heart he straightway answered: 'Noman I eat up last, after his comrades; all the rest first; and that shall be the stranger's gift for you.'

"He spoke, and sinking back fell flat, and there he lay, lolling his thick neck over, and sleep, that conquers all, took hold upon him. Out of his throat poured wine and scraps of flesh; heavy with wine, he spewed it forth. And now it was I drove the stake under a heap of ashes, to let it there grow hot, and with my words emboldened all my men, that none might fail through fear. Then when the olive stake within the fire was just about to catch, green though it was, and showed a fearful glow, I snatched it from the fire, and my men stood around, while God inspired great courage. Seizing the olive stake, sharp at

ὀφθαλμῷ ἐνέρεισαν· ἐγὼ δ' ἐφύπερθεν ἀερθεὶς
δίνεον, ὡς ὅτε τις τρυπῷ δόρυ νήιον ἀνὴρ
τρυπάνῳ, οἱ δέ τ' ἔνερθεν ὑποσσείουσιν ἱμάντι          885
ἁψάμενοι ἑκάτερθε, τὸ δὲ τρέχει ἐμμενὲς αἰεί·
ὣς τοῦ ἐν ὀφθαλμῷ πυριήκεα μοχλὸν ἑλόντες
δινέομεν, τὸν δ' αἷμα περίρρεε θερμὸν ἐόντα.
πάντα δέ οἱ βλέφαρ' ἀμφὶ καὶ ὀφρύας εὖσεν ἀυτμὴ
γλήνης καιομένης· σφαραγεῦντο δέ οἱ πυρὶ ῥίζαι.      890
ὡς δ' ὅτ' ἀνὴρ χαλκεὺς πέλεκυν μέγαν ἠὲ σκέπαρνον
εἰν ὕδατι ψυχρῷ βάπτῃ μεγάλα ἰάχοντα
φαρμάσσων· τὸ γὰρ αὖτε σιδήρου γε κράτος ἐστίν·
ὣς τοῦ σίζ' ὀφθαλμὸς ἐλαϊνέῳ περὶ μοχλῷ.
σμερδαλέον δὲ μέγ' ᾤμωξεν, περὶ δ' ἴαχε πέτρη,        895
ἡμεῖς δὲ δείσαντες ἀπεσσύμεθ'. αὐτὰρ ὁ μοχλὸν
ἐξέρυσ' ὀφθαλμοῖο πεφυρμένον αἵματι πολλῷ.
τὸν μὲν ἔπειτ' ἔρριψεν ἀπὸ ἕο χερσὶν ἀλύων,
αὐτὰρ ὁ Κύκλωπας μεγάλ' ἤπυεν, οἵ ῥά μιν ἀμφὶς
ᾤκεον ἐν σπήεσσι δι' ἄκριας ἠνεμοέσσας.               400
οἱ δὲ βοῆς ἀίοντες ἐφοίτων ἄλλοθεν ἄλλος,
ἱστάμενοι δ' εἴροντο περὶ σπέος ὅττι ἑ κήδοι·
   ' Τίπτε τόσον, Πολύφημ', ἀρημένος ὧδ' ἐβόησας
νύκτα δι' ἀμβροσίην, καὶ ἀύπνους ἄμμε τίθησθα ;
ἦ μή τίς σευ μῆλα βροτῶν ἀέκοντος ἐλαύνει ;          405
ἦ μή τίς σ' αὐτὸν κτείνει δόλῳ ἠὲ βίηφιν ;'
   Τοὺς δ' αὖτ' ἐξ ἄντρου προσέφη κρατερὸς Πολύφημος·
' ὦ φίλοι, Οὖτίς με κτείνει δόλῳ, οὐδὲ βίηφιν.'
   Οἱ δ' ἀπαμειβόμενοι ἔπεα πτερόεντ' ἀγόρευον·
' εἰ μὲν δὴ μή τίς σε βιάζεται οἶον ἐόντα,           410
νοῦσόν γ' οὔ πως ἔστι Διὸς μεγάλου ἀλέασθαι,
ἀλλὰ σύ γ' εὔχεο πατρὶ Ποσειδάωνι ἄνακτι.'

the tip, they plunged it in his eye, and I, perched up above, whirled it around. As when a man bores ship-beams with a drill, and those below keep it in motion with a strap held by the ends, and steadily it runs; even so we seized the fire-pointed stake and whirled it in his eye. Blood bubbled round the heated thing. The vapor singed off all his lids on the two sides, and even his brows, as the ball burned and its roots crackled in the flame. As when a smith dips a great axe or adze into cold water, hissing loud, to temper it,—for that is strength to iron, — so hissed his eye about the olive stake. A hideous roar he raised; the rock resounded; we hurried off in terror. He wrenched the stake from out his eye, all dabbled with the blood, and flung it from his hands in frenzy. Then he called loudly on the Cyclops who dwelt about him in the caves, along the windy heights. They heard his cry, and ran from every side, and standing by the cave they asked what ailed him :

"'What has come on you, Polyphemos, that you screamed so in the immortal night, and thus kept us from sleeping? Is a man driving off your flocks in spite of you? Is a man murdering you by craft or force?'

"Then in his turn from out the cave big Polyphemos answered: 'Friends, Noman is murdering me by craft. Force there is none.'

" But answering him in winged words they said : 'If no man harms you, then, and you are alone, illness which comes from mighty Zeus you cannot fly. But make your prayer to your father, Lord Poseidon.'

20

Ὣς ἄρ' ἔφαν ἀπιόντες, ἐμὸν δ' ἐγέλασσε φίλον κῆρ,
ὡς ὄνομ' ἐξαπάτησεν ἐμὸν καὶ μῆτις ἀμύμων.
Κύκλωψ δὲ στενάχων τε καὶ ὠδίνων ὀδύνῃσι,     415
χερσὶ ψηλαφόων, ἀπὸ μὲν λίθον εἷλε θυράων,
αὐτὸς δ' εἰνὶ θύρῃσι καθέζετο χεῖρε πετάσσας,
εἴ τινά που μετ' ὄεσσι λάβοι στείχοντα θύραζε·
οὕτω γάρ πού μ' ἤλπετ' ἐνὶ φρεσὶ νήπιον εἶναι.
αὐτὰρ ἐγὼ βούλευον, ὅπως ὄχ' ἄριστα γένοιτο,     420
εἴ τιν' ἑταίροισιν θανάτου λύσιν ἠδ' ἐμοὶ αὐτῷ
εὑροίμην· πάντας δὲ δόλους καὶ μῆτιν ὕφαινον,
ὥς τε περὶ ψυχῆς· μέγα γὰρ κακὸν ἐγγύθεν ἦεν.
ἥδε δέ μοι κατὰ θυμὸν ἀρίστη φαίνετο βουλή.
ἄρσενες ὄιες ἦσαν ἐυτρεφέες, δασύμαλλοι,     425
καλοί τε μεγάλοι τε, ἰοδνεφὲς εἶρος ἔχοντες·
τοὺς ἀκέων συνέεργον ἐυστρεφέεσσι λύγοισι,
τῇς ἔπι Κύκλωψ εὗδε πέλωρ, ἀθεμίστια εἰδώς,
σύντρεις αἰνύμενος· ὁ μὲν ἐν μέσῳ ἄνδρα φέρεσκε,
τὼ δ' ἑτέρω ἑκάτερθεν ἴτην σώοντες ἑταίρους.     430
τρεῖς δὲ ἕκαστον φῶτ' ὄιες φέρον· αὐτὰρ ἐγώ γε,
ἀρνειὸς γὰρ ἔην, μήλων ὄχ' ἄριστος ἁπάντων,
τοῦ κατὰ νῶτα λαβών, λασίην ὑπὸ γαστέρ' ἐλυσθεὶς
κείμην· αὐτὰρ χερσὶν ἀώτου θεσπεσίοιο
νωλεμέως στρεφθεὶς ἐχόμην τετληότι θυμῷ.     435
ὣς τότε μὲν στενάχοντες ἐμείναμεν Ἠῶ δῖαν.
Ἦμος δ' ἠριγένεια φάνη ῥοδοδάκτυλος Ἠώς,
καὶ τότ' ἔπειτα νομόνδ' ἐξέσσυτο ἄρσενα μῆλα,
θήλειαι δ' ἐμέμηκον ἀνήμελκτοι περὶ σηκούς·
οὔθατα γὰρ σφαραγεῦντο. ἄναξ δ' ὀδύνῃσι κακῇσι     440
τειρόμενος πάντων ὀίων ἐπεμαίετο νῶτα
ὀρθῶν ἑσταότων· τὸ δὲ νήπιος οὐκ ἐνόησεν,

"This said, they went their way, and in my heart I laughed — my name, that clever notion, so deceived them. But now the Cyclops, groaning and in agonies of anguish, by groping with his hands took the stone off the door, yet sat himself inside the door holding his hands outstretched, to catch whoever issued forth among the sheep; for in his mind he doubtless hoped that I should be so silly. But I was planning how it best might come about that I should win escape from death both for my men and me. So many a plot and scheme I framed, as for my life; great danger was at hand. Then to my mind this seemed the wisest way: some rams were there of a good breed, thick in the fleece, handsome and large, bearing a dark blue wool. These silently I bound together with the twisted willow withes on which the giant Cyclops slept, — the brute, — taking three sheep together. One, in the middle, carried the man; the other two walked by the sides, keeping my comrades safe. Thus three sheep bore each man. Then for myself — there was a ram, by far the best of all the flock, whose back I grasped, and curled beneath his shaggy belly there I lay, and with my hands twisted in that extraordinary fleece I steadily held on, with patient heart. Thus, then, with sighs, we awaited the sacred Dawn.

"Now when the early rosy-fingered Dawn appeared, the rams soon hied to pasture, but the ewes bleated unmilked about the pens, for their udders were well-nigh bursting. Their master, racked with grievous pains, felt over the backs of all the sheep as they stood up, but foolishly did not notice how under the breasts of the woolly

ὡς οἱ ὑπ' εἰροπόκων ὀίων στέρνοισι δέδεντο.
ὕστατος ἀρνειὸς μήλων ἔστειχε θύραζε,
λάχνῳ στεινόμενος καὶ ἐμοὶ πυκινὰ φρονέοντι.      445
τὸν δ' ἐπιμασσάμενος προσέφη κρατερὸς Πολύφημος·
  ‘ Κριὲ πέπον, τί μοι ὧδε διὰ σπέος ἔσσυο μήλων
ὕστατος ; οὔ τι πάρος γε λελειμμένος ἔρχεαι οἰῶν,
ἀλλὰ πολὺ πρῶτος νέμεαι τέρεν' ἄνθεα ποίης
μακρὰ βιβὰς, πρῶτος δὲ ῥοὰς ποταμῶν ἀφικάνεις,      450
πρῶτος δὲ σταθμόνδε λιλαίεαι ἀπονέεσθαι
ἑσπέριος· νῦν αὖτε πανύστατος. ἦ σύ γ' ἄνακτος
ὀφθαλμὸν ποθέεις, τὸν ἀνὴρ κακὸς ἐξαλάωσε
σὺν λυγροῖς ἑτάροισι, δαμασσάμενος φρένας οἴνῳ,
Οὖτις, ὃν οὔ πώ φημι πεφυγμένον εἶναι ὄλεθρον.      455
εἰ δὴ ὁμοφρονέοις ποτιφωνήεις τε γένοιο
εἰπεῖν ὅππη κεῖνος ἐμὸν μένος ἠλασκάζει·
τῷ κέ οἱ ἐγκέφαλός γε διὰ σπέος ἄλλυδις ἄλλῃ
θεινομένου ῥαίοιτο πρὸς οὔδεϊ, κὰδ δέ κ' ἐμὸν κῆρ
λωφήσειε κακῶν, τά μοι οὐτιδανὸς πόρεν Οὖτις.’      460
  ‘Ὣς εἰπὼν τὸν κριὸν ἀπὸ ἕο πέμπε θύραζε.
ἐλθόντες δ' ἠβαιὸν ἀπὸ σπείους τε καὶ αὐλῆς
πρῶτος ὑπ' ἀρνειοῦ λυόμην, ὑπέλυσα δ' ἑταίρους.
καρπαλίμως δὲ τὰ μῆλα ταναύποδα, πίονα δημῷ,
πολλὰ περιτροπέοντες ἐλαύνομεν, ὄφρ' ἐπὶ νῆα      465
ἱκόμεθ'· ἀσπάσιοι δὲ φίλοις ἑτάροισι φάνημεν,
οἳ φύγομεν θάνατον· τοὺς δὲ στενάχοντο γοῶντες.
ἀλλ' ἐγὼ οὐκ εἴων, ἀνὰ δ' ὀφρύσι νεῦον ἑκάστῳ,
κλαίειν· ἀλλ' ἐκέλευσα θοῶς καλλίτριχα μῆλα
πόλλ' ἐν νηὶ βαλόντας ἐπιπλεῖν ἁλμυρὸν ὕδωρ.      470
οἱ δ' αἶψ' εἴσβαινον καὶ ἐπὶ κληῖσι καθῖζον·

sheep men had been fastened. Last of the flock, the ram walked to the door, cramped by his fleece and me the crafty plotter; and feeling him over, big Polyphemos said:

" 'What, my pet ram! Why do you move across the cave the hindmost of the flock? Till now you were not wont to lag behind, but you were always first to crop the tender blooms of grass, making long strides; you were the first to reach the running streams, and the first to wish to turn back to the stall at night: yet here you are the last. Ah, but you miss your master's eye, which a villain has put out, — he and his vile companions, — subduing my wits with wine. Noman it was, and I can tell him he has not yet got clear of death. If only you could take my part, and find the power of speech to say where he is skulking from my rage, then should that brain of his, battered about the cave this way and that, be dashed upon the ground. So might my heart recover from the ills which miserable Noman brought upon me.'

" As he said this, from out his hand he let the ram go forth; and after we were come a little distance from the cave and from the yard, first from beneath the ram I freed myself, and then set free my comrades. So at quick pace we drove away those long-legged sheep, loaded with fat, many times turning round, until we reached the ship. A welcome sight we seemed to our dear friends, as men escaped from death. Yet for the others they began to weep and wail; but this I did not suffer, and by my frowns I checked their weeping. Instead, I bade them quickly toss the many fleecy sheep into the ship, and sail away over the briny water. Forthwith they came,

ἑξῆς δ' ἑζόμενοι πολιὴν ἅλα τύπτον ἐρετμοῖς.
ἀλλ' ὅτε τόσσον ἀπῆν ὅσσον τε γέγωνε βοήσας,
καὶ τότ' ἐγὼ Κύκλωπα προσηύδων κερτομίοισι·
  'Κύκλωψ, οὐκ ἄρ' ἔμελλες ἀνάλκιδος ἀνδρὸς ἑταίρους
ἔδμεναι ἐν σπῆι γλαφυρῷ κρατερῆφι βίηφι.                        476
καὶ λίην σέ γ' ἔμελλε κιχήσεσθαι κακὰ ἔργα,
σχέτλι', ἐπεὶ ξείνους οὐχ ἅζεο σῷ ἐνὶ οἴκῳ
ἐσθέμεναι· τῶ σε Ζεὺς τίσατο καὶ θεοὶ ἄλλοι.'
  Ὣς ἐφάμην, ὁ δ' ἔπειτα χολώσατο κηρόθι μᾶλλον·
ἧκε δ' ἀπορρήξας κορυφὴν ὄρεος μεγάλοιο,                        481
κὰδ δ' ἔβαλε προπάροιθε νεὸς κυανοπρῴροιο
[τυτθόν, ἐδεύησεν δ' οἰήιον ἄκρον ἱκέσθαι].
ἐκλύσθη δὲ θάλασσα κατερχομένης ὑπὸ πέτρης·
τὴν δ' αἶψ' ἤπειρόνδε παλιρρόθιον φέρε κῦμα,                    485
πλημυρὶς ἐκ πόντοιο, θέμωσε δὲ χέρσον ἱκέσθαι.
αὐτὰρ ἐγὼ χείρεσσι λαβὼν περιμήκεα κοντὸν
ὦσα παρέξ· ἑτάροισι δ' ἐποτρύνας ἐκέλευσα
ἐμβαλέειν κώπῃς, ἵν' ὑπ' ἐκ κακότητα φύγοιμεν,
κρατὶ κατανεύων· οἱ δὲ προπεσόντες ἔρεσσον,                     490
ἀλλ' ὅτε δὴ δὶς τόσσον ἅλα πρήσσοντες ἀπῆμεν,
καὶ τότ' ἐγὼ Κύκλωπα προσηύδων· ἀμφὶ δ' ἑταῖροι
μειλιχίοις ἐπέεσσιν ἐρήτυον ἄλλοθεν ἄλλος·
  'Σχέτλιε, τίπτ' ἐθέλεις ἐρεθιζέμεν ἄγριον ἄνδρα ;
ὃς καὶ νῦν πόντονδε βαλὼν βέλος ἤγαγε νῆα                       495
αὖτις ἐς ἤπειρον, καὶ δὴ φάμεν αὐτόθ' ὀλέσθαι.
εἰ δὲ φθεγξαμένου τευ ἢ αὐδήσαντος ἄκουσε,
σύν κεν ἄραξ' ἡμέων κεφαλὰς καὶ νήια δοῦρα
μαρμάρῳ ὀκριόεντι βαλών· τόσσον γὰρ ἵησιν.'
  Ὣς φάσαν, ἀλλ' οὐ πεῖθον ἐμὸν μεγαλήτορα θυμόν,              500

took places at the pins, and, sitting in order, smote the foaming water with their oars. But when I was as far away as one can call, I shouted to the Cyclops in derision:

" ' Cyclops, no weakling's comrades you were destined to devour in the great cave, with brutal might. But it was destined your bad deeds should find you out, audacious wretch, that did not hesitate to eat the guests within your house! For this did Zeus chastise you, — Zeus and the other gods.'

"So I spoke, and he thereat was angered in his heart the more; and wrenching off the crest of a high hill, he flung it at us. Down it fell before the dark-bowed ship a little space, but failed to reach the rudder's tip. The sea surged underneath the stone as it came down, and swiftly toward the land the wash of water swept us, like a flood-tide from the deep, and forced us to the shore. I took a long pole in my hand and shoved our vessel off; and cheering on my men, I bade them fall to the oars that we might flee from danger, — with my head making signs, — and bending forward on they rowed. When we had traversed twice the distance on the sea, then to the Cyclops would I call; but my men, gathering round, sought with mild words to stay me, each in his separate wise:

" ' O reckless man, why do you seek to vex this savage, who but even now, hurling a missile in the deep, drove our ship back to shore? We verily thought that time that we were lost. And had he heard a man make but a sound or speak, he would have crushed our heads and our ships' beams, by hurling jagged granite; for he can send so far.'

" So they spoke, and still they did not move my daring

ἀλλά μιν ἄψορρον προσέφην κεκοτηότι θυμῷ·

' Κύκλωψ, αἴ κέν τίς σε καταθνητῶν ἀνθρώπων
ὀφθαλμοῦ εἴρηται ἀεικελίην ἀλαωτύν,
φάσθαι 'Οδυσσῆα πτολιπόρθιον ἐξαλαῶσαι,
υἱὸν Λαέρτεω, 'Ιθάκῃ ἔνι οἰκί' ἔχοντα.'            505

'Ὣς ἐφάμην, ὁ δέ μ' οἰμώξας ἠμείβετο μύθῳ·
' ὦ πόποι, ἦ μάλα δή με παλαίφατα θέσφαθ' ἱκάνει.
ἔσκε τις ἐνθάδε μάντις ἀνὴρ ἠύς τε μέγας τε,
Τήλεμος Εὐρυμίδης, ὃς μαντοσύνῃ ἐκέκαστο
καὶ μαντευόμενος κατεγήρα Κυκλώπεσσιν·            510
ὅς μοι ἔφη τάδε πάντα τελευτήσεσθαι ὀπίσσω,
χειρῶν ἐξ 'Οδυσῆος ἁμαρτήσεσθαι ὀπωπῆς.
ἀλλ' αἰεί τινα φῶτα μέγαν καὶ καλὸν ἐδέγμην
ἐνθάδ' ἐλεύσεσθαι, μεγάλην ἐπιειμένον ἀλκήν·
νῦν δέ μ' ἐὼν ὀλίγος τε καὶ οὐτιδανὸς καὶ ἄκικυς            515
ὀφθαλμοῦ ἀλάωσεν, ἐπεί μ' ἐδαμάσσατο οἴνῳ.
ἀλλ' ἄγε δεῦρ', 'Οδυσεῦ, ἵνα τοι πὰρ ξείνια θείω,
πομπήν τ' ὀτρύνω δόμεναι κλυτὸν ἐννοσίγαιον·
τοῦ γὰρ ἐγὼ παῖς εἰμί, πατὴρ δ' ἐμὸς εὔχεται εἶναι.
αὐτὸς δ', αἴ κ' ἐθέλῃσ', ἰήσεται, οὐδέ τις ἄλλος            520
οὔτε θεῶν μακάρων οὔτε θνητῶν ἀνθρώπων.'

'Ὣς ἔφατ', αὐτὰρ ἐγώ μιν ἀμειβόμενος προσέειπον·
' αἲ γὰρ δὴ ψυχῆς τε καὶ αἰῶνός σε δυναίμην
εὖνιν ποιήσας πέμψαι δόμον "Αιδος εἴσω,
ὡς οὐκ ὀφθαλμόν γ' ἰήσεται οὐδ' ἐνοσίχθων.'            525

'Ὣς ἐφάμην, ὁ δ' ἔπειτα Ποσειδάωνι ἄνακτι
εὔχετο, χεῖρ' ὀρέγων εἰς οὐρανὸν ἀστερόεντα·

' Κλῦθι, Ποσείδαον γαιήοχε, κυανοχαῖτα·
εἰ ἐτεόν γε σός εἰμι, πατὴρ δ' ἐμὸς εὔχεαι εἶναι,
δὸς μὴ 'Οδυσσῆα πτολιπόρθιον οἴκαδ' ἱκέσθαι            530

spirit; I called aloud again out of an angry heart: 'Cyclops, if ever a mortal man asks you the story of the ugly blinding of your eye, say that Odysseus made you blind, the spoiler of cities, Laërtes' son, who dwells in Ithaka.'

"So I spoke, and with a groan he answered thus: 'Ah, surely now the ancient oracles are come upon me! Here once a prophet lived, a noble man and mighty, Telemos, son of Eurymos, who by his prophecies had won renown, and in prophetic works grew old among the Cyclops. He told me all these things should come to pass in after time, —.that I should lose my sight by means of one Odysseus; but I was always watching for the coming of some tall and comely person, somebody clad with mighty power; and now a little miserable feeble creature blinded me of my eye, after subduing me with wine. Still, come, draw nigh, Odysseus, and let me give the stranger's gift, and urge the famous Land-shaker to grant safe conduct home. His son am I; he calls himself my father. He, if he will, shall heal, and none else can, whether among the blessed gods or mortal men.'

"So he spoke, and answering him said I: 'Ah, would I could as surely strip you of life and being and send you to the house of Hades, as it is sure the Earth-shaker will never heal your eye!'

"So I spoke; thereat he prayed to Lord Poseidon, stretching his hands forth toward the starry heaven: 'Hear me, O thou that compassest the land, dark-haired Poseidon! If I am truly thine, and thou dost call thyself my father, vouchsafe no coming home to this Odys-

[υἱὸν Λαέρτεω, Ἰθάκῃ ἔνι οἰκί' ἔχοντα].
ἀλλ' εἴ οἱ μοῖρ' ἐστὶ φίλους τ' ἰδέειν καὶ ἱκέσθαι
οἶκον ἐυκτίμενον καὶ ἐὴν ἐς πατρίδα γαῖαν,
ὀψὲ κακῶς ἔλθοι, ὀλέσας ἄπο πάντας ἑταίρους,
νηὸς ἐπ' ἀλλοτρίης, εὕροι δ' ἐν πήματα οἴκῳ.'　　　535

῍Ως ἔφατ' εὐχόμενος, τοῦ δ' ἔκλυε κυανοχαίτης·
αὐτὰρ ὅ γ' ἐξαῦτις πολὺ μείζονα λᾶαν ἀείρας
ἧκ' ἐπιδινήσας, ἐπέρεισε δὲ ἶν' ἀπέλεθρον,
κὰδ δ' ἔβαλεν μετόπισθε νεὸς κυανοπρῴροιο
τυτθόν, ἐδεύησεν δ' οἰήιον ἄκρον ἱκέσθαι.　　　540
ἐκλύσθη δὲ θάλασσα κατερχομένης ὑπὸ πέτρης·
τὴν δὲ πρόσω φέρε κῦμα, θέμωσε δὲ χέρσον ἱκέσθαι.
ἀλλ' ὅτε δὴ τὴν νῆσον ἀφικόμεθ', ἔνθα περ ἄλλαι
νῆες ἐύσσελμοι μένον ἀθρόαι, ἀμφὶ δ' ἑταῖροι
εἵατ' ὀδυρόμενοι, ἡμέας ποτιδέγμενοι αἰεί,　　　545
νῆα μὲν ἔνθ' ἐλθόντες ἐκέλσαμεν ἐν ψαμάθοισιν,
ἐκ δὲ καὶ αὐτοὶ βῆμεν ἐπὶ ῥηγμῖνι θαλάσσης.
μῆλα δὲ Κύκλωπος γλαφυρῆς ἐκ νηὸς ἑλόντες
δασσάμεθ', ὡς μή τίς μοι ἀτεμβόμενος κίοι ἴσης.
ἀρνειὸν δ' ἐμοὶ οἴῳ ἐυκνήμιδες ἑταῖροι　　　550
μήλων δαιομένων δόσαν ἔξοχα· τὸν δ' ἐπὶ θινὶ
Ζηνὶ κελαινεφέι Κρονίδῃ, ὃς πᾶσιν ἀνάσσει,
ῥέξας μηρί' ἔκαιον· ὁ δ' οὐκ ἐμπάζετο ἱρῶν,
ἀλλ' ὅ γε μερμήριζεν ὅπως ἀπολοίατο πᾶσαι
νῆες ἐύσσελμοι καὶ ἐμοὶ ἐρίηρες ἑταῖροι.　　　555
ὡς τότε μὲν πρόπαν ἦμαρ ἐς ἠέλιον καταδύντα
ἥμεθα δαινύμενοι κρέα τ' ἄσπετα καὶ μέθυ ἡδύ·
ἦμος δ' ἠέλιος κατέδυ καὶ ἐπὶ κνέφας ἦλθε,
δὴ τότε κοιμήθημεν ἐπὶ ῥηγμῖνι θαλάσσης.
ἦμος δ' ἠριγένεια φάνη ῥοδοδάκτυλος Ἠώς,　　　560

seus, spoiler of cities, Laërtes' son, who dwells in Ithaka.
Yet if it be his lot to see his friends, and reach his stately
house and native land, late let him come, in evil plight,
with loss of all his crew, on the vessel of a stranger, and
may he at his home find trouble.'

"Thus did he speak and pray, and the dark-haired god
gave ear. Again lifting a stone much larger than before,
he swung and sent it, and he put forth stupendous power.
Down fell the stone behind the dark-bowed ship a little
space, but failed to reach the rudder's tip. The sea
surged underneath the stone as it came down, but the
wave swept us forward and helped us to our shore.

"Now when we reached the island where our other well-
benched ships waited together, and their crews sat round
them full of sorrow, watching continually for us, — as we
ran in, we beached our ship among the sands, and forth
we went ourselves upon the sea-shore. Then taking the
Cyclops' sheep from out the hollow ship, we parted all,
that none might go lacking his proper share. The ram
my mailed companions set apart for me alone, a mark of
special honor in the division of the flock ; and on the shore
I offered him to Zeus of the dark cloud, the son of Kro-
nos, who is the lord of all, burning to him the thighs.
But he did not regard the sacrifice ; instead, he purposed
that my well-benched ships should all be lost, and all my
trusty comrades. Thus, then, throughout the day till set-
ting sun, we sat and feasted on abundant meat and the
sweet wine ; but when the sun went down and darkness
came, we laid us down upon the beach. Then as the early

δὴ τότ' ἐγὼν ἑτάροισιν ἐποτρύνας ἐκέλευσα
αὐτούς τ' ἀμβαίνειν ἀνά τε πρυμνήσια λῦσαι.
οἱ δ' αἶψ' εἴσβαινον καὶ ἐπὶ κληῖσι καθῖζον,
ἑξῆς δ' ἑζόμενοι πολιὴν ἅλα τύπτον ἐρετμοῖς.

Ἔνθεν δὲ προτέρω πλέομεν ἀκαχήμενοι ἦτορ,      565
ἄσμενοι ἐκ θανάτοιο, φίλους ὀλέσαντες ἑταίρους.

rosy-fingered Dawn appeared, rousing my men, I bade them come on board and loose the cables. Quickly they came, took places at the pins, and, sitting in order, smote the foaming water with their oars.

"Thence we sailed on, with aching hearts, glad to be clear of death, though missing our good comrades."

22

# ΟΔΥΣΣΕΙΑΣ Κ.

## Τὰ περὶ Αἰόλου καὶ Λαιστρυγόνων καὶ Κίρκης.

Αἰολίην δ' ἐς νῆσον ἀφικόμεθ'· ἔνθα δ' ἔναιεν
Αἴολος Ἱπποτάδης, φίλος ἀθανάτοισι θεοῖσι,
πλωτῇ ἐνὶ νήσῳ· πᾶσαν δέ τέ μιν πέρι τεῖχος
χάλκεον ἄρρηκτον, λισσὴ δ' ἀναδέδρομε πέτρη.
τοῦ καὶ δώδεκα παῖδες ἐνὶ μεγάροις γεγάασιν,
ἐξ μὲν θυγατέρες, ἐξ δ' υἱέες ἡβώοντες.
ἔνθ' ὅ γε θυγατέρας πόρεν υἱάσιν εἶναι ἀκοίτις.
οἱ δ' αἰεὶ παρὰ πατρὶ φίλῳ καὶ μητέρι κεδνῇ
δαίνυνται· παρὰ δέ σφιν ὀνείατα μυρία κεῖται,
κνισῆεν δέ τε δῶμα περιστεναχίζεται αὐλῇ          10
ἤματα· νύκτας δ' αὖτε παρ' αἰδοίῃς ἀλόχοισιν
εὕδουσ' ἔν τε τάπῃσι καὶ ἐν τρητοῖσι λέχεσσι.
καὶ μὲν τῶν ἱκόμεσθα πόλιν καὶ δώματα καλά.
μῆνα δὲ πάντα φίλει με καὶ ἐξερέεινεν ἕκαστα,
Ἴλιον Ἀργείων τε νέας καὶ νόστον Ἀχαιῶν·          15
αὐτὰρ ἐγὼ τῷ πάντα κατὰ μοῖραν κατέλεξα.
ἀλλ' ὅτε δὴ καὶ ἐγὼν ὁδὸν ᾔτεον ἠδ' ἐκέλευον
πεμπέμεν, οὐδέ τι κεῖνος ἀνήνατο, τεῦχε δὲ πομπήν.
δῶκε δέ μ' ἐκδείρας ἀσκὸν βοὸς ἐννεώροιο,
ἔνθα δὲ βυκτάων ἀνέμων κατέδησε κέλευθα·          20
κεῖνον γὰρ ταμίην ἀνέμων ποίησε Κρονίων,
ἠμὲν παυέμεναι ἠδ' ὀρνύμεν ὅν κ' ἐθέλῃσι.
νηὶ δ' ἐνὶ γλαφυρῇ κατέδει μέρμιθι φαεινῇ
ἀργυρέῃ, ἵνα μή τι παραπνεύσῃ ὀλίγον περ·

## X

## AIOLOS, THE LAISTRYGONIANS, AND CIRCE.

"WE now drew near the island of Aiolia, where Aiolos, the son of Hippotas, one dear to the immortal gods, dwelt on a floating island. All round it is a wall of bronze, not to be broken through, and the cliff rises sheer. Twelve children have been born to him within his house, six daughters and six sturdy sons, and here he gave his daughters to his sons to be their wives. With their loved father and dear mother they hold continual feasting; beside them countless viands lie; the steaming house resounds by day even to its court, but in the night they sleep by their chaste wives under the coverlets on corded beds. Their city it was we reached, their goodly dwelling. For a full month he made me welcome, and he questioned me of all, of Ilios, the Argive ships, and the return of the Achaians. So I related to him all the tale in its due order. And when I furthermore asked him about my journey and entreated him for aid, he did not say me nay, but made provision for my going. He gave me a sack,—flaying therefor a nine-year ox,—and in it bound the courses of the blustering winds; for the son of Kronos made him steward of the winds, to stay or rouse which one he would. Upon my hollow ship he tied the sack with a bright cord of silver, that not a breath might stir, however slight. Then for my aid he sent the west wind

αὐτὰρ ἐμοὶ πνοιὴν Ζεφύρου προέηκεν ἀῆναι,　　　　25
ὄφρα φέροι νῆάς τε καὶ αὐτούς· οὐδ' ἄρ' ἔμελλεν
ἐκτελέειν· αὐτῶν γὰρ ἀπωλόμεθ' ἀφραδίῃσιν.

Ἐννῆμαρ μὲν ὁμῶς πλέομεν νύκτας τε καὶ ἦμαρ,
τῇ δεκάτῃ δ' ἤδη ἀνεφαίνετο πατρὶς ἄρουρα,
καὶ δὴ πυρπολέοντας ἐλεύσσομεν ἐγγὺς ἐόντες.　　30
ἔνθ' ἐμὲ μὲν γλυκὺς ὕπνος ἐπήλυθε κεκμηῶτα·
αἰεὶ γὰρ πόδα νηὸς ἐνώμων, οὐδέ τῳ ἄλλῳ
δῶχ' ἑτάρων, ἵνα θᾶσσον ἱκοίμεθα πατρίδα γαῖαν·
οἱ δ' ἕταροι ἐπέεσσι πρὸς ἀλλήλους ἀγόρευον,
καί μ' ἔφασαν χρυσόν τε καὶ ἄργυρον οἴκαδ' ἄγεσθαι,
δῶρα παρ' Αἰόλου μεγαλήτορος Ἱπποτάδαο·　　　35
ὧδε δέ τις εἴπεσκεν ἰδὼν ἐς πλησίον ἄλλον·

'Ὦ πόποι, ὡς ὅδε πᾶσι φίλος καὶ τίμιός ἐστιν
ἀνθρώποις, ὁτέων τε πόλιν καὶ γαῖαν ἵκηται.
πολλὰ μὲν ἐκ Τροίης ἄγεται κειμήλια καλὰ　　　40
ληίδος· ἡμεῖς δ' αὖτε ὁμὴν ὁδὸν ἐκτελέσαντες
οἴκαδε νισσόμεθα κενεὰς σὺν χεῖρας ἔχοντες.
καὶ νῦν οἱ τάδ' ἔδωκε χαριζόμενος φιλότητι
Αἴολος. ἀλλ' ἄγε θᾶσσον ἰδώμεθα ὅττι τάδ' ἐστίν,
ὅσσος τις χρυσός τε καὶ ἄργυρος ἀσκῷ ἔνεστιν.'　　45

Ὣς ἔφασαν, βουλὴ δὲ κακὴ νίκησεν ἑταίρων·
ἀσκὸν μὲν λῦσαν, ἄνεμοι δ' ἐκ πάντες ὄρουσαν,
τοὺς δ' αἶψ' ἁρπάξασα φέρεν πόντονδε θύελλα
κλαίοντας, γαίης ἄπο πατρίδος· αὐτὰρ ἐγώ γε
ἐγρόμενος κατὰ θυμὸν ἀμύμονα μερμήριξα　　　50
ἠὲ πεσὼν ἐκ νηὸς ἀποφθίμην ἐνὶ πόντῳ,
ἦ ἀκέων τλαίην καὶ ἔτι ζωοῖσι μετείην.
ἀλλ' ἔτλην καὶ ἔμεινα, καλυψάμενος δ' ἐνὶ νηὶ
κείμην· αἱ δ' ἐφέροντο κακῇ ἀνέμοιο θυέλλῃ

forth, to blow and bear along my ships and men. But this was not to be; by our own folly we were lost.

"Nine days we sailed, as well by night as day. At last, upon the tenth, our native fields appeared, and we were now so near we saw men tending fires. Then sweet sleep overcame me, wearied as I was; for all the time I had been managing the vessel's sheet, and I had yielded it to no one else among the crew, that so we might the sooner reach our native land. Meanwhile my men began to talk with one another, and to tell how I was bringing gold and silver home as gifts from Aiolos, the generous son of Hippotas; and glancing at his neighbor, one would say:

"'Lo, how this man is welcomed and esteemed by all mankind, come to whose town and land he may! He brings a store of goodly treasure back from Troy, out of its booty; while we, who toiled along the selfsame road, come home with empty hands. Now also Aiolos has given him gifts in lavish kindness. Come, then, and let us quickly see what there is here, and how much gold and silver the sack holds.'

"Such was their talk, and the ill counsel of the crew prevailed; they loosed the sack, and out rushed all the winds. Straightway a sweeping storm drove off to sea my weeping comrades, off from their native land. And I, awaking, hesitated in my gallant heart whether to cast myself out of the ship into the sea and perish there, or saying nothing to endure and bide among the living. I forced myself to stay; covering my head, I lay upon my ship, the while the ships were driven by the cruel storm of wind back to the island of Aiolia, my comrades sighing sore.

αὖτις ἐπ' Αἰολίην νῆσον, στενάχοντο δ' ἑταῖροι.          55

Ἔνθα δ' ἐπ' ἠπείρου βῆμεν καὶ ἀφυσσάμεθ' ὕδωρ,
αἶψα δὲ δεῖπνον ἕλοντο θοῆς παρὰ νηυσὶν ἑταῖροι.
αὐτὰρ ἐπεὶ σίτοιό τε πασσάμεθ' ἠδὲ ποτῆτος,
δὴ τότ' ἐγὼ κήρυκά τ' ὀπασσάμενος καὶ ἑταῖρον,
βῆν εἰς Αἰόλου κλυτὰ δώματα· τὸν δ' ἐκίχανον          60
δαινύμενον παρὰ ᾗ τ' ἀλόχῳ καὶ οἷσι τέκεσσιν.
ἐλθόντες δ' ἐς δῶμα παρὰ σταθμοῖσιν ἐπ' οὐδοῦ
ἑζόμεθ'· οἱ δ' ἀνὰ θυμὸν ἐθάμβεον ἔκ τ' ἐρέοντο·

'Πῶς ἦλθες, Ὀδυσεῦ; τίς τοι κακὸς ἔχραε δαίμων;
ἦ μέν σ' ἐνδυκέως ἀπεπέμπομεν, ὄφρ' ἂν ἵκηαι          65
πατρίδα σὴν καὶ δῶμα, καὶ εἴ πού τοι φίλον ἐστίν.'

Ὣς φάσαν· αὐτὰρ ἐγὼ μετεφώνεον ἀχνύμενος κῆρ·
'ἄασάν μ' ἕταροί τε κακοὶ πρὸς τοῖσί τε ὕπνος
σχέτλιος. ἀλλ' ἀκέσασθε, φίλοι· δύναμις γὰρ ἐν ὑμῖν.'

Ὣς ἐφάμην μαλακοῖσι καθαπτόμενος ἐπέεσσιν·          70
οἱ δ' ἄνεῳ ἐγένοντο· πατὴρ δ' ἠμείβετο μύθῳ·
'ἔρρ' ἐκ νήσου θᾶσσον, ἐλέγχιστε ζωόντων·
οὐ γάρ μοι θέμις ἐστὶ κομιζέμεν οὐδ' ἀποπέμπειν
ἄνδρα τὸν ὅς κε θεοῖσιν ἀπέχθηται μακάρεσσιν.
ἔρρ', ἐπεὶ ἀθανάτοισιν ἀπεχθόμενος τόδ' ἱκάνεις.'          75

Ὣς εἰπὼν ἀπέπεμπε δόμων βαρέα στενάχοντα.
ἔνθεν δὲ προτέρω πλέομεν ἀκαχήμενοι ἦτορ.
τείρετο δ' ἀνδρῶν θυμὸς ὑπ' εἰρεσίης ἀλεγεινῆς
ἡμετέρῃ ματίῃ, ἐπεὶ οὐκέτι φαίνετο πομπή.

Ἑξῆμαρ μὲν ὁμῶς πλέομεν νύκτας τε καὶ ἦμαρ·          80
ἑβδομάτῃ δ' ἱκόμεσθα Λάμου αἰπὺ πτολίεθρον,
Τηλέπυλον Λαιστρυγονίην, ὅθι ποιμένα ποιμὴν
ἠπύει εἰσελάων, ὁ δέ τ' ἐξελάων ὑπακούει.
ἔνθα κ' ἄυπνος ἀνὴρ δοιοὺς ἐξήρατο μισθούς,

" So here we came to land and drew us water, and soon
by the swift ships my men prepared a meal. Then after
we had tasted food and drink, taking a herald and a com-
rade with me, I turned me toward the famous house of
Aiolos. I found him at the feast, beside his wife and
children. We entered the hall and sat down by the door-
posts on the threshold, and they all marveled in their
hearts and questioned us :

" ' How came you here, Odysseus? What evil god
assailed you? With care we sent you forth, hoping that
you might reach your land and home, or wheresoever was
your pleasure.'

" So they spoke, and with an aching heart I answered :
' A wicked crew betrayed me — they and a cruel sleep.
But heal my woes, my friends; the power is yours.'

" So I spoke, appealingly, in humble words. Then all
the rest kept silence, but the father answered thus : ' Out
of the island instantly, vilest of all that live! I may not
aid or send upon his way a man who is detested by the
blessed gods. Begone! for you are here because detested
by the immortals.'

" Therewith he turned me loud lamenting from his
door. Thence we sailed on, with aching hearts. Worn
grew the spirit of my men under the heavy rowing, caused
by our folly too; aid on our way appeared no more.

" Six days we sailed, as well by night as day, and on the
seventh we came to the steep hold of Lamos, Telepylos
in Laistrygonia, where shepherd greets shepherd leading
home his flock, and the other answers leading forth his
own. Here might a man who never slept have earned

τὸν μὲν βουκολέων, τὸν δ' ἄργυφα μῆλα νομεύων·      85
ἐγγὺς γὰρ νυκτός τε καὶ ἤματός εἰσι κέλευθοι.
ἔνθ' ἐπεὶ ἐς λιμένα κλυτὸν ἤλθομεν, ὃν πέρι πέτρη
ἠλίβατος τετύχηκε διαμπερὲς ἀμφοτέρωθεν,
ἀκταὶ δὲ προβλῆτες ἐναντίαι ἀλλήλησιν
ἐν στόματι προὔχουσιν, ἀραιὴ δ' εἴσοδός ἐστιν,      90
ἔνθ' οἵ γ' εἴσω πάντες ἔχον νέας ἀμφιελίσσας.
αἱ μὲν ἄρ' ἔντοσθεν λιμένος κοίλοιο δέδεντο
πλησίαι· οὐ μὲν γάρ ποτ' ἀέξετο κῦμά γ' ἐν αὐτῷ,
οὔτε μέγ' οὔτ' ὀλίγον, λευκὴ δ' ἦν ἀμφὶ γαλήνη.
αὐτὰρ ἐγὼν οἶος σχέθον ἔξω νῆα μέλαιναν,       95
αὐτοῦ ἐπ' ἐσχατιῇ, πέτρης ἐκ πείσματα δήσας·
ἔστην δὲ σκοπιὴν ἐς παιπαλόεσσαν ἀνελθών.
ἔνθα μὲν οὔτε βοῶν οὔτ' ἀνδρῶν φαίνετο ἔργα,
καπνὸν δ' οἶον ὁρῶμεν ἀπὸ χθονὸς ἀίσσοντα.
δὴ τότ' ἐγὼν ἑτάρους προΐειν πεύθεσθαι ἰόντας      100
οἵ τινες ἀνέρες εἶεν ἐπὶ χθονὶ σῖτον ἔδοντες,
ἄνδρε δύο κρίνας, τρίτατον κήρυχ' ἅμ' ὀπάσσας.
οἱ δ' ἴσαν ἐκβάντες λείην ὁδόν, ᾗ περ ἄμαξαι
ἄστυδ' ἀφ' ὑψηλῶν ὀρέων καταγίνεον ὕλην.
κούρῃ δὲ ξύμβληντο πρὸ ἄστεος ὑδρευούσῃ,       105
θυγατέρ' ἰφθίμῃ Λαιστρυγόνος Ἀντιφάταο.
ἡ μὲν ἄρ' ἐς κρήνην κατεβήσετο καλλιρέεθρον
Ἀρτακίην· ἔνθεν γὰρ ὕδωρ προτὶ ἄστυ φέρεσκον·
οἱ δὲ παριστάμενοι προσεφώνεον, ἔκ τ'
                                    ἐρέοντο
ὅς τις τῶνδ' εἴη βασιλεὺς καὶ οἷσιν ἀνάσσοι.      110
ἡ δὲ μάλ' αὐτίκα πατρὸς ἐπέφραδεν ὑψερεφὲς δῶ.
οἱ δ' ἐπεὶ εἰσῆλθον κλυτὰ δώματα, τὴν δὲ γυναῖκα
εὗρον ὅσην τ' ὄρεος κορυφήν, κατὰ δ' ἔστυγον αὐτήν.
ἡ δ' αἶψ' ἐξ ἀγορῆς ἐκάλει κλυτὸν Ἀντιφατῆα,

a double wage, — this herding kine, that tending silvery
sheep; so close are the outgoings of the night and day.
Now when we reached the splendid harbor, — round which
the rock lies steep, unbroken all the way, and the project-
ing cliffs, facing each other, stretch forward at the mouth,
and narrow is the entrance, — into the basin all the rest
steered their curved ships, and so the ships lay in the
hollow harbor close-anchored, side by side; for no wave
swelled within it, large or small, but a clear calm was all
around. Now I alone kept my black ship without the
harbor, there at the point, lashing my cables to the rock.
Then climbing up, I took my stand on a high point of
outlook. From it no work of man or beast was to be seen,
save that we saw some smoke arising from the ground.
So I sent sailors forth to go and learn what men who lived
by bread dwelt in the land — selecting two, and joining
with them a herald as a third. Leaving the ship, they
followed a beaten road where carts brought timber from
the lofty hills down to the town below. Outside the town
they met a maiden drawing water, — the stately daughter
of the Laistrygonian Antiphates. She had come down
to the clear-flowing fountain of Artakia, for thence they
used to fetch the water for the town. So my men, draw-
ing near, addressed her and inquired who was the king
of the folk here and over whom he ruled. At once she
pointed to her father's high-roofed house. But they when
they had entered the great hall, found there a woman
huge as a mountain peak; at her they were aghast.
Forthwith she called from the assembly-place noble An-

ὃν πόσιν, ὃς δὴ τοῖσιν ἐμήσατο λυγρὸν ὄλεθρον.      115
αὐτίχ' ἕνα μάρψας ἑτάρων ὡπλίσσατο δεῖπνον·
τὼ δὲ δύ' ἀίξαντε φυγῇ ἐπὶ νῆας ἱκέσθην.
αὐτὰρ ὁ τεῦχε βοὴν διὰ ἄστεος· οἱ δ' ἀίοντες
φοίτων ἴφθιμοι Λαιστρυγόνες ἄλλοθεν ἄλλος,
μυρίοι, οὐκ ἄνδρεσσιν ἐοικότες, ἀλλὰ Γίγασιν.      120
οἵ ῥ' ἀπὸ πετράων ἀνδραχθέσι χερμαδίοισι
βάλλον· ἄφαρ δὲ κακὸς κόναβος κατὰ νῆας ὀρώρει
ἀνδρῶν τ' ὀλλυμένων νηῶν θ' ἅμα ἀγνυμενάων·
ἰχθῦς δ' ὣς πείροντες ἀτερπέα δαῖτα φέροντο.
ὄφρ' οἱ τοὺς ὄλεκον λιμένος πολυβενθέος ἐντός,      125
τόφρα δ' ἐγὼ ξίφος ὀξὺ ἐρυσσάμενος παρὰ μηροῦ
τῷ ἀπὸ πείσματ' ἔκοψα νεὸς κυανοπρώροιο.
αἶψα δ' ἐμοῖς ἑτάροισιν ἐποτρύνας ἐκέλευσα
ἐμβαλέειν κώπῃς, ἵν' ὑπ' ἐκ κακότητα φύγοιμεν·
οἱ δ' ἅλα πάντες ἀνέρριψαν, δείσαντες ὄλεθρον.      130
ἀσπασίως δ' ἐς πόντον ἐπηρεφέας φύγε πέτρας
νηῦς ἐμή· αὐτὰρ αἱ ἄλλαι ἀολλέες αὐτόθ' ὄλοντο.
Ἔνθεν δὲ προτέρω πλέομεν ἀναχήμενοι ἦτορ,
ἄσμενοι ἐκ θανάτοιο, φίλους ὀλέσαντες ἑταίρους.
Αἰαίην δ' ἐς νῆσον ἀφικόμεθ'· ἔνθα δ' ἔναιε       135
Κίρκη ἐυπλόκαμος, δεινὴ θεὸς αὐδήεσσα,
αὐτοκασιγνήτη ὀλοόφρονος Αἰήταο·
ἄμφω δ' ἐκγεγάτην φαεσιμβρότου Ἠελίοιο
μητρός τ' ἐκ Πέρσης, τὴν Ὠκεανὸς τέκε παῖδα.
ἔνθα δ' ἐπ' ἀκτῆς νηὶ κατηγαγόμεσθα σιωπῇ       140
ναύλοχον ἐς λιμένα, καί τις θεὸς ἡγεμόνευεν.
ἔνθα τότ' ἐκβάντες δύο τ' ἤματα καὶ δύο νύκτας
κείμεθ', ὁμοῦ καμάτῳ τε καὶ ἄλγεσι θυμὸν ἔδοντες.
ἀλλ' ὅτε δὴ τρίτον ἦμαρ ἐυπλόκαμος τέλεσ' Ἠώς,

tiphates, her husband, who sought to bring a cruel death upon my men. Straight seizing one, he made his meal of him; and the two others, dashing off, came flying to the ships. Thereat he raised a cry throughout the town, and hearing it, the mighty Laistrygonians gathered from here and there, seeming not men, but giants. So from the rocks they hurled down ponderous stones; and soon amongst the ships arose a dreadful din of murdered men and crashing ships. As men spear fish, they gathered in their loathsome meal. But while they slaughtered these in the deep harbor, I drew my sharp sword from my thigh and cut the cables of my dark-bowed ship; and quickly cheering on my crew I bade them fall to their oars, that we might flee from danger. They all tossed up the water with their oars, in terror for their lives, and cheerily over the sea, away from the beetling cliff, my ship sped on; but all the other ships went down together there.

"Thence we sailed on with aching hearts, glad to be clear of death, though missing our dear comrades. And now we reached the island of Aiaia, where Circe dwelt, a fair-haired, mighty goddess, human of speech. She was own sister of the sorcerer Aiêtes; both were the children of the beaming Sun and of a mother Persê, the daughter of Okeanos. Here we bore landwards with our ship and ran in silence into a sheltering harbor; some god became our guide. We disembarked, and lay two days and nights gnawing our hearts because of toil and trouble; but when the fair-haired Dawn brought the third day, I took my

καὶ τότ' ἐγὼν ἐμὸν ἔγχος ἑλὼν καὶ φάσγανον ὀξὺ 145
καρπαλίμως παρὰ νηὸς ἀνήιον ἐς περιωπήν,
εἴ πως ἔργα ἴδοιμι βροτῶν ἐνοπήν τε πυθοίμην.
ἔστην δὲ σκοπιὴν ἐς παιπαλόεσσαν ἀνελθών,
καί μοι ἐείσατο καπνὸς ἀπὸ χθονὸς εὐρυοδείης
Κίρκης ἐν μεγάροισι διὰ δρυμὰ πυκνὰ καὶ ὕλην. 150
μερμήριξα δ' ἔπειτα κατὰ φρένα καὶ κατὰ θυμὸν
ἐλθεῖν ἠδὲ πυθέσθαι, ἐπεὶ ἴδον αἴθοπα καπνόν.
ὧδε δέ μοι φρονέοντι δοάσσατο κέρδιον εἶναι,
πρῶτ' ἐλθόντ' ἐπὶ νῆα θοὴν καὶ θῖνα θαλάσσης
δεῖπνον ἑταίροισιν δόμεναι προέμεν τε πυθέσθαι. 155
  Ἀλλ' ὅτε δὴ σχεδὸν ἦα κιὼν νεὸς ἀμφιελίσσης,
καὶ τότε τίς με θεῶν ὀλοφύρατο μοῦνον ἐόντα,
ὅς ῥά μοι ὑψίκερων ἔλαφον μέγαν εἰς ὁδὸν αὐτὴν
ἧκεν· ὁ μὲν ποταμόνδε κατήιεν ἐκ νομοῦ ὕλης
πιόμενος· δὴ γάρ μιν ἔχεν μένος ἠελίοιο. 160
τὸν δ' ἐγὼ ἐκβαίνοντα κατ' ἄκνηστιν μέσα νῶτα
πλῆξα· τὸ δ' ἀντικρὺ δόρυ χάλκεον ἐξεπέρησε,
κὰδ δ' ἔπεσ' ἐν κονίῃσι μακών, ἀπὸ δ' ἔπτατο θυμός.
τῷ δ' ἐγὼ ἐμβαίνων δόρυ χάλκεον ἐξ ὠτειλῆς
εἰρυσάμην· τὸ μὲν αὖθι κατακλίνας ἐπὶ γαίῃ 165
εἴασ'· αὐτὰρ ἐγὼ σπασάμην ῥῶπάς τε λύγους τε,
πεῖσμα δ', ὅσον τ' ὄργυιαν, ἐυστρεφὲς ἀμφοτέρωθεν
πλεξάμενος συνέδησα πόδας δεινοῖο πελώρου,
βῆν δὲ καταλοφάδεια φέρων ἐπὶ νῆα μέλαιναν,
ἔγχει ἐρειδόμενος, ἐπεὶ οὔ πως ἦεν ἐπ' ὤμου 170
χειρὶ φέρειν ἑτέρῃ· μάλα γὰρ μέγα θηρίον ἦεν.
κὰδ δ' ἔβαλον προπάροιθε νεός, ἀνέγειρα δ' ἑταίρους
μειλιχίοις ἐπέεσσι παρασταδὸν ἄνδρα ἕκαστον·
  ''Ω φίλοι, οὐ γάρ πω καταδυσόμεθ', ἀχνύμενοί περ,

spear and my sharp sword, and from the ship walked briskly up to a place of distant view, hoping to see some work of man or catch some voice. So climbing up, I took my stand on a high point of outlook, and smoke appeared rising from open ground at Circe's dwelling, through some oak thickets and a wood. I hesitated then in mind and heart whether to go and search the matter while I saw the flaring smoke; yet, on reflecting thus, it seemed the better way first to return to the swift ship and to the sea-shore; there give my men a meal, and send them forth to search.

"But on my way, as I drew near to my curved ship, some god took pity on me all forlorn, and sent a great stag with branching horns into my very path. He came down to the stream from feeding in the wood to drink, for the sun's power oppressed him. As he stepped out, I struck him in the spine midway along the back; the bronze spear passed clean through; down in the dust he fell with a moan, and his life flew away. Setting my foot upon him I drew from the wound the brazen spear, and left it lying there upon the ground; then I broke twigs and osiers, and wove a rope a fathom long, twisted from end to end, with which I bound together the monstrous creature's legs. So across my back I carried him, and I walked to the black ship leaning upon my spear, because it was not possible to carry him on my shoulder with a single hand; for the beast was very large. I threw him down before the ship, and waked my men with cheerful words, standing by each in turn:

"'Friends, we shall not go down, for all our sorrows,

εἰς Ἀίδαο δόμους, πρὶν μόρσιμον ἦμαρ ἐπέλθῃ.  175
ἀλλ' ἄγετ', ὄφρ' ἐν νηὶ θοῇ βρῶσίς τε πόσις τε,
μνησόμεθα βρώμης μηδὲ τρυχώμεθα λιμῷ.'

  Ὣς ἐφάμην, οἱ δ' ὦκα ἐμοῖς ἐπέεσσι πίθοντο·
ἐκ δὲ καλυψάμενοι παρὰ θῖν' ἁλὸς ἀτρυγέτοιο
θηήσαντ' ἔλαφον· μάλα γὰρ μέγα θηρίον ἦεν.  180
αὐτὰρ ἐπεὶ τάρπησαν ὁρώμενοι ὀφθαλμοῖσι,
χεῖρας νιψάμενοι τεύχοντ' ἐρικυδέα δαῖτα.
ὣς τότε μὲν πρόπαν ἦμαρ ἐς ἠέλιον καταδύντα
ἥμεθα δαινύμενοι κρέα τ' ἄσπετα καὶ μέθυ ἡδύ·
ἦμος δ' ἠέλιος κατέδυ καὶ ἐπὶ κνέφας ἦλθε,  185
δὴ τότε κοιμήθημεν ἐπὶ ῥηγμῖνι θαλάσσης.
ἦμος δ' ἠριγένεια φάνη ῥοδοδάκτυλος Ἠώς,
καὶ τότ' ἐγὼν ἀγορὴν θέμενος μετὰ πᾶσιν ἔειπον·

  '[Κέκλυτέ μευ μύθων, κακά περ πάσχοντες ἑταῖροι·]
ὦ φίλοι, οὐ γάρ τ' ἴδμεν ὅπῃ ζόφος οὐδ' ὅπῃ ἠώς,  190
οὐδ' ὅπῃ ἠέλιος φαεσίμβροτος εἶσ' ὑπὸ γαῖαν
οὐδ' ὅπῃ ἀννεῖται· ἀλλὰ φραζώμεθα θᾶσσον
εἴ τις ἔτ' ἔσται μῆτις· ἐγὼ δ' οὐκ οἴομαι εἶναι.
εἶδον γὰρ σκοπιὴν ἐς παιπαλόεσσαν ἀνελθὼν
νῆσον, τὴν πέρι πόντος ἀπείριτος ἐστεφάνωται·  195
αὐτὴ δὲ χθαμαλὴ κεῖται· καπνὸν δ' ἐνὶ μέσσῃ
ἔδρακον ὀφθαλμοῖσι διὰ δρυμὰ πυκνὰ καὶ ὕλην.'

  Ὣς ἐφάμην, τοῖσιν δὲ κατεκλάσθη φίλον ἦτορ
μνησαμένοις ἔργων Λαιστρυγόνος Ἀντιφάταο
Κύκλωπός τε βίης μεγαλήτορος, ἀνδροφάγοιο.  200
κλαῖον δὲ λιγέως, θαλερὸν κατὰ δάκρυ χέοντες·
ἀλλ' οὐ γάρ τις πρῆξις ἐγίγνετο μυρομένοισιν.

  Αὐτὰρ ἐγὼ δίχα πάντας ἐϋκνήμιδας ἑταίρους
ἠρίθμεον, ἀρχὸν δὲ μετ' ἀμφοτέροισιν ὄπασσα·

into the halls of Hades till comes the appointed day. Therefore, so long as there is food and drink in the swift ship, let us take thought of food, not pine away with hunger.'

"So I spoke, and my words they quickly heeded; they threw their coverings off upon the shore beside the barren sea, and gazed upon the stag, for the beast was very large; and when they had satisfied their eyes with gazing, they washed their hands and made a bounteous feast. Thus, then, throughout the day till setting sun, we sat and feasted on abundant meat and the sweet wine; and when the sun went down and darkness came, we laid us down upon the beach. Then, as the early rosy-fingered Dawn appeared, I held a council, and said to all my men:

"'Hearken to these my words, my suffering comrades. Friends, since we do not know the place of dusk or dawn, the place at which the beaming sun goes under ground or where he rises, let us at once consider if a wise course is left. I do not think there is; for I saw, on climbing to a high point of outlook, an island which the boundless deep encircles like a crown. Low in the sea it lies; midway across, I saw a smoke through some oak thickets and a wood.'

"As I thus spoke, their very souls were crushed within them, for they remembered the deeds of Laistrygonian Antiphates and the might of the daring Cyclops, the devourer of men. They cried aloud, and let the big tears fall; but no good came to them from their lamenting.

"Now the whole body of my mailed companions I told off in two bands, and to each band assigned a leader: the

τῶν μὲν ἐγὼν ἦρχον, τῶν δ' Εὐρύλοχος θεοειδής.    205
κλήρους δ' ἐν κυνέῃ χαλκήρεϊ πάλλομεν ὦκα·
ἐκ δ' ἔθορε κλῆρος μεγαλήτορος Εὐρυλόχοιο.
βῆ δ' ἰέναι, ἅμα τῷ γε δύω καὶ εἴκοσ' ἑταῖροι
κλαίοντες· κατὰ δ' ἄμμε λίπον γοόωντας ὄπισθεν.
εὗρον δ' ἐν βήσσῃσι τετυγμένα δώματα Κίρκης    210
ξεστοῖσιν λάεσσι, περισκέπτῳ ἐνὶ χώρῳ.
ἀμφὶ δέ μιν λύκοι ἦσαν ὀρέστεροι ἠδὲ λέοντες,
τοὺς αὐτὴ κατέθελξεν, ἐπεὶ κακὰ φάρμακ' ἔδωκεν.
οὐδ' οἵ γ' ὡρμήθησαν ἐπ' ἀνδράσιν, ἀλλ' ἄρα τοί γε
οὐρῇσιν μακρῇσι περισσαίνοντες ἀνέσταν.    215
ὡς δ' ὅτ' ἂν ἀμφὶ ἄνακτα κύνες δαίτηθεν ἰόντα
σαίνωσ'· αἰεὶ γάρ τε φέρει μειλίγματα θυμοῦ·
ὣς τοὺς ἀμφὶ λύκοι κρατερώνυχες ἠδὲ λέοντες
σαῖνον· τοὶ δ' ἔδεισαν, ἐπεὶ ἴδον αἰνὰ πέλωρα.
ἔσταν δ' ἐν προθύροισι θεᾶς καλλιπλοκάμοιο,    220
Κίρκης δ' ἔνδον ἄκουον ἀειδούσης ὀπὶ καλῇ,
ἱστὸν ἐποιχομένης μέγαν ἄμβροτον, οἷα θεάων
λεπτά τε καὶ χαρίεντα καὶ ἀγλαὰ ἔργα πέλονται.
τοῖσι δὲ μύθων ἦρχε Πολίτης, ὄρχαμος ἀνδρῶν,
ὅς μοι κήδιστος ἑτάρων ἦν κεδνότατός τε·    225
   ' Ὦ φίλοι, ἔνδον γάρ τις ἐποιχομένη μέγαν ἱστὸν
καλὸν ἀοιδιάει, δάπεδον δ' ἅπαν ἀμφιμέμυκεν,
ἢ θεὸς ἠὲ γυνή· ἀλλὰ φθεγγώμεθα θᾶσσον.'
   Ὣς ἄρ' ἐφώνησεν, τοὶ δ' ἐφθέγγοντο καλεῦντες.
ἡ δ' αἶψ' ἐξελθοῦσα θύρας ὤϊξε φαεινὰς    230
καὶ κάλει· οἱ δ' ἅμα πάντες ἀϊδρείῃσιν ἕποντο·
Εὐρύλοχος δ' ὑπέμεινεν, ὀϊσάμενος δόλον εἶναι.
εἷσεν δ' εἰσαγαγοῦσα κατὰ κλισμούς τε θρόνους τε,
ἐν δέ σφιν τυρόν τε καὶ ἄλφιτα καὶ μέλι χλωρὸν

one I led, princely Eurylochos the other. Straightway
we shook the lots in a bronze helmet, and out leapt the
lot of bold Eurylochos. So he departed, two and twenty
comrades following, all in tears, and us they left in sorrow
there behind. Within the glades they found the house of
Circe, built of smooth stone on a clear plot of ground. All
round about the place were mountain wolves and lions,
whom Circe had charmed by giving them evil drugs.
These creatures did not spring upon my men, but stood
erect, wagging their long tails fawningly. And as the
hounds fawn round their master when he comes from
meat, because he always brings them dainties that they
desire, so round these men the strong-clawed wolves and
lions fawned. Still my men trembled at the sight of the
strange beasts. They paused before the door of the fair-
haired goddess, and in the house heard Circe singing with
sweet voice, while plying her great imperishable loom and
weaving webs, fine, beautiful, and lustrous as are the works
of gods. Polites was the first to speak, one ever foremost,
and one to me the nearest and the dearest of my com-
rades:

"'Ah, friends, somebody in this house is plying a great
loom and singing sweetly; all the pavement rings. It is
a god or woman. Nay, quickly let us call.'

"He spoke; the others lifted up their voice and called.
Suddenly coming forth, she opened the shining doors
and bade them in. The rest all followed, heedless; but
Eurylochos remained behind, suspicious of a snare. She
brought them in and seated them on couches and on
chairs, and made a potion for them, — cheese, barley, and

οἴνῳ Πραμνείῳ ἐκύκα· ἀνέμισγε δὲ σίτῳ 235
φάρμακα λύγρ᾽, ἵνα πάγχυ λαθοίατο πατρίδος αἴης.
αὐτὰρ ἐπεὶ δῶκέν τε καὶ ἔκπιον, αὐτίκ᾽ ἔπειτα
ῥάβδῳ πεπληγυῖα κατὰ συφεοῖσιν ἐέργνυ.
οἱ δὲ συῶν μὲν ἔχον κεφαλὰς φωνήν τε τρίχας τε
καὶ δέμας, αὐτὰρ νοῦς ἦν ἔμπεδος ὡς τὸ πάρος περ. 240
ὣς οἱ μὲν κλαίοντες ἐέρχατο· τοῖσι δὲ Κίρκη
πάρ ῥ᾽ ἄκυλον βάλανόν τ᾽ ἔβαλεν καρπόν τε κρανείης
ἔδμεναι, οἷα σύες χαμαιευνάδες αἰὲν ἔδουσιν.

Εὐρύλοχος δ᾽ ἂψ ἦλθε θοὴν ἐπὶ νῆα μέλαιναν,
ἀγγελίην ἑτάρων ἐρέων καὶ ἀδευκέα πότμον. 245
οὐδέ τι ἐκφάσθαι δύνατο ἔπος, ἱέμενός περ,
κῆρ ἄχεϊ μεγάλῳ βεβολημένος· ἐν δέ οἱ ὄσσε
δακρυόφιν πίμπλαντο, γόον δ᾽ ὠίετο θυμός.
ἀλλ᾽ ὅτε δή μιν πάντες ἀγασσάμεθ᾽ ἐξερέοντες,
καὶ τότε τῶν ἄλλων ἑτάρων κατέλεξεν ὄλεθρον· 250

'Ἤιομεν, ὡς ἐκέλευες ἀνὰ δρυμά, φαίδιμ᾽ Ὀδυσσεῦ·
εὕρομεν ἐν βήσσῃσι τετυγμένα δώματα καλὰ
[ξεστοῖσιν λάεσσι, περισκέπτῳ ἐνὶ χώρῳ].
ἔνθα δέ τις μέγαν ἱστὸν ἐποιχομένη λίγ᾽ ἄειδεν
ἢ θεὸς ἠὲ γυνή· τοὶ δ᾽ ἐφθέγγοντο καλεῦντες. 255
ἡ δ᾽ αἶψ᾽ ἐξελθοῦσα θύρας ὤιξε φαεινὰς
καὶ κάλει· οἱ δ᾽ ἅμα πάντες ἀιδρείῃσιν ἕποντο·
αὐτὰρ ἐγὼν ὑπέμεινα, ὀισάμενος δόλον εἶναι.
οἱ δ᾽ ἅμ᾽ ἀιστώθησαν ἀολλέες, οὐδέ τις αὐτῶν
ἐξεφάνη· δηρὸν δὲ καθήμενος ἐσκοπίαζον.' 260

'Ὣς ἔφατ᾽, αὐτὰρ ἐγὼ περὶ μὲν ξίφος ἀργυρόηλον
ὤμοιιν βαλόμην, μέγα χάλκεον, ἀμφὶ δὲ τόξα·
τὸν δ᾽ ἂψ ἠνώγεα αὐτὴν ὁδὸν ἡγήσασθαι.

yellow honey, stirred into Pramnian wine, — but mixed
with the food pernicious drugs, that they might utterly
forget their native land.  Now after she had given the cup
and they had drunk it off, straight with a wand she smote
my men and penned them up in sties ; and they took on
the heads of swine, the voice, the bristles, and even the
shape, yet was their reason as sound as heretofore.  Thus,
weeping, they were penned ; and Circe flung them acorns,
chestnuts, and cornel-fruit for them to eat, such things as
swine that wallow in the mire are wont to eat.

"Eurylochos, meanwhile, came to the swift black ship
to tell the tidings of his comrades and their bitter fate.
Strive as he might, he could not speak a word, for he was
stricken to the soul with great distress; his eyes were
filled with tears; his heart felt anguish.  But when we
all in great amazement questioned him, then he described
the loss of all the other men :

"'We went, as you commanded, noble Odysseus,
through the thicket, and found within the glades a beauti-
ful house, built of smooth stone on a clear plot of ground.
There somebody was tending a great loom and singing
loud, some god or woman.  The others lifted up their
voice and called ; and suddenly coming forth, she opened
the shining doors and bade them in.  The rest all fol-
lowed, heedless ; but I remained behind, suspicious of a
snare.  They vanished, one and all; not one appeared
again, though long I sat and watched.'

"So he spoke ; I slung my silver-studded sword about
my shoulders,—large it was and made of bronze, — and
my bow with it, and bade him lead me back the selfsame

αὐτὰρ ὅ γ' ἀμφοτέρῃσι λαβὼν ἐλλίσσετο γούνων
[καί μ' ὀλοφυρόμενος ἔπεα πτερόεντα προσηύδα]·   265
'Μή μ' ἄγε κεῖσ' ἀέκοντα, διοτρεφὲς, ἀλλὰ λίπ' αὐτοῦ·
οἶδα γὰρ ὡς οὔτ' αὐτὸς ἐλεύσεαι οὔτε τιν' ἄλλον
ἄξεις σῶν ἑτάρων· ἀλλὰ ξὺν τοίσδεσι θᾶσσον
φεύγωμεν. ἔτι γάρ κεν ἀλύξαιμεν κακὸν ἦμαρ.'
Ὣς ἔφατ', αὐτὰρ ἐγώ μιν ἀμειβόμενος προσέειπον·  270
'Εὐρύλοχ', ἦ τοι μὲν σὺ μέν' αὐτοῦ τῷδ' ἐνὶ χώρῳ
ἔσθων καὶ πίνων, κοίλῃ παρὰ νηὶ μελαίνῃ·
αὐτὰρ ἐγὼν εἶμι· κρατερὴ δέ μοι ἔπλετ' ἀνάγκη.'
Ὣς εἰπὼν παρὰ νηὸς ἀνήιον ἠδὲ θαλάσσης.
ἀλλ' ὅτε δὴ ἄρ' ἔμελλον ἰὼν ἱερὰς ἀνὰ βήσσας  275
Κίρκης ἵξεσθαι πολυφαρμάκου ἐς μέγα δῶμα,
ἔνθα μοι Ἑρμείας χρυσόρραπις ἀντεβόλησεν
ἐρχομένῳ πρὸς δῶμα, νεηνίῃ ἀνδρὶ ἐοικὼς,
πρῶτον ὑπηνήτῃ, τοῦ περ χαριεστάτη ἥβη·
ἔν τ' ἄρα μοι φῦ χειρὶ ἔπος τ' ἔφατ' ἔκ τ' ὀνόμαζε·  280
'Πῆ δ' αὖτ', ὦ δύστηνε, δι' ἄκριας ἔρχεαι οἶος,
χώρου ἄιδρις ἐών; ἕταροι δέ τοι οἵδ' ἐνὶ Κίρκης
ἔρχαται, ὥς τε σύες, πυκινοὺς κευθμῶνας ἔχοντες.
ἦ τοὺς λυσόμενος δεῦρ' ἔρχεαι· οὐδέ σέ φημι
αὐτὸν νοστήσειν, μενέεις δὲ σύ γ' ἔνθα περ ἄλλοι.  285
ἀλλ' ἄγε δή σε κακῶν ἐκλύσομαι ἠδὲ σαώσω·
τῆ, τόδε φάρμακον ἐσθλὸν ἔχων ἐς δώματα Κίρκης
ἔρχευ, ὅ κέν τοι κρατὸς ἀλάλκῃσιν κακὸν ἦμαρ.
πάντα δέ τοι ἐρέω ὀλοφώια δήνεα Κίρκης.
τεύξει τοι κυκεῶ, βαλέει δ' ἐνὶ φάρμακα σίτῳ·  290
ἀλλ' οὐδ' ὣς θέλξαι σε δυνήσεται· οὐ γὰρ ἐάσει
φάρμακον ἐσθλὸν, ὅ τοι δώσω, ἐρέω δὲ ἕκαστα.

way. But he, clasping my knees with both his hands, en-
treated me, and sorrowfully said in winged words :

"'O heaven-descended man, bring me not there against
my will, but leave me here; for well I know you never
will return, nor will you bring another of your comrades.
Rather, with these now here, let us speed on; for we might
even yet escape the evil day.'

"So he spoke, and answering him said I: 'Eurylochos,
remain yourself here in this place, eating and drinking by
the black hollow ship; but I will go, for strong necessity
is laid on me.'

"Saying this, I passed up from the ship and from the
sea. But when, in walking up the solemn glades, I was
about to reach the great house of the sorceress Circe,
there was I met, as I approached the house, by Hermes of
the golden wand, in the likeness of a youth, the first down
on his lip — a time of life most winning. He grasped my
hand and spoke, and thus addressed me :

"'Where are you going, hapless man, along the hills
alone, ignorant of the land? Your comrades yonder, at
the house of Circe, are penned like swine and kept in
fast-closed sties. Do you come here to free them? Nay,
I am sure you will return no more, but, like the others,
there you too will stay. Still, I can keep you clear of
harm and bring you safety. Here, take this potent herb
and go to Circe's house; this shall protect your life against
the evil day. And I will tell you all the baleful wiles of
Circe: she will prepare for you a potion and cast drugs
into your food; but even so, she cannot charm you, be-
cause the potent herb which I shall give will not permit it.

ὁππότε κεν Κίρκη σ᾽ ἐλάσῃ περιμήκεϊ ῥάβδῳ,
δὴ τότε σὺ ξίφος ὀξὺ ἐρυσσάμενος παρὰ μηροῦ
Κίρκῃ ἐπαῖξαι ὥς τε κτάμεναι μενεαίνων.          295
ἡ δέ σ᾽ ὑποδείσασα κελήσεται εὐνηθῆναι·
ἔνθα σὺ μηκέτ᾽ ἔπειτ᾽ ἀπανήνασθαι θεοῦ εὐνὴν,
ὄφρα κέ τοι λύσῃ θ᾽ ἑτάρους αὐτόν τε κομίσσῃ·
ἀλλὰ κέλεσθαί μιν μακάρων μέγαν ὅρκον ὀμόσσαι
μή τί τοι αὐτῷ πῆμα κακὸν βουλευσέμεν ἄλλο,          300
μή σ᾽ ἀπογυμνωθέντα κακὸν καὶ ἀνήνορα θείη.᾽

Ὣς ἄρα φωνήσας πόρε φάρμακον ἀργειφόντης
ἐκ γαίης ἐρύσας, καί μοι φύσιν αὐτοῦ ἔδειξε.
ῥίζῃ μὲν μέλαν ἔσκε, γάλακτι δὲ εἴκελον ἄνθος·
μῶλυ δέ μιν καλέουσι θεοί· χαλεπὸν δέ τ᾽ ὀρύσσειν          305
ἀνδράσι γε θνητοῖσι· θεοὶ δέ τε πάντα δύνανται.

Ἑρμείας μὲν ἔπειτ᾽ ἀπέβη πρὸς μακρὸν Ὄλυμπον
νῆσον ἀν᾽ ὑλήεσσαν, ἐγὼ δ᾽ ἐς δώματα Κίρκης
ἦια· πολλὰ δέ μοι κραδίη πόρφυρε κιόντι.
ἔστην δ᾽ εἰνὶ θύρῃσι θεᾶς καλλιπλοκάμοιο·          310
ἔνθα στὰς ἐβόησα, θεὰ δέ μευ ἔκλυεν αὐδῆς.
ἡ δ᾽ αἶψ᾽ ἐξελθοῦσα θύρας ᾤξε φαεινὰς
καὶ κάλει· αὐτὰρ ἐγὼν ἑπόμην ἀκαχήμενος ἦτορ.
εἷσε δέ μ᾽ εἰσαγαγοῦσα ἐπὶ θρόνου ἀργυροήλου,
καλοῦ δαιδαλέου· ὑπὸ δὲ θρῆνυς ποσὶν ἦεν·          315
τεῦξε δέ μοι κυκεῶ χρυσέῳ δέπαϊ, ὄφρα πίοιμι,
ἐν δέ τε φάρμακον ἧκε, κακὰ φρονέουσ᾽ ἐνὶ θυμῷ.
αὐτὰρ ἐπεὶ δῶκέν τε καὶ ἔκπιον οὐδέ μ᾽ ἔθελξε,
ῥάβδῳ πεπληγυῖα ἔπος τ᾽ ἔφατ᾽ ἔκ τ᾽ ὀνόμαζεν·
῾Ἔρχεο νῦν συφεόνδε, μετ᾽ ἄλλων λέξο ἑταίρων.᾽          320
ὣς φάτ᾽, ἐγὼ δ᾽ ἄορ ὀξὺ ἐρυσσάμενος παρὰ μηροῦ
Κίρκῃ ἐπήιξα ὥς τε κτάμεναι μενεαίνων.

And let me tell you more : when Circe turns against you her long wand, then draw the sharp sword from your thigh and spring upon Circe as if you meant to slay her; she then will cower and bid you to her bed. Thereafter do not you refuse the goddess' bed, that so she may release your men and care for you. But bid her swear the blessed ones' great oath never again to plot against you cruel wrong, nor when she has you stripped to leave you feeble and unmanned.'

"As he thus spoke, the Speedy-comer gave the herb, drawing it from the ground, and pointed out its nature. Black at the root it is, like milk its blossom, and the gods call it moly. Hard is it for a mortal man to dig; with gods all things may be.

"Hermes departed now to high Olympos, along the woody island. I made my way to Circe's house, and as I went often my heart grew dark. But I stood at the gate of the fair-haired goddess, stood there and called, and the goddess heard my voice. Suddenly coming forth, she opened the shining doors and bade me in; I followed her with aching heart. She led me in and placed me on a silver-studded chair, beautiful, richly wrought, — beneath there was a footstool for the feet, — and made a potion in a golden cup for me to drink, but put therein a drug, with wicked purpose in her heart. Now after she had given and I had drunk it off, and yet it had not charmed me, smiting me with her wand, she spoke these words and cried: ' Off to the sty, and lie there with your fellows!'

"She spoke; I drew the sharp blade from my thigh and sprang upon Circe as if I meant to slay her. With a loud

ἡ δὲ μέγα ἰάχουσα ὑπέδραμε καὶ λάβε γούνων,
καί μ' ὀλοφυρομένη ἔπεα πτερόεντα προσηύδα·

'Τίς πόθεν εἰς ἀνδρῶν ; πόθι τοι πόλις ἠδὲ τοκῆες ;
θαῦμά μ' ἔχει ὡς οὔ τι πιὼν τάδε φάρμακ' ἐθέλχθης.    825
οὐδὲ γὰρ οὐδέ τις ἄλλος ἀνὴρ τάδε φάρμακ' ἀνέτλη,
ὅς κε πίῃ καὶ πρῶτον ἀμείψεται ἔρκος ὀδόντων.
[σοὶ δέ τις ἐν στήθεσσιν ἀκήλητος νόος ἐστίν.]
ἦ σύ γ' Ὀδυσσεύς ἐσσι πολύτροπος, ὅν τε μοι αἰεὶ    830
φάσκεν ἐλεύσεσθαι χρυσόρραπις ἀργειφόντης,
ἐκ Τροίης ἀνιόντα θοῇ σὺν νηὶ μελαίνῃ.
ἀλλ' ἄγε δὴ κολεῷ μὲν ἄορ θέο, νῶι δ' ἔπειτα
εὐνῆς ἡμετέρης ἐπιβείομεν, ὄφρα μιγέντε
εὐνῇ καὶ φιλότητι πεποίθομεν ἀλλήλοισιν.'    835

'Ὣς ἔφατ', αὐτὰρ ἐγώ μιν ἀμειβόμενος προσέειπον·
'ὦ Κίρκη, πῶς γάρ με κέλεαι σοὶ ἤπιον εἶναι,
ἥ μοι σῦς μὲν ἔθηκας ἐνὶ μεγάροισιν ἑταίρους,
αὐτὸν δ' ἐνθάδ' ἔχουσα δολοφρονέουσα κελεύεις
ἐς θάλαμόν τ' ἰέναι καὶ σῆς ἐπιβήμεναι εὐνῆς,    840
ὄφρα με γυμνωθέντα κακὸν καὶ ἀνήνορα θείῃς.
οὐδ' ἂν ἐγώ γ' ἐθέλοιμι τεῆς ἐπιβήμεναι εὐνῆς,
εἰ μή μοι τλαίης γε, θεά, μέγαν ὅρκον ὀμόσσαι
μή τί μοι αὐτῷ πῆμα κακὸν βουλευσέμεν ἄλλο.'

'Ὣς ἐφάμην, ἡ δ' αὐτίκ' ἀπώμνυεν ὡς ἐκέλευον.    845
αὐτὰρ ἐπεί ῥ' ὄμοσέν τε τελεύτησέν τε τὸν ὅρκον,
καὶ τότ' ἐγὼ Κίρκης ἐπέβην περικαλλέος εὐνῆς.

'Ἀμφίπολοι δ' ἄρα τέως μὲν ἐνὶ μεγάροισι πένοντο
τέσσαρες, αἵ οἱ δῶμα κάτα δρήστειραι ἔασι.
γίγνονται δ' ἄρα ταί γ' ἔκ τε κρηνέων ἀπό τ' ἀλσέων
ἔκ θ' ἱερῶν ποταμῶν, οἵ τ' εἰς ἅλαδε προρέουσι.    851
τάων ἡ μὲν ἔβαλλε θρόνοις ἔνι ῥήγεα καλά,

cry, she cowered and clasped my knees, and sorrowfully said in winged words:

"'Who are you? Of what people? Where is your town and kindred? I marvel much that drinking of these drugs you were not charmed. None, no man else, ever withstood these drugs who tasted them, so soon as they had passed the barrier of his teeth; but in your breast there is a mind which cannot be beguiled. Surely you are that venturesome Odysseus who the god of the golden wand, the Speedy-comer, always declared would come upon his way from Troy,—he and his swift black ship. Nay, then, put up your blade within its sheath, and let us now approach our bed, that there we two may join in love and learn to trust each other.'

"So she spoke, and answering her said I: 'Ah, Circe, how can you ask me to be gentle toward you when you have turned my comrades into swine within your halls, and here detain me and with treacherous purpose invite me to your chamber and to approach your bed, that you, when I am stripped, may leave me feeble and unmanned? But I will never willingly approach your bed till you submit, goddess, to swear a mighty oath never again to plot against me cruel wrong.'

"So I spoke, and she forthwith swore she would not, as I required. So after she had sworn and ended all that oath, then I approached the beauteous bed of Circe.

"Meanwhile attendants plied their work about the halls, —four maids, who were the serving-women of the house. They are the children of the springs and groves and of the sacred streams that run into the sea. One threw upon

πορφύρεα καθύπερθ', ὑπένερθε δὲ λῖθ' ὑπέβαλλεν·
ἡ δ' ἑτέρη προπάροιθε θρόνων ἐτίταινε τραπέζας
ἀργυρέας, ἐπὶ δέ σφι τίθει χρύσεια κάνεια·                          855
ἡ δὲ τρίτη κρητῆρι μελίφρονα οἶνον ἐκίρνα
ἡδὺν ἐν ἀργυρέῳ, νέμε δὲ χρύσεια κύπελλα·
ἡ δὲ τετάρτη ὕδωρ ἐφόρει καὶ πῦρ ἀνέκαιε
πολλὸν ὑπὸ τρίποδι μεγάλῳ· ἰαίνετο δ' ὕδωρ.
αὐτὰρ ἐπεὶ δὴ ζέσσεν ὕδωρ ἐνὶ ἤνοπι χαλκῷ,            860
ἔς ῥ' ἀσάμινθον ἕσασα λό' ἐκ τρίποδος μεγάλοιο,
θυμῆρες κεράσασα κατὰ κρατός τε καὶ ὤμων,
ὄφρα μοι ἐκ κάματον θυμοφθόρον εἵλετο γυίων.
αὐτὰρ ἐπεὶ λοῦσέν τε καὶ ἔχρισεν λίπ' ἐλαίῳ,
ἀμφὶ δέ με χλαῖναν καλὴν βάλεν ἠδὲ χιτῶνα,          865
εἷσε δέ μ' εἰσαγαγοῦσα ἐπὶ θρόνου ἀργυροήλου,
καλοῦ δαιδαλέου· ὑπὸ δὲ θρῆνυς ποσὶν ἦεν·
[χέρνιβα δ' ἀμφίπολος προχόῳ ἐπέχευε φέρουσα
καλῇ, χρυσείῃ, ὑπὲρ ἀργυρέοιο λέβητος,
νίψασθαι· παρὰ δὲ ξεστὴν ἐτάνυσσε τράπεζαν.      870
σῖτον δ' αἰδοίη ταμίη παρέθηκε φέρουσα,
εἴδατα πόλλ' ἐπιθεῖσα, χαριζομένη παρεόντων·]
ἐσθέμεναι δ' ἐκέλευεν· ἐμῷ δ' οὐχ ἥνδανε θυμῷ,
ἀλλ' ἥμην ἀλλοφρονέων, κακὰ δ' ὄσσετο θυμός.

Κίρκη δ' ὡς ἐνόησεν ἔμ' ἥμενον οὐδ' ἐπὶ σίτῳ      875
χεῖρας ἰάλλοντα, κρατερὸν δέ με πένθος ἔχοντα,
ἄγχι παρισταμένη ἔπεα πτερόεντα προσηύδα·

'Τίφθ' οὕτως, 'Οδυσεῦ, κατ' ἄρ' ἕζεαι ἶσος ἀναύδῳ,
θυμὸν ἔδων, βρώμης δ' οὐχ ἅπτεαι οὐδὲ ποτῆτος;
ἦ τινά που δόλον ἄλλον ὀίεαι· οὐδέ τί σε χρὴ        880
δειδίμεν· ἤδη γάρ τοι ἀπώμοσα καρτερὸν ὅρκον.'

'Ὣς ἔφατ', αὐτὰρ ἐγώ μιν ἀμειβόμενος προσέειπον·

the chairs beautiful cloths; purple she spread above, fine linen underneath. The next placed silver tables by the chairs and set forth golden trays. A third stirred in a bowl the cheering wine — sweet wine in a silver bowl — and filled the golden cups. A fourth brought water and kindled a large fire under a great kettle, and let the water warm. Then when the water in the glittering copper boiled, she seated me in the bath and bathed me out of the great kettle about the head and shoulders, tempering the water well, till from my joints she drew the sore fatigue. So after she had given the bath and had anointed me with oil and put upon me a goodly cloak and tunic, she led me in and placed me on a silver-studded chair, beautiful, richly wrought, — beneath there was a footstool for the feet, — and water for the hands a servant brought me in a beautiful pitcher made of gold, and poured it out over a silver basin for my washing, and by me spread a polished table. Then the grave housekeeper brought bread and placed before me, setting out food of many a kind, freely giving of her store, and bade me eat. But that pleased not my heart: I sat with other thoughts; my heart was boding evil.

"When Circe marked me sitting thus, not laying hands upon my food but cherishing sore sorrow, approaching me she said in winged words: 'Why do you sit, Odysseus, thus, as if you were struck dumb, gnawing your heart, and touch no food nor drink? Do you suspect some further guile? There is no cause for fear, for even now I swore to you a heavy oath.'

' ὦ Κίρκη, τίς γάρ κεν ἀνήρ, ὃς ἐναίσιμος εἴη,
πρὶν τλαίη πάσσασθαι ἐδητύος ἠδὲ ποτῆτος,
πρὶν λύσασθ' ἑτάρους καὶ ἐν ὀφθαλμοῖσιν ἰδέσθαι ;    385
ἀλλ' εἰ δὴ πρόφρασσα πιεῖν φαγέμεν τε κελεύεις,
λῦσον, ἵν' ὀφθαλμοῖσιν ἴδω ἐρίηρας ἑταίρους.'

῝Ως ἐφάμην, Κίρκη δὲ δι' ἐκ μεγάροιο βεβήκει
ῥάβδον ἔχουσ' ἐν χειρί, θύρας δ' ἀνέῳξε συφειοῦ,
ἐκ δ' ἔλασεν σιάλοισιν ἐοικότας ἐννεώροισιν.       390
οἱ μὲν ἔπειτ' ἔστησαν ἐναντίοι, ἡ δὲ δι' αὐτῶν
ἐρχομένη προσάλειφεν ἑκάστῳ φάρμακον ἄλλο.
τῶν δ' ἐκ μὲν μελέων τρίχες ἔρρεον, ἃς πρὶν ἔφυσε
φάρμακον οὐλόμενον, τό σφιν πόρε πότνια Κίρκη·
ἄνδρες δ' ἂψ ἐγένοντο νεώτεροι ἢ πάρος ἦσαν        395
καὶ πολὺ καλλίονες καὶ μείζονες εἰσοράασθαι.
ἔγνωσαν δ' ἐμὲ κεῖνοι, ἔφυν τ' ἐν χερσὶν ἕκαστος.
πᾶσιν δ' ἱμερόεις ὑπέδυ γόος, ἀμφὶ δὲ δῶμα
σμερδαλέον κονάβιζε, θεὰ δ' ἐλέαιρε καὶ αὐτή.
ἡ δέ μευ ἄγχι στᾶσα προσηύδα δῖα θεάων·           400

' Διογενὲς Λαερτιάδη, πολυμήχαν' Ὀδυσσεῦ,
ἔρχεο νῦν ἐπὶ νῆα θοὴν καὶ θῖνα θαλάσσης.
νῆα μὲν ἂρ πάμπρωτον ἐρύσσατε ἤπειρόνδε,
κτήματα δ' ἐν σπήεσσι πελάσσατε ὅπλα τε πάντα·
αὐτὸς δ' ἂψ ἰέναι καὶ ἄγειν ἐρίηρας ἑταίρους.'     405

῝Ως ἔφατ', αὐτὰρ ἐμοί γ' ἐπεπείθετο θυμὸς ἀγήνωρ,
βῆν δ' ἰέναι ἐπὶ νῆα θοὴν καὶ θῖνα θαλάσσης.
εὗρον ἔπειτ' ἐπὶ νηὶ θοῇ ἐρίηρας ἑταίρους
οἴκτρ' ὀλοφυρομένους, θαλερὸν κατὰ δάκρυ χέοντας.
ὡς δ' ὅτ' ἂν ἄγραυλοι πόριες περὶ βοῦς ἀγελαίας,    410
ἐλθούσας ἐς κόπρον, ἐπὴν βοτάνης κορέσωνται,
πᾶσαι ἅμα σκαίρουσιν ἐναντίαι· οὐδ' ἔτι σηκοὶ

"So she spoke, and answering her said I: 'Ah, Circe, what man who is true-hearted would taste of food or drink before he had released his friends and seen them with his eyes? But if you in sincerity will bid me eat, then set them free, that I with my own eyes may see my trusty comrades.'

"So I spoke, and from the hall went Circe, wand in hand. She opened the sty doors, and forth she drove what seemed like nine-year swine: a while they stood before her, and, passing along the line, Circe anointed each one with a counter-charm. So from their members fell the hair which at the first the accursed drug which potent Circe gave had made to grow; and once more they were men, — men younger than before, much fairer too, and taller to behold. They knew me, and each grasped my hand, and from them all passionate sobs burst forth, and all the house gave a sad echo. The goddess pitied us, even she, and standing by my side the heavenly goddess said:

"'High-born son of Laërtes, ready Odysseus, go now to your swift ship and to the sea-shore, and first of all draw up your ship upon the land, and store within the caves your goods and all your gear, and then come back yourself and bring your trusty comrades.'

"So she spoke, and my high heart assented. I went to the swift ship and to the sea-shore, and found by the swift ship my trusty comrades in bitter lamentation, letting the big tears fall. As the stalled calves skip round a drove of cows returning to the barn-yard when satisfied with grazing; they all with one accord bound forth, the folds

ἴσχουσ᾽, ἀλλ᾽ ἀδινὸν μυκώμεναι ἀμφιθέουσι
μητέρας· ὡς ἐμὲ κεῖνοι, ἐπεὶ ἴδον ὀφθαλμοῖσι,
δακρυόεντες ἔχυντο· δόκησε δ᾽ ἄρα σφίσι θυμὸς    415
ὡς ἔμεν ὡς εἰ πατρίδ᾽ ἱκοίατο καὶ πόλιν αὐτὴν
τρηχείης Ἰθάκης, ἵνα τ᾽ ἔτραφεν ἠδ᾽ ἐγένοντο·
καί μ᾽ ὀλοφυρόμενοι ἔπεα πτερόεντα προσηύδων·
‘ Σοὶ μὲν νοστήσαντι, διοτρεφές, ὡς ἐχάρημεν,
ὡς εἴ τ᾽ εἰς Ἰθάκην ἀφικοίμεθα πατρίδα γαῖαν·    420
ἀλλ᾽ ἄγε, τῶν ἄλλων ἑτάρων κατάλεξον ὄλεθρον.’
Ὣς ἔφαν, αὐτὰρ ἐγὼ προσέφην μαλακοῖς ἐπέεσσι·
‘ νῆα μὲν ἀρ πάμπρωτον ἐρύσσομεν ἤπειρόνδε,
κτήματα δὲ σπήεσσι πελάσσομεν ὅπλα τε πάντα·
αὐτοὶ δ᾽ ὀτρύνεσθε ἐμοὶ ἅμα πάντες ἕπεσθαι,    425
ὄφρα ἴδηθ᾽ ἑτάρους ἱεροῖς ἐν δώμασι Κίρκης
πίνοντας καὶ ἔδοντας· ἐπηετανὸν γὰρ ἔχουσιν.’
Ὣς ἐφάμην, οἱ δ᾽ ὦκα ἐμοῖς ἐπέεσσι πίθοντο·
Εὐρύλοχος δέ μοι οἶος ἐρύκανε πάντας ἑταίρους·
[καί σφεας φωνήσας ἔπεα πτερόεντα προσηύδα·]    430
‘ Ἆ δειλοί, πόσ᾽ ἴμεν; τί κακῶν ἱμείρετε τούτων,
Κίρκης ἐς μέγαρον καταβήμεναι, ἥ κεν ἅπαντας
ἢ σῦς ἠὲ λύκους ποιήσεται ἠὲ λέοντας,
οἵ κέν οἱ μέγα δῶμα φυλάσσοιμεν καὶ ἀνάγκῃ,
ὥς περ Κύκλωψ ἔρξ᾽, ὅτε οἱ μέσσαυλον ἵκοντο    435
ἡμέτεροι ἕταροι, σὺν δ᾽ ὁ θρασὺς εἵπετ᾽ Ὀδυσσεύς·
τούτου γὰρ καὶ κεῖνοι ἀτασθαλίῃσιν ὄλοντο.’
Ὣς ἔφατ᾽, αὐτὰρ ἐγώ γε μετὰ φρεσὶ μερμήριξα,
σπασσάμενος τανύηκες ἄορ παχέος παρὰ μηροῦ,
τῷ οἱ ἀποπλήξας κεφαλὴν οὐδάσδε πελάσσαι,    440
καὶ πηῷ περ ἐόντι μάλα σχεδόν· ἀλλά μ᾽ ἑταῖροι
μειλιχίοις ἐπέεσσιν ἐρήτυον ἄλλοθεν ἄλλος·

no longer hold them, but with continual bleating they frisk about their mothers; so did these men, when they caught sight of me, press weeping round. Their joy was such as if they had already reached their land, their very town of rugged Ithaka, where they were bred and born, and through their sobs they said in winged words:

" 'Now you have come, O heaven-descended man, we are as glad as if we were approaching Ithaka, our native land. But tell about the loss of all our other comrades.'

"So they spoke; I in soft words made answer: 'Let us now first of all draw up our ship upon the land and store within the caves our goods and all our gear, and hasten all of you to follow after me, that you may see your comrades in the sacred house of Circe drinking and eating; for they have constant cheer.'

"So I spoke, and quickly they obeyed my words. Eurylochos alone tried to hold back my comrades, and speaking to them in winged words he said: 'Poor fools, where are we going? Why are you so in love with misery that we should go to Circe's hall, and let her turn us all to swine and wolves and lions, that we may there keep watch at her great house, perforce? Such deeds the Cyclops did, when to his lair our comrades came, and with them went this reckless man, Odysseus; for through the folly of Odysseus those men also perished.'

"As he thus spoke, I hesitated in my heart whether to draw my keen-edged blade from my stout thigh, and with a blow bring down his head into the dust, near as he was by tie of marriage; but with mild words my comrades stayed me, each in his separate wise:

' Διογενὲς, τοῦτον μὲν ἐάσομεν, εἰ σὺ κελεύεις,
αὐτοῦ πὰρ νηί τε μένειν καὶ νῆα ἔρυσθαι·
ἡμῖν δ' ἡγεμόνευ' ἱερὰ πρὸς δώματα Κίρκης.            445

Ὣς φάμενοι παρὰ νηὸς ἀνήιον ἠδὲ θαλάσσης.
οὐδὲ μὲν Εὐρύλοχος κοίλῃ παρὰ νηὶ λέλειπτο,
ἀλλ' ἔπετ'· ἔδεισεν γὰρ ἐμὴν ἔκπαγλον ἐνιπήν.

Τόφρα δὲ τοὺς ἄλλους ἑτάρους ἐν δώμασι Κίρκη
ἐνδυκέως λοῦσέν τε καὶ ἔχρισεν λίπ' ἐλαίῳ,               450
ἀμφὶ δ' ἄρα χλαίνας οὔλας βάλεν ἠδὲ χιτῶνας·
δαινυμένους δ' εὖ πάντας ἐφεύρομεν ἐν μεγάροισιν.
οἱ δ' ἐπεὶ ἀλλήλους εἶδον φράσσαντό τ' ἐσάντα,
κλαῖον ὀδυρόμενοι, περὶ δὲ στεναχίζετο δῶμα.
ἡ δέ μευ ἄγχι στᾶσα προσηύδα δῖα θεάων·            455

' [Διογενὲς Λαερτιάδη, πολυμήχαν' Ὀδυσσεῦ,]
μηκέτι νῦν θαλερὸν γόον ὄρνυτε· οἶδα καὶ αὐτὴ
ἠμὲν ὅσ' ἐν πόντῳ πάθετ' ἄλγεα ἰχθυόεντι,
ἠδ' ὅσ' ἀνάρσιοι ἄνδρες ἐδηλήσαντ' ἐπὶ χέρσου.
ἀλλ' ἄγετ' ἐσθίετε βρώμην καὶ πίνετε οἶνον,            460
εἰς ὅ κεν αὖτις θυμὸν ἐνὶ στήθεσσι λάβητε,
οἷον ὅτε πρώτιστον ἐλείπετε πατρίδα γαῖαν
τρηχείης Ἰθάκης· νῦν δ' ἀσκελέες καὶ ἄθυμοι,
αἰὲν ἄλης χαλεπῆς μεμνημένοι· οὐδέ ποθ' ὑμῖν
θυμὸς ἐν εὐφροσύνῃ, ἐπεὶ ἦ μάλα πολλὰ πέποσθε.'        465

Ὣς ἔφαθ', ἡμῖν δ' αὖτ' ἐπεπείθετο θυμὸς ἀγήνωρ.
ἔνθα μὲν ἤματα πάντα τελεσφόρον εἰς ἐνιαυτὸν
ἥμεθα, δαινύμενοι κρέα τ' ἄσπετα καὶ μέθυ ἡδύ·
ἀλλ' ὅτε δή ῥ' ἐνιαυτὸς ἔην, περὶ δ' ἔτραπον ὧραι,
[μηνῶν φθινόντων, περὶ δ' ἤματα μακρὰ τελέσθη,]        470
καὶ τότε μ' ἐκκαλέσαντες ἔφαν ἐρίηρες ἑταῖροι·

' Δαιμόνι', ἤδη νῦν μιμνήσκεο πατρίδος αἴης,

" 'High-born Odysseus, we will leave this man, if you consent, to stay here by the ship and guard the ship; but lead us to the sacred house of Circe.'

" Saying this, they passed up from the ship and from the sea. Yet did Eurylochos not tarry by the hollow ship; he followed, for he feared my stern rebuke.

" But in the mean while to my other comrades at the palace Circe had given a pleasant bath, and had anointed them with oil, and she had put upon them fleecy cloaks and tunics; merrily feasting in her halls we found them all. When the men saw and recognized each other face to face, they wept aloud and the house rang around; and standing by my side, the heavenly goddess said:

" 'High-born son of Laërtes, ready Odysseus, let not this swelling grief rise farther now. I myself know what hardships you have borne upon the sea and how fierce men harassed you on the land. Come, then, eat food, drink wine, until you find once more that spirit in the breast which once was yours when you first left your native land of rugged Ithaka. Now, worn and spiritless, your thoughts still dwell upon your weary wandering. This many a day your heart has not been glad, for sorely have you suffered.'

" So she spoke, and our high hearts assented. Here, then, day after day, for a full year, we sat and feasted on abundant meat and the sweet wine. But after the year was gone, when the round of the seasons rolled and the months waned and the long days were done, then calling me aside my trusty comrades said: 'Ah, sir, consider now

24

εἴ τοι θέσφατόν ἐστι σαωθῆναι καὶ ἱκέσθαι
οἶκον ἐυκτίμενον καὶ σὴν ἐς πατρίδα γαῖαν.'

[Ὣς ἔφαν, αὐτὰρ ἐμοί γ' ἐπεπείθετο θυμὸς ἀγήνωρ.  475
ὣς τότε μὲν πρόπαν ἦμαρ ἐς ἠέλιον καταδύντα
ἥμεθα, δαινύμενοι κρέα τ' ἄσπετα καὶ μέθυ ἡδύ.
ἦμος δ' ἠέλιος κατέδυ καὶ ἐπὶ κνέφας ἦλθεν,
οἱ μὲν κοιμήσαντο κατὰ μέγαρα σκιόεντα.]

Αὐτὰρ ἐγὼ Κίρκης ἐπιβὰς περικαλλέος εὐνῆς        480
γούνων ἐλλιτάνευσα, θεὰ δέ μευ ἔκλυεν αὐδῆς·
[καί μιν φωνήσας ἔπεα πτερόεντα προσηύδων·]

ͻ Ὦ Κίρκη, τέλεσόν μοι ὑπόσχεσιν ἥν περ ὑπέστης,
οἴκαδε πεμψέμεναι· θυμὸς δέ μοι ἔσσυται ἤδη,
ἠδ' ἄλλων ἑτάρων, οἵ μευ φθινύθουσι φίλον κῆρ    485
ἀμφ' ἔμ' ὀδυρόμενοι, ὅτε που σύ γε νόσφι γένηαι.'

Ὣς ἐφάμην, ἡ δ' αὐτίκ' ἀμείβετο δῖα θεάων·
' Διογενὲς Λαερτιάδη, πολυμήχαν' Ὀδυσσεῦ,
μηκέτι νῦν ἀέκοντες ἐμῷ ἐνὶ μίμνετε οἴκῳ·
ἀλλ' ἄλλην χρὴ πρῶτον ὁδὸν τελέσαι καὶ ἱκέσθαι   490
εἰς Ἀίδαο δόμους καὶ ἐπαινῆς Περσεφονείης,
ψυχῇ χρησομένους Θηβαίου Τειρεσίαο,
μάντῆος ἀλαοῦ, τοῦ τε φρένες ἔμπεδοί εἰσι·
τῷ καὶ τεθνηῶτι νόον πόρε Περσεφόνεια
οἴῳ πεπνῦσθαι· τοὶ δὲ σκιαὶ ἀίσσουσιν.'         495

Ὣς ἔφατ', αὐτὰρ ἐμοί γε κατεκλάσθη φίλον ἦτορ·
κλαῖον δ' ἐν λεχέεσσι καθήμενος, οὐδέ τι θυμὸς
ἤθελ' ἔτι ζώειν καὶ ὁρᾶν φάος ἠελίοιο.
αὐτὰρ ἐπεὶ κλαίων τε κυλινδόμενός τ' ἐκορέσθην,
καὶ τότε δή μιν ἔπεσσιν ἀμειβόμενος προσέειπον·  500

' Ὦ Κίρκη, τίς γὰρ ταύτην ὁδὸν ἡγεμονεύσει ;
εἰς Ἀίδος δ' οὔ πώ τις ἀφίκετο νηὶ μελαίνῃ.'

your native land, if you are destined ever to be saved and reach your stately house and native land.'

"So they spoke, and my high heart assented. Thus, then, throughout that day till setting sun we sat and feasted on abundant meat and the sweet wine; and when the sun went down and darkness came, the others went to rest throughout the dusky halls. But I, on coming to the beauteous bed of Circe, made supplication to her by her knees, and to my voice the goddess hearkened; and speaking to her in winged words, I said:

"'Circe, fulfil for me the promise that you made to send me home; for now my spirit stirs, with that of all my men, who break my heart with their complaints whenever you are not by.'

"So I spoke, and straight the heavenly goddess answered: 'High-born son of Laërtes, ready Odysseus, stay no longer at my home against your will. But you must first perform a different journey, and go to the halls of Hades and of dread Persephonê, there to consult the spirit of Teiresias of Thebes, — a prophet blind, who still has knowledge. To him, though dead, Persephonê has granted reason, to him alone sound understanding; the rest are flitting shadows.'

"As she thus spoke, my very soul was crushed within me, and sitting on the bed I fell to weeping; my heart no longer cared to live or see the sunshine. But when of weeping and of writhing I had had my fill, then thus I answered her and said: 'But, Circe, who will be my pilot on this journey? None ever reached the land of Hades by black ship.'

Ὣς ἐφάμην, ἡ δ' αὐτίκ' ἀμείβετο δῖα θεάων·
' Διογενὲς Λαερτιάδη, πολυμήχαν' Ὀδυσσεῦ·
μή τί τοι ἡγεμόνος γε ποθὴ παρὰ νηὶ μελέσθω,                    505
ἱστὸν δὲ στήσας ἀνά θ' ἱστία λευκὰ πετάσσας
ἧσθαι· τὴν δέ κέ τοι πνοιὴ Βορέαο φέρῃσιν.
ἀλλ' ὁπότ' ἂν δὴ νηὶ δι' Ὠκεανοῖο περήσῃς,
ἔνθ' ἀκτή τε λάχεια καὶ ἄλσεα Περσεφονείης,
μακραί τ' αἴγειροι καὶ ἰτέαι ὠλεσίκαρποι,                        510
νῆα μὲν αὐτοῦ κέλσαι ἐπ' Ὠκεανῷ βαθυδίνῃ,
αὐτὸς δ' εἰς Ἀίδεω ἰέναι δόμον εὐρώεντα.
ἔνθα μὲν εἰς Ἀχέροντα Πυριφλεγέθων τε ῥέουσι
Κώκυτός θ', ὃς δὴ Στυγὸς ὕδατός ἐστιν ἀπορρὼξ,
πέτρη τε ξύνεσίς τε δύω ποταμῶν ἐριδούπων·                        515
ἔνθα δ' ἔπειθ', ἥρως, χριμφθεὶς πέλας, ὥς σε κελεύω,
βόθρον ὀρύξαι ὅσον τε πυγούσιον ἔνθα καὶ ἔνθα,
ἀμφ' αὐτῷ δὲ χοὴν χεῖσθαι πᾶσιν νεκύεσσι,
πρῶτα μελικρήτῳ, μετέπειτα δὲ ἡδέι οἴνῳ,
τὸ τρίτον αὖθ' ὕδατι· ἐπὶ δ' ἄλφιτα λευκὰ παλύνειν.            520
πολλὰ δὲ γουνοῦσθαι νεκύων ἀμενηνὰ κάρηνα,
ἐλθὼν εἰς Ἰθάκην στεῖραν βοῦν, ἥ τις ἀρίστη,
ῥέξειν ἐν μεγάροισι πυρήν τ' ἐμπλησέμεν ἐσθλῶν,
Τειρεσίῃ δ' ἀπάνευθεν ὄιν ἱερευσέμεν οἴῳ
παμμέλαν', ὃς μήλοισι μεταπρέπει ὑμετέροισιν.                   525
αὐτὰρ ἐπὴν εὐχῇσι λίσῃ κλυτὰ ἔθνεα νεκρῶν,
ἔνθ' ὄιν ἀρνειὸν ῥέζειν θῆλύν τε μέλαιναν
εἰς Ἔρεβος στρέψας, αὐτὸς δ' ἀπονόσφι τραπέσθαι
ἱέμενος ποταμοῖο ῥοάων· ἔνθα δὲ πολλαὶ
ψυχαὶ ἐλεύσονται νεκύων κατατεθνηώτων.                          530
δὴ τότ' ἔπειθ' ἑτάροισιν ἐποτρῦναι καὶ ἀνῶξαι
μῆλα, τὰ δὴ κατάκειτ' ἐσφαγμένα νηλέι χαλκῷ,

"So I spoke, and straight the heavenly goddess answered: 'High-born son of Laërtes, ready Odysseus, let not the lack of pilot for your ship disturb you, but set the mast, spread the white sail aloft, and sit you down; the breath of Boreas shall bear her onward. When you have crossed by ship the ocean-stream to where the shore is rough and groves of Persephonê stand, — tall poplars and seed-shedding willows, — there beach your ship by the deep eddies of the ocean-stream, and yourself seek the mouldering house of Hades. There is a spot where into Acheron run Pyriphlegethon and Kokŷtos, a stream which is an offshoot of the waters of the Styx; here a rock forms the meeting-point of two resounding rivers. To this spot, then, hero, draw nigh, even as I bid, and dig a pit about a cubit either way, and round its edge pour out an offering to all the dead, — first honey-mixture, next sweet wine, and thirdly water, and over all scatter white barley-meal. Make many supplications also to the strengthless dead, vowing when you return to Ithaka to take the farrow cow that is your best and offer it in your hall, heaping the pyre with treasure; and to Teiresias separately to sacrifice a sheep, for him alone, one wholly black, the very choicest of your flocks. So when you have besought with vows the tribes of the illustrious dead, offer a ram and a black ewe, bending their heads toward Erebos, but turn yourself away, facing the river's stream; to you shall gather many spirits of those now dead and gone. Then straightway call your comrades, and bid them take the sheep now lying there slain by the ruthless sword, and flay and burn

δείραντας κατακῆαι, ἐπεύξασθαι δὲ θεοῖσιν,
ἰφθίμῳ τ' Ἀίδῃ καὶ ἐπαινῇ Περσεφονείῃ·
αὐτὸς δὲ ξίφος ὀξὺ ἐρυσσάμενος παρὰ μηροῦ 535
ἧσθαι, μηδὲ ἐᾶν νεκύων ἀμενηνὰ κάρηνα
αἵματος ἆσσον ἴμεν πρὶν Τειρεσίαο πυθέσθαι.
ἔνθα τοι αὐτίκα μάντις ἐλεύσεται, ὄρχαμε λαῶν,
ὅς κέν τοι εἴπῃσιν ὁδὸν καὶ μέτρα κελεύθου
νόστον θ', ὡς ἐπὶ πόντον ἐλεύσεαι ἰχθυόεντα.' 540
Ὣς ἔφατ', αὐτίκα δὲ χρυσόθρονος ἤλυθεν Ἠώς.
ἀμφὶ δέ με χλαῖνάν τε χιτῶνά τε εἵματα ἕσσεν·
αὐτὴ δ' ἀργύφεον φᾶρος μέγα ἕννυτο νύμφη,
λεπτὸν καὶ χαρίεν, περὶ δὲ ζώνην βάλετ' ἰξυῖ
καλὴν χρυσείην, κεφαλῇ δ' ἐπέθηκε καλύπτρην. 545
αὐτὰρ ἐγὼ διὰ δώματ' ἰὼν ὤτρυνον ἑταίρους
μειλιχίοις ἐπέεσσι παρασταδὸν ἄνδρα ἕκαστον·
'Μηκέτι νῦν εὕδοντες ἀωτεῖτε γλυκὺν ὕπνον,
ἀλλ' ἴομεν· δὴ γάρ μοι ἐπέφραδε πότνια Κίρκη.'
Ὣς ἐφάμην, τοῖσιν δ' ἐπεπείθετο θυμὸς ἀγήνωρ. 550
οὐδὲ μὲν οὐδ' ἔνθεν περ ἀπήμονας ἦγον ἑταίρους.
Ἐλπήνωρ δέ τις ἔσκε νεώτατος, οὔτε τι λίην
ἄλκιμος ἐν πολέμῳ οὔτε φρεσὶν ᾗσιν ἀρηρώς,
ὅς μοι ἄνευθ' ἑτάρων ἱεροῖς ἐν δώμασι Κίρκης,
ψύχεος ἱμείρων, κατελέξατο οἰνοβαρείων· 555
κινυμένων δ' ἑτάρων ὄμαδον καὶ δοῦπον ἀκούσας
ἐξαπίνης ἀνόρουσε καὶ ἐκλάθετο φρεσὶν ᾗσιν
ἄψορρον καταβῆναι ἰὼν ἐς κλίμακα μακρήν,
ἀλλὰ καταντικρὺ τέγεος πέσεν· ἐκ δέ οἱ αὐχὴν
ἀστραγάλων ἐάγη, ψυχὴ δ' Ἄιδόσδε κατῆλθεν. 560
ἐρχομένοισι δὲ τοῖσιν ἐγὼ μετὰ μῦθον ἔειπον·
'Φάσθε νύ που οἴκόνδε φίλην ἐς πατρίδα γαῖαν

them, and call upon the gods, — on powerful Hades and
on dread Persephonê, — while you yourself, drawing your
sharp sword from your thigh, still hold your place, and do
not let the strengthless dead approach the blood till you
have made inquiry of Teiresias. Thither the seer will
quickly come, O chief of men, and he will tell your course,
the stages of your journey, and of your homeward way,
how you may pass along the swarming sea.'

"Even as she spoke, the gold-throned morning came.
On me she put a cloak and tunic as my raiment; and the
nymph dressed herself in a long robe of silver-white, fine-
spun and graceful; she bound a beautiful golden girdle
round her waist, and set her veil upon her head. Then
through the house I passed and called my men, with
cheering words, standing by each in turn: 'Sleep no more
now, nor drowse in pleasant slumber, but let us go, for
potent Circe at last has made all clear.'

"So I spoke, and their high hearts assented. Yet even
thence I did not bring away my men in safety. A certain
Elpênor was the youngest of them all, a man not very
stanch in fight nor sound of understanding, who, parted
from his mates, lay down to sleep upon the sacred house
of Circe, seeking for coolness when overcome with wine.
As his companions stirred, hearing the noise and tumult,
he suddenly sprang up, and in his mind he quite forgot
how to come back again by way of the long ladder, but he
fell headlong from the roof: his neck was broken from
its socket, and his soul went down to the house of Hades.

"When my men mustered there, I said to them: 'You
think, perhaps, that you are going home to your own

ἔρχεσθ'· ἄλλην δ' ἡμῖν ὁδὸν τεκμήρατο Κίρκη
εἰς Ἀίδαο δόμους καὶ ἐπαινῆς Περσεφονείης,
ψυχῇ χρησομένους Θηβαίου Τειρεσίαο.'

"Ὣς ἐφάμην, τοῖσιν δὲ κατεκλάσθη φίλον ἦτορ,
ἑζόμενοι δὲ κατ' αὖθι γόων τίλλοντό τε χαίτας·
ἀλλ' οὐ γάρ τις πρῆξις ἐγίγνετο μυρομένοισιν.

Ἀλλ' ὅτε δή ῥ' ἐπὶ νῆα θοὴν καὶ θῖνα θαλάσσης
ᾔομεν ἀχνύμενοι, θαλερὸν κατὰ δάκρυ χέοντες,
τόφρα δ' ἄρ' οἰχομένη Κίρκη παρὰ νηὶ μελαίνῃ
ἀρνειὸν κατέδησεν ὄιν θῆλύν τε μέλαιναν,
ῥεῖα παρεξελθοῦσα· τίς ἂν θεὸν οὐκ ἐθέλοντα
ὀφθαλμοῖσιν ἴδοιτ' ἢ ἔνθ' ἢ ἔνθα κιόντα;

565

570

native land; but Circe has marked out for us a different course, even to the halls of Hades and of dread Persephonê, to make inquiry of the spirit of Teiresias of Thebes.'

"As I thus spoke, their very souls were crushed within them, and sitting down where each man stood they moanéd and tore their hair; but no good came to them from their lamenting.

"Now while we walked to the swift ship and to the sea-shore, sorrowing, letting the big tears fall, Circe went on before, and there by the black ship made fast a ram and a black ewe, passing us lightly by. When a god does not wish it, who with his eyes can spy him moving from place to place?

# ΟΔΥΣΣΕΙΑΣ Λ.

## Νέκυια.

Αὐτὰρ ἐπεί ῥ' ἐπὶ νῆα κατήλθομεν ἠδὲ θάλασσαν,
νῆα μὲν ἂρ πάμπρωτον ἐρύσσαμεν εἰς ἅλα δῖαν,
ἐν δ' ἱστὸν τιθέμεσθα καὶ ἱστία νηὶ μελαίνῃ,
ἐν δὲ τὰ μῆλα λαβόντες ἐβήσαμεν, ἂν δὲ καὶ αὐτοὶ
βαίνομεν ἀχνύμενοι, θαλερὸν κατὰ δάκρυ χέοντες.          5
ἡμῖν δ' αὖ μετόπισθε νεὸς κυανοπρῴροιο
ἴκμενον οὖρον ἵει πλησίστιον, ἐσθλὸν ἑταῖρον,
Κίρκη ἐυπλόκαμος, δεινὴ θεὸς αὐδήεσσα.
ἡμεῖς δ' ὅπλα ἕκαστα πονησάμενοι κατὰ νῆα
ἥμεθα· τὴν δ' ἄνεμός τε κυβερνήτης τ' ἴθυνε.          10
τῆς δὲ πανημερίης τέταθ' ἱστία ποντοπορούσης·
δύσετό τ' ἠέλιος, σκιόωντό τε πᾶσαι ἀγυιαί.

    'Η δ' ἐς· πείραθ' ἵκανε βαθυρρόου 'Ωκεανοῖο.
ἔνθα δὲ Κιμμερίων ἀνδρῶν δῆμός τε πόλις τε,
ἠέρι καὶ νεφέλῃ κεκαλυμμένοι· οὐδέ ποτ' αὐτοὺς          15
'Ηέλιος φαέθων καταδέρκεται ἀκτίνεσσιν,
οὔθ' ὁπότ' ἂν στείχῃσι πρὸς οὐρανὸν ἀστερόεντα,
οὔθ' ὅτ' ἂν ἂψ ἐπὶ γαῖαν ἀπ' οὐρανόθεν προτράπηται,
ἀλλ' ἐπὶ νὺξ ὀλοὴ τέταται δειλοῖσι βροτοῖσι.
νῆα μὲν ἔνθ' ἐλθόντες ἐκέλσαμεν, ἐκ δὲ τὰ μῆλα          20
εἱλόμεθ'· αὐτοὶ δ' αὖτε παρὰ ῥόον 'Ωκεανοῖο
ᾔομεν, ὄφρ' ἐς χῶρον ἀφικόμεθ' ὃν φράσε Κίρκη.
    Ἔνθ' ἱερήια μὲν Περιμήδης Εὐρύλοχός τε
ἔσχον· ἐγὼ δ' ἄορ ὀξὺ ἐρυσσάμενος παρὰ μηροῦ

## XI

"Now when we came down to the ship and to the sea, we in the first place launched our ship into the sacred sea, we put the mast and sail in the black ship, then took the sheep and drove them in, and we ourselves embarked in sadness, letting the big tears fall. And for our aid behind our dark-bowed ship came a fair wind to fill our sail, a welcome comrade, sent us by fair-haired Circe, the mighty goddess, human of speech. So when we had done our work at the several ropes about the ship we sat us down, while wind and helmsman kept her steady; and all day long her sail was stretched as she ran through the water. Then the sun sank, and all the ways grew dark.

"And now she reached earth's limits, the deep stream of Okeanos, where the Kimmerian people's land and city lie, wrapt in a fog and cloud. Never on them does the shining sun look down with his beams as he goes up the starry sky, or as again toward earth he turns back from the sky, but deadly night spreads far and wide above these hapless men. On coming here, we beached our ship, and put the sheep on shore, then made our way along the ocean-stream, until we reached the spot foretold by Circe.

"Here Perimedes and Eurylochos held fast the victims, while I, drawing my sharp blade from my thigh, dug

βόθρον ὄρυξ' ὅσσον τε πυγούσιον ἔνθα καὶ ἔνθα,　　25
ἀμφ' αὐτῷ δὲ χοὴν χεόμην πᾶσιν νεκύεσσι,
πρῶτα μελικρήτῳ, μετέπειτα δὲ ἡδέι οἴνῳ,
τὸ τρίτον αὖθ' ὕδατι· ἐπὶ δ' ἄλφιτα λευκὰ παλύνον.
πολλὰ δὲ γουνούμην νεκύων ἀμενηνὰ κάρηνα,
ἐλθὼν εἰς Ἰθάκην στεῖραν βοῦν, ἥ τις ἀρίστη,　　30
ῥέξειν ἐν μεγάροισι πυρήν τ' ἐμπλησέμεν ἐσθλῶν,
Τειρεσίῃ δ' ἀπάνευθεν ὄιν ἱερευσέμεν οἴῳ
παμμέλαν', ὃς μήλοισι μεταπρέπει ἡμετέροισι.
τοὺς δ' ἐπεὶ εὐχωλῇσι λιτῇσί τε ἔθνεα νεκρῶν
ἐλλισάμην, τὰ δὲ μῆλα λαβὼν ἀπεδειροτόμησα　　35
ἐς βόθρον, ῥέε δ' αἷμα κελαινεφές· αἱ δ' ἀγέροντο
ψυχαὶ ὑπ' ἐξ Ἐρέβευς νεκύων κατατεθνηώτων.
[νύμφαι τ' ἠίθεοί τε πολύτλητοί τε γέροντες
παρθενικαί τ' ἀταλαὶ νεοπενθέα θυμὸν ἔχουσαι·
πολλοὶ δ' οὐτάμενοι χαλκήρεσιν ἐγχείῃσιν,　　40
ἄνδρες ἀρηίφατοι βεβροτωμένα τεύχε' ἔχοντες·
οἳ πολλοὶ περὶ βόθρον ἐφοίτων ἄλλοθεν ἄλλος
θεσπεσίῃ ἰαχῇ· ἐμὲ δὲ χλωρὸν δέος ᾕρει.]
δὴ τότ' ἔπειθ' ἑτάροισιν ἐποτρύνας ἐκέλευσα
μῆλα, τὰ δὴ κατέκειτ' ἐσφαγμένα νηλέι χαλκῷ,　　45
δείραντας κατακῆαι, ἐπεύξασθαι δὲ θεοῖσιν,
ἰφθίμῳ τ' Ἀίδῃ καὶ ἐπαινῇ Περσεφονείῃ·
αὐτὸς δὲ ξίφος ὀξὺ ἐρυσσάμενος παρὰ μηροῦ
ἥμην, οὐδ' εἴων νεκύων ἀμενηνὰ κάρηνα
αἵματος ἆσσον ἴμεν, πρὶν Τειρεσίαο πυθέσθαι.　　50
　　Πρώτη δὲ ψυχὴ Ἐλπήνορος ἦλθεν ἑταίρου·
οὐ γάρ πω ἐτέθαπτο ὑπὸ χθονὸς εὐρυοδείης·
σῶμα γὰρ ἐν Κίρκης μεγάρῳ κατελείπομεν ἡμεῖς
ἄκλαυτον καὶ ἄθαπτον, ἐπεὶ πόνος ἄλλος ἔπειγε.

out a pit, about a-cubit either way, and round its edges poured an offering to all the dead, — first honey-mixture, next sweet wine, and thirdly water, and white barley-meal I scattered over; and I made many supplications to the strengthless dead, vowing when I returned to Ithaka to take the farrow cow that was my best and offer it in my hall, heaping the pyre with treasure; and to Teiresias separately to sacrifice a sheep, for him alone, one wholly black, the very choicest of my flock. So when with prayers and vows I had implored the peoples of the dead, I took the sheep and cut their throats over the pit, and forth the dark blood ran. Then gathered there spirits from out of Erebos of those now dead and gone, — brides, and unwedded youths, and worn old men, delicate maids with hearts but new to sorrow, and many pierced with brazen spears, men slain in fight, wearing their blood-stained armor. In crowds around the pit they flocked from every side, with awful wail. Pale terror seized me. Forthwith I called my men, and bade them take the sheep now lying there slain by the ruthless sword, and flay and burn them, and call upon the gods, — on powerful Hades and on dread Persephonê, — while I myself, drawing my sharp sword from my thigh, still held my place and did not let the strengthless dead approach the blood till I had made inquiry of Teiresias.

"First came the spirit of my man, Elpênor. He had not yet been buried under the broad earth; for we left his body at the hall of Circe, unwept, unburied, since other tasks were urgent. I wept to see him and pitied him

τὸν μὲν ἐγὼ δάκρυσα ἰδὼν ἐλέησά τε θυμῷ,          55
καί μιν φωνήσας ἔπεα πτερόεντα προσηύδων·
 ' Ἐλπῆνορ, πῶς ἦλθες ὑπὸ ζόφον ἠερόεντα ;
ἔφθης πεζὸς ἰὼν ἢ ἐγὼ σὺν νηὶ μελαίνῃ.'
 "Ὣς ἐφάμην, ὁ δέ μ' οἰμώξας ἠμείβετο μύθῳ·
 ' [Διογενὲς Λαερτιάδη, πολυμήχαν' Ὀδυσσεῦ,]          60
ἆσέ με δαίμονος αἶσα κακὴ καὶ ἀθέσφατος οἶνος·
Κίρκης δ' ἐν μεγάρῳ καταλέγμενος οὐκ ἐνόησα
ἄψορρον καταβῆναι ἰὼν ἐς κλίμακα μακρὴν,
ἀλλὰ καταντικρὺ τέγεος πέσον· ἐκ δέ μοι αὐχὴν
ἀστραγάλων ἐάγη, ψυχὴ δ' Ἀϊδόσδε κατῆλθε.          65
νῦν δέ σε τῶν ὄπιθεν γουνάζομαι, οὐ παρεόντων,
πρός τ' ἀλόχου καὶ πατρὸς, ὅ σ' ἔτρεφε τυτθὸν ἐόντα,
Τηλεμάχου θ', ὃν μοῦνον ἐνὶ μεγάροισιν ἔλειπες·
οἶδα γὰρ ὡς ἐνθένδε κιὼν δόμου ἐξ Ἀΐδαο
νῆσον ἐς Αἰαίην σχήσεις εὐεργέα νῆα·          70
ἔνθα σ' ἔπειτα, ἄναξ, κέλομαι μνήσασθαι ἐμεῖο·
μή μ' ἄκλαυτον, ἄθαπτον, ἰὼν ὄπιθεν καταλείπειν,
νοσφισθεὶς, μή τοί τι θεῶν μήνιμα γένωμαι,
ἀλλά με κακκῆαι σὺν τεύχεσιν, ἄσσα μοί ἐστι,
σῆμά τέ μοι χεῦαι πολιῆς ἐπὶ θινὶ θαλάσσης,          75
ἀνδρὸς δυστήνοιο, καὶ ἐσσομένοισι πυθέσθαι·
ταῦτά τέ μοι τελέσαι πῆξαί τ' ἐπὶ τύμβῳ ἐρετμὸν,
τῷ καὶ ζωὸς ἔρεσσον ἐὼν μετ' ἐμοῖς ἑτάροισιν.'
 "Ὣς ἔφατ', αὐτὰρ ἐγώ μιν ἀμειβόμενος προσέειπον·
 ' ταῦτά τοι, ὦ δύστηνε, τελευτήσω τε καὶ ἔρξω.'          80
 Νῶϊ μὲν ὣς ἐπέεσσιν ἀμειβομένω στυγεροῖσιν
ἥμεθ', ἐγὼ μὲν ἄνευθεν ἐφ' αἵματι φάσγανον ἴσχων,
εἴδωλον δ' ἑτέρωθεν ἑταίρου πόλλ' ἀγόρευεν.
 Ἦλθε δ' ἐπὶ ψυχὴ μητρὸς κατατεθνηυίης,

from my heart, and speaking to him in winged words I said : 'Elpênor, how came you hither to this murky gloom? You were sooner here on foot than I in my black ship.'

"So I spoke, and with a groan he answered : 'Highborn son of Laërtes, ready Odysseus, an evil doom of God betrayed me, and excess of wine. At Circe's hall, when I lay down, I did not notice how to come back again by way of the long ladder, but I fell headlong from the roof; my neck was broken from its socket, and my soul came down to the house of Hades. Now I entreat you by those left behind, not present here, even by your wife and by the father that took care of you when you were little, and by Telemachos, whom you left alone at home, — for I know, as you go hence out of the house of Hades, you will turn your stanch ship toward the island of Aiaia, — there, then, my master, I charge you, think of me. Do not, in going, leave me behind, unwept, unburied, deserting me, lest I become a cause of anger to the gods against you; but burn me in the armor that is on me, and on the shore of the foaming sea erect the mound of an unhappy man that the men yet to be may ask my story. Do this for me, and plant upon my grave the oar with which in life I rowed among my comrades.'

"So he spoke, and answering him said I : 'Unhappy man, this will I carry out and do for you.'

"In such sad words conversing with each other, there we sat, — I on the one side, holding my blade over the blood, while the spectre of my comrade, on the other, told of his many woes.

"Now came the spirit of my dead mother, Antikleia,

Αὐτολύκου θυγάτηρ μεγαλήτορος Ἀντίκλεια,                      85
τὴν ζωὴν κατέλειπον ἰὼν εἰς Ἴλιον ἱρήν.
τὴν μὲν ἐγὼ δάκρυσα ἰδὼν ἐλέησά τε θυμῷ·
ἀλλ' οὐδ' ὣς εἴων προτέρην, πυκινόν περ ἀχεύων,
αἵματος ἆσσον ἴμεν, πρὶν Τειρεσίαο πυθέσθαι.

Ἦλθε δ' ἐπὶ ψυχὴ Θηβαίου Τειρεσίαο,                        90
χρύσεον σκῆπτρον ἔχων, ἐμὲ δ' ἔγνω καὶ προσέειπε·

' [Διογενὲς Λαερτιάδη, πολυμήχαν' Ὀδυσσεῦ,]
τίπτ' αὖτ', ὦ δύστηνε, λιπὼν φάος ἠελίοιο
ἤλυθες, ὄφρα ἴδῃ νέκυας καὶ ἀτερπέα χῶρον;
ἀλλ' ἀποχάζεο βόθρου, ἄπισχε δὲ φάσγανον ὀξύ,          95
αἵματος ὄφρα πίω καί τοι νημερτέα εἴπω.'

Ὣς φάτ', ἐγὼ δ' ἀναχασσάμενος ξίφος ἀργυρόηλον
κουλεῷ ἐγκατέπηξ'· ὁ δ' ἐπεὶ πίεν αἷμα κελαινόν,
καὶ τότε δή μ' ἐπέεσσι προσηύδα μάντις ἀμύμων·

' Νόστον δίζηαι μελιηδέα, φαίδιμ' Ὀδυσσεῦ·                100
τὸν δέ τοι ἀργαλέον θήσει θεός· οὐ γὰρ ὀίω
λήσειν ἐννοσίγαιον, ὅ τοι κότον ἔνθετο θυμῷ,
χωόμενος ὅτι οἱ υἱὸν φίλον ἐξαλάωσας.
ἀλλ' ἔτι μέν κε καὶ ὣς κακά περ πάσχοντες ἵκοισθε,
αἴ κ' ἐθέλῃς σὸν θυμὸν ἐρυκακέειν καὶ ἑταίρων,          105
ὁππότε κε πρῶτον πελάσῃς εὐεργέα νῆα
Θρινακίῃ νήσῳ, προφυγὼν ἰοειδέα πόντον,
βοσκομένας δ' εὕρητε βόας καὶ ἴφια μῆλα
Ἠελίου, ὃς πάντ' ἐφορᾷ καὶ πάντ' ἐπακούει.
τὰς εἰ μέν κ' ἀσινέας ἐάᾳς νόστου τε μέδηαι,             110
καί κεν ἔτ' εἰς Ἰθάκην κακά περ πάσχοντες ἵκοισθε·
εἰ δέ κε σίνηαι, τότε τοι τεκμαίρομ' ὄλεθρον
νηί τε καὶ ἑτάροις· αὐτὸς δ' εἴ πέρ κεν ἀλύξῃς,
ὀψὲ κακῶς νεῖαι, ὀλέσας ἄπο πάντας ἑταίρους,

daughter of brave Autolykos, whom I had left alive on setting forth for sacred Ilios. I wept to see her, and pitied her from my heart; but even so, I did not let her — deeply though it grieved me — approach the blood till I had made inquiry of Teiresias.

"Now came the spirit of Teiresias of Thebes, holding his golden sceptre, and he knew me, and said to me: 'High-born son of Laërtes, ready Odysseus, why now, unhappy man, leaving the sunshine, have you come here to see the dead and all this cheerless region? Nay, draw back from the trench and turn your sharp blade from the blood, that I may drink and speak what will not fail.'

"So he spoke, and drawing back I thrust my silver-studded sword into its sheath. And after he had drunk of the dark blood, then thus the blameless seer addressed me:

"'You are looking for a joyous journey home, glorious Odysseus, but God will make it hard; for I do not think you will elude the Land-shaker, since he has laid up in his heart wrath against you, angry because you blinded his dear son. Yet even so, by meeting hardship you may still reach home, if you will curb the passions of yourself and crew when once you bring your stanch ship to the Thrinakian island, safe from the dark blue sea, and come on the pasturing kine and sturdy flocks of the Sun, who all things oversees, all overhears. If you leave these unharmed and heed your homeward way, you still may come to Ithaka, though you shall meet with hardship. But if you harm them, then I predict the loss of ship and crew; and even if you yourself escape, late shall you come, in evil

νηὸς ἐπ' ἀλλοτρίης· δήεις δ' ἐν πήματα οἴκῳ,                    115
ἄνδρας ὑπερφιάλους, οἵ τοι βίοτον κατέδουσι
μνώμενοι ἀντιθέην ἄλοχον καὶ ἕδνα διδόντες.
ἀλλ' ἦ τοι κείνων γε βίας ἀποτίσεαι ἐλθών·
αὐτὰρ ἐπὴν μνηστῆρας ἐνὶ μεγάροισι τεοῖσι
κτείνῃς ἠὲ δόλῳ ἢ ἀμφαδὸν ὀξέι χαλκῷ,                    120
ἔρχεσθαι δὴ ἔπειτα, λαβὼν εὐῆρες ἐρετμόν,
εἰς ὅ κε τοὺς ἀφίκηαι οἳ οὐκ ἴσασι θάλασσαν
ἀνέρες, οὐδέ θ' ἅλεσσι μεμιγμένον εἶδαρ ἔδουσιν·
οὐδ' ἄρα τοί γ' ἴσασι νέας φοινικοπαρῄους,
οὐδ' εὐήρε' ἐρετμά, τά τε πτερὰ νηυσὶ πέλονται.                    125
σῆμα δέ τοι ἐρέω μάλ' ἀριφραδές, οὐδέ σε λήσει·
ὁππότε κεν δή τοι ξυμβλήμενος ἄλλος ὁδίτης
φήῃ ἀθηρηλοιγὸν ἔχειν ἀνὰ φαιδίμῳ ὤμῳ,
καὶ τότε δὴ γαίῃ πήξας εὐῆρες ἐρετμόν,
ῥέξας ἱερὰ καλὰ Ποσειδάωνι ἄνακτι,                    130
ἀρνειὸν ταῦρόν τε συῶν τ' ἐπιβήτορα κάπρον,
οἴκαδ' ἀποστείχειν ἔρδειν θ' ἱερὰς ἑκατόμβας
ἀθανάτοισι θεοῖσι, τοὶ οὐρανὸν εὐρὺν ἔχουσι,
πᾶσι μάλ' ἐξείης· θάνατος δέ τοι ἐξ ἁλὸς αὐτῷ
ἀβληχρὸς μάλα τοῖος ἐλεύσεται, ὅς κέ σε πέφνῃ                    135
γήραι ὕπο λιπαρῷ ἀρημένον· ἀμφὶ δὲ λαοὶ
ὄλβιοι ἔσσονται· τὰ δέ τοι νημερτέα εἴρω.'
   Ὣς ἔφατ', αὐτὰρ ἐγώ μιν ἀμειβόμενος προσέειπον·
' Τειρεσίη, τὰ μὲν ἄρ που ἐπέκλωσαν θεοὶ αὐτοί.
ἀλλ' ἄγε μοι τόδε εἰπὲ καὶ ἀτρεκέως κατάλεξον·                    140
μητρὸς τήνδ' ὁρόω ψυχὴν κατατεθνηυίης·
ἡ δ' ἀκέουσ' ἧσται σχεδὸν αἵματος, οὐδ' ἑὸν υἱὸν
ἔτλη ἐσάντα ἰδεῖν ·οὐδὲ προτιμυθήσασθαι.
εἰπέ, ἄναξ, πῶς κέν με ἀναγνοίη τὸν ἐόντα ;'

plight, with loss of all your crew, on the vessel of a stran-
ger. At home you shall find trouble, — bold men devour-
ing your living, wooing your matchless wife, and giving
gifts. Nevertheless, on your return, you surely shall
avenge their crimes. But after you have slain the suit-
ors in your halls, whether by stratagem or by the sharp
sword boldly, then journey on, bearing a shapely oar,
until you reach the men that know no sea, and do not
eat food mixed with salt ; they therefore have no knowl-
edge of the red-checked ships, nor yet of shapely oars
that are the wings of ships. And I will give a sign easy
to be observed, which shall not fail you: whenever another
traveler, meeting you, shall say you have a winnowing
fan on your white shoulder, there fix in the ground your
shapely oar, and make fit offerings to Lord Poseidon —
a ram, a bull, and the sow's mate, a boar, — and turn-
ing homeward offer sacred hecatombs to the immortal
gods who hold the open sky, all in the order due. Upon
yourself death from the sea shall very gently come, and
cut you off when bowed with hale old age; round you
shall be a prosperous people. I speak what will not
fail.'

"He spoke, and answering him I said: 'Teiresias,
these are the threads of destiny the gods themselves have
spun. Nevertheless, declare me this, and plainly tell: I
see the spirit of my dead mother here; silent she sits be-
side the blood and has not, although I am her son, deigned
to look in my face or speak to me. Tell me, my master,
how may she know that it is I?'

Ὡς ἐφάμην, ὁ δέ μ' αὐτίκ' ἀμειβόμενος προσέειπε· 145
' ῥηίδιόν τοι ἔπος ἐρέω καὶ ἐνὶ φρεσὶ θήσω·
ὅν τινα μέν κεν ἐᾷς νεκύων κατατεθνηώτων
αἵματος ἆσσον ἴμεν, ὁ δέ τοι νημερτὲς ἐνίψει·
ᾧ δέ κ' ἐπιφθονέοις, ὁ δέ τοι πάλιν εἶσιν ὀπίσσω.'

Ὡς φαμένη ψυχὴ μὲν ἔβη δόμον Ἄιδος εἴσω 150
Τειρεσίαο ἄνακτος, ἐπεὶ κατὰ θέσφατ' ἔλεξεν·
αὐτὰρ ἐγὼν αὐτοῦ μένον ἔμπεδον, ὄφρ' ἐπὶ μήτηρ
ἦλυθε καὶ πίεν αἷμα κελαινεφές· αὐτίκα δ' ἔγνω,
καί μ' ὀλοφυρομένη ἔπεα πτερόεντα προσηύδα·

' Τέκνον ἐμόν, πῶς ἦλθες ὑπὸ ζόφον ἠερόεντα 155
ζωὸς ἐών; χαλεπὸν δὲ τάδε ζωοῖσιν ὁρᾶσθαι.
[μέσσῳ γὰρ μεγάλοι ποταμοὶ καὶ δεινὰ ῥέεθρα,
Ὠκεανὸς μὲν πρῶτα, τὸν οὔ πως ἔστι περῆσαι
πεζὸν ἐόντ', ἢν μή τις ἔχῃ εὐεργέα νῆα.]
ἦ νῦν δὴ Τροίηθεν ἀλώμενος ἐνθάδ' ἱκάνεις 160
νηί τε καὶ ἑτάροισι πολὺν χρόνον; οὐδέ πω ἦλθες
εἰς Ἰθάκην, οὐδ' εἶδες ἐνὶ μεγάροισι γυναῖκα;'

Ὡς ἔφατ', αὐτὰρ ἐγώ μιν ἀμειβόμενος προσέειπον·
' μῆτερ ἐμή, χρειώ με κατήγαγεν εἰς Ἀίδαο
ψυχῇ χρησόμενον Θηβαίου Τειρεσίαο· 165
οὐ γάρ πω σχεδὸν ἦλθον Ἀχαιίδος, οὐδέ πω ἀμῆς
γῆς ἐπέβην, ἀλλ' αἰὲν ἔχων ἀλάλημαι ὀιζύν,
ἐξ οὗ τὰ πρώτισθ' ἑπόμην Ἀγαμέμνονι δίῳ
Ἴλιον εἰς εὔπωλον, ἵνα Τρώεσσι μαχοίμην.
ἀλλ' ἄγε μοι τόδε εἰπὲ καὶ ἀτρεκέως κατάλεξον· 170
τίς νύ σε κὴρ ἐδάμασσε τανηλεγέος θανάτοιο;
ἦ δολιχὴ νοῦσος; ἦ Ἄρτεμις ἰοχέαιρα
οἷς ἀγανοῖς βελέεσσιν ἐποιχομένη κατέπεφνεν;
εἰπὲ δέ μοι πατρός τε καὶ υἱέος, ὃν κατέλειπον,

"So I spoke, and straightway answering me said he:
'A simple saying I will tell and fix it in your mind:
whomever among those dead and gone you let approach
the blood, he shall declare the truth. But whomsoever
you refuse, he shall go back again.'

"So saying, into the house of Hades passed the spirit
of the great Teiresias, after telling heaven's decrees; but
I still held my place until my mother came and drank of
the dark blood. She knew me instantly, and sorrowfully
said in winged words:

"'My child, how came you hither to this murky gloom,
while still alive? Awful to the living are these sights.
Great rivers are between, and fearful floods, — mightiest
of all Okeanos, not to be crossed on foot; no, not without
a strong-built ship. Have you but now come here, upon
your way from Troy, wandering a long time with your ship
and crew? Did you not go to Ithaka, nor see your wife
at home?'

"So she spoke, and answering her I said: 'My mother,
need brought me to the house of Hades, that I might here
consult the spirit of Teiresias of Thebes. I have not yet
been near Achaia, nor once set foot upon my land, but have
been always wandering and meeting sorrow since the first
day I followed royal Agamemnon to Ilios, famous for its
horses, to fight the Trojans there. But come, declare me
this, and plainly tell: what doom of death that lays men
low o'erwhelmed you? Some long disease? Or did the
huntress Artemis attack and slay you with her gentle ar-
rows? And tell me of my father and the son I left; still

ἢ ἔτι πὰρ κείνοισιν ἐμὸν γέρας, ἦέ τις ἤδη　　　175
ἀνδρῶν ἄλλος ἔχει, ἐμὲ δ᾽ οὐκέτι φασὶ νέεσθαι.
εἰπὲ δέ μοι μνηστῆς ἀλόχου βουλήν τε νόον τε,
ἠὲ μένει παρὰ παιδὶ καὶ ἔμπεδα πάντα φυλάσσει,
ἦ ἤδη μιν ἔγημεν Ἀχαιῶν ὅς τις ἄριστος.᾽

῾Ὡς ἐφάμην, ἡ δ᾽ αὐτίκ᾽ ἀμείβετο πότνια μήτηρ·　　180
῾ καὶ λίην κείνη γε μένει τετληότι θυμῷ
σοῖσιν ἐνὶ μεγάροισιν· ὀιζυραὶ δέ οἱ αἰεὶ
φθίνουσιν νύκτες τε καὶ ἤματα δάκρυ χεούσῃ.
σὸν δ᾽ οὔ πώ τις ἔχει καλὸν γέρας, ἀλλὰ ἔκηλος
Τηλέμαχος τεμένεα νέμεται καὶ δαῖτας ἐίσας　　185
δαίνυται, ἃς ἐπέοικε δικασπόλον ἄνδρ᾽ ἀλεγύνειν·
πάντες γὰρ καλέουσι. πατὴρ δὲ σὸς αὐτόθι μίμνει
ἀγρῷ, οὐδὲ πόλινδε κατέρχεται· οὐδέ οἱ εὐναὶ
δέμνια καὶ χλαῖναι καὶ ῥήγεα σιγαλόεντα,
ἀλλ᾽ ὅ γε χεῖμα μὲν εὕδει ὅθι δμῶες ἐνὶ οἴκῳ　　190
ἐν κόνι ἄγχι πυρός, κακὰ δὲ χροΐ εἵματα εἶται·
αὐτὰρ ἐπὴν ἔλθῃσι θέρος τεθαλυῖά τ᾽ ὀπώρη,
πάντῃ οἱ κατὰ γουνὸν ἀλωῆς οἰνοπέδοιο
φύλλων κεκλιμένων χθαμαλαὶ βεβλήαται εὐναί·
ἔνθ᾽ ὅ γε κεῖτ᾽ ἀχέων, μέγα δὲ φρεσὶ πένθος ἀέξει　195
σὸν νόστον ποθέων· χαλεπὸν δ᾽ ἐπὶ γῆρας ἱκάνει.
οὕτω γὰρ καὶ ἐγὼν ὀλόμην καὶ πότμον ἐπέσπον·
οὔτ᾽ ἐμέ γ᾽ ἐν μεγάροισιν ἐύσκοπος ἰοχέαιρα
οἷς ἀγανοῖς βελέεσσιν ἐποιχομένη κατέπεφνεν,
οὔτε τις οὖν μοι νοῦσος ἐπήλυθεν, ἥ τε μάλιστα　　200
τηκεδόνι στυγερῇ μελέων ἐξείλετο θυμόν·
ἀλλά με σός τε πόθος σά τε μήδεα, φαίδιμ᾽ Ὀδυσσεῦ,
σή τ᾽ ἀγανοφροσύνη μελιηδέα θυμὸν ἀπηύρα.᾽

῾Ὡς ἔφατ᾽, αὐτὰρ ἐγώ γ᾽ ἔθελον φρεσὶ μερμηρίξας

in their keeping are my honors? Or does at last an alien hold them, while men say that I shall come no more? Tell me, moreover, of my wedded wife, her wishes and her thoughts. Is she now staying by her child, and keeping all in safety? Or was she finally married by some chief of the Achaians?'

"So I spoke, and straight my honored mother answered: 'Indeed she stays with patient heart in your own halls, and wearily her nights and days are wasted with her tears. Nobody yet holds your fair honors; in peace Telemachos farms your demesne, and sits at equal feasts where it befits the lawgiver to be a guest; for all give him a welcome. Your father still remains among the fields, and comes no more to the town. Bed has he none, bedstead, or robes, or bright-hued rugs; but through the winter he sleeps in the house where servants sleep, in the dust beside the fire, and wears upon his body sorry clothes. Then when the summer comes, and fruitful autumn, wherever he may be about his slope of vineyard-ground a bed is piled of leaves fallen on the earth. There lies he in distress, woe waxing strong within, longing for your return; and hard old age comes on. Even so I also died and met my doom: not that at home the sure-aiming huntress attacked and slew me with her gentle arrows; nor did a sickness come, which oftentimes by sad decay steals from the limbs the life; but longing for you — your wise ways, glorious Odysseus, and your tenderness — took joyous life away.'

"As she thus spoke, I yearned, though my mind hesi-

μητρὸς ἐμῆς ψυχὴν ἑλέειν κατατεθνηυίης.    205
τρὶς μὲν ἐφωρμήθην, ἑλέειν τέ με θυμὸς ἀνώγει,
τρὶς δέ μοι ἐκ χειρῶν σκιῇ εἴκελον ἢ καὶ ὀνείρῳ
ἔπτατ'· ἐμοὶ δ' ἄχος ὀξὺ γενέσκετο κηρόθι μᾶλλον,
καί μιν φωνήσας ἔπεα πτερόεντα προσηύδων·

'Μῆτερ ἐμή, τί νύ μ' οὐ μίμνεις ἑλέειν μεμαῶτα,    210
ὄφρα καὶ εἰν Ἀίδαο φίλας περὶ χεῖρε βαλόντε
ἀμφοτέρω κρυεροῖο τεταρπώμεσθα γόοιο ;
ἦ τί μοι εἴδωλον τόδ' ἀγαυὴ Περσεφόνεια
ὤτρυν', ὄφρ' ἔτι μᾶλλον ὀδυρόμενος στεναχίζω ;'

Ὣς ἐφάμην, ἡ δ' αὐτίκ' ἀμείβετο πότνια μήτηρ·    215
'ὤ μοι, τέκνον ἐμόν, περὶ πάντων κάμμορε φωτῶν,
οὔ τί σε Περσεφόνεια, Διὸς θυγάτηρ, ἀπαφίσκει,
ἀλλ' αὕτη δίκη ἐστὶ βροτῶν, ὅτε τίς κε θάνῃσιν·
οὐ γὰρ ἔτι σάρκας τε καὶ ὀστέα ἶνες ἔχουσιν,
ἀλλὰ τὰ μέν τε πυρὸς κρατερὸν μένος αἰθομένοιο    220
δαμνᾷ, ἐπεί κε πρῶτα λίπῃ λεύκ' ὀστέα θυμός,
ψυχὴ δ' ἠύτ' ὄνειρος ἀποπταμένη πεπότηται.
ἀλλὰ φόωσδε τάχιστα λιλαίεο· ταῦτα δὲ πάντα
ἴσθ', ἵνα καὶ μετόπισθε τεῇ εἴπῃσθα γυναικί.'

Νῶι μὲν ὣς ἐπέεσσιν ἀμειβόμεθ', αἱ δὲ γυναῖκες    225
ἤλυθον, ὄτρυνεν γὰρ ἀγαυὴ Περσεφόνεια,
ὅσσαι ἀριστήων ἄλοχοι ἔσαν ἠδὲ θύγατρες.
αἱ δ' ἀμφ' αἷμα κελαινὸν ἀολλέες ἠγερέθοντο,
αὐτὰρ ἐγὼ βούλευον ὅπως ἐρέοιμι ἑκάστην.
ἥδε δέ μοι κατὰ θυμὸν ἀρίστη φαίνετο βουλή·    230
σπασσάμενος τανύηκες ἄορ παχέος παρὰ μηροῦ
οὐκ εἴων πιέειν ἅμα πάσας αἷμα κελαινόν.
αἱ δὲ προμνηστῖναι ἐπήισαν, ἠδὲ ἑκάστη
ὃν γόνον ἐξαγόρευεν· ἐγὼ δ' ἐρέεινον ἁπάσας.

tated, to clasp the spirit of my mother, even if dead.
Three times the impulse came ; my heart bade me to clasp
her. Three times out of my arms like a shadow or a dream
she flitted, and the sharp pain about my heart grew only
more ; and speaking to her in winged words, I said:

" ' My mother, why not stay for me who long to clasp
you, so that even in the very house of Hades, throwing
dear arms round one another, we two may take our fill of
piercing grief? Or is it a phantom high Persephonê has
sent, to make me weep and mourn the more ? '

" So I spoke, and straight my honored mother answered :
' Ah, my own child, beyond all men ill-fated ! In no
wise is Persephonê, daughter of Zeus, beguiling you, but
this is the way with mortals when they die : the sinews
then no longer hold the flesh and bones together ; for
these the strong force of the blazing fire destroys when
once the life leaves the white bones, and like a dream
the spirit flies away. Nay, now, press quickly on into the
light, and of all this take heed, to tell your wife here-
after.'

" So we held converse there ; but now the other women
came — for high Persephonê had sent them — who were
great men's wives and daughters. Round the dark blood
in throngs they gathered, and I considered how to ques-
tion each. Then to my mind this seemed the wisest way:
I drew my keen-edged blade from my stout thigh and did
not let them all at once drink the dark blood, but one by
one they came, and each declared her lineage, and I ques-
tioned all.

Ἔνθ᾽ ἦ τοι πρώτην Τυρὼ ἴδον εὐπατέρειαν,　　235
ἣ φάτο Σαλμωνῆος ἀμύμονος ἔκγονος εἶναι,
φῆ δὲ Κρηθῆος γυνὴ ἔμμεναι Αἰολίδαο·
ἣ ποταμοῦ ἠράσσατ᾽, Ἐνιπῆος θείοιο,
ὃς πολὺ κάλλιστος ποταμῶν ἐπὶ γαῖαν ἵησι,
καί ῥ᾽ ἐπ᾽ Ἐνιπῆος πωλέσκετο καλὰ ῥέεθρα.　　240
τῷ δ᾽ ἄρ᾽ ἐεισάμενος γαιήοχος ἐννοσίγαιος
ἐν προχοῇς ποταμοῦ παρελέξατο δινήεντος·
πορφύρεον δ᾽ ἄρα κῦμα περιστάθη, οὔρεϊ ἶσον,
κυρτωθέν, κρύψεν δὲ θεὸν θνητήν τε γυναῖκα.
[λῦσε δὲ παρθενίην ζώνην, κατὰ δ᾽ ὕπνον ἔχευεν.]　　245
αὐτὰρ ἐπεί ῥ᾽ ἐτέλεσσε θεὸς φιλοτήσια ἔργα,
ἔν τ᾽ ἄρα οἱ φῦ χειρὶ ἔπος τ᾽ ἔφατ᾽ ἔκ τ᾽ ὀνόμαζε·

‘ Χαῖρε, γύναι, φιλότητι, περιπλομένου δ᾽ ἐνιαυτοῦ
τέξεις ἀγλαὰ τέκνα, ἐπεὶ οὐκ ἀποφώλιοι εὐναὶ
ἀθανάτων· σὺ δὲ τοὺς κομέειν ἀτιταλλέμεναί τε.　　250
νῦν δ᾽ ἔρχευ πρὸς δῶμα, καὶ ἴσχεο μηδ᾽ ὀνομήνῃς·
αὐτὰρ ἐγώ τοί εἰμι Ποσειδάων ἐνοσίχθων.’

Ὣς εἰπὼν ὑπὸ πόντον ἐδύσετο κυμαίνοντα.
ἡ δ᾽ ὑποκυσαμένη Πελίην τέκε καὶ Νηλῆα,
τὼ κρατερὼ θεράποντε Διὸς μεγάλοιο γενέσθην　　255
ἀμφοτέρω· Πελίης μὲν ἐν εὐρυχόρῳ Ἰαωλκῷ
ναῖε πολύρηνος, ὁ δ᾽ ἄρ ἐν Πύλῳ ἠμαθόεντι.
τοὺς δ᾽ ἑτέρους Κρηθῆι τέκεν βασίλεια γυναικῶν.
Αἴσονά τ᾽ ἠδὲ Φέρητ᾽ Ἀμυθάονά θ᾽ ἱππιοχάρμην.

Τὴν δὲ μετ᾽ Ἀντιόπην ἴδον, Ἀσωποῖο θύγατρα,　　260
ἣ δὴ καὶ Διὸς εὔχετ᾽ ἐν ἀγκοίνῃσιν ἰαῦσαι,
καί ῥ᾽ ἔτεκεν δύο παῖδ᾽, Ἀμφίονά τε Ζῆθόν τε,
οἳ πρῶτοι Θήβης ἕδος ἔκτισαν ἑπταπύλοιο,
πύργωσάν τ᾽, ἐπεὶ οὐ μὲν ἀπύργωτόν γ᾽ ἐδύναντο

" There I saw Tyro first, of noble ancestry, who told of being sprung from gallant Salmôneus; told how she was the wife of Kretheus, son of Aiolos. She loved a river-god, divine Enîpeus, who flows the fairest of all streams on earth. So she would wander by the fair currents of Enîpeus, in guise of whom the Land-shaker, who girds the land, lay with her at the outpouring of the eddying stream. A purple wave encompassed them, high as a hill and arching, which hid the god and mortal woman. He loosed the maiden's girdle and shed on her a sleep. Then when the god had done the deeds of love, he grasped her hand and spoke and thus addressed her:

" ' Be happy, lady, in my love! In the revolving year you shall bear noble children; for the beds of the immortals are not barren. Rear them yourself, and cherish them. And now go home. Hold fast, and speak it not: I am Poseidon, the shaker of the earth.'

" Saying this, he plunged into the surging sea. She then, conceiving, bore Pelias and Neleus, who both became strong ministers of mighty Zeus. Pelias dwelt in the open country of Iaolkos, rich in flocks; the other at sandy Pylos. And sons to Kretheus, also, this queen of women bore, — Aison and Pherês and Amythaon the charioteer.

" And after her I saw Antiopê, Asopos' daughter, who boasted she had lain in the embrace of Zeus himself. And so she bore two sons, Amphion and Zethos, who first laid the foundations of seven-gated Thebes, and fortified it; because unfortified, they could not dwell in open Thebes, for all their power.

ναιέμεν εὐρύχορον Θήβην, κρατερώ περ ἐόντε.          265

Τὴν δὲ μετ' Ἀλκμήνην ἴδον, Ἀμφιτρύωνος ἄκοιτιν,
ἥ ῥ' Ἡρακλῆα θρασυμέμνονα θυμολέοντα
γείνατ' ἐν ἀγκοίνῃσι Διὸς μεγάλοιο μιγεῖσα·
καὶ Μεγάρην, Κρείοντος ὑπερθύμοιο θύγατρα,
τὴν ἔχεν Ἀμφιτρύωνος υἱὸς μένος αἰὲν ἀτειρής.       270

Μητέρα τ' Οἰδιπόδαο ἴδον, καλὴν Ἐπικάστην,
ἣ μέγα ἔργον ἔρεξεν ἀιδρείῃσι νόοιο,
γημαμένη ᾧ υἷι· ὁ δ' ὃν πατέρ' ἐξεναρίξας
γῆμεν· ἄφαρ δ' ἀνάπυστα θεοὶ θέσαν ἀνθρώποισιν.
ἀλλ' ὁ μὲν ἐν Θήβῃ πολυηράτῳ ἄλγεα πάσχων         275
Καδμείων ἤνασσε θεῶν ὀλοὰς διὰ βουλάς·
ἡ δ' ἔβη εἰς Ἀίδαο πυλάρταο κρατεροῖο,
ἀψαμένη βρόχον αἰπὺν ἀφ' ὑψηλοῖο μελάθρου,
ᾧ ἄχεϊ σχομένη· τῷ δ' ἄλγεα κάλλιπ' ὀπίσσω
πολλὰ μάλ', ὅσσα τε μητρὸς ἐρινύες ἐκτελέουσι.       280

Καὶ Χλῶριν εἶδον περικαλλέα τήν ποτε Νηλεὺς
γῆμεν ἑὸν διὰ κάλλος, ἐπεὶ πόρε μυρία ἕδνα,
ὁπλοτάτην κούρην Ἀμφίονος Ἰασίδαο,
ὅς ποτ' ἐν Ὀρχομενῷ Μινυείῳ ἶφι ἄνασσεν·
ἡ δὲ Πύλου βασίλευε, τέκεν δέ οἱ ἀγλαὰ τέκνα,       285
Νέστορά τε Χρομίον τε Περικλύμενόν τ' ἀγέρωχον.
τοῖσι δ' ἐπ' ἰφθίμην Πηρὼ τέκε, θαῦμα βροτοῖσι,
τὴν πάντες μνώοντο περικτίται· οὐδέ τι Νηλεὺς
τῷ ἐδίδου ὃς μὴ ἕλικας βόας εὐρυμετώπους
ἐκ Φυλάκης ἐλάσειε βίης Ἰφικληείης            290
ἀργαλέας· τὰς δ' οἶος ὑπέσχετο μάντις ἀμύμων
ἐξελάαν· χαλεπὴ δὲ θεοῦ κατὰ μοῖρα πέδησε,
δεσμοί τ' ἀργαλέοι καὶ βουκόλοι ἀγροιῶται.
ἀλλ' ὅτε δὴ μῆνές τε καὶ ἡμέραι ἐξετελεῦντο

" And after her I saw Alkmenê, wife of Amphitryon, — her who bore dauntless Herakles, the lion-hearted, yielding to the embrace of mighty Zeus; and Megara, high Kreon's daughter, whom the son of Amphitryon had to wife, — he who in vigor never tired.

" The mother of Oidipous I saw, fair Epikastê, who did a monstrous deed through ignorance of heart, in marrying her son. He, having slain his father, married her; and soon the gods made the thing known to men. He at delightful Thebes in woe ruled over the Kadmeians, through the gods' destroying purpose; and she went down to Hades, the strong gaoler, fastening a fatal noose to the high rafter, abandoned to her grief. To him she left behind the many woes that the avengers of a mother cause to follow.

" Beautiful Chloris, too, I saw, whom Neleus once married for her beauty after making countless gifts, — the youngest daughter of that Amphion, son of Iasos, who once held powerful sway at Minyan Orchomenos. She was the queen of Pylos, and bore Neleus noble children, — Nestor and Chromios and Periklymenos the headstrong. And beside these she bore that stately Pero, the marvel of mankind, whom all her neighbors wooed. But to none would Neleus give her save to him who should drive from Phylakê the crook-horned, broad-browed kine of mighty Iphiklos, — and dangerous kine were they. None but a blameless seer would undertake to drive them; but the harsh doom of God prevented, — the cruel bonds and clownish herdsmen. Yet after months and days were

ἂψ περιτελλομένου ἔτεος καὶ ἐπήλυθον ὧραι,            295
καὶ τότε δή μιν ἔλυσε βίη Ἰφικληείη,
θέσφατα πάντ' εἰπόντα· Διὸς δ' ἐτελείετο βουλή.

Καὶ Λήδην εἶδον, τὴν Τυνδαρέου παράκοιτιν,
ἥ ῥ' ὑπὸ Τυνδαρέῳ κρατερόφρονε γείνατο παῖδε,
Κάστορά θ' ἱππόδαμον καὶ πὺξ ἀγαθὸν Πολυδεύκεα,   300
τοὺς ἄμφω ζωοὺς κατέχει φυσίζοος αἶα·
οἳ καὶ νέρθεν γῆς τιμὴν πρὸς Ζηνὸς ἔχοντες
ἄλλοτε μὲν ζώουσ' ἑτερήμεροι, ἄλλοτε δ' αὖτε
τεθνᾶσιν· τιμὴν δὲ λελόγχασιν ἶσα θεοῖσι.

Τὴν δὲ μετ' Ἰφιμέδειαν, Ἀλωῆος παράκοιτιν,        305
εἴσιδον, ἣ δὴ φάσκε Ποσειδάωνι μιγῆναι,
καὶ ῥ' ἔτεκεν δύο παῖδε, μινυνθαδίω δὲ γενέσθην,
Ὠτόν τ' ἀντίθεον τηλεκλειτόν τ' Ἐφιάλτην,
οὓς δὴ μηκίστους θρέψε ζείδωρος ἄρουρα
καὶ πολὺ καλλίστους μετά γε κλυτὸν Ὠρίωνα·         310
ἐννέωροι γὰρ τοί γε καὶ ἐννεαπήχεες ἦσαν
εὖρος, ἀτὰρ μῆκός γε γενέσθην ἐννεόργυιοι.
οἵ ῥα καὶ ἀθανάτοισιν ἀπειλήτην ἐν Ὀλύμπῳ
φυλόπιδα στήσειν πολυάικος πολέμοιο.
Ὄσσαν ἐπ' Οὐλύμπῳ μέμασαν θέμεν, αὐτὰρ ἐπ' Ὄσσῃ
Πήλιον εἰνοσίφυλλον, ἵν' οὐρανὸς ἀμβατὸς εἴη.       315
καί νύ κεν ἐξετέλεσσαν, εἰ ἥβης μέτρον ἵκοντο·
ἀλλ' ὄλεσεν Διὸς υἱός, ὃν ἠύκομος τέκε Λητώ,
ἀμφοτέρω, πρίν σφωιν ὑπὸ κροτάφοισιν ἰούλους
ἀνθῆσαι πυκάσαι τε γένυς εὐανθέι λάχνῃ.              320

Φαίδρην τε Πρόκριν τε ἴδον καλήν τ' Ἀριάδνην,
κούρην Μίνωος ὀλοόφρονος, ἥν ποτε Θησεὺς
ἐκ Κρήτης ἐς γουνὸν Ἀθηνάων ἱεράων
ἦγε μέν, οὐδ' ἀπόνητο· πάρος δέ μιν Ἄρτεμις ἔκτα

spent, as the year rolled around and the seasons came again, then mighty Iphiklos released him on his telling all the oracles. The will of Zeus was done.

" Leda I saw, the wife of Tyndareus, who bore to Tyndareus two stalwart sons: Kastor, the horseman, and Polydeukês, good at boxing. These two in a kind of life the nourishing earth now holds; and even beneath the earth they have from Zeus the boon that to-day they be alive, although to-morrow dead; and they are allotted honors like the gods.

" Next, Iphimedeia I saw, wife of Aloëus, who said that she had lain beside Poseidon. And so she bore two children, but short-lived they proved, — Otos, the godlike, and the far-famed Ephialtes, — whom the fruitful earth made grow to be the tallest and the most beautiful of men, after renowned Orion; for at nine years they were nine cubits broad, and in height they reached nine fathoms. Therefore they even threatened the immortals with raising on Olympos the din of furious war. Ossa they strove to set upon Olympos, and upon Ossa leafy Pelion, that so the heavens might be scaled. And this they would have accomplished, had they but reached the period of their vigor; but the son of Zeus whom fair-haired Leto bore destroyed them both before below their temples the downy hair had sprung and covered their chins with the fresh beard.

" Phaidra and Prokris, too, I saw, and beautiful Ariadnê, daughter of cunning Minos, whom once from Crete Theseus had tried to bring to the slopes of sacred Athens. But he gained naught thereby; before she came, Artemis

Δίῃ ἐν ἀμφιρύτῃ Διονύσου μαρτυρίῃσι.      325

Μαῖράν τε Κλυμένην τε ἴδον στυγερήν τ' Ἐριφύλην,
ἢ χρυσὸν φίλου ἀνδρὸς ἐδέξατο τιμήεντα.
πάσας δ' οὐκ ἂν ἐγὼ μυθήσομαι οὐδ' ὀνομήνω,
ὅσσας ἡρώων ἀλόχους ἴδον ἠδὲ θύγατρας·
πρὶν γάρ κεν καὶ νὺξ φθῖτ' ἄμβροτος. ἀλλὰ καὶ ὥρη
εὕδειν, ἢ ἐπὶ νῆα θοὴν ἐλθόντ' ἐς ἑταίρους      331
ἢ αὐτοῦ· πομπὴ δὲ θεοῖς ὑμῖν τε μελήσει.'

'Ὣς ἔφαθ', οἱ δ' ἄρα πάντες ἀκὴν ἐγένοντο σιωπῇ,
κηληθμῷ δ' ἔσχοντο κατὰ μέγαρα σκιόεντα.
τοῖσιν δ' Ἀρήτη λευκώλενος ἤρχετο μύθων·      335

' Φαίηκες, πῶς ὕμμιν ἀνὴρ ὅδε φαίνεται εἶναι
εἶδός τε μέγεθός τε ἰδὲ φρένας ἔνδον ἐΐσας ;
ξεῖνος δ' αὖτ' ἐμός ἐστιν, ἕκαστος δ' ἔμμορε τιμῆς·
τῷ μὴ ἐπειγόμενοι ἀποπέμπετε, μηδὲ τὰ δῶρα
οὕτω χρηΐζοντι κολούετε· πολλὰ γὰρ ὕμμιν      340
κτήματ' ἐνὶ μεγάροισι θεῶν ἰότητι κέονται.'

Τοῖσι δὲ καὶ μετέειπε γέρων ἥρως Ἐχένηος,
[ὃς δὴ Φαιήκων ἀνδρῶν προγενέστερος ἦεν·]

' Ὦ φίλοι, οὐ μὰν ἡμῖν ἀπὸ σκοποῦ οὐδ' ἀπὸ δόξης
μυθεῖται βασίλεια περίφρων· ἀλλὰ πίθεσθε.      345
Ἀλκινόου δ' ἐκ τοῦδ' ἔχεται ἔργον τε ἔπος τε.'

Τὸν δ' αὖτ' Ἀλκίνοος ἀπαμείβετο φώνησέν τε·
' τοῦτο μὲν οὕτω δὴ ἔσται ἔπος, αἴ κεν ἐγώ γε
ζωὸς Φαιήκεσσι φιληρέτμοισιν ἀνάσσω·
ξεῖνος δὲ τλήτω, μάλα περ νόστοιο χατίζων,      350
ἔμπης οὖν ἐπιμεῖναι ἐς αὔριον, εἰς ὅ κε πᾶσαν
δωτίνην τελέσω· πομπὴ δ' ἄνδρεσσι μελήσει
πᾶσι, μάλιστα δ' ἐμοί· τοῦ γὰρ κράτος ἔστ' ἐνὶ δήμῳ.'

Τὸν δ' ἀπαμειβόμενος προσέφη πολύμητις Ὀδυσσεύς·

slew her in sea-girt Dia, because of what was testified by Dionysos.

"Maira and Klymenê I saw, and odious Eriphylê who accepted precious gold as the price of her own husband. But all I cannot tell, nor even name the many heroes' wives and daughters that I saw; ere that, the immortal night would wear away. Nay, it is time to sleep, at the swift ship among the crew, or here. My journey hence rests with the gods and you."

Such were his words: they all were hushed to silence, held by the spell throughout the dusky hall. White-armed Aretê was the first to speak: "Phaiakians, how seems to you this man in beauty, height, and balanced mind within? My guest indeed he is, but each one shares the honor. Be not in haste, then, to dismiss him, nor stint your gifts to one so needy; for by the favor of the gods great wealth lies in your houses."

Then also spoke the old lord Echenêos, who was the oldest of Phaiakian men: "My friends, not wide of the mark, nor wide of what befits her, speaks the wise queen; therefore give heed. But word and work rest with Alkinoös here."

Then answered him Alkinoös and said: "Thus, as she speaks, that word shall be, if I be now the living lord of oar-loving Phaiakians! But let our guest, however zealous for his journey, consent to stay, at all events until to-morrow, till I shall make our gift to him complete. To send him hence shall be the charge of all, and chief of all of me; for power within this land rests here."

' Ἀλκίνοε κρεῖον, πάντων ἀριδείκετε λαῶν,    855
εἴ με καὶ εἰς ἐνιαυτὸν ἀνώγοιτ' αὐτόθι μίμνειν,
πομπήν τ' ὀτρύνοιτε καὶ ἀγλαὰ δῶρα διδοῖτε,
καί κε τὸ βουλοίμην, καί κεν πολὺ κέρδιον εἴη,
πλειοτέρῃ σὺν χειρὶ φίλην ἐς πατρίδ' ἱκέσθαι·
καί κ' αἰδοιότερος καὶ φίλτερος ἀνδράσιν εἴην    860
πᾶσιν, ὅσοι μ' Ἰθάκηνδε ἰδοίατο νοστήσαντα.'
   Τὸν δ' αὖτ' Ἀλκίνοος ἀπαμείβετο φώνησέν τε·
' ὦ Ὀδυσεῦ, τὸ μὲν οὔ τί σ' εἴσκομεν εἰσορόωντες
ἠπεροπῆά τ' ἔμεν καὶ ἐπίκλοπον, οἷά τε πολλοὺς
βόσκει γαῖα μέλαινα πολυσπερέας ἀνθρώπους    865
ψεύδεά τ' ἀρτύνοντας, ὅθεν κέ τις οὐδὲ ἴδοιτο·
σοὶ δ' ἔπι μὲν μορφὴ ἐπέων, ἔνι δὲ φρένες ἐσθλαί,
μῦθον δ' ὡς ὅτ' ἀοιδὸς ἐπισταμένως κατέλεξας,
πάντων τ' Ἀργείων σέο τ' αὐτοῦ κήδεα λυγρά.
ἀλλ' ἄγε μοι τόδε εἰπὲ καὶ ἀτρεκέως κατάλεξον,    870
εἴ τινας ἀντιθέων ἑτάρων ἴδες, οἵ τοι ἅμ' αὐτῷ
Ἴλιον εἰς ἅμ' ἕποντο καὶ αὐτοῦ πότμον ἐπέσπον.
νὺξ δ' ἥδε μάλα μακρὴ ἀθέσφατος· οὐδέ πω ὥρη
εὕδειν ἐν μεγάρῳ· σὺ δέ μοι λέγε θέσκελα ἔργα.
καί κεν ἐς ἠῶ δῖαν ἀνασχοίμην, ὅτε μοι σὺ    875
τλαίης ἐν μεγάρῳ τὰ σὰ κήδεα μυθήσασθαι.'
   Τὸν δ' ἀπαμειβόμενος προσέφη πολύμητις Ὀδυσσεύς·
' Ἀλκίνοε κρεῖον, πάντων ἀριδείκετε λαῶν,
ὥρη μὲν πολέων μύθων, ὥρη δὲ καὶ ὕπνου·
εἰ δ' ἔτ' ἀκουέμεναί γε λιλαίεαι, οὐκ ἂν ἐγώ γε    880
τούτων σοι φθονέοιμι καὶ οἰκτρότερ' ἄλλ' ἀγορεῦσαι,
κήδε' ἐμῶν ἑτάρων, οἳ δὴ μετόπισθεν ὄλοντο,
οἳ Τρώων μὲν ὑπεξέφυγον στονόεσσαν αὐτήν,
ἐν νόστῳ δ' ἀπόλοντο κακῆς ἰότητι γυναικός.

Then wise Odysseus answered him and said : " Mighty Alkinoös, renowned of all, if you should bid me linger here throughout the year and then should send me on my way giving me brilliant gifts, this is what I would choose; for much more to my profit would it be with fuller hands to reach my native land. Then should I be regarded more and welcomed more by all who saw me coming home to Ithaka."

Then answered him Alkinoös and said: " Odysseus, we judge you from your looks to be no cheat or thief; though many are the men the dark earth breeds, and scatters far and wide, who fashion falsehoods out of what no man can see. But you have a grace of word and a noble mind within, and you told your tale as skilfully as if you were a bard, relating all the Argives' and your own sore troubles. But come, declare me this, and plainly tell: did you see any of the godlike comrades who went with you to Ilios and there met doom? The night is very long; yes, vastly long. The hour for sleeping in the hall is not yet come. Tell me the wondrous story. I could be well content till sacred dawn, if here in my hall you had the patience to relate your woes."

Then wise Odysseus answered him and said: " Lord Alkinoös, renowned of all, there is a time for a long story and a time for sleep; yet if you wish to listen longer, I myself would not shrink from telling tales more pitiful than these, — the woes of my companions who perished later on, men who escaped the grievous war-cry of the Trojans to die on their return through a wicked woman's will.

Αὐτὰρ ἐπεὶ ψυχὰς μὲν ἀπεσκέδασ' ἄλλυδις ἄλλῃ    385
ἁγνὴ Περσεφόνεια γυναικῶν θηλυτεράων,
ἦλθε δ' ἐπὶ ψυχὴ Ἀγαμέμνονος Ἀτρείδαο
ἀχνυμένη· περὶ δ' ἄλλαι ἀγηγέραθ', ὅσσοι ἅμ' αὐτῷ
οἴκῳ ἐν Αἰγίσθοιο θάνον καὶ πότμον ἐπέσπον.
ἔγνω δ' αἶψ' ἐμὲ κεῖνος, ἐπεὶ πίεν αἷμα κελαινόν·    390
κλαῖε δ' ὅ γε λιγέως, θαλερὸν κατὰ δάκρυον εἴβων,
πιτνὰς εἰς ἐμὲ χεῖρας, ὀρέξασθαι μενεαίνων·
ἀλλ' οὐ γάρ οἱ ἔτ' ἦν ἲς ἔμπεδος οὐδέ τι κῖκυς,
οἵη περ πάρος ἔσκεν ἐνὶ γναμπτοῖσι μέλεσσι.
τὸν μὲν ἐγὼ δάκρυσα ἰδὼν ἐλέησά τε θυμῷ,    395
καί μιν φωνήσας ἔπεα πτερόεντα προσηύδων·
   ' Ἀτρείδη κύδιστε, ἄναξ ἀνδρῶν, Ἀγάμεμνον,
τίς νύ σε κὴρ ἐδάμασσε τανηλεγέος θανάτοιο ;
ἦε σέ γ' ἐν νήεσσι Ποσειδάων ἐδάμασσεν
ὄρσας ἀργαλέων ἀνέμων ἀμέγαρτον ἀυτμήν,    400
ἦέ σ' ἀνάρσιοι ἄνδρες ἐδηλήσαντ' ἐπὶ χέρσου
βοῦς περιταμνόμενον ἠδ' οἰῶν πώεα καλὰ,
ἠὲ περὶ πτόλιος μαχεούμενον ἠδὲ γυναικῶν ; '
   Ὣς ἐφάμην, ὁ δέ μ' αὐτίκ' ἀμειβόμενος προσέειπε·
' διογενὲς Λαερτιάδη, πολυμήχαν' Ὀδυσσεῦ·    405
οὔτ' ἐμέ γ' ἐν νήεσσι Ποσειδάων ἐδάμασσεν,
ὄρσας ἀργαλέων ἀνέμων ἀμέγαρτον ἀυτμὴν,
οὔτε μ' ἀνάρσιοι ἄνδρες ἐδηλήσαντ' ἐπὶ χέρσου,
ἀλλά μοι Αἴγισθος τεύξας θάνατόν τε μόρον τε
ἔκτα σὺν οὐλομένῃ ἀλόχῳ, οἰκόνδε καλέσσας,    410
δειπνίσσας, ὥς τίς τε κατέκτανε βοῦν ἐπὶ φάτνῃ.
ὣς θάνον οἰκτίστῳ θανάτῳ· περὶ δ' ἄλλοι ἑταῖροι
νωλεμέως κτείνοντο, σύες ὣς ἀργιόδοντες,
οἵ ῥά τ' ἐν ἀφνειοῦ ἀνδρὸς μέγα δυναμένοιο

"When then chaste Persephonê had scattered here and there those spirits of tender women, there came the spirit of Agamemnon, son of Atreus, sorrowing. Around thronged other spirits of such as by his side had died at the house of Aigisthos, and there had met their doom. He knew me as soon as he had tasted the dark blood; and then he wailed aloud and let the big tears fall, and stretched his hands forth eagerly to grasp me. But no, there was no strength or vigor left, such as was once within his supple limbs. I wept to see, and pitied him from my heart, and speaking to him in winged words I said:

"'Great son of Atreus, Agamemnon, lord of men, what doom of death that lays men low o'erwhelmed you? Was it that on your ships Poseidon smote you, raising the unwelcome blast of cruel winds? Or did your foes destroy you on the land, while you were cutting off their kine or their fair flocks of sheep, or while you fought to win their town and carry away their women?'

"So I spoke, and straightway answering me said he: 'No, high-born son of Laërtes, ready Odysseus, upon my ships Poseidon did not smite me, raising the unwelcome blast of cruel winds, nor did my foes destroy me on the land: it was Aigisthos, plotting death and doom, who slew me, aided by my accursed wife, when he had bidden me home and feasted me, just as one cuts the ox down in the stall. So thus I died, a lamentable death, and all my men, with no escape, were slain around me, like the white-tusked swine at some rich, powerful man's

ἢ γάμῳ ἢ ἐράνῳ ἢ εἰλαπίνῃ τεθαλυίῃ.                    415
ἤδη μὲν πολέων φόνῳ ἀνδρῶν ἀντεβόλησας,
μουνὰξ κτεινομένων καὶ ἐνὶ κρατερῇ ὑσμίνῃ·
ἀλλά κε κεῖνα μάλιστα ἰδὼν ὀλοφύραο θυμῷ,
ὡς ἀμφὶ κρητῆρα τραπέζας τε πληθούσας
κείμεθ' ἐνὶ μεγάρῳ, δάπεδον δ' ἅπαν αἵματι θῦεν.        420
οἰκτροτάτην δ' ἤκουσα ὄπα Πριάμοιο θυγατρὸς,
Κασσάνδρης, τὴν κτεῖνε Κλυταιμνήστρη δολόμητις
ἀμφ' ἐμοί· αὐτὰρ ἐγὼ ποτὶ γαίῃ χεῖρας ἀείρων
βάλλον ἀποθνήσκων περὶ φασγάνῳ· ἡ δὲ κυνῶπις
νοσφίσατ', οὐδέ μοι ἔτλη ἰόντι περ εἰς Ἀίδαο           425
χερσὶ κατ' ὀφθαλμοὺς ἑλέειν σύν τε στόμ' ἐρεῖσαι.
ὡς οὐκ αἰνότερον καὶ κύντερον ἄλλο γυναικὸς
[ἥ τις δὴ τοιαῦτα μετὰ φρεσὶν ἔργα βάληται]·
οἷον δὴ καὶ κείνη ἐμήσατο ἔργον ἀεικές,
κουριδίῳ τεύξασα πόσει φόνον. ἦ τοι ἔφην γε           430
ἀσπάσιος παίδεσσιν ἰδὲ δμώεσσιν ἐμοῖσιν
οἴκαδ' ἐλεύσεσθαι· ἡ δ' ἔξοχα λυγρὰ ἰδυῖα
οἷ τε κατ' αἶσχος ἔχευε καὶ ἐσσομένῃσιν ὀπίσσω
θηλυτέρῃσι γυναιξὶ, καὶ ἥ κ' εὐεργὸς ἔῃσιν.'
    Ὣς ἔφατ', αὐτὰρ ἐγώ μιν ἀμειβόμενος προσέειπον·  435
' ὦ πόποι, ἦ μάλα δὴ γόνον Ἀτρέος εὐρύοπα Ζεὺς
ἐκπάγλως ἤχθηρε γυναικείας διὰ βουλὰς
ἐξ ἀρχῆς· Ἑλένης μὲν ἀπωλόμεθ' εἵνεκα πολλοὶ,
σοὶ δὲ Κλυταιμνήστρη δόλον ἤρτυε τηλόθ' ἐόντι.'
    Ὣς ἐφάμην, ὁ δέ μ' αὐτίκ' ἀμειβόμενος προσέειπε· 440
' τῷ νῦν μή ποτε καὶ σὺ γυναικί περ ἤπιος εἶναι·
μήδ' οἱ μῦθον ἅπαντα πιφαυσκέμεν, ὅν κ' εὖ εἰδῇς,
ἀλλὰ τὸ μὲν φάσθαι, τὸ δὲ καὶ κεκρυμμένον εἶναι.
ἀλλ' οὐ σοί γ', Ὀδυσεῦ, φόνος ἔσσεται ἔκ γε γυναικός·

wedding, or banquet, or gay festival. In times gone by, you have been present at the death of many men, — men slain in single combat and in the press of war ; yet here you would have felt your heart most touched with pity, to see how round the mixing-bowl and by the loaded tables we lay about the hall, and all the pavement swam with blood. Saddest of all I heard was the cry of Priam's daughter, Kassandra, whom crafty Klytaimnestra slew beside me; and I, on the ground, lifted my hands and clutched at my blade in dying. But she, the brutal woman, turned away, and did not deign, though I was going to the house of Hades, to draw with her hand my eyelids down and press my lips together. Ah, what can be more horrible and like a brute than woman when to such deeds as this she turns her mind ! And what a shameless deed she plotted to bring about the murder of the husband of her youth ! Surely I thought I should be welcomed even by my children and my slaves, on coming to my home ; but she, intent on such extremity of crime, brought shame upon herself and upon all of woman-kind who shall be born hereafter, even on well-doers also.'

"So he spoke, and answering him said I : 'Alas ! The line of Atreus far-seeing Zeus has sorely plagued with women's arts, from the beginning : for Helen's sake how many of us died ; and Klytaimnestra fashioned against you treachery while you were far away.'

"So I spoke, and answering me said he: 'Never be you yourself, then, gentle to your wife, nor speak out all the matter that you really mean ; but tell one part, and let one part be hid. And yet on you, Odysseus, no violent death

λίην γὰρ πινυτή τε καὶ εὖ φρεσὶ μήδεα οἶδε					445
κούρη Ἰκαρίοιο, περίφρων Πηνελόπεια.
ἣ μέν μιν νύμφην γε νέην κατελείπομεν ἡμεῖς
ἐρχόμενοι πόλεμόνδε· πάις δέ οἱ ἦν ἐπὶ μαζῷ
νήπιος, ὅς που νῦν γε μετ' ἀνδρῶν ἵζει ἀριθμῷ,
ὄλβιος· ἦ γὰρ τόν γε πατὴρ φίλος ὄψεται ἐλθών,					450
καὶ κεῖνος πατέρα προσπτύξεται, ἣ θέμις ἐστίν.
ἡ δ' ἐμὴ οὐδέ περ υἷος ἐνιπλησθῆναι ἄκοιτις
ὀφθαλμοῖσιν ἔασε· πάρος δέ με πέφνε καὶ αὐτόν.
[ἄλλο δέ τοι ἐρέω, σὺ δ' ἐνὶ φρεσὶ βάλλεο σῇσι·
κρύβδην, μηδ' ἀναφανδά, φίλην ἐς πατρίδα γαῖαν					455
νῆα κατισχέμεναι· ἐπεὶ οὐκέτι πιστὰ γυναιξίν.]
ἀλλ' ἄγε μοι τόδε εἰπὲ καὶ ἀτρεκέως κατάλεξον,
εἴ που ἔτι ζώοντος ἀκούετε παιδὸς ἐμοῖο,
ἤ που ἐν Ὀρχομενῷ, ἢ ἐν Πύλῳ ἠμαθόεντι,
ἤ που πὰρ Μενελάῳ ἐνὶ Σπάρτῃ εὐρείῃ·					460
οὐ γάρ πω τέθνηκεν ἐπὶ χθονὶ δῖος Ὀρέστης.'
    Ὣς ἔφατ', αὐτὰρ ἐγώ μιν ἀμειβόμενος προσέειπον·
' Ἀτρείδη, τί με ταῦτα διείρεαι ; οὐδέ τι οἶδα,
ζώει ὅ γ' ἦ τέθνηκε· κακὸν δ' ἀνεμώλια βάζειν.'
    Νῶι μὲν ὣς ἐπέεσσιν ἀμειβομένω στυγεροῖσιν					465
ἔσταμεν ἀχνύμενοι, θαλερὸν κατὰ δάκρυ χέοντες·
ἦλθε δ' ἐπὶ ψυχὴ Πηληιάδεω Ἀχιλῆος
καὶ Πατροκλῆος καὶ ἀμύμονος Ἀντιλόχοιο
Αἴαντός θ', ὃς ἄριστος ἔην εἰδός τε δέμας τε
τῶν ἄλλων Δαναῶν μετ' ἀμύμονα Πηλείωνα.					470
ἔγνω δὲ ψυχή με ποδώκεος Αἰακίδαο,
καί ῥ' ὀλοφυρομένη ἔπεα πτερόεντα προσηύδα·
    ' Διογενὲς Λαερτιάδη, πολυμήχαν' Ὀδυσσεῦ·
σχέτλιε, τίπτ' ἔτι μεῖζον ἐνὶ φρεσὶ μήσεαι ἔργον ;

shall ever fall from your wife's hand; for truly wise and
of an understanding heart is the daughter of Ikarios, heed-
ful Penelope. As a young bride we left her, on going to
the war. A child was at her breast, an infant then, who
now perhaps sits in the ranks of men, — and happy, too;
for his dear father, coming home, will see him, and he will
meet his father with embrace, as children ought to do.
But my wife did not let me feast my eyes upon my
son; ere that could be, she slew me. Nay, I will tell you
more; lay it to heart. By stealth, not openly, bring in
your ship to your own shore, for there is no more faith
in women. But come, declare me this, and plainly tell
if you hear my son is living still — at Orchomenos, per-
haps, or sandy Pylos, or at the home of Menelaos in broad
Sparta; for surely upon the earth royal Orestes has not
died.'

"So he spoke, and answering him said I: 'O son of
Atreus, why question me of this? I do not know if he
be alive or dead. To speak vain words is ill.'

"In such sad words conversing with each other mourn-
fully we stood, letting the big tears fall. And now there
came the spirit of Achilles, son of Peleus, and of Patro-
klos also, of gallant Antilochos, and then of Ajax who
was the first in beauty and in stature among all Danaäns
after the gallant son of Peleus. But the spirit of swift-
footed Aiakides knew me, and wailing said to me in
winged words:

"'High-born son of Laërtes, ready Odysseus, rash as
you are, what will you undertake more desperate than this!

πῶς ἔτλης Ἀϊδόσδε κατελθέμεν, ἔνθα τε νεκροὶ    475
ἀφραδέες ναίουσι, βροτῶν εἴδωλα καμόντων;'
  'Ὣς ἔφατ', αὐτὰρ ἐγώ μιν ἀμειβόμενος προσέειπον·
'ὦ Ἀχιλεῦ, Πηλέος υἱὲ, μέγα φέρτατ' Ἀχαιῶν,
ἦλθον Τειρεσίαο κατὰ χρέος, εἴ τινα βουλὴν
εἴποι, ὅπως Ἰθάκην ἐς παιπαλόεσσαν ἱκοίμην·    480
οὐ γάρ πω σχεδὸν ἦλθον Ἀχαιΐδος, οὐδέ πω ἁμῆς
γῆς ἐπέβην, ἀλλ' αἰὲν ἔχω κακά· σεῖο δ', Ἀχιλλεῦ,
οὔ τις ἀνὴρ προπάροιθε μακάρτατος οὔτ' ἄρ' ὀπίσσω.
πρὶν μὲν γάρ σε ζωὸν ἐτίομεν ἶσα θεοῖσιν
Ἀργεῖοι, νῦν αὖτε μέγα κρατέεις νεκύεσσιν    485
ἐνθάδ' ἐών· τῷ μή τι θανὼν ἀκαχίζευ, Ἀχιλλεῦ.'
  'Ὣς ἐφάμην, ὁ δέ μ' αὐτίκ' ἀμειβόμενος προσέειπε·
'μὴ δή μοι θάνατόν γε παραύδα, φαίδιμ' Ὀδυσσεῦ.
βουλοίμην κ' ἐπάρουρος ἐὼν θητευέμεν ἄλλῳ,
ἀνδρὶ παρ' ἀκλήρῳ, ᾧ μὴ βίοτος πολὺς εἴη,    490
ἢ πᾶσιν νεκύεσσι καταφθιμένοισιν ἀνάσσειν.
ἀλλ' ἄγε μοι τοῦ παιδὸς ἀγαυοῦ μῦθον ἐνίσπες,
ἢ ἕπετ' ἐς πόλεμον πρόμος ἔμμεναι ἦε καὶ οὐκί.
εἰπὲ δέ μοι Πηλῆος ἀμύμονος, εἴ τι πέπυσσαι,
ἢ ἔτ' ἔχει τιμὴν πολέσιν μετὰ Μυρμιδόνεσσιν,    495
ἦ μιν ἀτιμάζουσιν ἀν' Ἑλλάδα τε Φθίην τε,
οὕνεκά μιν κατὰ γῆρας ἔχει χεῖράς τε πόδας τε.
οὐ γὰρ ἐγὼν ἐπαρωγὸς ὑπ' αὐγὰς ἠελίοιο,
τοῖος ἐὼν οἷός ποτ' ἐνὶ Τροίῃ εὐρείῃ
πέφνον λαὸν ἄριστον, ἀμύνων Ἀργείοισιν.    500
εἰ τοιόσδ' ἔλθοιμι μίνυνθά περ ἐς πατέρος δῶ,
τῷ κέ τεῳ στύξαιμι μένος καὶ χεῖρας ἀάπτους,
οἳ κεῖνον βιόωνται ἐέργουσίν τ' ἀπὸ τιμῆς.'
  'Ὣς ἔφατ', αὐτὰρ ἐγώ μιν ἀμειβόμενος προσέειπον·

How dared you come down hither to the house of Hades, where dwell the senseless dead, spectres of toil-worn men?'

"So he spoke, and answering him said I: 'Achilles, son of Peleus, foremost of the Achaians, I came for consultation with Teiresias, hoping that he might give advice for reaching craggy Ithaka. I have not yet been near Achaia, nor once set foot upon my land, but have had constant trouble; while as for you, Achilles, no man was in the past more fortunate, nor in the future shall be; for formerly, during your life, we Argives gave you equal honor with the gods, and now you are a mighty lord among the dead, when here. Then do not grieve at having died, Achilles.'

"So I spoke, and straightway answering me said he: 'Mock not at death, glorious Odysseus. ( Better to be the hireling of a stranger, and serve a man of mean estate whose substance is but small, than be the ruler over all these dead and gone.) No, tell me tales about my noble son, whether or not he followed to the war to be a leader; and tell what you have heard of gallant Peleus, whether he still has honor among the hosts of Myrmidons; or do they slight him now in Hellas and in Phthia, because old age has touched his hands and feet? I am myself no longer in the sunlight as his defender, nor like what I once was when on the Trojan plain I routed a brave troop in succoring the Argives. If once like that I could but come, even for a little space, into my father's house, a terror would I make my might and my resistless hands to any who are troubling him and keeping him from honor.'

' ἦ τοι μὲν Πηλῆος ἀμύμονος οὔ τι πέπυσμαι,      505
αὐτάρ τοι παιδός γε Νεοπτολέμοιο φίλοιο
πᾶσαν ἀληθείην μυθήσομαι, ὥς με κελεύεις·
αὐτὸς γάρ μιν ἐγὼ κοίλης ἐπὶ νηὸς ἐΐσης
ἤγαγον ἐκ Σκύρου μετ' ἐϋκνήμιδας Ἀχαιούς.
ἦ τοι ὅτ' ἀμφὶ πόλιν Τροίην φραζοίμεθα βουλάς,      510
αἰεὶ πρῶτος ἔβαζε καὶ οὐχ ἡμάρτανε μύθων·
Νέστωρ τ' ἀντίθεος καὶ ἐγὼ νικάσκομεν οἴω.
αὐτὰρ ὅτ' ἐν πεδίῳ Τρώων μαρνοίμεθ' Ἀχαιοὶ
οὔ ποτ' ἐνὶ πληθυῖ μένεν ἀνδρῶν οὐδ' ἐν ὁμίλῳ,
ἀλλὰ πολὺ προθέεσκε, τὸ ὃν μένος οὐδενὶ εἴκων·      515
πολλοὺς δ' ἄνδρας ἔπεφνεν ἐν αἰνῇ δηιοτῆτι.
πάντας δ' οὐκ ἂν ἐγὼ μυθήσομαι οὐδ' ὀνομήνω,
ὅσσον λαὸν ἔπεφνεν ἀμύνων Ἀργείοισιν,
ἀλλ' οἷον τὸν Τηλεφίδην κατενήρατο χαλκῷ,
ἥρω' Εὐρύπυλον· πολλοὶ δ' ἀμφ' αὐτὸν ἑταῖροι      520
Κήτειοι κτείνοντο γυναίων εἵνεκα δώρων.
κεῖνον δὴ κάλλιστον ἴδον μετὰ Μέμνονα δῖον.
   Αὐτὰρ ὅτ' εἰς ἵππον κατεβαίνομεν, ὃν κάμ' Ἐπειὸς,
Ἀργείων οἱ ἄριστοι, ἐμοὶ δ' ἐπὶ πάντ' ἐτέταλτο,
[ἠμὲν ἀνακλῖναι πυκινὸν λόχον ἠδ' ἐπιθεῖναι·]      525
ἔνθ' ἄλλοι Δαναῶν ἡγήτορες ἠδὲ μέδοντες
δάκρυά τ' ὠμόργνυντο τρέμον θ' ὑπὸ γυῖα ἑκάστου·
κεῖνον δ' οὔ ποτε πάμπαν ἐγὼν ἴδον ὀφθαλμοῖσιν
οὔτ' ὠχρήσαντα χρόα κάλλιμον οὔτε παρειῶν
δάκρυ' ὀμορξάμενον· ὁ δέ με μάλα πόλλ' ἱκέτευεν      530
ἱππόθεν ἐξέμεναι, ξίφεος δ' ἐπεμαίετο κώπην
καὶ δόρυ χαλκοβαρές, κακὰ δὲ Τρώεσσι μενοίνα.
ἀλλ' ὅτε δὴ Πριάμοιο πόλιν διεπέρσαμεν αἰπὴν,
μοῖραν καὶ γέρας ἐσθλὸν ἔχων ἐπὶ νηὸς ἔβαινεν

"So he spoke, and answering him said I: 'Indeed, of gallant Peleus I know nothing.  But about your dear son Neoptolemos, I will tell you all the truth, as you desire; for it was I, in my trim hollow ship, who brought him from Skyros to the mailed Achaians.  And when en- camped about the town of Troy we held a council, he al- ways was the first to speak, and no word missed its mark; godlike Nestor and I alone surpassed him.  Moreover, on the Trojan plain, when we Achaians fought, he never tarried in the throng nor at the rallying-place, but ran before us all, yielding to none in courage.  Many a man he slew in mortal combat. ⌣Fully I could not tell, could not even name, the host he slew in fighting for the Ar- gives; but how he vanquished with his sword the son of Telephos, Eurypylos the hero!  Many of that Keteian band fell with their leader, lost by a woman's bribe.  So goodly a man as was Eurypylos I never saw, save kingly Memnon.

"'Afterwards, too, when we were entering the horse Epeios made, — we chieftains of the Argives, — and it all lay with me to shut or open our close hiding-place, other captains and councillors of the Danaäns would wipe away a tear, and their limbs shook beneath them; but watching him, at no time did I see his fair skin pale, nor from his cheeks did he wipe tears away.  Often he begged to leave the horse; he fingered his sword-hilt and his bronze-tipped spear, longing to vex the Trojans.  Yet af- ter we had overthrown the lofty town of Priam, he took his share of spoil and an honorable prize, and went on

ἀσκηθὴς, οὔτ' ἆρ βεβλημένος ὀξέι χαλκῷ 535
οὔτ' αὐτοσχεδίην οὐτασμένος, οἷά τε πολλὰ
γίγνεται ἐν πολέμῳ· ἐπιμὶξ δέ τε μαίνεται Ἄρης.'

Ὣς ἐφάμην, ψυχὴ δὲ ποδώκεος Αἰακίδαο
φοίτα μακρὰ βιβῶσα κατ' ἀσφοδελὸν λειμῶνα,
γηθοσύνη ὅ οἱ υἱὸν ἔφην ἀριδείκετον εἶναι. 540

Αἱ δ' ἄλλαι ψυχαὶ νεκύων κατατεθνηώτων
ἕστασαν ἀχνύμεναι, εἴροντο δὲ κήδε' ἑκάστη.
οἴη δ' Αἴαντος ψυχὴ Τελαμωνιάδαο
νόσφιν ἀφεστήκει, κεχολωμένη εἵνεκα νίκης,
τήν μιν ἐγὼ νίκησα δικαζόμενος παρὰ νηυσὶ 545
τεύχεσιν ἀμφ' Ἀχιλῆος· ἔθηκε δὲ πότνια μήτηρ.
παῖδες δὲ Τρώων δίκασαν καὶ Παλλὰς Ἀθήνη.
ὡς δὴ μὴ ὄφελον νικᾶν τοιῷδ' ἐπ' ἀέθλῳ·
τοίην γὰρ κεφαλὴν ἕνεκ' αὐτῶν γαῖα κατέσχεν,
Αἴανθ', ὃς περὶ μὲν εἶδος, περὶ δ' ἔργα τέτυκτο 550
τῶν ἄλλων Δαναῶν μετ' ἀμύμονα Πηλείωνα.
τὸν μὲν ἐγὼν ἐπέεσσι προσηύδων μειλιχίοισιν·

' Αἶαν, παῖ Τελαμῶνος ἀμύμονος, οὐκ ἄρ' ἔμελλες
οὐδὲ θανὼν λήσεσθαι ἐμοὶ χόλου εἵνεκα τευχέων
οὐλομένων ; τὰ δὲ πῆμα θεοὶ θέσαν Ἀργείοισι, 555
τοῖος γάρ σφιν πύργος ἀπώλεο· σεῖο δ' Ἀχαιοὶ
ἶσον Ἀχιλλῆος κεφαλῇ Πηληιάδαο
ἀχνύμεθα φθιμένοιο διαμπερές· οὐδέ τις ἄλλος
αἴτιος, ἀλλὰ Ζεὺς Δαναῶν στρατὸν αἰχμητάων
ἐκπάγλως ἤχθηρε, τεὶν δ' ἐπὶ μοῖραν ἔθηκεν. 560
ἀλλ' ἄγε δεῦρο, ἄναξ, ἵν' ἔπος καὶ μῦθον ἀκούσῃς
ἡμέτερον· δάμασον δὲ μένος καὶ ἀγήνορα θυμόν.'

Ὣς ἐφάμην, ὁ δέ μ' οὐδὲν ἀμείβετο, βῆ δὲ μετ' ἄλλας
ψυχὰς εἰς Ἔρεβος νεκύων κατατεθνηώτων.

board unharmed, not struck by brazen point nor pierced in the close combat, as for the most part happens in war; hap-hazard Ares rages.'

"So I spoke, and the spirit of swift-footed Aiakides departed with long strides across the field of asphodel, pleased that I said his son was famous.

"But the other spirits of those dead and gone stood sadly there; each asked for what he loved. Only the spirit of Telamonian Ajax held aloof, still angry at the victory I had gained in the contest at the ships for the armor of Achilles. The goddess mother of Achilles gave the prize, and the sons of the Trojans were the judges,— they and Pallas Athene. Would I had never won in such a strife, since by that means the earth closed round the head of Ajax, who in beauty and achievement surpassed all other Danaäns save the gallant son of Peleus. To him I spoke in gentle words and said:

"'Ajax, son of gallant Telamon, will- you not, even in death, forget your wrath about the accursed armor? To plague the Argives the gods gave it, since such a tower as you were lost thereby. Over your death as over that of Achilles, son of Peleus, do we Achaians sorrow continually. None was to blame but Zeus, who, hating the host of Danaän spearmen with fierce hatred, brought upon you this doom. Nay, king, draw near, that you may listen to our voice and what we say. Abate your pride and haughty spirit.'

"I spoke: he answered not, but went his way after the other spirits of those dead and gone on into Erebos. Yet

ἔνθα χ' ὅμως προσέφη κεχολωμένος, ἢ κεν ἐγὼ τόν· 565
ἀλλά μοι ἤθελε θυμὸς ἐνὶ στήθεσσι φίλοισι
τῶν ἄλλων ψυχὰς ἰδέειν κατατεθνηώτων.

Ἔνθ' ἦ τοι Μίνωα ἴδον, Διὸς ἀγλαὸν υἱόν,
χρύσεον σκῆπτρον ἔχοντα, θεμιστεύοντα νέκυσσιν,
ἥμενον· οἱ δέ μιν ἀμφὶ δίκας εἴροντο ἄνακτα, 570
ἥμενοι ἑσταότες τε, κατ' εὐρυπυλὲς Ἄιδος δῶ.

Τὸν δὲ μετ' Ὠρίωνα πελώριον εἰσενόησα
θῆρας ὁμοῦ εἰλεῦντα κατ' ἀσφοδελὸν λειμῶνα,
τοὺς αὐτὸς κατέπεφνεν ἐν οἰοπόλοισιν ὄρεσσι,
χερσὶν ἔχων ῥόπαλον παγχάλκεον, αἰὲν ἀαγές. 575

Καὶ Τιτυὸν εἶδον, Γαίης ἐρικυδέος υἱόν,
κείμενον ἐν δαπέδῳ· ὁ δ' ἐπ' ἐννέα κεῖτο πέλεθρα,
γῦπε δέ μιν ἑκάτερθε παρημένω ἧπαρ ἔκειρον,
δέρτρον ἔσω δύνοντες· ὁ δ' οὐκ ἀπαμύνετο χερσί·
Λητὼ γὰρ ἕλκησε, Διὸς κυδρὴν παράκοιτιν, 580
Πυθώδ' ἐρχομένην διὰ καλλιχόρου Πανοπῆος.

Καὶ μὴν Τάνταλον εἰσεῖδον χαλέπ' ἄλγε' ἔχοντα,
ἑστεῶτ' ἐν λίμνῃ· ἡ δὲ προσέπλαζε γενείῳ·
στεῦτο δὲ διψάων, πιέειν δ' οὐκ εἶχεν ἑλέσθαι·
ὁσσάκι γὰρ κύψει' ὁ γέρων πιέειν μενεαίνων, 585
τοσσάχ' ὕδωρ ἀπολέσκετ' ἀναβροχέν, ἀμφὶ δὲ ποσσὶ
γαῖα μέλαινα φάνεσκε, καταζήνασκε δὲ δαίμων.
δένδρεα δ' ὑψιπέτηλα κατὰ κρῆθεν χέε καρπόν,
ὄγχναι καὶ ῥοιαὶ καὶ μηλέαι ἀγλαόκαρποι
συκέαι τε γλυκεραὶ καὶ ἐλαῖαι τηλεθόωσαι· 590
τῶν ὁπότ' ἰθύσει' ὁ γέρων ἐπὶ χερσὶ μάσασθαι,
τὰς δ' ἄνεμος ῥίπτασκε ποτὶ νέφεα σκιόεντα.

Καὶ μὴν Σίσυφον εἰσεῖδον κρατέρ' ἄλγε' ἔχοντα,
λᾶαν βαστάζοντα πελώριον ἀμφοτέρῃσιν.

then, despite his wrath, he would have spoken, or I had spoken to him but that the heart within my breast wished to see other spirits of the dead.

"There I saw Minos, the radiant son of Zeus, a golden sceptre in his hand, administering justice to the dead from where he sat, while all around men called for judgment from the king, sitting and standing in the broad-gated hall of Hades.

"Next I marked huge Orion drive along the field of asphodel the game that in his life he slew amongst the lonely hills. He held a club of solid bronze that never can be broken.

"And Tityos I saw, the son of far-famed Gaia, stretched on the plain; across nine roods he stretched. Two vultures sat beside him, one upon either side, and tore his liver, piercing the caul within: yet with his hands he did not keep them off; for he did violence to Leto, the proud wife of Zeus, as she was going to Pytho through pleasant Panopeus.

"Tantalos, too, I saw in grievous torment, standing in a pool. It came up to his chin. He strained for thirst, but could not reach to drink; for as the old man bent, eager to drink, the water always was absorbed and disappeared, and at his feet the dark earth showed: God made it dry. Then leafy-crested trees drooped from above their fruit, — pears, pomegranates, apples with shining fruit, sweet figs, and thrifty olives. But when the old man stretched his hand to take, a breeze would toss them toward the dusky clouds.

27

ἦ τοι ὁ μὲν σκηριπτόμενος χερσίν τε ποσίν τε  ··    595
λᾶαν ἄνω ὤθεσκε ποτὶ λόφον· ἀλλ' ὅτε μέλλοι
ἄκρον ὑπερβαλέειν, τότ' ἀποστρέψασκε κραταιΐς·
αὖτις ἔπειτα πέδονδε κυλίνδετο λᾶας ἀναιδής.
αὐτὰρ ὅ γ' ἂψ ὤσασκε τιταινόμενος, κατὰ δ' ἱδρὼς
ἔρρεεν ἐκ μελέων, κονίη δ' ἐκ κρατὸς ὀρώρει.      600

    Τὸν δὲ μετ' εἰσενόησα βίην Ἡρακληείην,
εἴδωλον· αὐτὸς δὲ μετ' ἀθανάτοισι θεοῖσι
τέρπεται ἐν θαλίῃς καὶ ἔχει καλλίσφυρον Ἥβην
[παῖδα Διὸς μεγάλοιο καὶ Ἥρης χρυσοπεδίλου].
ἀμφὶ δέ μιν κλαγγὴ νεκύων ἦν οἰωνῶν ὣς,         605
πάντοσ' ἀτυζομένων· ὁ δ' ἐρεμνῇ νυκτὶ ἐοικὼς,
γυμνὸν τόξον ἔχων καὶ ἐπὶ νευρῆφιν ὀιστὸν,
δεινὸν παπταίνων, αἰεὶ βαλέοντι ἐοικώς.
σμερδαλέος δέ οἱ ἀμφὶ περὶ στήθεσσιν ἀορτὴρ
χρύσεος ἦν τελαμών, ἵνα θέσκελα ἔργα τέτυκτο,   610
ἄρκτοι τ' ἀγρότεροί τε σύες χαροποί τε λέοντες,
ὑσμῖναί τε μάχαι τε φόνοι τ' ἀνδροκτασίαι τε.
μὴ τεχνησάμενος μηδ' ἄλλο τι τεχνήσαιτο,
ὃς κεῖνον τελαμῶνα ἑῇ ἐγκάτθετο τέχνῃ.
ἔγνω δ' αὐτίκα κεῖνος, ἐπεὶ ἴδεν ὀφθαλμοῖσι,      615
καί μ' ὀλοφυρόμενος ἔπεα πτερόεντα προσηύδα·

  ' Διογενὲς Λαερτιάδη, πολυμήχαν' Ὀδυσσεῦ·
ἆ δείλ', ἦ τινὰ καὶ σὺ κακὸν μόρον ἡγηλάζεις,
ὅν περ ἐγὼν ὀχέεσκον ὑπ' αὐγὰς ἠελίοιο.
Ζηνὸς μὲν παῖς ἦα Κρονίονος, αὐτὰρ ὀιζὺν         620
εἶχον ἀπειρεσίην· μάλα γὰρ πολὺ χείρονι φωτὶ
δεδμήμην, ὁ δέ μοι χαλεποὺς ἐπετέλλετ' ἀέθλους.
καί ποτέ μ' ἐνθάδ' ἔπεμψε κύν' ἄξοντ'· οὐ γὰρ ἔτ' ἄλλον
φράζετο τοῦδέ γέ μοι χαλεπώτερον εἶναι ἄεθλον.

"And Sisyphos I saw in bitter pains, forcing a monstrous stone along with both his hands. Tugging with hand and foot, he pushed the stone upward along a hill. But when he thought to heave it up clean to the summit, a mighty power would turn it back; and so once more down to the ground the wicked stone would tumble. Again he strained to push it on; sweat ran down from his limbs, and from his head a dust cloud rose.

"And next I marked the might of Herakles, — his phantom form; for he himself is with the immortal gods reveling at their feasts, wed to fair-ankled Hebê, child of great Zeus and golden-sandaled Herê. Around him rose a clamor of the dead like that of birds fleeing all ways in terror; while he, like gloomy night, with his bow bare and arrow on the string, glared fearfully, as if forever in the act to shoot. Terrible was the baldric round about his breast, — a golden belt where marvelous devices had been wrought, bears and wild boars and fierce-eyed lions, struggles and fights, murders and blood-sheddings. Let the artificer design no more who once achieved that sword-belt by his art. Instantly when he saw, he knew me, and sorrowfully said in winged words:

"'High-born son of Laërtes, ready Odysseus, so you, poor man, work out a cruel task such as I often have endured when in the sunlight. I was the son of Kronian Zeus, yet I had pains unnumbered; for to one very far beneath me was I bound, and he imposed hard labors. Once he even sent me here to carry off the dog, for nothing he supposed could be a harder labor. I brought the

τὸν μὲν ἐγὼν ἀνένεικα καὶ ἤγαγον ἐξ Ἀίδαο·   625
Ἑρμείας δέ μ' ἔπεμψεν ἰδὲ γλαυκῶπις Ἀθήνη.

 Ὣς εἰπὼν ὁ μὲν αὖτις ἔβη δόμον Ἄιδος εἴσω,
αὐτὰρ ἐγὼν αὐτοῦ μένον ἔμπεδον, εἴ τις ἔτ' ἔλθοι
ἀνδρῶν ἡρώων, οἳ δὴ τὸ πρόσθεν ὄλοντο.
καί νύ κ' ἔτι προτέρους ἴδον ἀνέρας, οὓς ἔθελόν περ·   630
[Θησέα Πειρίθοόν τε, θεῶν ἐρικυδέα τέκνα·]
ἀλλὰ πρὶν ἐπὶ ἔθνε' ἀγείρετο μυρία νεκρῶν
ἠχῇ θεσπεσίῃ· ἐμὲ δὲ χλωρὸν δέος ᾕρει,
μή μοι Γοργείην κεφαλὴν δεινοῖο πελώρου
ἐξ Ἄιδος πέμψειεν ἀγαυὴ Περσεφόνεια.   635
αὐτίκ' ἔπειτ' ἐπὶ νῆα κιὼν ἐκέλευον ἑταίρους
αὐτούς τ' ἀμβαίνειν ἀνά τε πρυμνήσια λῦσαι.
οἱ δ' αἶψ' εἴσβαινον καὶ ἐπὶ κληῖσι καθῖζον.
τὴν δὲ κατ' Ὠκεανὸν ποταμὸν φέρε κῦμα ῥόοιο,
πρῶτα μὲν εἰρεσίῃ, μετέπειτα δὲ κάλλιμος οὖρος.   640

dog up hence, and dragged him forth from Hades. Hermes was my guide, — he and keen-eyed Athene.'

"So saying, back he went into the house of Hades, while I still held my place, hoping there yet might come some other heroes who died long ago. And more of the men of old I might have seen, as I desired, — Theseus and Perithoös, famous children of the gods; but ere they came, myriads of the people of the dead gathered with awful cry. Pale terror seized me; I thought perhaps the Gorgon head of some fell monster high Persephonê might send out of the house of Hades. So, hurrying to my ship, I called my crew to come on board and loose the cables. Quickly they came, and took their places at the pins, and down the ocean-stream the flowing current bore us, with oarage first and then a pleasant breeze."

# ΟΔΥΣΣΕΙΑΣ Μ.

## Σειρῆνες, Σκύλλα, Χάρυβδις, βόες Ἡλίου.

Αὐτὰρ ἐπεὶ ποταμοῖο λίπεν ῥόον Ὠκεανοῖο
νηῦς, ἀπὸ δ᾿ ἵκετο κῦμα θαλάσσης εὐρυπόροιο
νῆσόν τ᾿ Αἰαίην, ὅθι τ᾿ Ἠοῦς ἠριγενείης
οἰκία καὶ χοροί εἰσι καὶ ἀντολαὶ Ἠελίοιο,
νῆα μὲν ἔνθ᾿ ἐλθόντες ἐκέλσαμεν ἐν ψαμάθοισιν,
ἐκ δὲ καὶ αὐτοὶ βῆμεν ἐπὶ ῥηγμῖνι θαλάσσης.
ἔνθα δ᾿ ἀποβρίξαντες ἐμείναμεν Ἠῶ δῖαν.

Ἦμος δ᾿ ἠριγένεια φάνη ῥοδοδάκτυλος Ἠώς,
δὴ τότ᾿ ἐγὼν ἑτάρους προΐειν ἐς δώματα Κίρκης      10
οἰσέμεναι νεκρὸν Ἐλπήνορα τεθνηῶτα.
φιτροὺς δ᾿ αἶψα ταμόντες, ὅθ᾿ ἀκροτάτη πρόεχ᾿ ἀκτὴ,
θάπτομεν ἀχνύμενοι, θαλερὸν κατὰ δάκρυ χέοντες.
αὐτὰρ ἐπεὶ νεκρός τ᾿ ἐκάη καὶ τεύχεα νεκροῦ,
τύμβον χεύαντες καὶ ἐπὶ στήλην ἐρύσαντες
πήξαμεν ἀκροτάτῳ τύμβῳ εὐῆρες ἐρετμόν.      15

Ἡμεῖς μὲν τὰ ἕκαστα διείπομεν· οὐδ᾿ ἄρα Κίρκην
ἐξ Ἀΐδεω ἐλθόντες ἐλήθομεν, ἀλλὰ μάλ᾿ ὦκα
ἦλθ᾿ ἐντυναμένη· ἅμα δ᾿ ἀμφίπολοι φέρον αὐτῇ
σῖτον καὶ κρέα πολλὰ καὶ αἴθοπα οἶνον ἐρυθρόν.
ἡ δ᾿ ἐν μέσσῳ στᾶσα μετηύδα δῖα θεάων·      20

‘ Σχέτλιοι, οἳ ζώοντες ὑπήλθετε δῶμ᾿ Ἀΐδαο,
δισθανέες, ὅτε τ᾿ ἄλλοι ἅπαξ θνήσκουσ᾿ ἄνθρωποι.
ἀλλ᾿ ἄγετ᾿ ἐσθίετε βρώμην καὶ πίνετε οἶνον
αὖθι πανημέριοι· ἅμα δ᾿ ἠοῖ φαινομένηφι

# XII.

"AFTER our ship had left the current of the ocean-stream and come into the waters of the open sea and to the island of Aiaia, where is the dwelling of the early Dawn, her dancing-ground and place of rising, as we ran in we beached our ship among the sands, and forth we went ourselves upon the sea-shore, where, falling fast asleep, we awaited the sacred Dawn.

"But when the early rosy-fingered Dawn appeared, I sent men forward to the house of Circe to fetch the body of the dead Elpênor. Then we hewed logs in haste, and where the shore projected farthest we buried him with sorrow, letting the big tears fall. After the dead was burned and the armor of the dead man, we raised a mound, and placed thereon a pillar, and fixed on the mound's highest point his shapely oar.

"With all this we were busied; nevertheless, our coming from the house of Hades was not hid from Circe, but quickly she arrayed herself and came to meet us. Behind her, maids bore bread and stores of meat and ruddy sparkling wine; and standing in the midst of all, thus spoke the heavenly goddess:

"'Madmen! who have gone down alive into the house of Hades, thus twice to meet with death while others die but once, come, eat this food and drink this wine here for

πλεύσεσθ'· αὐτὰρ ἐγὼ δείξω ὁδὸν ἠδὲ ἕκαστα　25
σημανέω, ἵνα μή τι κακορραφίῃ ἀλεγεινῇ
ἢ ἁλὸς ἢ ἐπὶ γῆς ἀλγήσετε πῆμα παθόντες.'

'Ὣς ἔφαθ', ἡμῖν δ' αὖτ' ἐπεπείθετο θυμὸς ἀγήνωρ.
ὣς τότε μὲν πρόπαν ἦμαρ ἐς ἠέλιον καταδύντα
ἥμεθα δαινύμενοι κρέα τ' ἄσπετα καὶ μέθυ ἡδύ·　30
ἦμος δ' ἠέλιος κατέδυ καὶ ἐπὶ κνέφας ἦλθεν,
οἱ μὲν κοιμήσαντο παρὰ πρυμνήσια νηός,
ἡ δ' ἐμέ χειρὸς ἑλοῦσα φίλων ἀπονόσφιν ἑταίρων
εἷσέ τε καὶ προσέλεκτο καὶ ἐξερέεινεν ἕκαστα·
αὐτὰρ ἐγὼ τῇ πάντα κατὰ μοῖραν κατέλεξα.　35
καὶ τότε δή μ' ἐπέεσσι προσηύδα πότνια Κίρκη·

'Ταῦτα μὲν οὕτω πάντα πεπείρανται, σὺ δ' ἄκουσον,
ὥς τοι ἐγὼν ἐρέω, μνήσει δέ σε καὶ θεὸς αὐτός.
Σειρῆνας μὲν πρῶτον ἀφίξεαι, αἵ ῥά τε πάντας
ἀνθρώπους θέλγουσιν, ὅ τις σφέας εἰσαφίκηται.　40
ὅς τις ἀιδρείῃ πελάσῃ καὶ φθόγγον ἀκούσῃ
Σειρήνων, τῷ δ' οὔ τι γυνὴ καὶ νήπια τέκνα
οἴκαδε νοστήσαντι παρίσταται οὐδὲ γάνυνται,
ἀλλά τε Σειρῆνες λιγυρῇ θέλγουσιν ἀοιδῇ,
ἥμεναι ἐν λειμῶνι· πολὺς δ' ἀμφ' ὀστεόφιν θὶς　45
ἀνδρῶν πυθομένων, περὶ δὲ ῥινοὶ μινύθουσι.
ἀλλὰ παρὲξ ἐλάαν, ἐπὶ δ' οὔατ' ἀλεῖψαι ἑταίρων
κηρὸν δεψήσας μελιηδέα, μή τις ἀκούσῃ
τῶν ἄλλων· ἀτὰρ αὐτὸς ἀκουέμεν αἴ κ' ἐθέλῃσθα
δησάντων σ' ἐν νηὶ θοῇ χεῖράς τε πόδας τε　50
ὀρθὸν ἐν ἱστοπέδῃ, ἐκ δ' αὐτοῦ πείρατ' ἀνήφθω,
ὄφρα κε τερπόμενος ὄπ' ἀκούῃς Σειρήνοιιν.
εἰ δέ κε λίσσηαι ἑτάρους λῦσαί τε κελεύῃς,
οἱ δέ σ' ἔτι πλεόνεσσι τότ' ἐν δεσμοῖσι διδέντων.

to-day, and with the morrow's dawn you shall set sail. I will myself point out the way and fully show you all, lest through some lamentable lack of skill you be distressed on sea or land and suffer harm.'

"So she spoke, and our high hearts assented. Thus, then, throughout the day till setting sun we sat and feasted on abundant meat and the sweet wine; and when the sun had set and darkness came, my men lay down to sleep by the ship's cables; but leading me by the hand apart from my good comrades, the goddess bade me sit, herself reclined beside me, and asked me for my story. So I related to her all in its due order. Then in these words did potent Circe speak to me:

"'All this is ended now; but listen to what I say, and God himself shall help you to remember. First you will meet the Sirens, who cast a spell on every man who goes their way. Whoso draws near unwarned and hears the Sirens' voices, by him no wife or little child shall ever stand, glad at his coming home; for the Sirens cast a spell of penetrating song, sitting within a meadow. But by their side is a great heap of rotting human bones; fragments of skin are shriveling on them. Therefore sail on, and stop your comrades' ears with sweet wax kneaded soft, that none of the rest may hear. As for yourself, if you desire to listen, see that they bind you hand and foot on the swift ship, upright upon the mast-block, — round the mast let the rope's ends be wound, — that so with pleasure you may hear the Sirens' song. But if you should entreat your men and bid them set you free, let them thereat with still more fetters bind you fast.

Αὐτὰρ ἐπὴν δὴ τάς γε παρὲξ ἐλάσωσιν ἑταῖροι,      55
ἔνθα τοι οὐκέτ' ἔπειτα διηνεκέως ἀγορεύσω
ὁπποτέρη δή τοι ὁδὸς ἔσσεται, ἀλλὰ καὶ αὐτὸς
θυμῷ βουλεύειν· ἐρέω δέ τοι ἀμφοτέρωθεν.
ἔνθεν μὲν γὰρ πέτραι ἐπηρεφέες, προτὶ δ' αὐτὰς
κῦμα μέγα ῥοχθεῖ κυανώπιδος Ἀμφιτρίτης·      60
Πλαγκτὰς δή τοι τάς γε θεοὶ μάκαρες καλέουσι.
τῇ μέν τ' οὐδὲ ποτητὰ παρέρχεται οὐδὲ πέλειαι
τρήρωνες, ταί τ' ἀμβροσίην Διὶ πατρὶ φέρουσιν,
ἀλλά τε καὶ τῶν αἰὲν ἀφαιρεῖται λὶς πέτρη·
ἀλλ' ἄλλην ἐνίησι πατὴρ ἐναρίθμιον εἶναι.      65
τῇ δ' οὔ πώ τις νηῦς φύγεν ἀνδρῶν, ἥ τις ἵκηται,
ἀλλά θ' ὁμοῦ πίνακάς τε νεῶν καὶ σώματα φωτῶν
κύμαθ' ἁλὸς φορέουσι πυρός τ' ὀλοοῖο θύελλαι.
οἴη δὴ κείνη γε παρέπλω ποντοπόρος νηῦς
Ἀργὼ πᾶσι μέλουσα, παρ' Αἰήταο πλέουσα·      70
καί νύ κε τὴν ἔνθ' ὦκα βάλεν μεγάλας ποτὶ πέτρας,
ἀλλ' Ἥρη παρέπεμψεν, ἐπεὶ φίλος ἦεν Ἰήσων.
    Οἱ δὲ δύω σκόπελοι ὁ μὲν οὐρανὸν εὐρὺν ἱκάνει
ὀξείῃ κορυφῇ, νεφέλη δέ μιν ἀμφιβέβηκε
κυανέη· τὸ μὲν οὔ ποτ' ἐρωεῖ, οὐδέ ποτ' αἴθρη      75
κείνου ἔχει κορυφὴν οὔτ' ἐν θέρει οὔτ' ἐν ὀπώρῃ·
οὐδέ κεν ἀμβαίη βροτὸς ἀνὴρ, οὐδ' ἐπιβαίη,
οὐδ' εἰ οἱ χεῖρές τε ἐείκοσι καὶ πόδες εἶεν·
πέτρη γὰρ λίς ἐστι, περιξεστῇ εἰκυῖα.
μέσσῳ δ' ἐν σκοπέλῳ ἐστὶ σπέος ἠεροειδές,      80
πρὸς ζόφον εἰς Ἔρεβος τετραμμένον, ᾗ περ ἂν ὑμεῖς
νῆα παρὰ γλαφυρὴν ἰθύνετε, φαίδιμ' Ὀδυσσεῦ.
οὐδέ κεν ἐκ νηὸς γλαφυρῆς αἰζήιος ἀνὴρ
τόξῳ οἰστεύσας κοῖλον σπέος εἰσαφίκοιτο.

" 'Now when your men have brought the ship past these, what is to be your course thenceforth I will not fully say; do you yourself ponder it in your heart. I will describe to you both ways. Along one route stand beetling cliffs, and on them roar the mighty waves of dark-eyed Amphitritê; the blessed gods call them the Wanderers. This way not even winged things can pass, —no, not the gentle doves which bear ambrosia to father Zeus; but one of them the smooth rock always draws away, though the father puts another in to fill the number. No ship of man ever escapes when once come hither, but in one common ruin planks of ships and sailors' bodies are swept by the sea-waves and storms of deadly flame. The only coursing ship that ever passed was Argo, famed of all mankind, when voyaging from Aiêtes; and her as well the waves would soon have dashed on the great rocks, but Herê brought her through from love to Jason.

" 'By the other way there are two crags, one touching the broad heavens with its sharp peak. Clouds gather about it darkly and never float away; light strikes its peak neither in heat nor harvest. Up this no mortal man could climb or on it find a hold, not even if twenty hands and feet were his; for the rock is smooth, as it were polished. Now in the middle of the crag is a dim cave, facing the west and Erebos, — the very way where you must steer your rounded ship, glorious Odysseus; and from that rounded ship no lusty youth could with a bow-
.ch the hollow cave. Here Scylla dwells, utter-

ἔνθα δ' ἐνὶ Σκύλλη ναίει δεινὸν λελακυῖα·                    85
τῆς ἦ τοι φωνὴ μὲν ὅση σκύλακος νεογιλῆς
γίγνεται, αὐτὴ δ' αὖτε πέλωρ κακόν· οὐδέ κέ τίς μιν
γηθήσειεν ἰδὼν, οὐδ' εἰ θεὸς ἀντιάσειε.
τῆς ἦ τοι πόδες εἰσὶ δυώδεκα πάντες ἄωροι,
ἐξ δέ τέ οἱ δειραὶ περιμήκεες, ἐν δὲ ἑκάστη            90
σμερδαλέη κεφαλὴ, ἐν δὲ τρίστοιχοι ὀδόντες,
πυκνοὶ καὶ θαμέες, πλεῖοι μέλανος θανάτοιο.
μέσση μέν τε κατὰ σπείους κοίλοιο δέδυκεν,
ἔξω δ' ἐξίσχει κεφαλὰς δεινοῖο βερέθρου,
αὐτοῦ δ' ἰχθυάᾳ, σκόπελον περιμαιμώωσα,              95
δελφῖνάς τε κύνας τε καὶ εἴ ποθι μεῖζον ἕλησι
κῆτος, ἃ μυρία βόσκει ἀγάστονος Ἀμφιτρίτη.
τῇ δ' οὔ πώ ποτε ναῦται ἀκήριοι εὐχετόωνται
παρφυγέειν σὺν νηΐ· φέρει δέ τε κρατὶ ἑκάστῳ
φῶτ' ἐξαρπάξασα νεὸς κυανοπρῴροιο.                 100
    Τὸν δ' ἕτερον σκόπελον χθαμαλώτερον ὄψει, Ὀδυσσεῦ.
πλησίον ἀλλήλων· καί κεν διοϊστεύσειας.
τῷ δ' ἐν ἐρινεός ἐστι μέγας, φύλλοισι τεθηλώς·
τῷ δ' ὑπὸ δῖα Χάρυβδις ἀναρροιβδεῖ μέλαν ὕδωρ.
τρὶς μὲν γάρ τ' ἀνίησιν ἐπ' ἤματι, τρὶς δ' ἀναροιβδεῖ 105
δεινόν· μὴ σύ γε κεῖθι τύχοις, ὅτε ῥοιβδήσειεν·
οὐ γάρ κεν ῥύσαιτό σ' ὑπ' ἐκ κακοῦ οὐδ' ἐνοσίχθων.
ἀλλὰ μάλα Σκύλλης σκοπέλῳ πεπλημένος ὦκα
νῆα παρὲξ ἐλάαν, ἐπεὶ ἦ πολὺ φέρτερόν ἐστιν
ἓξ ἑτάρους ἐν νηῒ ποθήμεναι ἢ ἅμα πάντας.'          110
    Ὣς ἔφατ', αὐτὰρ ἐγώ μιν ἀμειβόμενος προσέειπον·
'εἰ δ' ἄγε δή μοι τοῦτο, θεὰ, νημερτὲς ἐνίσπες,
εἴ πως τὴν ὀλοὴν μὲν ὑπεκπροφύγοιμι Χάρυβδιν,
τὴν δέ κ' ἀμυναίμην, ὅτε μοι σίνοιτό γ' ἑταίρους.'

ing hideous cries; her voice like that of a young dog, and she herself an evil monster. None can behold her and be glad, be it a god who meets her. Twelve feet she has, and all misshapen; six necks, exceeding long; on each a frightful head; in these three rows of teeth, stout and close-set, fraught with dark death. As far as the waist she is drawn back within the hollow cave; but forth she holds her heads outside the awful chasm and fishes there, spying around the crag for dolphins, dogfish, or whatever larger creature she may catch, such things as voiceful Amphitritê breeds by thousands. There never yet could sailors boast of passing with their ship in safety; for with each head she takes a man, snatching him from the dark-bowed ship.

"'The second crag is lower, you will see, Odysseus, and close beside the first; you well might shoot across. On it a fig-tree stands, tall and in leafy bloom, underneath which divine Charybdis sucks the dark water down. For thrice a day she sends it up, and thrice she sucks it down, —a fearful sight! May you not happen to be there when it goes down, for nobody could save you then from ill, not even the Earth-shaker. But swiftly turn your course toward Scylla's crag, and speed the ship past her; for surely it is far better to miss six comrades from your ship than all together.'

"So she spoke, and answering her, said I: 'Yet, goddess, tell me this in very truth: might I not possibly escape from fell Charybdis, and then beat off that other when she assails my crew?'

'Ὡς ἐφάμην, ἡ δ' αὐτίκ' ἀμείβετο δῖα θεάων·     115
' σχέτλιε, καὶ δὴ αὖ τοι πολεμήια ἔργα μέμηλε
καὶ πόνος· οὐδὲ θεοῖσιν ὑπείξεαι ἀθανάτοισιν ;
ἡ δέ τοι οὐ θνητή, ἀλλ' ἀθάνατον κακόν ἐστι,
δεινόν τ' ἀργαλέον τε καὶ ἄγριον οὐδὲ μαχητόν·
οὐδέ τίς ἐστ' ἀλκή· φυγέειν κάρτιστον ἀπ' αὐτῆς.     120
ἢν γὰρ δηθύνῃσθα κορυσσόμενος παρὰ πέτρῃ,
δείδω μή σ' ἐξαῦτις ἐφορμηθεῖσα κίχῃσι
τόσσῃσιν κεφαλῇσι, τόσους δ' ἐκ φῶτας ἕληται.
ἀλλὰ μάλα σφοδρῶς ἐλάαν, βωστρεῖν δὲ Κραταιὶν,
μητέρα τῆς Σκύλλης, ἥ μιν τέκε πῆμα βροτοῖσιν·     125
ἥ μιν ἔπειτ' ἀποπαύσει ἐς ὕστερον ὁρμηθῆναι.

Θρινακίην δ' ἐς νῆσον ἀφίξεαι· ἔνθα δὲ πολλαὶ
βόσκοντ' Ἠελίοιο βόες καὶ ἴφια μῆλα,
ἑπτὰ βοῶν ἀγέλαι, τόσα δ' οἰῶν πώεα καλά,
πεντήκοντα δ' ἔκαστα· γόνος δ' οὐ γίγνεται αὐτῶν,     130
οὐδέ ποτε φθινύθουσι. θεαὶ δ' ἐπιποιμένες εἰσὶ,
νύμφαι ἐυπλόκαμοι, Φαέθουσά τε Λαμπετίη τε,
ἃς τέκεν Ἠελίῳ Ὑπερίονι δῖα Νέαιρα.
τὰς μὲν ἄρα θρέψασα τεκοῦσά τε πότνια μήτηρ
Θρινακίην ἐς νῆσον ἀπῴκισε τηλόθι ναίειν,     135
μῆλα φυλασσέμεναι πατρώια καὶ ἕλικας βοῦς.
τὰς εἰ μέν κ' ἀσινέας ἐάᾳς νόστου τε μέδηαι,
ἦ τ' ἂν ἔτ' εἰς Ἰθάκην κακά περ πάσχοντες ἵκοισθε·
εἰ δέ κε σίνηαι, τότε τοι τεκμαίρομ' ὄλεθρον
νηί τε καὶ ἑτάροις· αὐτὸς δ' εἴ πέρ κεν ἀλύξῃς,     140
ὀψὲ κακῶς νεῖαι, ὀλέσας ἄπο πάντας ἑταίρους.'

'Ὡς ἔφατ', αὐτίκα δὲ χρυσόθρονος ἤλυθεν Ἠώς.
ἡ μὲν ἔπειτ' ἀνὰ νῆσον ἀπέστιχε δῖα θεάων·
αὐτὰρ ἐγὼν ἐπὶ νῆα κιὼν ὤτρυνον ἑταίρους

"So I spoke, and straight the heavenly goddess answered: 'Foolhardy man! Still bent on war and struggle! Will you not yield even to immortal gods? This is no mortal being, but an immortal woe, — dire, hard, and fierce, and not to be fought down. Courage is nothing; flight is the bravest course. For if you arm and linger by the rock, I fear that, issuing forth once more, she may attack you with her many heads and carry off as many men. Therefore with utmost zeal speed on; and call on Force, the mother of this Scylla, who bore her for a bane to humankind; she will restrain her then from sallying forth once more.

"'Next, you will reach the island of Thrinakia, where in great numbers feed the kine and the sturdy flocks of the Sun, — seven droves of kine and of sheep as many beautiful herds, fifty in each. No young are born of them, nor do they ever die. Goddesses are their shepherds, nymphs of fair hair, Phaëthousa and Lampetiê, whom to the exalted Sun divine Neaira bore. Them did their potent mother bear and rear, and she sent them to the island of Thrinakia to dwell afar, to keep their father's flocks and crook-horned kine. If you leave these unharmed and heed your homeward way, you still may come to Ithaka, though you shall meet with hardship; but if you harm them, then I predict the loss of ship and crew; and even if you yourself escape, late shall you come, in evil plight, with loss of all your crew.'

"As she thus spoke, the gold-throned morning came, and up the island the heavenly goddess went her way; I turned me toward my ship, and roused my men to come

αὐτούς τ' ἀμβαίνειν ἀνά τε πρυμνήσια λῦσαι.                     145
οἱ δ' αἶψ' εἴσβαινον καὶ ἐπὶ κληῖσι καθῖζον.
[ἑξῆς δ' ἑζόμενοι πολιὴν ἅλα τύπτον ἐρετμοῖς.]
ἡμῖν δ' αὖ κατόπισθε νεὸς κυανοπρῴροιο
ἴκμενον οὖρον ἵει πλησίστιον, ἐσθλὸν ἑταῖρον,
Κίρκη ἐυπλόκαμος, δεινὴ θεὸς αὐδήεσσα.                         150
αὐτίκα δ' ὅπλα ἕκαστα πονησάμενοι κατὰ νῆα
ἥμεθα· τὴν δ' ἄνεμός τε κυβερνήτης τ' ἴθυνε.
δὴ τότ' ἐγὼν ἑτάροισι μετηύδων ἀχνύμενος κῆρ·

'Ὦ φίλοι, οὐ γὰρ χρὴ ἕνα ἴδμεναι οὐδὲ δύ' οἴους
θέσφαθ' ἅ μοι Κίρκη μυθήσατο, δῖα θεάων·                       155
ἀλλ' ἐρέω μὲν ἐγών, ἵνα εἰδότες ἤ κε θάνωμεν
ἤ κεν ἀλευάμενοι θάνατον καὶ κῆρα φύγοιμεν.
Σειρήνων μὲν πρῶτον ἀνώγει θεσπεσιάων
φθόγγον ἀλεύασθαι καὶ λειμῶν' ἀνθεμόεντα.
οἶον ἔμ' ἠνώγει ὄπ' ἀκουέμεν· ἀλλά με δεσμῷ                    160
δῆσατ' ἐν ἀργαλέῳ, ὄφρ' ἔμπεδον αὐτόθι μίμνω,
ὀρθὸν ἐν ἱστοπέδῃ, ἐκ δ' αὐτοῦ πείρατ' ἀνήφθω.
εἰ δέ κε λίσσωμαι ὑμέας λῦσαί τε κελεύω,
ὑμεῖς δὲ πλεόνεσσι τότ' ἐν δεσμοῖσι πιέζειν.'

'Ἦ τοι ἐγὼ τὰ ἕκαστα λέγων ἑτάροισι πίφαυσκον· 165
τόφρα δὲ καρπαλίμως ἐξίκετο νηῦς ἐυεργὴς
νῆσον Σειρήνοιιν· ἔπειγε γὰρ οὖρος ἀπήμων.
αὐτίκ' ἔπειτ' ἄνεμος μὲν ἐπαύσατο ἡ δὲ γαλήνη
ἔπλετο νηνεμίη, κοίμησε δὲ κύματα δαίμων.
ἀνστάντες δ' ἕταροι νεὸς ἱστία μηρύσαντο,                     170
καὶ τὰ μὲν ἐν νηὶ γλαφυρῇ θέσαν, οἱ δ' ἐπ' ἐρετμὰ
ἑζόμενοι λεύκαινον ὕδωρ ξεστῇς ἐλάτῃσιν.
αὐτὰρ ἐγὼ κηροῖο μέγαν τροχὸν ὀξέι χαλκῷ
τυτθὰ διατμήξας χερσὶ στιβαρῇσι πίεζον.

on board and loose the cables. Quickly they came, took places at the pins, and sitting in order smote the foaming water with their oars. And for our aid, behind our dark-bowed ship, came a fair wind, to fill our sail, — a welcome comrade, sent us by fair-haired Circe, the mighty goddess human of speech. Then after doing our work at the several ropes about the ship, we sat us down, while wind and helmsman kept her steady.

"Now to my men, with aching heart, I said : ' My friends, it is not right for only one or two to know the oracles which Circe told, that heavenly goddess. Therefore I speak, that, knowing all, we so may die, or fleeing death and doom, we may escape. Against the marvelous Sirens first she warns us, that we should flee their voice and flowery meadow. Only ,myself she bade to hear their voice; but bind me with galling cords, that I may stay fixed in my place, upright upon the mast-block, — round the mast let the rope's ends be wound. And if I should entreat you, and bid you set me free, thereat with still more fetters bind me fast.'

"Thus I, relating all my tale, talked with my comrades. Meanwhile our stanch ship swiftly neared the Sirens' island ; a fair wind swept her on. Then on a sudden the breeze stopped ; there came a breathless calm ; divine power lulled the waves. My comrades, rising up, furled the ship's sail, stowed it on board the hollow ship, and, bending to their oars, whitened the water with the polished blades. But I, with my sharp sword, cut a great roll of wax into small bits, and these I kneaded in my sturdy hands. Soon the wax warmed, forced by the pow-

αἶψα δ' ἰαίνετο κηρός, ἐπεὶ κέλετο μεγάλη ἲς          175
Ἡελίου τ' αὐγὴ Ὑπεριονίδαο ἄνακτος·
ἐξείης δ' ἑτάροισιν ἐπ' οὔατα πᾶσιν ἄλειψα.
οἱ δ' ἐν νηί μ' ἔδησαν ὁμοῦ χεῖράς τε πόδας τε
ὀρθὸν ἐν ἱστοπέδῃ, ἐκ δ' αὐτοῦ πείρατ' ἀνῆπτον·
αὐτοὶ δ' ἑζόμενοι πολιὴν ἅλα τύπτον ἐρετμοῖς.          180
ἀλλ' ὅτε τόσσον ἀπῆν ὅσσον τε γέγωνε βοήσας,
ῥίμφα διώκοντες, τὰς δ' οὐ λάθεν ὠκύαλος νηῦς
ἐγγύθεν ὀρνυμένη, λιγυρὴν δ' ἔντυνον ἀοιδήν·

    ' Δεῦρ' ἄγ' ἰών, πολύαιν' Ὀδυσεῦ, μέγα κῦδος Ἀχαιῶν,
νῆα κατάστησον, ἵνα νωιτέρην ὄπ' ἀκούσῃς.              185
οὐ γάρ πώ τις τῇδε παρήλασε νηὶ μελαίνῃ,
πρίν γ' ἡμέων μελίγηρυν ἀπὸ στομάτων ὄπ' ἀκοῦσαι,
ἀλλ' ὅ γε τερψάμενος νεῖται καὶ πλείονα εἰδώς.
ἴδμεν γάρ τοι πάνθ' ὅσ' ἐνὶ Τροίῃ εὐρείῃ
Ἀργεῖοι Τρῶές τε θεῶν ἰότητι μόγησαν·                  190
ἴδμεν δ' ὅσσα γένηται ἐπὶ χθονὶ πουλυβοτείρῃ.'

    Ὣς φάσαν ἱεῖσαι ὄπα κάλλιμον· αὐτὰρ ἐμὸν κῆρ
ἤθελ' ἀκουέμεναι, λῦσαί τ' ἐκέλευον ἑταίρους,
ὀφρύσι νευστάζων· οἱ δὲ προπεσόντες ἔρεσσον.
αὐτίκα δ' ἀνστάντες Περιμήδης Εὐρύλοχός τε            195
πλείοσί μ' ἐν δεσμοῖσι δέον μᾶλλόν τε πίεζον.
αὐτὰρ ἐπεὶ δὴ τάς γε παρήλασαν, οὐδ' ἔτ' ἔπειτα
φθογγῆς Σειρήνων ἠκούομεν οὐδέ τ' ἀοιδῆς,
αἶψ' ἀπὸ κηρὸν ἕλοντο ἐμοὶ ἐρίηρες ἑταῖροι,
ὅν σφιν ἐπ' ὠσὶν ἄλειψ', ἐμέ τ' ἐκ δεσμῶν ἀνέλυσαν.   200

    Ἀλλ' ὅτε δὴ τὴν νῆσον ἐλείπομεν, αὐτίκ' ἔπειτα
καπνὸν καὶ μέγα κῦμα ἴδον καὶ δοῦπον ἄκουσα·
τῶν δ' ἄρα δεισάντων ἐκ χειρῶν ἔπτατ' ἐρετμά,
βόμβησαν δ' ἄρα πάντα κατὰ ῥόον· ἔσχετο δ' αὐτοῦ

erful pressure and by the rays of the exalted Sun, the lord of all. I then anointed, one by one, the ears of all my crew; and on the deck they bound me hand and foot, upright upon the mast-block, — round the mast they knotted the rope's ends; and sitting down they smote the foaming water with their oars. But when we were as far away as one can call, and swiftly were driving onward, our speeding ship, as it drew nigh, did not escape the Sirens, and thus they lifted up their penetrating song:

"'Come hither, come, Odysseus, whom all praise, great glory of the Achaians! Bring in your ship, and listen to our voices. For none has ever passed us by in a black ship till from our lips he heard ecstatic song, then went his way rejoicing, and with larger knowledge. For we know all that on the plain of Troy Argives and Trojans suffered at the gods' behest; we know whatever may befall upon the bounteous earth.'

"So spoke they, sending forth their beauteous voices, and my heart longed to listen. Knitting my brows, I made the signal to my men to set me free; but, bending forward, on they rowed. And straightway Perimedes and Eurylochos arose and laid upon me still more cords and drew them tighter. Then, after passing by, when we could hear no more the Sirens' voice or any singing, quickly my trusty crew removed the wax with which I stopped their ears, and set me free from bondage.

"Soon after we left the island, I observed a smoke, I saw high waves and heard a plunging sound. In the terror of my men the oars flew from their hands, and splashed against the current. There the ship stayed, for

νηῦς, ἐπεὶ οὐκέτ᾽ ἐρετμὰ προήκεα χερσὶν ἔπειγον.    205
αὐτὰρ ἐγὼ διὰ νηὸς ἰὼν ὤτρυνον ἑταίρους
μειλιχίοις ἐπέεσσι παρασταδὸν ἄνδρα ἕκαστον·
‘ Ὦ φίλοι, οὐ γάρ πώ τι κακῶν ἀδαήμονές εἰμεν·
οὐ μὲν δὴ τόδε μεῖζον ἔπι κακὸν ἢ ὅτε Κύκλωψ
εἴλει ἐνὶ σπῆι γλαφυρῷ κρατερῆφι βίηφιν·    210
ἀλλὰ καὶ ἔνθεν ἐμῇ ἀρετῇ βουλῇ τε νόῳ τε
ἐκφύγομεν, καί που τῶνδε μνήσεσθαι ὀίω.
νῦν δ᾽ ἄγεθ᾽, ὡς ἂν ἐγὼ εἴπω, πειθώμεθα πάντες.
ὑμεῖς μὲν κώπῃσιν ἁλὸς ῥηγμῖνα βαθεῖαν
τύπτετε κληίδεσσιν ἐφήμενοι, αἴ κέ ποθι Ζεὺς    215
δώῃ τόνδε γ᾽ ὄλεθρον ὑπεκφυγέειν καὶ ἀλύξαι·
σοὶ δέ, κυβερνῆθ᾽, ὧδ᾽ ἐπιτέλλομαι· ἀλλ᾽ ἐνὶ θυμῷ
βάλλευ, ἐπεὶ νηὸς γλαφυρῆς οἰήια νωμᾷς.
τούτου μὲν καπνοῦ καὶ κύματος ἐκτὸς ἔεργε
νῆα, σὺ δὲ σκοπέλων ἐπιμαίεο, μή σε λάθῃσι    220
κεῖσ᾽ ἐξορμήσασα καὶ ἐς κακὸν ἄμμε βάλῃσθα.᾽
Ὣς ἐφάμην, οἱ δ᾽ ὦκα ἐμοῖς ἐπέεσσι πίθοντο.
Σκύλλην δ᾽ οὐκέτ᾽ ἐμυθεόμην, ἄπρηκτον ἀνίην,
μή πώς μοι δείσαντες ἀπολλήξειαν ἑταῖροι
εἰρεσίης, ἐντὸς δὲ πυκάζοιεν σφέας αὐτούς.    225
καὶ τότε δὴ Κίρκης μὲν ἐφημοσύνης ἀλεγεινῆς
λανθανόμην, ἐπεὶ οὔ τί μ᾽ ἀνώγει θωρήσσεσθαι·
αὐτὰρ ἐγὼ καταδὺς κλυτὰ τεύχεα καὶ δύο δοῦρε
μάκρ᾽ ἐν χερσὶν ἑλὼν εἰς ἴκρια νηὸς ἔβαινον
πρῴρης· ἔνθεν γάρ μιν ἐδέγμην πρῶτα φανεῖσθαι    230
Σκύλλην πετραίην, ἥ μοι φέρε πῆμ᾽ ἑτάροισιν.
οὐδέ πῃ ἀθρῆσαι δυνάμην· ἔκαμον δέ μοι ὄσσε
πάντῃ παπταίνοντι πρὸς ἠεροειδέα πέτρην.
Ἡμεῖς δὲ στεινωπὸν ἀνεπλέομεν γοόωντες·

they plied with their hands the tapering oars no more.
Then down the ship I passed and roused my men with
cheering words, standing by each in turn :

" ' Friends, hitherto we have not been untried in dan-
ger. Here is no greater danger than when the Cyclops
penned us within his hollow cave with brutal might. Yet
out of that, through energy of mine, through will and
wisdom, we escaped. These dangers, too, I think some
day we shall remember. Come then, and what I say let
us all follow. You with your oars strike the deep break-
ers of the sea, keeping your places at the pins — if haply
Zeus may set us free from present death, and let us go in
safety. And, helmsman, these are my commands for you ;
lay them to heart, for you control the rudders of our hol-
low ship : keep the ship off that smoke and surf, and hug
the crags, or else, before you know it, she may veer off
that way, and you will bring us into danger.'

" So I spoke, and my commands they quickly heeded.
But Scylla I did not name, — that hopeless horror, — for
fear, through fright, my men might cease to row, and hud-
dle all together in the hold. Then I neglected also the
hard behest of Circe, where she had said I must by no
means arm ; but putting on my splendid armor and tak-
ing in my hands my two long spears, I went upon the
ship's fore-deck, for thence I looked for the first sight of
Scylla of the rock, who brought my men disaster. No-
where could I descry her ; my eyes grew weary, search-
ing up and down the gloomy cliff.

" So up the strait we sailed in sadness ; for here lay

ἔνθεν γὰρ Σκύλλη, ἑτέρωθι δὲ δῖα Χάρυβδις   235
δεινὸν ἀνερροίβδησε θαλάσσης ἁλμυρὸν ὕδωρ.
ἦ τοι ὅτ' ἐξεμέσειε, λέβης ὣς ἐν πυρὶ πολλῷ
πᾶσ' ἀναμορμύρεσκε κυκωμένη· ὑψόσε δ' ἄχνη
ἄκροισι σκοπέλοισιν ἐπ' ἀμφοτέροισιν ἔπιπτεν.
ἀλλ' ὅτ' ἀναβρόξειε θαλάσσης ἁλμυρὸν ὕδωρ,   240
πᾶσ' ἔντοσθε φάνεσκε κυκωμένη, ἀμφὶ δὲ πέτρη
δεινὸν βεβρύχει, ὑπένερθε δὲ γαῖα φάνεσκε
ψάμμῳ κυανέη· τοὺς δὲ χλωρὸν δέος ᾕρει.
ἡμεῖς μὲν πρὸς τὴν ἴδομεν δείσαντες ὄλεθρον·
τόφρα δέ μοι Σκύλλη κοίλης ἐκ νηὸς ἑταίρους   245
ἐξ ἕλεθ', οἳ χερσίν τε βίηφί τε φέρτατοι ἦσαν.
σκεψάμενος δ' ἐς νῆα θοὴν ἅμα καὶ μεθ' ἑταίρους
ἤδη τῶν ἐνόησα πόδας καὶ χεῖρας ὕπερθεν
ὑψόσ' ἀειρομένων· ἐμὲ δὲ φθέγγοντο καλεῦντες
ἐξονομακλήδην, τότε γ' ὕστατον, ἀχνύμενοι κῆρ.   250
ὡς δ' ὅτ' ἐπὶ προβόλῳ ἁλιεὺς περιμήκεϊ ῥάβδῳ
ἰχθύσι τοῖς ὀλίγοισι δόλον κατὰ εἴδατα βάλλων
ἐς πόντον προίησι βοὸς κέρας ἀγραύλοιο,
ἀσπαίροντα δ' ἔπειτα λαβὼν ἔρριψε θύραζε,
ὣς οἵ γ' ἀσπαίροντες ἀείροντο προτὶ πέτρας·   255
αὐτοῦ δ' εἰνὶ θύρῃσι κατήσθιε κεκληγῶτας,
χεῖρας ἐμοὶ ὀρέγοντας ἐν αἰνῇ δηϊοτῆτι.
οἴκτιστον δὴ κεῖνο ἐμοῖς ἴδον ὀφθαλμοῖσι
πάντων ὅσσ' ἐμόγησα πόρους ἁλὸς ἐξερεείνων.

Αὐτὰρ ἐπεὶ πέτρας φύγομεν δεινήν τε Χάρυβδιν   260
Σκύλλην τ', αὐτίκ' ἔπειτα θεοῦ ἐς ἀμύμονα νῆσον
ἱκόμεθ'· ἔνθα δ' ἔσαν καλαὶ βόες εὐρυμέτωποι,
πολλὰ δὲ ἴφια μῆλ' Ὑπερίονος Ἠελίοιο.
δὴ τότ' ἐγὼν ἔτι πόντῳ ἐὼν ἐν νηὶ μελαίνῃ

Scylla, and there divine Charybdis fearfully sucked the salt sea-water down. Whenever she belched it forth, like a kettle in fierce flame, all would foam swirling up, and overhead spray fell upon the tops of both the crags. But as she gulped the salt sea-water down, then all within seemed in a whirl; the rock around roared fearfully, and down below the bottom showed, dark with the sand. Pale terror seized my men; on her we looked and feared to die.

" And now it was that Scylla snatched from my hollow ship six of my comrades, men excellent in strength and courage. I turned my eyes toward my swift ship to seek my men, and saw their feet and hands already in the air, as they were carried up. They screamed aloud and called my name for the last time, in agony of heart. As when a fisher, on a jutting rock, with long rod throws a bait to lure the little fishes, casting into the deep the horn of stall-fed ox, then, catching one, flings it ashore writhing; even so were these drawn writhing up the rock. There at her door she ate them, loudly shrieking and stretching forth their hands toward me in mortal anguish. That was the saddest sight my eyes have ever seen, in all my toils, searching the ocean pathways.

" Now after we had passed the rocks of dire Charybdis and of Scylla, straight we drew near the pleasant island of the god. Here were the goodly broad-browed kine and all the sturdy flocks of the exalted Sun. While still at sea, on the black ship, I heard the lowing of stalled cattle

μυκηθμοῦ τ' ἤκουσα βοῶν αὐλιζομενάων　　　　　　265
οἰῶν τε βληχήν· καί μοι ἔπος ἔμπεσε θυμῷ
μάντηος ἀλαοῦ, Θηβαίου Τειρεσίαο,
Κίρκης τ' Αἰαίης, ἥ μοι μάλα πόλλ' ἐπέτελλε
νῆσον ἀλεύασθαι τερψιμβρότου Ἠελίοιο.
δὴ τότ' ἐγὼν ἑτάροισι μετηύδων, ἀχνύμενος κῆρ·　　270
  'Κέκλυτέ μευ μύθων, κακά περ πάσχοντες ἑταῖροι,
ὄφρ' ὑμῖν εἴπω μαντήια Τειρεσίαο
Κίρκης τ' Αἰαίης, ἥ μοι μάλα πόλλ' ἐπέτελλε
νῆσον ἀλεύασθαι τερψιμβρότου Ἠελίοιο·
ἔνθα γὰρ αἰνότατον κακὸν ἔμμεναι ἄμμιν ἔφασκεν　　275
ἀλλὰ παρὲξ τὴν νῆσον ἐλαύνετε νῆα μέλαιναν.'
  Ὣς ἐφάμην, τοῖσιν δὲ κατεκλάσθη φίλον ἦτορ.
αὐτίκα δ' Εὐρύλοχος στυγερῷ μ' ἠμείβετο μύθῳ·
  'Σχέτλιός εἰς, Ὀδυσεῦ· περί τοι μένος, οὐδέ τι γυῖα
κάμνεις· ἦ ῥά νυ σοί γε σιδήρεα πάντα τέτυκται,　　280
ὅς ῥ' ἑτάρους καμάτῳ ἀδηκότας ἠδὲ καὶ ὕπνῳ
οὐκ ἐάᾳς γαίης ἐπιβήμεναι, ἔνθα κεν αὖτε
νήσῳ ἐν ἀμφιρύτῃ λαρὸν τετυκοίμεθα δόρπον,
ἀλλ' αὔτως διὰ νύκτα θοὴν ἀλάλησθαι ἄνωγας,
νήσου ἀποπλαγχθέντας, ἐν ἠεροειδέι πόντῳ.　　285
ἐκ νυκτῶν δ' ἄνεμοι χαλεποί, δηλήματα νηῶν,
γίγνονται· πῇ κέν τις ὑπεκφύγοι αἰπὺν ὄλεθρον,
ἤν πως ἐξαπίνης ἔλθῃ ἀνέμοιο θύελλα,
ἢ Νότου ἢ Ζεφύροιο δυσαέος, οἵ τε μάλιστα
νῆα διαρραίουσι, θεῶν ἀέκητι ἀνάκτων;　　290
ἀλλ' ἦ τοι νῦν μὲν πειθώμεθα νυκτὶ μελαίνῃ
δόρπον θ' ὁπλισόμεσθα θοῇ παρὰ νηὶ μένοντες·
ἠῶθεν δ' ἀναβάντες ἐνήσομεν εὐρέι πόντῳ.'
  Ὣς ἔφατ' Εὐρύλοχος, ἐπὶ δ' ᾔνεον ἄλλοι ἑταῖροι.

and the bleat of sheep; and on my mind fell words of the
blind prophet, Teiresias of Thebes, and of Aiaian Circe,
who very strictly charged me to shun the island of the
Sun, the cheerer of mankind.   So to my men with aching
heart I said:

"'Hearken to these my words, my suffering comrades,
that I may tell you of the warnings of Teiresias, and of
Aiaian Circe, who very strictly charged me to shun the
island of the Sun, the cheerer of mankind; for there our
deadliest danger lay, she said.   Then past the island
speed the black ship on her way.'

"As I thus spoke their very souls were crushed within
them, and instantly Eurylochos, with surly words, made
answer: 'Headstrong you are, Odysseus; more than man's
is your mettle, and your limbs never tire; and yet you
must be made of iron not to allow your comrades, worn
with fatigue and sleep, to touch the land where at a
sea-girt island we might make ourselves again a savory
supper.   Instead, just as we are, with the night falling
fast, you bid us journey on — our course turned from the
island — over the misty deep.   But out of the darkness
rough winds rise, fatal to vessels; and how could any one
escape from utter ruin if by some chance a sudden storm
of wind should come, the south wind or the blustering
west, which wreck ships oftentimes, heedless of sovereign
gods.   No, for the present let us obey the dark night's
bidding, let us prepare our supper and rest by the black
ship; to-morrow morning we will go on board and put
forth on the open sea.'

"So spoke Eurylochos, the rest assented, and now I

καὶ τότε δὴ γίγνωσκον ὃ δὴ κακὰ μήδετο δαίμων,        295
καί μιν φωνήσας ἔπεα πτερόεντα προσηύδων·

'Εὐρύλοχ', ἦ μάλα δή με βιάζετε μοῦνον ἐόντα·
ἀλλ' ἄγε νῦν μοι πάντες ὀμόσσατε καρτερὸν ὅρκον,
εἴ κέ τιν' ἠὲ βοῶν ἀγέλην ἢ πῶυ μέγ' οἰῶν
εὕρωμεν, μή πού τις ἀτασθαλίῃσι κακῇσιν        300
ἢ βοῦν ἠέ τι μῆλον ἀποκτάνῃ· ἀλλὰ ἕκηλοι
ἐσθίετε βρώμην, τὴν ἀθανάτη πόρε Κίρκη.'

Ὣς ἐφάμην, οἱ δ' αὐτίκ' ἀπώμνυον ὡς ἐκέλευον.
αὐτὰρ ἐπεί ῥ' ὄμοσάν τε τελεύτησάν τε τὸν ὅρκον,
στήσαμεν ἐν λιμένι γλαφυρῷ εὐεργέα νῆα        305
ἄγχ' ὕδατος γλυκεροῖο, καὶ ἐξαπέβησαν ἑταῖροι
νηός, ἔπειτα δὲ δόρπον ἐπισταμένως τετύκοντο.
αὐτὰρ ἐπεὶ πόσιος καὶ ἐδητύος ἐξ ἔρον ἕντο,
μνησάμενοι δὴ ἔπειτα φίλους ἔκλαιον ἑταίρους,
οὓς ἔφαγε Σκύλλη γλαφυρῆς ἐκ νηὸς ἑλοῦσα·        310
κλαιόντεσσι δὲ τοῖσιν ἐπήλυθε νήδυμος ὕπνος.
ἦμος δὲ τρίχα νυκτὸς ἔην, μετὰ δ' ἄστρα βεβήκει,
ὦρσεν ἔπι ζαῆν ἄνεμον νεφεληγερέτα Ζεὺς
λαίλαπι θεσπεσίῃ, σὺν δὲ νεφέεσσι κάλυψε
γαῖαν ὁμοῦ καὶ πόντον· ὀρώρει δ' οὐρανόθεν νύξ.        315
ἦμος δ' ἠριγένεια φάνη ῥοδοδάκτυλος Ἠώς,
νῆα μὲν ὡρμίσαμεν, κοῖλον σπέος εἰσερύσαντες.
ἔνθα δ' ἔσαν Νυμφέων καλοὶ χοροὶ ἠδὲ θόωκοι·
καὶ τότ' ἐγὼν ἀγορὴν θέμενος μετὰ μῦθον ἔειπον·

'Ὦ φίλοι, ἐν γὰρ νηὶ θοῇ βρῶσίς τε πόσις τε        320
ἔστιν, τῶν δὲ βοῶν ἀπεχώμεθα, μή τι πάθωμεν·
δεινοῦ γὰρ θεοῦ αἵδε βόες καὶ ἴφια μῆλα,
Ἠελίου, ὃς πάντ' ἐφορᾷ καὶ πάντ' ἐπακούει.'

Ὣς ἐφάμην, τοῖσιν δ' ἐπεπείθετο θυμὸς ἀγήνωρ.

knew heaven was intending ill; and, speaking to him in winged words, I said:

"'Eurylochos, plainly you force me, since I am only one. But come, all swear me now a heavy oath that if you find a herd of cattle or great flock of sheep, none in mad wilfulness will slay a cow or sheep; but be content, and eat the food immortal Circe gave.'

"So I spoke, and readily they took the oath that I required. And after they had sworn and ended all their oath, we moored our stanch ship in the rounded harbor, near a fresh stream, and my companions left the ship and busily got supper. But after they had stayed desire for drink and food, then calling to remembrance their dear comrades, they wept for those whom Scylla ate, those whom she snatched from out our hollow ship; and as they wept, there fell on them a pleasant sleep. Now when the third watch of the night was come and the stars crossed the zenith, cloud-gathering Zeus sent forth a furious wind in a fierce tempest, and covered with his clouds both land and sea; night broke from heaven. So when the early rosy-fingered Dawn appeared, we beached our ship, hauling her up into a hollow cave where there were pretty dancing-grounds and haunts for nymphs. Then holding a council, I said to all my men:

"'Friends, there is meat and drink enough on the swift ship; let us then spare the kine, for fear we come to harm, for these are the herds and sturdy flocks of a dread god, the Sun, who all things oversees, all overhears.'

"So I spoke, and their high hearts assented. But all

μῆνα δὲ πάντ' ἄλληκτος ἄη Νότος, οὐδέ τις ἄλλος     325
γίγνετ' ἔπειτ' ἀνέμων, εἰ μὴ Εὖρός τε Νότος τε.
οἱ δ' εἵως μὲν σῖτον ἔχον καὶ οἶνον ἐρυθρὸν,
τόφρα βοῶν ἀπέχοντο λιλαιόμενοι βιότοιο.
ἀλλ' ὅτε δὴ νηὸς ἐξέφθιτο ἤια πάντα,
καὶ δὴ ἄγρην ἐφέπεσκον ἀλητεύοντες ἀνάγκῃ,     330
ἰχθῦς ὄρνιθάς τε, φίλας ὅ τι χεῖρας ἵκοιτο,
γναμπτοῖς ἀγκίστροισιν· ἔτειρε δὲ γαστέρα λιμός·
δὴ τότ' ἐγὼν ἀνὰ νῆσον ἀπέστιχον, ὄφρα θεοῖσιν
εὐξαίμην, εἴ τίς μοι ὁδὸν φήνειε νέεσθαι.
ἀλλ' ὅτε δὴ διὰ νήσου ἰὼν ἤλυξα ἑταίρους,     335
χεῖρας νιψάμενος, ὅθ' ἐπὶ σκέπας ἦν ἀνέμοιο,
ἠρώμην πάντεσσι θεοῖς οἳ Ὄλυμπον ἔχουσιν·
οἱ δ' ἄρα μοι γλυκὺν ὕπνον ἐπὶ βλεφάροισιν ἔχευαν.
Εὐρύλοχος δ' ἑτάροισι κακῆς ἐξῆρχετο βουλῆς·

'Κέκλυτέ μευ μύθων, κακά περ πάσχοντες ἑταῖροι·
πάντες μὲν στυγεροὶ θάνατοι δειλοῖσι βροτοῖσι,     341
λιμῷ δ' οἴκτιστον θανέειν καὶ πότμον ἐπισπεῖν.
ἀλλ' ἄγετ', Ἠελίοιο βοῶν ἐλάσαντες ἀρίστας
ῥέξομεν ἀθανάτοισι, τοὶ οὐρανὸν εὐρὺν ἔχουσιν.
εἰ δέ κεν εἰς Ἰθάκην ἀφικοίμεθα, πατρίδα γαῖαν,     345
αἶψά κεν Ἠελίῳ Ὑπερίονι πίονα νηὸν
τεύξομεν, ἐν δέ κε θεῖμεν ἀγάλματα πολλὰ καὶ ἐσθλά·
εἰ δὲ χολωσάμενός τι βοῶν ὀρθοκραιράων
νῆ' ἐθέλῃ ὀλέσαι, ἐπὶ δ' ἕσπωνται θεοὶ ἄλλοι,
βούλομ' ἅπαξ πρὸς κῦμα χανὼν ἀπὸ θυμὸν ὀλέσσαι     350
ἢ δηθὰ στρεύγεσθαι ἐὼν ἐν νήσῳ ἐρήμῃ.'

Ὣς ἔφατ' Εὐρύλοχος, ἐπὶ δ' ἤνεον ἄλλοι ἑταῖροι.
αὐτίκα δ' Ἠελίοιο βοῶν ἐλάσαντες ἀρίστας
ἐγγύθεν· οὐ γὰρ τῆλε νεὸς κυανοπρῴροιο

that month incessant south winds blew; no wind arose except from east and south. So long as they had bread and ruddy wine, they spared the kine, because they loved their lives. But when the vessel's stores were now all spent, and roaming perforce they sought for game, — for fish, for fowl, for what might come to hand, caught by their crooked hooks, — and hunger pinched their bellies, then I departed by myself far up the island, to beg the gods to show my homeward way. And when by a walk along the island I had escaped my crew, I washed my hands where there was shelter from the breeze, and offered prayer to all the gods that hold Olympos. But they poured down a sweet sleep on my eyelids, while Eurylochos began his evil counsel to my crew:

"'Hearken to these my words, my suffering comrades. Hateful is every form of death to wretched mortals; and yet to die by hunger, and so to meet one's doom, is the most pitiful of all. Come then, and let us drive away the best of the Sun's kine, and sacrifice them to the immortals who hold the open sky. If we should ever come to Ithaka, our native land, we will at once build a rich temple to the exalted Sun, and put therein many fair offerings. But if the Sun, wroth for his high-horned kine, seeks to destroy our ship, and other gods consent, for my part I would rather, open-mouthed in the sea, at once give up my life than slowly let it wear away here in this desert island.'

"So spoke Eurylochos; the rest assented. Forthwith they drove away the best of the Sun's kine out of the field close by; for not far from the dark-bowed ship the

βοσκέσκονθ' ἕλικες καλαὶ βόες εὐρυμέτωποι·          855
τὰς δὲ περίστησάν τε καὶ εὐχετόωντο θεοῖσι,
φύλλα δρεψάμενοι τέρενα δρυὸς ὑψικόμοιο·
οὐ γὰρ ἔχον κρῖ λευκὸν ἐυσσέλμου ἐπὶ νηός.
αὐτὰρ ἐπεί ῥ' εὔξαντο καὶ ἔσφαξαν καὶ ἔδειραν,
μηρούς τ' ἐξέταμον κατά τε κνίσῃ ἐκάλυψαν          860
δίπτυχα ποιήσαντες, ἐπ' αὐτῶν δ' ὠμοθέτησαν·
οὐδ' εἶχον μέθυ λεῖψαι ἐπ' αἰθομένοις ἱεροῖσιν,
ἀλλ' ὕδατι σπένδοντες ἐπώπτων ἔγκατα πάντα.
αὐτὰρ ἐπεὶ κατὰ μῆρ' ἐκάη καὶ σπλάγχν' ἐπάσαντο,
μίστυλλόν τ' ἄρα τἆλλα καὶ ἀμφ' ὀβελοῖσιν ἔπειραν. 865

Καὶ τότε μοι βλεφάρων ἐξέσσυτο νήδυμος ὕπνος·
βῆν δ' ἰέναι ἐπὶ νῆα θοὴν καὶ θῖνα θαλάσσης.
ἀλλ' ὅτε δὴ σχεδὸν ἦα κιὼν νεὸς ἀμφιελίσσης,
καὶ τότε με κνίσης ἀμφήλυθεν ἡδὺς αὐτμή·
οἰμώξας δὲ θεοῖσι μετ' ἀθανάτοισι γεγώνευν·          870

'Ζεῦ πάτερ ἠδ' ἄλλοι μάκαρες θεοὶ αἰὲν ἐόντες,
ἦ με μάλ' εἰς ἄτην κοιμήσατε νηλέι ὕπνῳ,
οἱ δ' ἕταροι μέγα ἔργον ἐμητίσαντο μένοντες.'

'Ωκέα δ' Ἡελίῳ Ὑπερίονι ἄγγελος ἦλθε,
Λαμπετίη τανύπεπλος, ὅ οἱ βόας ἔκταμεν ἡμεῖς.          875
αὐτίκα δ' ἀθανάτοισι μετηύδα χωόμενος κῆρ·

'Ζεῦ πάτερ ἠδ' ἄλλοι μάκαρες θεοὶ αἰὲν ἐόντες,
τῖσαι δὴ ἑτάρους Λαερτιάδεω Ὀδυσῆος,
οἵ μευ βοῦς ἔκτειναν ὑπέρβιον, ᾗσιν ἐγώ γε
χαίρεσκον μὲν ἰὼν εἰς οὐρανὸν ἀστερόεντα,          880
ἠδ' ὁπότ' ἂψ ἐπὶ γαῖαν ἀπ' οὐρανόθεν προτραποίμην.
εἰ δέ μοι οὐ τίσουσι βοῶν ἐπιεικέ' ἀμοιβήν,
δύσομαι εἰς Ἀίδαο καὶ ἐν νεκύεσσι φαείνω.'

Τὸν δ' ἀπαμειβόμενος προσέφη νεφεληγερέτα Ζεύς·

kine were grazing, crook-horned and beautiful and broad of brow. Round them they stood and prayed the gods, stripping the tender leaves from off a crested oak; for they had no white barley on the well-benched ship. Then after prayer, when they had cut the throats and flayed the kine, they cut away the thighs, wrapped them in fat in double layers, and placed raw flesh thereon. They had no wine to pour upon the blazing victims, but using water for libation they roasted all the entrails. So after the thighs were burned and the inward parts were tasted, they sliced the rest and stuck the bits on spits.

"And now the pleasant sleep fled from my eyelids; I hastened to the swift ship and the sea-shore. But on my way, as I drew near to the curved ship, around me came the savory smell of fat. I groaned and called aloud to the immortal gods:

" 'O father Zeus, and all you other blessed gods that live forever, verily to my ruin you laid me in ruthless sleep, while my men left behind plotted this monstrous deed.'

"Soon to the exalted Sun came long-robed Lampetiê, bearing him word that we had slain his kine; and straightway with an angry heart he thus invoked the immortals:

" 'O father Zeus, and all you other blessed gods that live forever, avenge me on the comrades of Laërtes' son, Odysseus, who lawlessly slew the kine in which I ever joy as I go forth into the starry sky, or when again toward Earth I turn back from the sky. But if they do not make me fit atonement for the kine, I will go down to Hades and shine among the dead.'

"Then answered him cloud-gathering Zeus, and said:

‘ Ἤέλι’, ἦ τοι μὲν σὺ μετ’ ἀθανάτοισι φάεινε      385
καὶ θνητοῖσι βροτοῖσιν ἐπὶ ζείδωρον ἄρουραν·
τῶν δέ κ’ ἐγὼ τάχα νῆα θοὴν ἀργῆτι κεραυνῷ
τυτθὰ βαλὼν κεάσαιμι μέσῳ ἐνὶ οἴνοπι πόντῳ.’
    Ταῦτα δ’ ἐγὼν ἤκουσα Καλυψοῦς ἠυκόμοιο·
ἡ δ’ ἔφη Ἑρμείαο διακτόρου αὐτὴ ἀκοῦσαι.      390
    Αὐτὰρ ἐπεί ῥ’ ἐπὶ νῆα κατήλυθον ἠδὲ θάλασσαν,
νείκεον ἄλλοθεν ἄλλον ἐπισταδόν, οὐδέ τι μῆχος
εὑρέμεναι δυνάμεσθα· βόες δ’ ἀποτέθνασαν ἤδη.
τοῖσιν δ’ αὐτίκ’ ἔπειτα θεοὶ τέραα προύφαινον·
εἷρπον μὲν ῥινοί, κρέα δ’ ἀμφ’ ὀβελοῖσι μεμύκει,      395
ὀπταλέα τε καὶ ὠμά· βοῶν δ’ ὣς γίγνετο φωνή.
    Ἑξῆμαρ μὲν ἔπειτα ἐμοὶ ἐρίηρες ἑταῖροι
δαίνυντ’ Ἠελίοιο βοῶν ἐλάσαντες ἀρίστας·
ἀλλ’ ὅτε δὴ ἕβδομον ἦμαρ ἐπὶ Ζεὺς θῆκε Κρονίων,
καὶ τότ’ ἔπειτ’ ἄνεμος μὲν ἐπαύσατο λαίλαπι θύων,      400
ἡμεῖς δ’ αἶψ’ ἀναβάντες ἐνήκαμεν εὐρέι πόντῳ,
ἱστὸν στησάμενοι ἀνά θ’ ἱστία λεύκ’ ἐρύσαντες.
    Ἀλλ’ ὅτε δὴ τὴν νῆσον ἐλείπομεν, οὐδέ τις ἄλλη
φαίνετο γαιάων, ἀλλ’ οὐρανὸς ἠδὲ θάλασσα,
δὴ τότε κυανέην νεφέλην ἔστησε Κρονίων      405
νηὸς ὕπερ γλαφυρῆς, ἤχλυσε δὲ πόντος ὑπ’ αὐτῆς.
ἡ δ’ ἔθει οὐ μάλα πολλὸν ἐπὶ χρόνον· αἶψα γὰρ ἦλθε
κεκληγὼς Ζέφυρος, μεγάλῃ σὺν λαίλαπι θύων,
ἱστοῦ δὲ προτόνους ἔρρηξ’ ἀνέμοιο θύελλα
ἀμφοτέρους· ἱστὸς δ’ ὀπίσω πέσεν, ὅπλα τε πάντα      410
εἰς ἄντλον κατέχυνθ’· ὁ δ’ ἄρα πρύμνῃ ἐνὶ νηὶ
πλῆξε κυβερνήτεω κεφαλήν, σὺν δ’ ὀστέ’ ἄραξε
πάντ’ ἄμυδις κεφαλῆς· ὁ δ’ ἄρ’ ἀρνευτῆρι ἐοικὼς
κάππεσ’ ἀπ’ ἰκριόφιν, λίπε δ’ ὀστέα θυμὸς ἀγήνωρ.

' O Sun, do you shine on among the immortals and for all mortal men upon the fruitful fields. I soon will hurl a gleaming bolt at their swift ship, and cleave it in pieces in the middle of the wine-dark sea.'

" All this I heard from the fair-haired Kalypso, who said she heard it from the Guide-god Hermes.

" Now when I came down to the ship and to the sea, I chid my men, confronting each in turn. But no help could we find; the kine were dead already. Soon, too, the gods made prodigies appear: the skins would crawl; the spitted flesh, both roast and raw, would moan; and sounds came forth like those of kine.

" For six days afterwards my trusty men still feasted, for they drove away the best of the Sun's kine; when Zeus, the son of Kronos, brought the seventh day round, then the wind ceased to blow a gale, and we in haste embarking put forth on the open sea, setting our mast and hoisting the white sail.

" Yet when we had left the island and no other land appeared, but only sky and sea, the son of Kronos set a dark cloud above our hollow ship and the deep gloomed below. The ship ran on for no long time; for soon a shrill west wind arose, blowing a heavy gale. The storm of wind snapped both the forestays of the mast. Back the mast fell, and all its gear lay scattered in the hold. At the ship's stern it struck the helmsman on the head and crushed his skull, all in an instant; like a diver from the deck he dropped, and from his frame the strong life fled. Zeus at the same time thundered, hurling his bolt against

29

Ζεὺς δ' ἄμυδις βρόντησε καὶ ἔμβαλε νηὶ κεραυνόν·  415
ἡ δ' ἐλελίχθη πᾶσα Διὸς πληγεῖσα κεραυνῷ,
ἐν δὲ θεείου πλῆτο· πέσον δ' ἐκ νηὸς ἑταῖροι.
οἱ δὲ κορώνῃσιν ἴκελοι περὶ νῆα μέλαιναν
κύμασιν ἐμφορέοντο, θεὸς δ' ἀποαίνυτο νόστον.

Αὐτὰρ ἐγὼ διὰ νηὸς ἐφοίτων, ὄφρ' ἀπὸ τοίχους  420
λῦσε κλύδων τρόπιος· τὴν δὲ ψιλὴν φέρε κῦμα.
ἐκ δέ οἱ ἱστὸν ἄραξε ποτὶ τρόπιν· αὐτὰρ ἐπ' αὐτῷ
ἐπίτονος βέβλητο, βοὸς ῥινοῖο τετευχώς.
τῷ ῥ' ἄμφω συνέεργον ὁμοῦ τρόπιν ἠδὲ καὶ ἱστὸν,
ἑζόμενος δ' ἐπὶ τοῖς φερόμην ὀλοοῖς ἀνέμοισιν.  425

Ἔνθ' ἦ τοι Ζέφυρος μὲν ἐπαύσατο λαίλαπι θύων,
ἦλθε δ' ἐπὶ Νότος ὦκα, φέρων ἐμῷ ἄλγεα θυμῷ,
ὄφρ' ἔτι τὴν ὀλοὴν ἀναμετρήσαιμι Χάρυβδιν.
παννύχιος φερόμην, ἅμα δ' ἠελίῳ ἀνιόντι
ἦλθον ἐπὶ Σκύλλης σκόπελον δεινήν τε Χάρυβδιν.  430
ἡ μὲν ἀνερροίβδησε θαλάσσης ἁλμυρὸν ὕδωρ·
αὐτὰρ ἐγὼ ποτὶ μακρὸν ἐρινεὸν ὑψόσ' ἀερθεὶς
τῷ προσφὺς ἐχόμην ὡς νυκτερίς· οὐδέ πη εἶχον
οὔτε στηρίξαι ποσὶν ἔμπεδον οὔτ' ἐπιβῆναι·
ῥίζαι γὰρ ἑκὰς εἶχον, ἀπήωροι δ' ἔσαν ὄζοι,  435
μακροί τε μεγάλοι τε, κατεσκίαον δὲ Χάρυβδιν.
νωλεμέως δ' ἐχόμην, ὄφρ' ἐξεμέσειεν ὀπίσσω
ἱστὸν καὶ τρόπιν αὖτις· ἐελδομένῳ δέ μοι ἦλθον
ὄψ· ἦμος δ' ἐπὶ δόρπον ἀνὴρ ἀγορῆθεν ἀνέστη
κρίνων νείκεα πολλὰ δικαζομένων αἰζηῶν,  440
τῆμος δὴ τά γε δοῦρα Χαρύβδιος ἐξεφαάνθη.
ἧκα δ' ἐγὼ καθύπερθε πόδας καὶ χεῖρε φέρεσθαι,
μέσσῳ δ' ἐνδούπησα παρὲξ περιμήκεα δοῦρα
ἑζόμενος δ' ἐπὶ τοῖσι διήρεσα χερσὶν ἐμῇσι.

the ship. She quivered in every part, when struck by
the bolt of Zeus, and filled with sulphur smoke. Out of
the ship my men were thrown and borne like sea-fowl by
the side of the black ship along the waves; God cut them
off from coming home.

"But for myself, I paced the deck until the surge had
torn the ribs from the keel, which the waves then carried
along dismantled. The mast was snapped at the keel; to
it the backstay clung, made of ox-hide. With this I lashed
the two together, — keel and mast, — and getting a seat
on these, was borne along by the destroying winds.

"And now the west wind ceased to blow a gale; but
soon a south wind came and brought an anguish to my
heart that I must once more measure back my way to fell
Charybdis. All night I drifted on, and with the sunrise
I came to Scylla's crag and dire Charybdis. She at that
moment sucked the salt sea-water down; and as toward
a tall fig-tree I was upward borne, I clutched and clung
as clings a bat. Yet could I nowhere set my feet steadily
or climb the tree; for its roots were far away and out of
reach its branches, and these were long and large, and
overspread Charybdis. But patiently I clung, until again
she should disgorge my mast and keel; and as I hoped
they came, though late it was. But at the hour when for
his supper one rises from the assembly, after deciding
many quarrels of contentious men, then was it that the
timbers came to light from out Charybdis. I let go feet
and hands and dropped down in the middle by the long
timbers, and mounting these rowed onward with my hands.

Lightning Source UK Ltd.
Milton Keynes UK
UKHW031306271218
334506UK00013B/1086/P